财经

caijing yingyongwen moxing xiezuo jiaocheng

应用文模型写作教程

主　编　张树义

副主编　陈发喜　何　群　刘碧辉

编写人员（按姓氏笔画排列）

刘碧辉　何　群　张树义

陈发喜　郝天培　蒋文棣

华南理工大学出版社

·广州·

内容介绍

本书依据授课学时，选编了现实经济生活中最常用、最需要、内容最新的经济文书，其中包括《国家行政机关公文处理办法》最新规定的主要公文、财经事务文书、财经调研文书、财经分析文书、财经契约文书、经济纠纷诉讼文书和财经学术论文（含毕业论文）等。各种财经文书均运用“思维描述模型”的理论予以分析、解读，理论新颖而又紧密联系实际，逻辑关系严谨而又通俗易懂，方便教学和自学。每种财经文书后面均有“同步训练”，每章后面还有“综合训练”。

本书可作为本科院校经济类财会、审计、金融、管理、经济、营销等专业的教学用书和专科教学参考书；也可作为财经战线上的自学者快速提高财经应用文写作能力的一把入门钥匙。

图书在版编目（CIP）数据

财经应用文模型写作教程/张树义主编. —广州：华南理工大学出版社，2011.2（2019.8重印）

ISBN 978-7-5623-3117-9

Ⅰ.①财… Ⅱ.①张… Ⅲ.①经济－应用文－写作－高等学校－教材 Ⅳ.①H152.3

中国版本图书馆 CIP 数据核字（2011）第 011245 号

总 发 行：华南理工大学出版社（广州五山华南理工大学 17 号楼，邮编 510640）
营销部电话：020－87113487 87111048（传真）
E-mail：scutc13@scut.edu.cn **http**：//www.scutpress.com.cn
责任编辑：黄丽谊 何丽云
印 刷 者：虎彩印艺股份有限公司
开 本：787mm×1092mm 1/16 **印张**：22.25 **字数**：566 千
版 次：2011 年 2 月第 1 版 2019 年 8 月第 3 次印刷
定 价：45.00 元

前　言

随着我国高等教育的迅猛发展，越来越多的高校已开始重视应用型教学，注重培养适应社会需要的应用型优秀人才。优秀的教材是提高教学质量、培养优秀人才的基础。为此，我们在出版了一本适用于高校经济类专科“应用型”教学需要的《财经应用文模型写作》教材之后，又编写了这本本科“应用型”教学急需的《财经应用文模型写作教程》，以满足高校各层次教学的需要。

一、编写宗旨

多年来，在高校财经应用文写作教学中，学生苦于写作无从入手，写作能力提高得慢；教师苦于传统的写作理论不能很好的指导写作实践。究其原因有二：一是缺乏科学的写作理论作指导；二是缺少系统的写作思维规律训练。

因此，当务之急，就是在财经应用文写作理论的创新上，必须从宏观上摒弃传统的财经应用文写作教学思维模式，从微观上研究解决财经应用文究竟应当“怎么写”的思维规律、具体操作技术及训练体系等问题。基于此，本书试图以探索、解读高校财经应用文“写作理论科学化”和“具体操作技术化”为宗旨，力求收到“授人以渔”、“举一反三”、大面积提高教学质量的效果，以适应培养应用型人才教学之急需。

二、编写特色

本书的编写特色是“三新”、“一强”。

1. 理论新

本书以我校2006—2007年度结项的科研成果《财经应用文写作模型概论》（专著）为理论框架，运用思维学、系统论、逻辑学等现代科学知识，从财经应用文写作入手，建立起一种崭新的、科学的财经应用文写作理论体系——思维描述模型，来解读财经应用文写作的“操作技术和训练体系”，即财经应用文写作技术。

2. 体例新

本书按照认识论规律，将各类财经应用文种依次按“基础知识”、“模型解析”、“例文点评”、“同步训练”及“综合训练”之顺序组织编写，做到“基础知识”准确、简明，“模型解析”科学，“例文点评”到位，“同步训练”与“综合训练”管用，各部分之间相互搭配，符合人们的认识规律和教学规律。

3. 内容新

本书选编现实经济生活中最常用、最需要、内容最新的经济文书。其中包括《国家行政机关公文处理办法》最新规定的主要十类公文、财经事务文书、财经调研文书、财经分析文书、财经契约文书、经济纠纷诉讼文书、财经学术论文（含毕业论文）等。

4. 实用性强

写作的核心问题是思维方法问题。本书强化对学生进行逻辑思维方法、思路分析方法的训练，侧重于能力培养，方便自学，可让读者受益终生。

三、理论框架

本书的理论框架是“思维描述模型”。

我们认为，提高财经应用文写作能力的关键是培养人们的逻辑思维能力，逻辑思维能力的本质是分析与综合。经研究，我们发现：“模型”理论是解读财经应用文写作的思维规律、提高人们思维能力的最佳途径。

模型是什么？模型是现实世界的抽象，是系统过程的一种简化，是描摹世界最好的工具。因此，我们把系统论中的模型理论与思维学、逻辑学、写作学相“嫁接”，创建出一种新的写作理论——思维描述模型，来解读财经应用文写作中思维规律、逻辑关系及写作技术等问题，这种“模型”称为思维描述模型。

思维描述模型是一个“平台”，它整合了写作的各种构件和信息及复杂的逻辑关系，把人们看不见、摸不到的思维演绎成书面化、视觉化及可操作的文字和图表。

“思维描述模型的重大意义在于，力图让文体写作每个环节均有模型可依，有模型所引，从而实现文体写作行为的思维操作性，提高写作教学的有效性。目前，应用写作只停留在形势模型、内容宏观模型的层面上，尚未进入内容内部的思维操作模型的境界，因此，本书具有很高的学术创新性，具有广阔的应用前景，为教师大面积提高财经应用文写作课的教学质量创造了科学化条件，毫无疑问，该成果是目前应用写作有效性理论与教学的最前沿的成果之一。”（中国写作学会副会长、四川师范大学文学院马正平教授评语）

四、教材编写人员

本书是集体智慧的结晶。具体分工如下：张树义编写第 1 章至第 5 章，陈发喜编写第 6 章，蒋文棣、郝天培编写第 7 章、第 12 章，刘碧辉编写第 8 章、第 9 章，何群编写第 10 章、第 11 章。全书由陈发喜审稿，张树义策划、统稿。

本书在编写过程中，参考借鉴了同行的研究成果和资料，选用了一些例文。由于时间紧迫，未能与原作者一一联系，在此表示诚挚的歉意和谢意。

由于水平所限，书中难免存在错漏之处，恳请专家和广大读者予以批评指正。

编　者

2010 年 10 月于广州

目　录

第1章 财经应用文写作概述

1.1 财经应用文的含义和特点

应用文写作是写作学科的一个分支，它以交流实用信息为目的，专门研究应用文体文章的写作规律和方法。应用文体，则是不同领域、不同部门、不同行业乃至个人日常生活、学习、工作经常使用的，为人们直接解决实际问题的最实用的一种文体。

叶圣陶先生曾说过："大学毕业生不一定能写小说、诗歌，但是一定要能写工作和生活中实用的文章，而且非写得既通顺又扎实不可。"叶老所说的"实用文章"就是应用写作类的各种文章，一般称"应用文"，也有称"实用文"的。

财经应用文写作是应用文写作的一个分支，它既具有一般应用文的共性，又有自身独有的特殊性。因此，学习财经应用文写作，首先要了解财经应用文的相关知识。

1.1.1 财经应用文的含义

财经应用文是指，在财政经济部门，用来处理经济业务活动和财务活动、传播经济信息、协调经济活动的具有惯用格式的各种文体的总称。财经应用文写作，就是研究各种经济应用文体的写作理论和实践的一门学科。

财经应用文有狭义、广义之分。狭义的财经应用文是指人们在经济生活中，为处理、解决某些具体问题而使用的文体。广义的财经应用文包括经济部门所使用的一切文体。

1.1.2 财经应用文的特点

1.1.2.1 强烈的政策性

政策性是指财经应用文具有传递党和国家经济方针、政策，发布经济法规、章程，指导经济活动的功能。因此，财经应用文必须以国家的方针、政策，经济法律、法规为依据，才能保证文章观点的正确性、内容的科学性。大到党和国家重要的经济决策，小到一个具体单位经济活动细则的实施，都是党和国家现阶段有关经济方针、政策、法规的体现。财经应用文强烈的政策性贯穿于整个财经活动的始终。实践证明，财经应用文的内容如果违背了党和国家的方针、政策和法规，势必给经济建设带来不可弥补的损失。

1.1.2.2 鲜明的实用性

实用性是指财经应用文撰写的目的，是为了解决经济领域实际工作中和理论工作中的具体问题。实用性是经济应用文的出发点和归宿，任何文章都有一定的实用性。财经应用文的实用性是直接用来办实事的。例如，财经制度是财经工作的办事规程；商品广告是向人们介绍商品、报道服务内容、传递各种信息的；经济活动分析报告是报送上级领导机关，能使领导及时掌握情况，指导工作，作为制订计划和政策的科学依据，并对改善企业经营管理，挖掘内部潜力，不断提高劳动生产率和工作效率，争取最大经济效益具有很大作用。所以，财经应用文的实用目的比其他文体更直接、更鲜明。

1.1.2.3　内容的专业性

财经应用文写作是为了解决经济领域中的实际问题，内容围绕“经济”二字做文章，因此，其内容具有鲜明的专业性。财经应用文写作首先要为开展经济活动服务，以提高经济效益为出发点。例如，市场调查报告、经济合同等都是为开展经济活动、提高经济效益为目的而写作的。其次，经济应用文写作还要探讨经济发展规律，解决宏观或微观经济领域中的理论问题和实际操作问题。例如，筹资融资管理文书、财务调控文书、企业财务状况分析等。第三，经济应用文写作要宣传党和国家的经济方针、政策，为有关领导提供经济决策的依据。上述三方面的内容要求作者要有娴熟的经济理论知识和实践经验。因此，经济应用文写作就其内容而言是一种专业写作。

财经工作是一项综合性的工作。它和各方面都有广泛的业务联系，因此，反映表达财经工作的应用文亦具有很强的专业性和综合性。例如，在制订财务成本计划、分析财务成果时，往往涉及企业管理工作中的一系列问题，如市场调查、广告宣传、经营决策、经济联合组织等问题，这些问题都需要应用文来沟通和表达；作为工作人员，也必须熟悉这些基本知识，并综合于应用文之中才能写好财经应用文。

1.1.2.4　形式的规范性

财经应用文种类繁多，但都有明确的规范性。一是每种文体样式规范，各有自身的文种特征。二是文章的结构规范，例如，文章的标题、导言、主体、结尾大都形成定势。三是思维方式规范，普遍采用逻辑思维来揭示事物规律。四是语言规范，采用专业术语或惯用语，语言平实、简洁、明快；概念明确，判断恰当，议论要直接表达事理。五是格式规范，经济应用文体通常采用约定俗成的惯用格式。文字书写要符合国家统一规范的标准等。

1.1.2.5　行文的严肃性

财经应用文不仅具有实用性、综合性，而且具有严肃性。成文以后，不允许随便更改和变动。譬如经济合同，一经订立，就对签订各方具有约束力。如果经济合同的某些条款与现行的政策、法令有抵触，权利和义务规定得不够明确，引文、标点或签名有误，就会给今后的工作带来很大的麻烦，影响到发生纠纷时是非曲直的判别，损害国家和当事人的利益。所以，写财经应用文必须严肃审慎，认真对待，决不能粗心大意、疏忽遗漏。

1.1.2.6　格式的固定性

财经应用文的各类文种在长期使用过程中，自然形成了各自的一些惯用格式和惯用语，不能相互混淆。例如，对上不能发“通知”，对下不能用“请示”；该写“会议纪要”的，不能写成“会议记录”。因此，写财经应用文，必须根据需要解决问题的性质和拟办文件的目的，选准文种，并按其惯用的格式拟写。

1.2　财经应用文的分类和作用

1.2.1　财经应用文的分类

目前，关于财经应用文的分类还没有统一的标准，各种教材、专著及研究文章因分类方法不同，其类别还是五花八门。我们认为给财经应用文分类是必要的。首先，便于掌握各种文体的功用，以便恰当地选用。其次，把写作特点大致相同或相近的文种归在一类，便于找出它们之间的相同或不同之处，有利于学习和写作。

根据财经活动的规律及各种经济应用文体在经济活动中的功用，可将其分为以下 7 类。

1.2.1.1　财经常用公文

公文是指在公务活动中广泛使用的、用于处理行政工作的文书。根据国务院 2000 年 8 月 24 日《国务院关于发布〈国家行政机关公文处理办法〉的通知》中的规定，现行公文共有 13 种，分别是：命令（令）、决定、公告、通告、通知、通报、议案、报告、请示、批复、意见、函、会议纪要。财经常用公文有 10 种：决定、通告、通知、通报、报告、请示、批复、意见、函、会议纪要。

这类文书既是国家管理工作又是经济管理工作的重要工具，行文有统一的规定。

1.2.1.2　财经事务文书

财经事务文书是相对国家行政机关公文而言的，其作用是处理各种经济事务。这类文书的种类很多，包括书信、启事、会议讲话稿、演讲稿、计划、总结、调查报告、简报等。

这类文书用途广泛，常用于沟通财经信息、交流经验、制订计划等。行文灵活，针对性强，反映信息迅速及时。

1.2.1.3　财经调研文书和财经分析文书

财经调研、分析文书是指通过各种途径的调查研究，找出经济工作中存在的问题，揭示经济规律，总结经验和教训，为制定决策提供依据的文书。它包括市场调查报告、市场预测报告、经济活动分析报告、审计报告、可行性研究（分析）报告、资产评估报告等。

这类文书讲事实，重分析，从事实中揭示本质，找出规律，写法上以叙事为主，就事论理，语言简洁，概括力强。

1.2.1.4　财经契约文书

财经契约文书是指在经济活动中，用来订立契约、规范人们经济行为、解决经济活动中各种诚信关系的文书。它包括条据、合同、意向书等。

1.2.1.5　经济纠纷诉讼文书

经济纠纷诉讼文书是指在经济活动中，用来解决经济活动中的各种纠纷、协调人们之间的行为和关系的文书。它包括起诉状、上诉状、申诉状、答辩状等。

这类文书的文本形式比较固定，并以党和国家的有关法规、政策为依据，具有协商性、约束性等特点。

1.2.1.6　财经学术论文

这类文书是对经济现象、经济规律和经济理论进行研究的文章总称，它们是展示经济领域科研学术成果的载体。它包括开题报告书、实验报告、经济论文、经济类毕业论文等。

1.2.2　财经应用文的作用

财经应用文的每一种文种都有其自身的具体作用，就经济应用文的总体来说，其作用大致可概括为以下三个方面。

1.2.2.1　财经应用文是做好经济工作，提高经济管理水平的重要手段和工具

改革开放以后，我国确立的经济体制为社会主义市场经济体制，在市场经济体制的建立和完善过程中，离不开财经应用文写作这个工具。从宏观经济控制方面讲，政府为了健全宏观调控经济体系，运用政策、法律和必要的行政手段管理国民经济，要编制国民经济长期、中期和短期计划，要制订各种实施方案，要发布各种经济方针、政策和法规等。从微观经济方面看，每个企业要搞好各种管理，调动各方面的积极性，提高经济管理水平和经济效益等。这些都需要以财经应用文为工具。

1.2.2.2　财经应用文是联络公务、交流经验、传播信息的桥梁和纽带

在一切经济活动中，任何一个经济部门和单位，要实现一定的经济目的，都要通过各种财经应用文体负载经济信息来实现。财经应用文可以突破时间和空间的限制，把各地区、各部门、各单位之间联系起来，共同完成各种经济工作。

1.2.2.3　财经应用文是解决经济纠纷的依据

随着经济改革的深入，经济纠纷也不断出现。如合同中的违法行为，企业之间的债务纠纷，经营合作中权利与义务的冲突等。这些问题的解决，需要依据法律和事实，而这些事实就是经济来往中的各种经济文书。经济应用文记载了国家、地区、各单位的种种经济活动，为解决经济矛盾提供了凭证和依据。

1.3　财经应用文作者的修养与能力

1.3.1　作者的修养

财经应用文写作，要求作者有较高的修养。所谓修养，是指自身品德、学问等方面的学习和锻炼所达到的水平。财经应用文作者的修养，主要包括理论水平、专业理论修养、思维能力与写作技巧修养等。作者的修养不是先天就有的，而是通过后天的努力以及严格的教育、训练、培养所获得的。

1.3.1.1　政治理论水平修养

财经应用文写作是目的性十分明确的实践活动，其根本的指导思想就是用马克思主义的世界观、方法论，用建设中国特色社会主义理论体系和科学发展观去分析当今世界和我国的政治形势、经济形势，分析在社会主义市场经济体制下，我国财经领域和各行各业改革发展的现实，实事求是地发现问题、分析问题和解决问题。

1.3.1.2　专业理论知识修养

专业理论知识修养，主要指作者对自己从事的工作所涉及的专业理论知识要全方位掌握。丰富的专业知识是作者的基本业务素质。这是因为，以使用为目的的财经应用文，总是力求对各种经济现象作出科学的解释，对经济活动中存在的各种问题加以分析解决。而要认识问题、解决问题，就要求作者有专业知识。如经济管理、企业管理，宏观经济、微观经济，经济领域及其相关方面的知识等，都应该谙熟。

1.3.2　作者的能力

1.3.2.1　观察能力

学习写作，要立足于生活，从观察起步。首先，观察是提高作者认识能力的基础。鲁迅说过“如果要创作，第一需要观察”，“对于任何事物必须观察准确，透彻，才好下笔”。财经应用文是财经工作和生活在作者头脑中的反映，作者要正确地反映工作和生活，就必须对其有所认识，而认识越深刻，就越能抓住本质。其次，观察是搜集材料的重要途径。观察活动不仅依靠感官的感觉，还需要思维的介入。不仅要“观”，而且要“察”；既要有感观的摄取，又要有心灵的伴随，作者只有到社会经济生活中去，有目的地进行观察、体验、分析、研究，才能获得大量第一手材料。因此，提高观察能力对财经应用写作有特殊重要的作用。

常用的观察方法有以下 4 种。

（1）多方位观察法。即作者站在不同角度观察同一事物，做到多角度、多方位地进行观察，既观察面，又观察点，这样才能客观地反映事物全貌。

（2）总分观察法。即作者先观察事物的整体，然后再分割开来，一部分一部分观察。分割观察，具体细致；整合观察，才能把握事物的整体及核心。

（3）进程观察法。所谓进程，包含事物的始与末，就是从运动中观察事物。任何事物都有它的产生和发展、过去和现在、原因和结果。事物进程中的始与末，都是相对的。每种事物的开始都是它过去的结束；每种事物的结束又都是它未来的开始。因此，既可以把眼前的观察看作是它过去的自然伸延，又可以看作是它今后发展的开始。这样，才能掌握事物的来龙去脉，最后达到深化认识的目的。

（4）差异观察法。所谓差异，包含着此与彼的关系。事物都是相互联系存在的。有联系就可以作比较，有比较就容易把事物之间的差异鲜明地区别开来。借助比较，可以发现此事物区别于彼事物的特殊属性，此人区别于彼人的特殊个性，此观点与彼观点的异同。

上述观察法，可以单独使用，也可以结合使用，可根据不同情况灵活运用。

1.3.2.2　思维能力

思维是人脑对客观事物本质属性和内在规律的反映。思维能力指对客观世界间接的和概括的反映能力，即独立思考并做出判断的能力。思维能力主要包括分析与综合能力、归纳与演绎能力、类比和创造能力等。

（1）分析能力，是把认识对象的整体分解为各个部分，把复杂事物分解为简单要素，从认识各个部分各要素进而认识事物本质的一种能力。

（2）综合能力，就是在分析的基础上，通过概括抽象的方法，把事物各个部分联结成有机的统一整体，把事物最根本的方面反映出来，准确地归结出来。

（3）归纳能力，是从研究同类事物的个性或特殊性出发，得出有关事物一般性结论的一种能力。

（4）演绎能力，是由一般性前提推出个别性结论的推理能力。

（5）类比能力，是根据两个或两类事物或现象在某些属性上的相同点，进而推出它们在其他属性上也有相同之处的思维能力。

（6）创造能力，是人的一种综合、灵活运用智能努力创新的一种能力。创造能力来源于创造性思维，创造性思维主要包括想象、灵感思维。在财经写作中，想象是作者将现有材料在头脑中重新组合、融汇升华的思维活动。灵感思维也称直觉思维、顿悟思维，是由经验和知识的长期积累而突然产生的富有创造性的思路。

1.3.2.3　语言表达能力

作者的语言表达能力，就是准确地把握客观事物或现象的本质和特征，严格遵循语法规则、逻辑规则，正确地遣词造句，运用恰当手法，准确、简明、庄重、平实地书面语言表达能力。

1.4　提高财经应用文写作能力的途径和方法

1.4.1　学习途径

财经应用文是财经工作者贯彻执行党和国家的财经方针、政策，做好财经工作的重要工具，每个财经工作者都应该努力学好它、掌握它，更好地运用它。怎样才能学好财经应用文呢?

1.4.1.1　要有正确的学习态度

认识指导行动，只有正确的认识和态度，才能有正确的行动。要学好财经应用文，首先要提高认识、端正态度，以下两种看法和态度应注意纠正。

一是重算轻写。提到学习财经应用文，有的人认为那是领导部门的事，是文秘人员的事，学不学与己无关。其实这种看法是不对的。一个合格的财经工作者，不但要会算，尤其要会写。算，只能看出问题的表象，只有写和分析，才能抓出问题的实质和规律。因此，一个财经工作者必须有两手过硬本领，即能算会写。因为，不论哪个部门的工作，要想收到预期的效果，就要事先作出安排，制订“计划”；不论哪个部门，在某项工作进行一个段落或结束以后，都要吸取经验教训，以利于推动工作，都需要写“总结”；不论哪项工作，在遇到新问题、新情况时，都需要写“请示”；不论哪个单位，为了沟通信息、加强联系，都需要经常使用“公函”、“通知”。随着对外“开放”、对内“搞活”方针的深入贯彻，以及各项改革的不断深入发展，新事物、新经验、新情况不断涌现，市场情况瞬息万变，市场竞争日益激烈，社会主义财经工作要提高本部门的经济效益和竞争力，也必须转变作风，深入基层，深入实际，审时度势地进行调查研究，加强市场预测，搜集经济情报信息，搞好各种经济活动分析，及时地写出各种“调查报告”、“市场预测报告”、“经济活动分析报告”等。这一切都说明，学习掌握财经应用文知识和写作技能，不仅是领导干部、文秘人员的事，而且是每个财经工作者都必须掌握的一种重要工具，不会写财经应用文的财经人员就不能称之为合格的、称职的财经工作者。

二是掉以轻心。有的人认为，只要有一定的语文基础，并掌握一些惯用的格式，就能写好财经应用文。但无数事实证明：不经过一番认真努力，不下一番苦工夫，要想把财经应用文真正写好，这只不过是一种不切实际的幻想。在实际学习过程中，有些人对财经应用文的一些基本理论和基础知识好似“一看就会”、“一说就明白”，但真正动起手来却“一写就错”。因此这种学习上的“轻敌”思想是完全要不得的。事物总是有一定规律可循的，学习财经应用文也是这样。只要我们具备一定的写作能力和政策水平，并学习必要的业务知识，经过一番刻苦努力，就能逐步掌握财经应用文的写作规律。

1.4.1.2　懂得政策，熟悉业务

财经应用文不仅是个格式问题，它还有着很强的政策性，牵涉到许多业务知识。要写好财经应用文，首先必须懂得党的经济政策和各种经济法规。例如，写一份调查报告或一份经济活动分析报告，就要以党的方针政策为指导，正确阐述和宣传党的经济政策；签订一份经济合同，必须懂得经济合同法。要写好财经应用文，还必须熟悉有关的财经知识。刘勰说得好："郊祀必洞于礼，戎事必练于兵，田谷先晓于农，断讼务精于律。"（《文心雕龙·议对》）意思是说，写祭祀方面的应用文，必须了解礼仪制度；写军事的、农事的、诉讼方面的应用文，则要了解军事、农事、法律方面的知识。同样，要草拟一份工业或商业部门的企业管理制度，就要熟悉工业或商业部门的有关业务知识。

1.4.2　学习方法

1.4.2.1　努力提高写作水平

财经应用文有其自身的特点，但毕竟还是文体的一种。天下文章有共性，也有个性。曹丕说得好："夫文体同而末异。"（《典论·论文》）如果自以为有了一定的写作水平，就不必再学财经应用文，则是忽略了财经应用文的个性；反之，如果从实用主义出发，以为只要专学财经应用文，其他文章可以不学不写，则是忽略了文章的共性，是舍本逐末的做法。财经应用文和其他文体的文章一样，都要求用正确的立场、观点和方法去反映客观事物。在写作中，都涉及中心、结构、材料、语言和表达方式等问题。因此，必须注意从根本上提高自己遣词造句及布局谋篇的能力。对写财经应用文来说，又特别要注意提高概括叙事和分析说理的能力，要能运用严密准确的文字来传递信息、联系业务、总结经验。这些方面的水平提高了，写起财经应用文就会得心应手了。

1.4.2.2　联系实际，反复训练

学习写作，要密切联系实际，反复练习。前人在这方面有不少的体会和教诲，北宋著名散文家欧阳修就曾经说过，作文"无它求，唯勤读书而多为之，自工"。（《东坡志林》卷一）学习财经应用文也是这个道理，只有联系社会主义经济建设实际，联系本职工作实际，反复实践，才能从中领悟出要领，找到一些规律性的东西，写作也就有了门路。同时，财经应用文不仅要写得好，还要写得快，而好和快的本领，都是在不断的写作实践中锻炼出来的。

1.4.2.3　掌握财经应用文思维描述模型的写作理论

要认真学习财经应用文思维描述模型写作的理论和"建模"方法。财经应用文思维描述模型，是当前应用写作学术界最新的科研成果之一，它综合运用思维学、系统论、逻辑学等现代科学知识，从财经应用文写作入手，建立起来的一种崭新的、科学的财经应用文写作理论体系——思维描述模型，来解读财经应用文写作的"操作技术和训练体系"，即财经应用文写作技术。该模型使财经应用文写作理论科学化、操作技术化，帮助人们又快又好地学习财经应用文，并将收到举一反三的效果。

综合训练 1

1. 什么叫应用文？你对叶圣陶先生的“大学生一定能写生活和工作中实用的文章”这句话怎么理解？

2. 什么叫财经应用文？财经应用文有什么特点？

3. 财经应用文有哪些种类？请说出《国务院关于发布〈国家行政机关公文处理办法〉的通知》中规定的现行的13种公文。

4. 财经应用文在财经工作中有什么重要作用？你将怎样学习财经应用文，掌握这个做好财经工作的重要工具？

5. 财经应用文作者需要具备哪些修养和能力？

第 2 章 财经应用文思维描述模型

2.1 模型

2.1.1 模型的含义和作用

在我们日常生活和工作中，经常会遇到或用到模型。如儿童玩具、建筑模型、飞机模型等都是实物模型；此外还有文字、符号、图表等描述现实客观事物的某些特征和内在联系的模型，如地图。

科学家或工程师在研究实际的或拟议的系统的时候，为了便于实验和预测，总是先要设法把所要研究的系统的结构形态或运动状态变为易于考察的形式即模型。

模型是系统过程的一种简化、抽象和类比表示，它不再包括原系统或过程的全部特征。模型是现实世界的抽象，而抽象的程度是很不相同的：抽象程度越低，模型离现实世界越近，结构也就越大、越复杂；抽象程度越高，模型离现实世界越远，所要考虑的因素就越少。

模型还是一种隐匿于现象后面的一种格局，一种框架，一种普遍遵从的规律。

模型的作用是：用来描述信息系统的复杂性。在系统分析与工程设计中，模型帮助科研人员澄清和改良设计；“建模”完成后，即找到了最佳的设计方案。人们正是通过模型把握和改造客观世界，模型在科研和工程设计中具有不可替代的作用。

2.1.2 模型的种类

2.1.2.1 数学模型（抽象模型）

数学模型是描述系统技术方面的一系列公式。数学模型用来表示系统精确的方面，这些部分最适合用公式或数学符号来表示。例如，用等式来表示所需要的网络吞吐量，用函数计算查询所需要的响应时间。这些模型就是技术需要的例子。牛顿万有引力定律 $F=\frac{m_1 m_2}{r^2}$就可以看作是由两个质点组成的系统的数学模型。此外，各门学科中的流程图、方向图、逻辑框图、信号流图、状态迁移图、数学公式、逻辑式、表格，等等，都可以看作是事物原型的抽象数学模型。人们正是通过这些简化模型去把握复杂的世界，并取得一个又一个突破性的成果。

2.1.2.2 具体模型

具体模型也叫实物模型，它是对客观事物的模拟或微缩。例如飞机模型、建筑模型和缩尺模型。科学家或工程技术人员在研究系统或拟议的系统的时候，为了便于实验和预测，总是先设法把所要研究的系统的结构形态或运动状态按一定数学比例进行模拟或微缩，以便于研究、考查、修改、设计和施工（加工）。

2.1.2.3 描述模型

在对客观世界的表述中，不是所有的需求都可以用数学来精确定义的，也不是所有的需求都能用实体模型来展示的。对于那些无法用数学模型或实体模型来定义或展示的，可以使用描述模型。

描述模型是描述系统某些方面叙述性的备忘录、报表或列表。有时叙述性描述是记录信息的最好方式。许多有用的信息系统模型都包括简单的列表，例如特征列表、输入列表、输出列表、事件列表和用户列表等。列表是一种准确、详尽、有效的描述或叙述性模型。图2-1包含了RMO的客户支持系统的简单输入列表，这是一个描述模型的例子。

以RMO的电话订货为例来说明过程需求的叙事描述：

"当客户打来电话时，我首先询问他们以前是否通过电话向我们订过货，接着我想办法问出他们的客户ID号，这些对应的客户号可以在商品目录的邮寄标签上找到。如果他们不清楚客户号的话，我就要根据他们的名字来查找，其中要进行一系列的排除，例如，查找代顿城的所有名为Smith的客户，直到找到要找的那一个为止。接下来，我问他们看的是哪一本商品目录，有时他们看的是过期目录。如果有这种情况，我就向客户解释：目录中的商品仍有供应，但价格也许会有变动。当然，客户会告诉我商品所在页码，但由于目录是过期的，因此这对我毫无用处，我必须让客户告诉我商品号……"

RMO客户支持系统的输入列表：

查询条目

新订单

订单更改请求

订单状态查询

主要完成通知

延期订货通知

订单返回通知

商品目录查询

客户账户更新

促销商品详情

客户收费调整

商品目录更新细节

特价商品详情

新商品目录细节

图2-1 描述模型

此外，在不同的系统、行业，都有不同的模型，例如商务建模在信息系统的生命周期中属于系统分析中的一部分。为了对信息系统的生命周期进行合理的描述，使信息系统的整个建设过程能够真正地切合实际需要，人们提出了系统生命周期模型概念。系统生命周期模型可以看作是人们理解、控制信息系统建设模型的总体思路。其中影响较大的模型有：瀑布模型、"b"模型、螺旋模型、喷泉模型、增量模型和智能模型。

2.2 思维描述模型

2.2.1 思维与思维的本质

思维是人脑的机能对客观存在的反映，是人脑接受、加工、存储和输出信息，以指导人们行为的活动过程。其中客观存在包括自然界和社会现象。

思维科学的宗旨，是对人类思维的本质、原理进行探讨和揭示，以掌握其规律，并更好地运用到思维实践中去，为人类科学研究、工程设计、文学艺术创作、改造主客观世界实践服务。

思维操作的本质是分析与综合。换言之，分析与综合就是思维行为的过程本身。关于分析与综合的思维技术问题，历来只停留在理论家的著作中，很少被真正理解。于是出现了这样的现象：许多思想家善于思维，善于分析与综合，能够把分析与综合运用得出神入化、精妙绝伦，但却无法从思维的操作技术上、模型上说明是怎样进行这种分析与综合的。因此，这种思维本领如水中月、镜中花，只能赏玩，难以传授和学习，难以被大众所掌握。造成这种现象的原因在于没有分解、离析出分析与综合的种种具体操作模型，没有对分析与综合进行再分析、再综合。

怎样解决分析与综合的思维操作技术问题呢？经研究发现，“模型”理论是解读写作的思维规律、提高人们思维能力的最佳途径。在本章中对模型的分析和模型作用的阐释中说过，模型可以描述信息系统的复杂性。信息系统是十分复杂的，而且系统的某些部分难以明了。而思维本身就是一个十分复杂的系统（意识），我们完全可以采用系统论之模型理论去描绘思维、解读思维，给思维建立一个“模型”，使思维更简洁明了，更具可操作性和应用性。我们可以建立数学模型，而更多的是建立描述模型——即思维描述模型，去构建、解读写作中的思维运行规律、逻辑关系及写作技术问题。

2.2.2　思维描述模型的定义

基于上文的阐述，我们可以给思维描述模型下定义：思维描述模型是思维操作本质，即分析与综合的外观，它是人们认识、反映主客观世界的规律的标准样式、文字或图表。

思维描述模型是一个平台，它整合了写作的各种构件和信息，把人们看不见、摸不着的思维演绎成书面化、视觉化可操作的文字或图表。

2.3　财经应用文思维描述模型

2.3.1　财经应用文思维描述模型的含义

财经应用文思维描述模型是以马克思主义哲学为指导，运用思维科学、系统论、方法论、逻辑学等现代科学知识，从财经应用文写作入手，建立起来的一种比较科学的写作操作技术和训练体系。它对财经应用文思维方式作结构性的表述，是人们按一定方式、规则、程序输入和输出信息的思维活动形式，是人们构思文章、预先编排的标准思维程序。

财经应用文思维描述模型（以下简称“模型”）是文章的模仿或抽象，是写作的方程式。它有一定的内容，遵循写作规律，按照量化、序化、优化的原则有规律地结合；它控制着文章的进行律，抽象地表示文章各部分构件之间的关系、排列组合，以及共性和个性。它具有以下特点：

（1）它是构思文章思维轨迹的书面化、标准化。

（2）它是文章的模仿和抽象。

（3）它是信息的抽象和概括，体现了作者的思维方式和思维走向。

（4）它体现了文章有关因素之间的逻辑关系。

2.3.2 财经应用文思维描述模型的种类

财经应用文思维描述模型分为两大类：一是宏观思维描述模型；二是微观思维描述模型。

2.3.2.1 宏观思维描述模型

宏观思维描述模型是人类对世界深入、细致、准确的认知。世界是什么？世界是物质的，物质是运动的。物质的运动是在时间和空间中进行的，时间、空间是运动着的物质的存在形式。

时间就是物质运动的持续性、顺序性。它表明一事物和另一事物，一运动过程和另一运动过程依次出现的先后次序；一事物的存在和另一种运动过程的长短持续。

空间就是运动着的物质的伸张性、广延性，是指物体的位置、规模和体积。

宏观思维描述模型又分为两类：

1. 客观世界思维描述模型

客观世界是物质在时间和空间中运动所构成的一个丰富多彩的客观世界。人们对客观世界的分析就是对空间关系和时间关系的分析。对空间和时间的分析与综合，产生了空间思维与时间思维。

（1）空间思维描述模型：它构成了空间分析与综合。把空间分析与综合称为构成思维，即构成分析与综合。

（2）时间思维描述模型：它构成了时间即过程的分析与综合。把时间思维称为过程思维，即过程分析与综合。

2. 主观世界思维描述模型

“主观世界是指人对世界的知、情、意的心理认识活动。对主观世界的分析即对数量关系、异同关系、逻辑关系的分析。对数量关系的分析与综合就是对事物的某种性质、功能、数量和程度的分析与综合；对事物异同关系的分析与综合就是对事物的相似特征的分析与综合，即相似思维。对事物逻辑关系的分析与综合就是对事物与事物之间的因果关系的分析与综合，就是因果思维，因果思维产生了观点。”（马正平，《赋形·路径·策略·文本——人类广义写作思维基本原理》，哈尔滨学院学报，2002）

（1）数量思维描述模型：它构成了对事物各种因素之间数量的分析与综合，它是定量分析的基础。

（2）异同思维描述模型：它构成了对事物的相似特征的分析与综合。

（3）因果思维描述模型：它构成了事物与事物之间的因果关系的分析与综合。因果思维产生了观点。

（4）辩证思维描述模型：它反映了分析与综合是辩证的对立统一关系，是以事物的整体和部分、一般和个别的关系为根据的。它们的对立主要表现为：在认识过程中的起点不同，表现了认识过程中不同的阶段和侧面。它们的统一则表现为：互为对方的前提和准备，并相互渗透、贯通和转化。人类对世界的认识就是在这种分析与综合复杂的作用中不断前进，不断深化，而每一次转化绝不是上一次的重复，而是深化、创新。这种分析与综合的过程就是具体运用辩证思维和抽象思维的过程。

以上将众说纷纭的、混沌的思维关系，从对象角度分为六大思维描述模型，即宏观思维描述模型。它为微观地分析与综合提供了具体性、方向性和可操作性的思路，是思维的分析与综合的操作技术、程序。

2.3.2.2　微观思维描述模型

财经应用文微观思维描述模型可根据不同的角度、范围和功能划分类型。

1. 按不同范围分类

财经应用文微观思维描述模型按不同范围可分为总体思维描述模型和部位思维描述模型。

（1）总体思维描述模型。它是全篇文章的思维网络，是作者构思文章的思维标准化的一种直观表达形式。从总体思维描述模型中，人们可以一目了然地认识某种文种的全部构件的思维程序及相互关系。总体思维描述模型是各部位思维描述模型的总和。

（2）部位思维描述模型。它又称为肢体模型、分解模型。从性质上分为两种：一种叫定量思维描述模型；另一种叫变量思维描述模型。这两种模型在具体运用中是对举的，往往构成一组或一对。变量思维描述模型是定量思维描述模型的演化、分解和活用。从结构上，部位思维描述模型又分为文题模型、导言模型、主体模型、结尾模型等，这几种模型揭示了文章各部位不同序列、不同排列组合的关系，以及标准思维走向，解决了文章究竟应该“怎么写”的具体技术问题。其中定量思维描述模型是标准型，变量思维描述模型是定量思维描述模型的“活化”。标准型中包含着思维的共性，“活化”中孕育着思维的个性，揭示了平衡是相对的，变化是绝对的思维辩证法。

2. 按不同功能分类

财经应用文微观思维描述模型按不同功能可分为主旨、材料、结构、思路、表达、语言思维描述模型（详见第 3、4、5 章）。

2.3.3　部位思维描述模型的构成要素

部位思维描述模型是由模型件、模型量、模型旨、模型链和模型语五个规律性的要素构成的。件、量、旨、链、语构成思维表述体系，是构思文章内容和形式的统一，是人们对客观事物的认识的抽象的表达形式。模型具有可变或不可变的性质，其中定量思维描述模型是不可变的，变量思维描述模型是可变的。变化的原因是由于模型的件、量、旨、链、语及排列组合发生了变化。模型的要素变化了，思维轨迹也相应发生变化，因而形成千姿百态的文章。

（1）模型件是指构成模型的基本要素，主要是信息要素、材料要素，它是信息的载体，是信息的抽象和概括。它的表达方式是一个概念、一个词、一个词组或一个句子。

（2）模型量是指模型件之间的排列组合比例关系，它是模型件的量化、序化、优化。

（3）模型旨是指作者在文章中表达的意图、观点。

（4）模型链是指本模型作者的思维方式、思维走向，是文章一段或几段的思路，或诸段落之间分析与综合的结构逻辑关系。

（5）模型语是语言文字的表达方法。

以上五要素，涵盖了微观思维描述模型的全部信息。娴熟地掌握运用它，既可以分析财经应用文，又可以撰写各类财经应用文。

综合训练 2

1. 什么叫思维描述模型？它有什么作用？
2. 什么叫财经应用文思维描述模型？请说明它的类型。
3. 什么是宏观思维描述模型？请归纳出宏观思维描述模型的种类。
4. 部位思维描述模型是由哪些要素构成的？
5. 请分析下面文题思维描述模型的构成要素：

《财政部门关于企业为职工购买保险有关财务处理问题的通知》

(1) 模型件：

(2) 模型量：

(3) 模型旨：

(4) 模型链：

(5) 模型语：

第3章　财经应用文主旨与材料思维描述模型

主旨与材料是财经应用文的内容特征。一篇财经应用文要有一个鲜明的主旨，因此，主旨是文章的灵魂；文章还必须有支撑主旨的材料，故材料是一篇文章的血肉。这两者水乳交融，构成了文章的整体，反映了客观事实与写作主体的观点之间的统一。

3.1　财经应用文主旨思维描述模型

3.1.1　财经应用文主旨的含义、特征及作用

3.1.1.1　财经应用文主旨的含义

主旨，即文章的中心，不同文体中冠以不同的名称：在文学作品中称之为主题，它通过对作品的人物、事件、环境的刻画、描写，艺术地展现出来。议论文称之为论点，它通过逻辑论证、推理综合归纳出来。财经应用文称之为主旨，它是作者阐述某项经济活动规律，揭示问题的本质，分析经济活动的共性和个性，沟通经济信息等行为表达出来的作者的意图、基本思想、主要观点。

每一篇财经应用文都有其特定的写作意图，或发布指令，或告知事项，或总结交流经验，或传达某项政策，或说明某项事物等。这种写作意图反映在写作上，就形成财经应用文的基本精神或基本观点，即行文用意、目的或意义。这种基本精神或基本观点称为财经应用文的主旨。

主题、论点、主旨三者的内涵基本一致，但鉴于文体及功能的不同，它们的表现形态、特征及确立方式有较大区别。在写作中须认真分析，准确把握，仔细辨析不同文体中文章中心的各自特征和表达方法。

3.1.1.2　财经应用文主旨的特征

1. 实用性

从财经应用文的性质上看，它具有十分鲜明的实际应用性质。例如，写一份总结，意在总结过去的经验教训，从事实中探求规律、揭示本质；写一份经济活动分析，意在找出存在共性和特殊性的原因，从而揭示企业经济工作的一般规律和特殊规律，用来指导经济工作的实践，少走弯路，促进企业经济的飞速发展等，其目的都是为了表达作者的意图、观点。因此，在财经应用文中，主旨是写作意图的具体化。

2. 直陈性

从财经应用文的表达方式上看，它不像文艺作品那样靠形象、情节去表达，它的全部内容只是直陈作者的目的、意图。例如，发布指示就是告诉下级应该怎样做，不应该怎样做。所以，财经应用文表达主旨的主要方法是直陈。直陈就是态度明朗，不拐弯抹角，直截了当地陈述作者的意图。

3. 客观性

财经应用文的主旨与其他文体相比，较少主观感情色彩。它要求作者站在客观的立场上，按照国家法律、规章和政府的财经政策，对某一问题做出公正、客观的判断和评价，从中揭示出事物的本质，提出解决问题的原则、措施，总结经验、教训。例如，一篇财经调查报告的主旨往往产生于调查研究的末尾，而不是开端。调查报告的主旨必须公正、客观，实事求是，绝不能带有感情色彩。

3.1.1.3 财经应用文主旨的作用

主旨是财经应用文的灵魂、统帅，是文章的核心。首先，主旨是衡量一篇财经应用文价值的首要因素。任何一篇财经应用文都是通过作者对客观经济生活的分析、综合来表达作者的意图和主张的。而文章质量的高低，社会价值的大小，首先取决于主旨。正确的主旨，有利于宣传国家的经济政策，反映客观经济规律，指导推动工作；反之，不仅影响国家各项经济政策的贯彻执行，还可能造成不可挽回的后果。例如，某企业财会科写了一份财会分析报告，此报告与同期相比，只写了决算时期中原材料、劳动工资、成本及利润等与上年同期相比的升降情况，而没有具体地分析形成差异的主客观原因及找出生产管理上的问题，也没有据此提出切实可行的改进办法和建议，这样的财务分析，既不能对领导起参谋作用，也不能对生产起督促和监督作用。所以，没有观点的财经应用文，是毫无裨益的。其次，主旨统帅文章的内容和逻辑关系，文章中的依据、目的、措施、因果关系的分析与综合，内在的逻辑关系，都受统于主旨。

3.1.2 财经应用文主旨的孕育、提炼和要求

3.1.2.1 财经应用文主旨的孕育

文章主旨的孕育、形成离不开社会实践。文艺作品的主题形成是如此，财经应用文的主旨形成也是如此。

主旨是作者对所反映的客观事物不断深化认识的产物。财经工作者在经济活动中，通过观察、调查、数字的统计，多方面资料的积累，并在此基础上进一步分析、探索、研究、推断，有所领悟，有所发现，并运用归纳和演绎、分析和综合等科学的逻辑思维方法，找出事物的内在联系和客观规律，揭示问题的本质，使感性认识升华为理性认识，形成最能反映事物本质的主旨。要反映事物的本质，反映事物的内部规律性，就必须经过思考，将丰富的感性材料加以去粗取精、去伪存真由此及彼、由表及里的改造，形成概念和理论的系统，从感性认识上升到理性认识。这是运用唯物论的反映论对主旨形成过程的科学概括。

总之，财经写作的主旨是作者在财经活动实践中逐渐形成和产生的，它是社会实践的产物，也是作者对所反映的客观事物不断深化认识的产物。

3.1.2.2 财经应用文主旨的提炼

人们认识事物的过程，是由感性认识上升为理性认识的过程，撰写财经应用文也是这样一个过程。要使财经应用文的思想性强，就要不断地提炼观点，使观点不但正确、鲜明，而且具有一定的深度和高度。

人们在拟稿过程中，常常感到提炼观点很不容易，虽然材料很多，但却理不出头绪；或是虽然确定了观点，但就事论事，没有一定的深度和高度，不能给人以更多的启发。究竟怎样才能提炼好观点呢?

1. 要认真研究全部材料

财经活动实践中丰富的材料是提炼主旨的基础。"蚕不吃桑叶吐不出丝，蜂不采花酿不出蜜"，作者不深入到生活实践中去，就难以写出好作品。作为一名财经工作者，若不参加社会实践活动，不积累丰富的第一手资料，就提炼不出好的主旨。因为主旨不是游离于材料之外的东西，也不是作者随心所欲"贴"到文章上去的标签，而是对全部材料思想意义的高度概括。只有从所占有的全部材料中领悟其所蕴含的本质意义，才能提炼出深刻、新颖的主旨。

2. 要提高政策水平

提炼主旨的过程，在认识上就是以唯物辩证法为指导，以党的方针政策为依据，对当前经济形势和反映的对象进行深入研究的过程。认识是否正确，分析是否中肯，除了取决于作者对客观情况掌握是否全面之外，还取决于作者的政策水平。因此，只有认真学习经济理论，学习党的方针政策，学习各种经济法规，才能提高分析和判断事物的能力，这是提炼好主旨的根本保证。

3. 要揭示事物本质

客观事物是纷纭复杂的，包含着各种各样的矛盾。作者应该认真分析各种事物的具体情况，努力抓住其主要矛盾作为提炼主旨的依据。这就要求对大量的材料进行分析、综合和逻辑推理，善于区别主流和支流、真象和假象。例如某工厂资金周转很快，那么就要进一步研究它取得成绩的原因，总结出经验，找出客观规律，用来指导面上的工作。

提炼主旨要达到怎样的高度和深度呢？简言之，在观点正确、鲜明的前提下，要符合两点要求：一是现实性和方向性相结合；二是特殊性和普遍性相结合，既能解决本单位的具体矛盾，又能带动解决广大群众关心的问题和其他单位实际工作中存在的普遍性问题。

4. 要展示时代精神

提炼主旨要放开眼界，纵观全局，与时代的脉搏紧密相连。这就要求要以党的方针、政策为依据，考虑到当前中国特色社会主义建设的需要，为社会主义建设服务，要不断地研究探讨中国特色的社会主义经济建设理论，不断研究新情况、新问题，使文章的主旨闪耀着理论的光辉，展示崭新的时代精神。譬如，对社会主义存在商品经济的探讨，宏观控制和市场调节，简政放权和搞活企业等问题都展示了时代的风貌。

3.1.2.3　财经应用文主旨的要求

主旨确定之后，并不等于能写出好作品，还需要进一步研究如何表现主旨的问题。主旨表现的基本要求是正确、鲜明。

1. 正确

财经应用文如果没有观点（主旨），就等于没有生命。而生命力旺盛与否，主要看观点是否正确、鲜明，因为财经应用文不同于一般的叙事、说理文章，它主要代表国家财经机关和社会主义企事业单位对本身业务工作的看法和意见，不仅具有强烈的政策性，而且具有执行上的严肃性。

没有观点的财经应用文，让人看起来抓不住中心，没有实际意义，但是有观点而观点错误的财经应用文，更加要不得。

所谓主旨正确，是指作者的基本观点和从属观点都正确，要符合党的方针政策，合乎事物本身的规律，合乎社会发展规律，根据社会主义建设的要求，对当前迫切的财经问题做出正确的判断。

正确的观点不是单凭自己的头脑空想出来的，而是从客观实际中得来的。党的正确的方针政策是客观规律的反映，因此，我们要以此为依据，同时还要结合具体实际情况做具体分析，这样才能使主旨正确。

2. 鲜明

所谓鲜明，是指旗帜鲜明，是非分明，提法准确，文章有个性。“述情必显”，“析情必精”（《文心雕龙·风骨篇》），就是这个意思。文艺作品靠形象思维来表达作者的观点，人们领会它的观点，要有一个品味过程，不同的人领悟同一篇作品的观点的深度、广度也有很大的差异。而财经应用文大多运用逻辑思维，表达观点必须明确。同时，财经应用文是用来指导、推动工作的，其观点密切联系党的政策，因此，最好开门见山，用判断句的形式正面提出来，说明作者赞成或反对的问题。

当前，一些财经应用文观点不够鲜明，究其原因，大体有三种情况：一是例行公事。作者在拟稿时还没有搞清主旨是什么就草率成篇，结果是“下笔千言，离题万里”。二是眉毛胡子一把抓，违反一文一事的要求，企图在一个文件里解决多个问题，结果造成“多中心”，即无中心。三是体现不了财经工作的个性。例如，银行、财政部门的工作是综合性的，与各行各业都有关系，但有些文章只反映了这些部门的共性问题，却没有反映出银行、财政部门工作的个性，没有个性的财经应用文绝不是一篇主旨鲜明的好文章。

3.1.3 财经应用文主旨思维描述模型的种类

财经应用文的主旨表达原则有二：一是主旨的单一性，一题一议；二是“直”而“露”，即直陈主旨，明白显露。主旨思维描述模型有以下6种。

3.1.3.1 文题现旨模型

指在财经应用文的标题中概括点明主旨。例如《××市关于进一步做好城市蔬菜产销工作的报告》一文，“××市”是“发文机关”，“进一步做好城市蔬菜产销工作”是“事由”，“报告”是“文种”，其主旨是“事由”部分。

其思维描述模型是：“谁→什么事→做什么”，其中“什么事”即“事由”部分是主旨。

3.1.3.2 开篇明旨模型

指在财经应用文的开篇中开门见山、直截了当地把主旨揭示出来，使读者一眼就把握要领，理解作者的意图。例如《关于对股份制企业税收管理工作的规定》一文的开篇：“为了加强对股份制企业的管理工作，促进股份制企业试点健康发展，现对股份制企业的税收问题作如下规定。”这是作者的行文目的、意图，再加上下文的“做法”，就构成此文的主旨。

其思维描述模型是：“为了什么/根据什么→做什么（概括）”。

3.1.3.3 段首明旨模型

指在每段的开头用一两句精练扼要的话概括出文章的要点，揭示文章的主旨，这种情况常常出现在较长的经济应用文中。一篇文章有一个总主旨，为了表现总主旨，还要分成若干段，每一段就形成了自身的主旨。将一段的内容归纳后放在段首，就是段首明旨。例如《中国上市公司董事会治理的报告》一文中，为了表达总主旨而形成了三个要点，分别阐述，用的就是段首明旨模型："一是董事会会议流于形式；二是独立董事制度未到位；三是股权结构不合理。"段首明旨的好处是，便于读者一目了然，把握要点，理清思路，节约时间。

其思维描述模型是："谁→怎么样"或"做法 + 观点/成绩/体会"。

3.1.3.4　分题明旨模型

指把财经应用文分成几部分，每一部分拟定一个小标题来显旨。这种显示主旨的方法常常用于内容比较复杂的财经应用文中，如综合性总结、报告、决定等。例如《××年全国公路交通经济运行情况分析报告》一文中的"一、公路货物运输全面增长；二、公路旅客运输总体平衡；三、春运旅客安全有序"，就是通过三个小标题来分题明旨的。

其思维描述模型是："谁→什么事"或"什么是什么"。

3.1.3.5　汇总显旨模型

有的财经应用文由于材料繁多，内容复杂，很难找到全文的主旨，而是以分旨句的形式散见于文章的各个部分，将这些分旨句汇总升华后就是全文的主旨。最典型的是长篇的工作报告。

其思维描述模型是："分旨句 1 + 分旨句 2 + 分旨句 n→经过综合、概括→升华为主旨"。

3.1.3.6　篇末点旨模型

篇末点旨，指"点化"的意思。有些财经应用文在篇末对全文进行简要地总结概括，使读者有一个完整的概念，以加深印象。它常见于总结、财经论文、行政公文某些篇幅较长的文书中。其思维描述模型是："问题→打算→方向"或"概括深化论点"。

有些财经应用文在篇末，根据主旨，展示未来，鼓舞斗志，其思维描述模型是："措施→建议→展望"。这些，都是对主旨的升华或"点化"。

3.2　财经应用文材料思维描述模型

材料是写作的基础，没有材料就写不成文章。要写一篇财经应用文同样需要很多材料，那么多的材料究竟从哪来呢？秦牧曾说过：一个作家应有三个材料仓库，一是群众，二是生活，三是书本。他的话不仅适用于文艺创作材料的积累，而且也适用于财经写作材料的积累。这就是说，财经写作的材料既要搜集直接材料，又要搜集间接材料；既要积累死材料，又要积累活材料。

3.2.1　材料的作用

主旨是文章的灵魂，因此，一篇财经应用文要有一个鲜明的主旨。但是，仅有主旨是不行的，还必须有支撑主旨的材料。材料是一篇文章的"血肉"，材料的重要性是显而易见的了。那么，材料的主要作用是什么呢？

在动笔之前，材料是形成观点（主旨）的基础。在文艺作品中，文章的主题是作者深入现实生活，经过观察、了解，占有大批材料，再经过头脑这个"加工厂"反复思考、提炼，对这些材料进行选择加工制作而形成的。同理，财经应用文的主旨也是在大批材料的基础上形成的。譬如我们要写一篇某工厂经济活动分析报告，如果没有掌握这个工厂生产活动的全过程和经营管理的第一手资料，又不了解这个工厂干部、工人管理企业进行生产的具体思想、工作情况，更不知道这个工厂的历史沿革、发展变化，那么怎么能在报告中形成自己的观点，提出见解和看法呢？因此可以说，没有充实的材料，也就没有文章的主旨。

在动笔之际，材料是表现观点（主旨）的支柱。材料之所以重要，不仅仅在于动笔之前，靠它形成文章的主旨，而且在于动笔过程中，靠它支撑主旨，表现主旨。衡量一篇文章如何，首先看内容，内容不好，格式再完美，技巧再高，也不算是好文章。那么，什么是文章的内容呢？主旨当然是文章内容的主要因素。但仅有主旨根本形成不了一篇文章，不论鸿篇巨制，还是短小篇什，它的主旨一般都可以用几句话概括出来，仅仅从这抽象的语句中，谁也看不出文章的具体内容，因此，主旨不能孤立存在，它是寓于材料之中，存在材料之内，必须通过材料才能得以表现，获得生命。所以，材料和主旨，是构成文章内容两个不可分割的因素。主旨统帅材料，材料表现主旨，两者互相依存，缺一不可。一篇文章，如果没有材料就没有"血肉"，那么主旨也就不稳，或者说谈不上有主旨。章学诚说："立言之要在于有物。"朱熹也说："作文须是靠实……大要七分实，二三分文。"毛泽东同志在《反对党八股》一文中揭示党八股的第一条罪状是："空话连篇，言之无物。"

构成财经应用文内容的主要成分是"信息链"，一系列大小信息，在某一意图的渗透下组成一条"链子"，没有这条"链子"，任何财经应用文都难以写成。因此，材料是表现主题的支柱。

3.2.2. 财经应用文材料搜集思维描述模型

材料来源于客观实践。要写出富有思想性、科学性、实用性的财经应用文，就必须到社会实践中去调查，大量、详细地占有材料。

从材料来源方式上分为直接与间接材料思维描述模型；从时间上有现实和历史材料思维描述模型；从范围上有点上和面上材料思维描述模型；从性质上还可分为正面与反面材料思维描述模型。

3.2.2.1 直接材料思维描述模型（深入实际+调查研究+日积月累）

确立主旨最有力的依据是第一手材料，而获取第一手材料的主要途径是深入实际，调查研究，日积月累。这就是要求作者躬身实践，投身到社会主义现代化建设中去观察、体验，从社会实践中获得最新信息，掌握第一手材料，这样的材料才是"活"材料，这样的材料最生动，最具体，也最有说服力。

深入实际是指直接从事经济业务活动，在经济业务活动中获取大量的原始材料，从而发现问题、分析问题，然后确立主旨。

调查研究是指作者深入某个经济领域，对某个问题进行深入的调查、采访，从中获得大量的第一手材料。这种材料最直接、最客观，也最能说明问题。

日积月累是指作者将调查、采访的材料记录下来，并加以整理分类。这样天天记、月月记，所形成的材料不仅可以为确立主旨提供依据，对文章的写作也带来极大的方便。

3.2.2.2 间接材料思维描述模型（阅读+研究+横移）

大千世界，纷纭复杂，而一个人不可能事事都躬身实践；一个人的经历，也只能了解一个事物的某一侧面，为了能比较深刻地认识事物，如实地、完整地反映它的真实情况，还必须搜集间接材料。例如从书本报纸杂志上获取材料，听取有关人员的介绍情况，查阅总结各种报表、统计资料及其他书面材料等。

阅读报刊，报刊是传递信息最敏感的载体之一，有选择地阅读和研究财经类的报纸、刊物，可以从中获取大量的间接材料。

研究文件，文件中既包含上级的指示精神以及有关的新规定、新制度，也有基层部门反映上来的实际情况，因此，认真学习、研究文件，也是获取间接材料的重要途径。

信息横移，就是把知识、信息与决策有效地统一起来，广泛开展学人之间、学科之间的交流。如果每人掌握 10 条信息，那么与 10 个人交流，就可能获得 100 条新信息了。这种信息的扩充性，也是获取间接材料的一种有效措施。

3.2.2.3　现实材料和历史材料思维描述模型（现在—过去—现在，起始—发展—末尾）

现实材料能体现新情况、新经验和新问题，具有新的时代风貌，因此，我们首先要占有它。但任何事物都有它的今天和过去，有它产生、发展的历史，要想认识今天，必须把握昨天，因此，我们还要占有历史材料。把现实材料和历史材料结合起来运用，这样才能了解事物的全过程，开始怎样，后来怎样，现在怎样，通过比较分析，方能找出问题的症结所在。

任何事物都有它的产生和发展、过去和现在、原因和结果。事物运动进程中的始与末，都是相对的。每个开始都是它的过去的结束，每个结束又都是它未来的开始。因此，既可以把眼前的观察对象看作是它的过去的自然延伸，又可以看作是它今后发展的开始。任何矛盾的突然出现，都不是偶然的、不可解释的。可以由事物的现在，追溯它的过去，由问题的结果，反推它的原因，从而掌握事物的历史背景；也可跟踪观察，由始至末，从而掌握事物的来龙去脉，最后达到深化认识的目的。

3.2.2.4　点上材料与面上材料思维描述模型（点—面—点，局部—总体—局部）

搜集点上的材料，便于说明事物的具体情况，加深人们对事物的认识；搜集面上的材料，有助于扩充视野，了解事物的全貌，使人得到总的印象。点面结合，既有深度，又有广度，可避免以偏代全或以偏概全。

何谓“点面结合”？所谓“点”，指的是反映事物部分、局部的材料，一般是个别性、具体性的典型事例；所谓“面”，指的是反映事物整体、全局的材料，一般是概述性的材料、综合性的统计数据。如果说“点”的材料反映的是事物的深度，那么“面”上的材料反映的则是事物的广度。所谓“点面结合”，就是将“点”上的材料与“面”上的材料结合在一起，使读者既可了解事物的全貌整体，又可对事物局部有更具体深入的认识。

任何现实事物的构成，都是整体与部分、全局与局部、共性与个性、具体与抽象的统一，这就决定了无论是作者的写作思维活动，还是读者的阅读认识活动，都必须遵循现实事物这种客观规律。作者在写作中，在观照、思考、反映现实事物时，必须正确揭示现实事物这种辩证关系。能正确揭示这种关系，就能对客观事物获得既全面又深刻的认识，否则，就会使思维认识只见树木，不见森林；或以偏概全，片面绝对；或笼统浮泛，缺乏深度。

3.2.2.5 正面材料和反面材料思维描述模型（正⇆反）

事物都处在辩证的统一体之中，在矛盾斗争中发展前进，因此事物总有阴阳之分、正反之别。正面材料便于人们总结经验，反面材料便于人们吸取教训。在搜集正面材料的同时注意搜集反面材料，正反对比，认识事物就能更全面、更深刻。

财经应用文还要注意搜集数字材料，因为数字材料便于定量分析，能够把事物表现得更具体、更清楚，加强说服力。

3.2.3 财经应用文材料分析思维描述模型

对搜集到的直接和间接材料，必须进行分析，探讨事情的因果关系，才能揭示事物的本质和规律。

分析是逻辑中最基本的认识方法之一，也是社会研究活动中普遍运用的一种思维方法。所谓分析，就是对事物各个方面以及矛盾的各个侧面（矛盾的主要方面和次要方面）分别加以深刻的考察，以找出对象各方面本质特征的思维过程。具体到社会调查研究中，就是在研究活动的中前期，以有关经验、理论为指导，将分类提供的、具有层次的调研现象作为一个整体，具体地从各个方面、各个阶段、各种因素、各级层次的特性、特殊的原因和结果等方面进行研究，区分其本质和非本质的东西，找出其根本本质、特殊本质和共同本质，从而避免调查研究认识活动的含混和笼统，达到对调研对象的深刻、具体的认识。

根据社会调研活动的特点，对调研对象的分析，一般可采用下列5种思维描述模型：

（1）定性分析法。确定调研对象是否具有某种性质，解决“有无”、“是否”等问题。

（2）定量分析法。确定调研对象各种构成数量，解决“多少”等问题。

（3）因果分析法。确定调研对象发生变化的原因，解决“为什么”等问题。

（4）因因分析法。确定调研对象诸多原因中的主要原因，再分析次要原因，再探究产生原因的原因，从而揭示出最深层、最根本、起决定作用的原因，这样才能抓住事物的本质。

（5）系统分析法。将调研对象作为一个发展变化的层次系统，进行动态研究。

上述分析方法并无公式化的形态结构。各种方法在具体应用中，都必须遵守以下两条原则：一是要将调研对象分析到最简单因素，以便深刻、全面地揭示其复杂性；二是要通过分析达到对调研对象的新认识，而不能仅仅是对“分类”的重复。

因果性联系是客观世界最普遍、最基本的联系。因此，在社会研究的分析过程中，探求社会现象产生的原因，尤其具有实践指导意义。

3.2.4 财经应用文材料综合思维描述模型

“综合法”是一种与“分析法”密切相连的逻辑方法。所谓综合，就是在分析的基础上，把事物的各个方面在思维中结合成一个统一的整体进行考察，使事物的本质体现在各部分中的逻辑方法。“分析法”和“综合法”这两者的认识运动方向相反，但又互为补充。在人类的认识过程中，既相对立，又辩证统一。因此，在分析和探求事物现象的因果过程中，透过事物的外部联系和外部现象发现了事物的某些方面的特殊本质，在社会调研活动的中后期，就必须在此基础上，进一步运用综合的方法，探寻调研对象各个方面、各个阶段、各种因素、各级层次之间的相互联系的方式，进而把调研对象的内部本质和外部现象、运动规律和表现形式、必然趋势和偶然情况、一般现实和个别事例辩证地统一起来，由“分析”提供的特殊本质的抽象认识，上升到对事物的共同本质和一般规律的具体认识。

综合的过程，实际上主要是运用完全归纳法或不完全归纳法等逻辑方法的过程。但为了保证整个综合程序既有创造性，又有必然性，所以在归纳之外，还应有所演绎。因此，综合的归纳法应有其特殊的形式结构。在此仅就社会调研活动的具体要求，提供两种实用性强的类型。

（1）单一调研对象综合归纳思维模型。A 调研对象具有属性 P_1，P_2，…，P_n；P_1，P_2，…，P_n 都是属性 P；所以，A 调研对象具有属性 P。

（2）多个调研对象综合归纳思维模型。对象 S_1，S_2，…，S_n 具有属性 P_1，P_2…，P_n；调研对象 S_1，S_2，…，S_n 都属于对象 S；属性 P_1，P_2，…，P_n 都是属性 P；所以，调研对象 S 具有属性 P。

上述的两种类型，前者适合于对单个调研对象的多种关系、性质的综合，以抽象出该调研对象产生、变化的一般规律；后者适合于对相对一致的若干调研对象的各种联系、关系、性质进行归纳，以综合出它们共同的本质。这里需要注意的是：“综合”必须以“分析”为基础，只有以科学的理论归纳调研现象，以新的观点统一说明“分析”所提供的各个局部的认识，才能全面地、本质地阐释现实状况，有助于经验的推广，防止和解决不良情况。

在社会调研活动中，反复运用分析与综合的逻辑方法，使分析与综合随着对调研现象的认识而不断上升和前进，从而构成一个分析与综合辩证统一、上升前进的循环过程，达到对调研对象全面完整、深刻而又具体的认识。

3.2.5　财经应用文材料选择思维描述模型（观点—真实—典型）

在搜集材料时要多多益善，以十当一，不厌其详；但在观点确定之后，选用材料则要以一当十，不要不加选择地把有关材料统统搬上去。

3.2.5.1　搜集材料与选择材料的区别

首先，要谈到“认识”与“表述”这个问题。人们认识事物，必须搜集、占有大量材料，便于研究分析比较，从中找出其内在联系，从而认识事物的本质，得出合乎科学的结论；那么“表述”呢，就需要在认识的基础上，把认识到的东西更直接、更简明地告诉读者，它在“认识”的理性指导下，以最“典型”、最揭示事物本质的材料“表述”出来。因此，当人们认识时，材料越多越好；当表述时，材料越精越好，越严越好，越典型越好。搜集材料是为了认识，而选择材料是为了表述。

其次，还有“质”与“量”的辩证关系问题。搜集材料指的是数量要多；选择材料指的是质量要精。数量再多，但质量不精，即使把这些材料都用上去，也不过是材料的堆砌，使文章臃肿；如果能够在若干材料中选择几个精当的，往往能给人留下深刻的印象。因此，选材的基本法则是：一是选材要严，要以一当十；二是选择自己最熟悉的材料。

3.2.5.2　选择的材料要为观点服务

选择的材料都要符合观点的需要，都要和观点息息相关。“到什么山上唱什么歌”，

“看菜吃饭，量体裁衣”，可以用来说明选择材料的总原则：即什么样的观点，就选用什么样的材料。茅盾同志在谈到怎样选择材料时说：“各人有各人惯用的一套手法，但大概不外乎：尽量采集与题目有关的材料。又十二分严格——几乎吹毛求疵般选用这些材料。”（李景隆，《应用写作》，中央广播大学出版社，1983）初写财经应用文的同志，常有不忍“割爱”的毛病，总想把自己辛辛苦苦搜集起来的材料尽量塞进去。例如，在用到甲材料时，感到与甲材料有关的乙材料也不错，就不管乙材料与观点的关系如何而不舍得丢弃；或是在一个完整的材料中，只有一部分与观点有关，却也全部照搬不加剪裁；这样做的结果是使文章臃肿庞杂，不利于鲜明地表述观点，反而淹没了观点，降低了文章的效用。

3.2.5.3 材料要绝对真实

材料绝对真实是对财经应用文写作最起码的要求。这和文学作品不同，文学作品不受真人真事的限制，它可以以生活的真实为基础，把多个人、多种环境、多种事件集中起来，进行艺术加工，创造出典型环境中的典型性格。财经应用文则不能这样。它所运用的材料，所叙述的人物、环境、事件都必须绝对真实，连细节也不能有丝毫虚构。

3.2.5.4 选择典型的材料

从生活中搜集起来的材料有很多是与观点有关的，也是真实的，但能否把这些材料都写进财经应用文中去呢？不必。鲁迅先生说：“要极省俭地画出一个人的特点，最好是画他的眼睛……倘若画了全副的头发，即使细得逼真，也毫无意思。”（裴显生，《财经写作教程》，高等教育出版社，2005）选择材料也是这样，要抓住特征，选择典型材料。

典型材料是指能够在思想、方针政策和业务等方面，表现和说明同类事物的实质及其发展规律的个别事物。简言之，典型是代表一般而又比一般突出的个别事物。

代表一般是指某一事物具有普遍意义，能显示出一般事物的发展方向。比一般突出是指能较深刻地反映本质，具有鲜明的特点。

典型的反面是非典型。那些个别的、偶然的、缺乏现实意义的，以及枝节的、无鲜明特点的材料，都是非典型材料。

选择材料时，除了选用典型材料外，也不能忽视一般材料。因为一般材料可以把事物的全貌反映出来，使读者看得更全面，所以，选择材料往往采取一般与典型相结合的方法。

3.2.6 财经应用文材料安排思维描述模型（观点→材料；材料→观点；观点→材料→观点）

材料的使用要做到观点和材料的辩证统一。观点要统帅材料，没有观点，材料只是一堆废物；没有材料，观点只是空洞无物的概念。因此，在选择了较为典型的材料后，需要用概括的语言，画龙点睛地说明观点，才能使观点和材料更好地结合起来。

至于材料的安排，主要根据表述的需要。通常有三种安排方法：一是先摆观点，后列材料。这种方法的好处是开门见山，头绪清楚。二是先列材料，后摆观点。这种方法的好处是先让读者了解事实真相，然后水到渠成，摆出观点，说服有力。三是先摆观点，后列材料，再阐明观点。这种方法先给人以简要清晰的概念，然后通过丰富的材料论证，使人进一步获得比较深刻的观点，由浅入深，适合于一般人获得知识的规律。

材料与材料之间的安排，主要有两种方法：一种是按事物发展的自然规律来组织，包括按时间、空间移动、矛盾的发展等顺序；另一种是按事物内部联系来组织。所谓“内部联系”，就是说这一材料和那一材料，原本是各自独立、互不相干的，但由于它们都是从不同的角度来说明我们所要表示的观点的，因而将它们组织在一起。以上两种方法，往往在一篇财经应用文中兼采并蓄，综合运用。

综合训练 3

1. 指出下列各段文字的主旨是什么？并说明主旨的表达方法。

(1) 各省、自治区、直辖市人民政府：

为了保护消费者和企业的合法权益，维护社会主义市场经济秩序，促进改革开放和国民经济健康发展，国务院决定开展一场声势浩大而又讲求实效的严厉打击制售假冒伪劣商品违法犯罪活动的联合行动。现就有关问题通知如下：

(　　　　　　　　　　　　　　　　　　　　　　　　　　　　)

(2) ① 加强领导，健全机构

区委、区政府高度重视安全生产工作，始终把安全工作摆在突出位置……为我区安全生产工作的顺利开展提供了组织保障。

② 落实责任，强化管理

我区按照《安全生产法》的规定，始终把安全生产责任制的落实当作安全生产工作的大事来抓……做到领导到位、措施到位、责任到位。

③ 加强宣传，强化意识

《安全生产法》颁布实施后，我区组织开展了深入持久的学习、宣传、贯彻落实《安全生产法》的活动。……为搞好安全工作奠定坚实的基础。

(　　　　　　　　　　　　　　　　　　　　　　　　　　　　)

(3) “中共中央办公厅、国务院办公厅关于严禁在公务活动中接受和赠送礼金、有价证券的通知”

(　　　　　　　　　　　　　　　　　　　　　　　　　　　　)

2. 请阅读下列各段文字，并分别提炼出各段的主旨句。

(1) 这一广告宣传将按季进行。第一季度：做成年人询问型游戏促销广告。第二季度：在目标城市市场开展向顾客介绍各种全营养小果子的宣传活动。第三季度：做另一个成年人导向型游戏促销广告。

(　　　　　　　　　　　　　　　　　　　　　　　　　　　　)

(2) 促销必须尽可能使潜在的下降不成为现实。促销活动必须比上次简单，以便更多人参与。其一是店内促销，麦当劳将继续向市场提供幸福快餐……其二是店堂陈设，主要陈设有旗帜和招贴。

(　　　　　　　　　　　　　　　　　　　　　　　　　　　　)

(3) 其一，麦当劳将继续对全国范围的各种竞赛提供支持，如网球赛、足球赛等。其二，对一个地区的合作团体让罗纳德、麦克唐纳露面次数加倍，并给予合作团体的额外支出以资金赞助。其三，发表介绍全营养小果子面粉营养成分的文章，使之与批评麦当劳快餐食品缺乏营养的文章辩论。

(　　　　　　　　　　　　　　　　　　　　　)

3. 请说明下面各段文字，是采取什么思维描述模型来安排材料的？

(1) 企业管理水平有所提高。全省各级供销社大力开展增产节约运动，取得明显成效，各项经济指标完成得较好。××××年供销社系统利润总额比上年增长32.7%，亏损单位从上年的416个下降到120个，亏损额比上年减少28.1%，费用水平降低6.23%，资金周转加快13天。在增产节约运动中，各地都广泛开展了社会主义劳动竞赛，涌现出一大批先进单位和个人，不但企业的利润明显增加，而且企业各级干部的管理水平有明显提高。

(　　　　　　　　　　　　　　　　　　　　　)

(2) ××××年，全省供销社普遍重视了干部职工的教育培训，许多地、县已因地制宜办起了干校或干训班，省地三所供销社的中专技校，在校学生1000多人。一年来，全省共培训县社主任、基层主任600人，各类专业人员近万人。各地还通过各种形式对干部职工进行业余教育，提高业务、技术管理水平。干部职工教育取得初步成效。

(　　　　　　　　　　　　　　　　　　　　　)

(3) 把财务指标与班组评比奖励挂钩。在“百分赛”的评比办法中，把商品销售额、销售利润、费用率、商品资金周转率、商品损耗率等财务指标的实际完成情况，作为班组每月评比奖励的主要依据。这样按劳付奖，多劳多得，调动了职工的积极性。

(　　　　　　　　　　　　　　　　　　　　　)

4. 简答题

(1) 你怎样理解财经应用文的主旨？简述怎样提炼主旨。

(2) 简述财经应用文材料分析与综合思维描述模型。

(3) 举例说明财经应用文主旨思维描述模型有几类。

5. 填空题

(1) 主题、论点、主旨三者的内涵基本一致：在文学作品中称之为__________，议论文中称之为__________，它是通过逻辑论证、推理综合归纳出来。__________称之为主旨，它是作者阐述某项经济活动规律，揭示问题的本质，表达作者的__________、基本__________、主要__________。

(2) 财经应用文主旨的特征是__________、__________、__________。直陈是指态度__________，不拐弯抹角，直截了当地陈述作者的__________。

(3) 任何一篇财经应用文都是通过作者对客观经济生活的分析、综合来表达作者的意图和主张的。因此，主旨是财经应用文的__________；文章的内容、逻辑关系、依据、目的、措施等又都受统于主旨，所以，主旨又是财经应用文的__________。

(4) 直接材料的思维描述模型是__________。所谓__________，是指在经济活动中获取大量的__________材料，从而发现__________、分析问题，然后确立__________。

(5) 间接材料思维描述模型是______________________________。有选择地阅读和研究财经类的报纸、刊物，可以从中获取大量的__________。信息横移就是把__________、__________与决策有效地统一起来，广泛开展__________之间、

__________之间的交流。

(6) 现实材料和历史材料思维描述模型是__________。现实材料，能体现新情况、新经验和新问题，具有__________风貌。因此，我们首先要占有它。但任何事物都有它的__________和__________，有它产生、发展的历史，要想认识今天，必须把握__________，因此，我们还要占有__________。

(7) 点上材料与面上材料思维描述模型是__________。搜集点上材料，便于说明事物的具体情况，加深__________；搜集面上材料，有助于__________，了解__________，使人得到总的印象。

(8) 搜集正面材料便于人们总结__________，反面材料便于人们__________。此外，还要注意搜集数字材料以便于__________分析，能够把事物表现得__________、__________，加强说服力。

(9) 财经应用文在搜集材料时要多多益善，不厌其详；在选择材料时要以一当十，不要不加选择地把有关材料统统用上去。因此，我们要选择__________、__________、__________。

第4章 财经应用文结构与思路思维描述模型

4.1 财经应用文结构思维描述模型

财经写作作为一种社会实践性极强的行为，自始至终伴随着写作主体——人的积极的思维活动，其在思维上的最大特点，就是充分运用逻辑思维来解决问题。

当我们确定了一个财经写作课题，积累了材料，提炼了主旨，仍不能称其为“文章”，因为还需要根据表现主旨的需要，将观点和材料、内容和形式做出合理的组织安排，才能使之成为结构严谨、条理清楚、首尾照应、前后承接的完整统一体。因此可以说，文章的篇章构思就是指文章结构安排的整个思维过程。

结构对于一篇文章来说，具有十分重要的意义。如果说主旨是一篇文章的灵魂，材料是血肉，那么结构就是一篇文章的骨骼，血肉和灵魂依附在其上，才能结合成一个“活生生的人”。一篇文章只有具备了恰当完美的结构形式，才能按照主旨的要求将选定的材料妥善地组织起来，成为一个完整的有机体。

4.1.1 安排财经应用文结构的原则

4.1.1.1 准确反映财经事物的发展规律及其内部联系

世界上一切客观事物的发展变化都是有规律的，财经事物自然也有自己发展变化的规律，所以财经应用文的结构也要反映这种规律。

例如，一份商业情况简报，除了报头、报尾外，其主体部分是按根据（背景）—措施—结果来安排文章结构的，它反映了一件商业事件的自身发展规律。

又如，一篇经济活动分析报告，它的正文部分一般包括情况概述、原因分析和意见或建议三部分。情况概述的写法有很多种，但不论怎样写，都要针对分析的问题简要地介绍基本情况，既要有文字的概述，又要有数据和指标的说明，为下文展开分析做好铺垫。原因分析是报告的主体部分，要求从分析的目的出发，针对经济活动情况进行具体的分析。意见或建议部分，一般针对分析报告中所揭示的问题提出改进的意见或建议。正文这三部分是相互关联的有机整体。这种结构安排实质上是围绕着分析的中心，首先提出问题，然后分析问题，最后解决问题进行的。它反映了事物的内部联系，符合人们认识事物的规律，这是一个较为合理的结构方式。

4.1.1.2 服从并服务于表达主旨的需要

文章结构的根本目的在于更好地表现主旨。财经应用文安排结构的目的也是如此。在主旨统帅下，围绕主旨进行选材，根据主旨的需要划分层次段落、安排开头结尾等，都要从表现主旨的需要进行。“凡大体文章，类多枝派，整派者依源，理枝者循干。是以附辞会义，务总纲领，驱万涂于同归，贞百虑于一致，使众理虽繁，而无倒直之乖，群言虽多，而无棼丝之乱。扶阳而出条，顺阴而藏迹，首尾周密，表里一体，此附会之术也。”

(《文心雕龙·附会》) 这就是说，文章的内容和格局不管多么复杂，都必须以纲统目，尊卑就序，紧密围绕中心来安排结构，文章才会严谨统一，条理井然。

例如《必须对现行工资制度进行根本性改革》这篇财经论文，开篇点出工资改革的目的和重大意义，成为全文的中心，然后围绕这个中心，从“现行工资制度的弊病和改革的要求”、“企业应当成为相对独立的分配单位”、“认真按劳分配”、“关于国家机关、行政、事业部门工作人员的工资”等几个方面进行论证，有理论，有事例，有分析，全文浑然一体，有力地表现了主旨。

4.1.1.3　要适应不同体裁的特点和要求

不同体裁的财经文章所反映的内容和写作的目的也不同，因此文章的结构也自然有所不同。

从财经应用文的结构上看，不同的体裁呈现出不同的结构特点。例如，市场预测报告是经济预测的一种，它的结构安排是“先现状—再预测—后建议”。这三部分之间，环环相扣，紧密联系，有着严密的逻辑关系。财务总结就其全文来讲一般分为四部分：情况概述、成绩经验、存在问题、今后努力方向。其中“成绩经验”部分一般按照逻辑顺序或时间顺序或事物发展的自然顺序来安排。财经论文安排结构时还要考虑“序论—本论—结论”的关系，考虑总论点与分论点的关系。因此，安排文章结构时要因文而异、量体裁衣，即所谓“设文之体有常，变文之数无方”。(《文心雕龙·通变》) 文章的体式有规定，而文章的变化规律没有规定。

对文章结构的具体要求是：严谨自然，组织细密，完整统一，匀称饱满，顺理成章，首尾圆合，形式和谐，通篇一贯。

另外，结构也应富于变化。财经应用文是财经系统客观事物规律的反映。大千世界变化无穷，千姿百态，林林总总，因此，财经应用文的结构形式也应多姿多彩，从而更好地反映丰富多彩的客观世界。

4.1.2　财经应用文结构形态思维描述模型

财经应用文的结构，就是它的组织和构造，即谋篇布局。结构是作者根据主旨表达的需要，对文章各部分内容先后次序做合理安排，包括如何安排层次、段落，如何过渡、照应，如何开头、结尾，等等。

改革开放以来，随着以经济建设为中心的国策的确立，各种经济信息浩如烟海，各种经济文种如雨后春笋般涌现出来。由于财经应用文种繁多，其内容、目的、作用等各不相同，因此，财经应用文的结构也就纷纭复杂，但不论结构如何变化，总有相似的结构规律。张光鉴在《相似论》中指出：“在纷繁的科学、技术中，认识到了现象与本质的关系、静态与动态的关系、宏观结构与微观结构的关系，就容易抓住事物的实质；认识了上述三个关系中的相似性，即同与变异的过程和方法，就可以使人们在认识世界和改造世界的过程中获得较多的自由。”“结构是组成事物中那些基本单元或层次之间的关系。各门科学都是研究某种物质运动一定的结构与特殊性。”按照张光鉴先生相似论的原理，我们可以看出，财经应用文的宏观结构完全可以用思维描述模型理论来认知，其微观上的差异可导致不同类型的文种。

这里所说的“思维描述模型”，只是从宏观角度抽象出来的“样子”，是指财经应用文的思维规律，与其他文体相比，财经应用文有相对的定型性。但这绝不意味着财经应用文的结构就成了固定不变的“八股文”。我们抽象出“模型”的主要目的，在于给人们一种综合的、概括的、规律性的认识。

财经应用文的基本结构形态思维描述模型有以下5种。

4.1.2.1　篇段一体式

这是指一篇文章的正文部分只有一个自然段，一段就是一篇文章。如现行行政公文中的命令（令）、请示、批复，发布法规性文件的通知、转发和批转文件的通知、公函等。例如《国务院办公厅关于发布国家行政机关公文处理暂行办法的通知》，其正文就是一个自然段：

现将《国家行政机关公文处理暂行办法》发给你们，请参照执行。在执行中有何意见和问题，希及时告诉我们，以利继续研究修订。

之所以出现这种结构形态，完全是由财经应用文的内容、主旨决定的。

4.1.2.2　总分式

总分式是指一篇文章由两部分以上的内容组成，先总说再分说，或先分说再总说，或先总说再分说最后再总说。这种结构形态在财经应用文中的使用比较普遍。

(1) 总—分式，即开头先点出文章的主旨或要点，目的是统帅全文，然后再分别说明。这种结构表现形式多是导言为总说，条文为分说。逻辑思维是演绎法。

(2) 分—总式，即开头先讲情况、根据、目的、理由等，然后再总说观点。这种结构多见于行政公文中的请示、公函、通报，以及市场预测报告等专业文书。例如《××市五金交电公司提取利润留成维修仓库的请示》，该文先说仓库年久失修的情况，再就雨季到来急需维修，最后请求维修费300元整。这种结构符合因果思维模型。逻辑思维是归纳法。

(3) 总—分—总式，即先总说再分说，最后再予以总括。这种结构模型，是总分式的另一种表现形式，在总说、分说完了以后，在文章最后再予以总括。这种结构模型常见于总结经验的调查报告、工作总结、市场预测报告、经济活动分析报告等文种之中。例如，在《唯实思路，创造性的实践》这篇介绍经验的调查报告中，先总述温州市商品经济发展的原因，然后分说温州市的做法，最后再概括温州市党政领导的感受。三部分内容构成总分总的结构形式。逻辑思维是演绎与归纳融为一体的方法。

4.1.2.3　条文体例式

一是一般文章的分条列项式；二是法规、规章类文件的内在逻辑条文式。

(1) 分条列项式。财经应用文为了便于阅读，可按其性质、内容分成若干条文予以表述，每一条项前面加上序数词表示，它的结构形式或是前言加分条列项，或是分条列项到底。这种形式在财经应用文的诸多类别中运用十分普遍。例如：写报告，在导言后，接着便是分条列项分析其具体内容；写通知，先按规约思维写根据，然后将内容分条列项进行书写；写计划，先写计划前言（根据+目的+任务+指导思想），在计划主体中再写任务、要求、方法、步骤、措施等内容，也是分条列项进行书写；写总结，在前言中写总结的对象、时间、主要成绩综述，后面的主体内容，如主要成绩、经验，存在的问题，今后的打算等，则分条列项书写。有时大项目中还分小项目，只要文章的内容较多，大多采用这种形式，用相似论的原理进行分析，“分条列项”就是它们的“模型”，这种“模型”

形成结构形态上的显著特点。这是财经应用文的实用性所决定的独特结构形式。

（2）逻辑条文式。这种结构形式专用于法规、文件。法规、规章类文件的结构形式基本上有三种，即篇章条文式、前言条文式、条文到底式。这只是法规性文件章法结构的外部表现形式，至于有关法规性文件的内容，如目的、依据、适用范围、对象等内容，前后安排的顺序是逻辑式而不是并列式的。

4.1.2.4　事理递进式

指以事物或某种经济现象为对象而阐明一定道理或观点的一种结构形态。它以逻辑关系为主线安排材料，其思路是提出问题、分析问题、解决问题三段思维模式。它主要出现在财经论文中。例如《关于商品流通体制及改革问题综述》一文，首先对 20 世纪 50 年代以来形成的现行商品流通体制的弊端展开论述；然后论述改革商品流通体制的必要性；最后说设想。文章层层递进，顺理成章。

4.1.2.5　时序式

文章的材料是按照事物的发生、发展时间顺序排列组合，内容单纯，时间线索清晰，叙事性较强。如：报告、调查报告、消息、通讯等。

4.1.3　财经应用文结构内容思维描述模型

财经应用文的结构内容与其他文体大体一样，包括文题、开头（导言）、结尾、层次、段落、过渡、照应等，只是在具体运用和要求上有自己的特点。

4.1.3.1　文题思维描述模型

1. 文题定量思维描述模型

［例 1］

“中共中央、国务院关于认真做好第三次全国人口普查工作的指示”

设文题为 W，那么，W = 发文单位 + 介词 + 事由 + 文种。

根据模型，可获得本例的“件、量、旨、链、语”信息如下：

模型件：单位 + 介词 + 事由 + 文种

模型量：$单位_2$ + $介词_1$ + $事由_1$ + $文种_1$

模型旨：文题现旨

模型链：谁→什么事→做什么；链环式思维走向；设问思维描述模型

模型语：直陈

2. 文题变量思维描述模型

［例 2］

“关于进一步做好城市蔬菜产销工作的报告”

设文题为 W_1，那么，W_1 = 介词 + 事由 + 文种。

根据模型，可获得本例的“件、量、旨、链、语”信息如下：

模型件：介词 + 事由 + 文种

模型量：$介词_1$ + $事由_1$ + $文种_1$

模型旨：文题现旨

模型链：（谁）→什么事→做什么；链环式思维走向；设问思维描述模型

模型语：直陈

由文题定量思维模型，还可以演化出多种文题变量思维模型。例如：

W_3 = 事由 + 文种。

W_4 = 动词 + 文件 + 文种。

W_5 = 发文单位 + 动词 + 文件 + 文种。

W_6 = 文种。

在此不一一列举了。有了件、量、旨、链、语，就可以按模型件去捕捉素材，按模型量去筛选剪裁，按模型旨去表达作者的思想观点，按模型链去考虑文章思路和逻辑思维方式，按模型语选择表达方法。

不同类型的财经应用文的文题思维描述模型之所以不同，其原因主要表现在模型件，即材料、语言要素发生了变化；其次，是思维走向——模型链发生了变化。每种类型的财经应用文文题都可以按该模型重新“建模”。

4.1.3.2　开头（导言）思维描述模型

写好文章的开头是最困难的事情。文艺作品如此，财经应用文也是如此。财经应用文开头难的主要原因在于财经应用文的种类繁多，作用各异，且表达方式也有很大的区别，即使是同文种，由于内容、要求、目的等方面的不同，其开头方式也不尽一样。本书只介绍一些常用的开头思维描述模型。

1. 规定性开头式

这是指那些有明文规定如何开头，或虽无明文规定但习惯用法比较一致的那些文种的开头方式。比如合同、起诉书、经济纠纷起诉状（上诉状、申诉状、答辩状）、行政诉状等。这类文种的开头方式，除特殊情况外，一般都应严格遵守其固有的格式。

[例3]“房屋租赁合同”的开头：

根据《中华人民共和国合同法》、《中华人民共和国城市地产管理法》及其他有关法律、法规规定，在平等、自愿、协商一致的基础上，甲、乙双方就下列房屋的租赁达成如下协议：

设导言为S，那么，S = 根据 + 条件 + 事由 + 惯用语。

根据模型，可获得本例的“件、量、旨、链、语”信息如下：

模型件：根据 + 条件 + 事由 + 惯用语

模型量：根据$_3$ + 条件$_3$ + 事由$_1$ + 惯用语$_1$

模型旨：开篇明旨

模型链：根据什么→什么条件→做什么；链环式；规约思维描述模型；演绎推理

模型语：说明

2. 目的、根据开头式

这种开头先交代行文的目的或根据，以示言之有“的”、言之有“据”、言之有“需”、言之成“理”。行政公文类、计划总结类、法规规章类、调查分析类、预算决算类、会计检查类、审计报告类、述职报告类等一些文种，常用这种开头方式。

（1）导言定量思维模型

[例4]“通告”导言例文：

根据国务院决定，为了严肃法纪，维护国家利益，促进个体经济和贸易市场的健康发展，现通告如下：

设导言为 S，那么，S = 根据 + 目的 + 惯用语。

根据模型，可获得本例的“件、量、旨、链、语”信息如下：

模型件：根据 + 目的 + 惯用语

模型量：$根据_1$ + $目的_4$ + $惯用语_1$

模型旨：开篇明旨

模型链：根据什么→为了什么→做什么；链环式；规约思维描述模型；演绎推理

模型语：说明

（2）导言变量思维模型

[例 5]

为了保障民用航空的安全，防止劫持、破坏民航飞机和破坏民用航空设施事件的发生，确保公共财产和旅客生命财产的安全，特通告如下：

设导言为 S_1，那么，S_1 = 目的 + 惯用语。

根据模型，可获得本例的“件、量、旨、链、语”信息如下：

模型件：目的 + 惯用语

模型量：$目的_5$ + $惯用语_1$

模型旨：开篇明旨

模型链：为了什么→做什么；链环式；规约思维描述模型

模型语：说明

3. 情况原因开头式

它是指在文章开头处，先交代行文的因由，以示“事出有因”。这种开头方式有时开门见山，用“因为”、“由于”、“鉴于”等表原因的词语表达；有时用所阐述的情况予以表述。调查分析类、计划总结类、法规规章类、行政公文类中的不少文种常用此法。

[例 6]

绍兴市关于移动电话市场的调查和预测

绍兴市移动电话从 1992 年 8 月开通后发展飞速，至 1995 年 7 月末，计费用达 9673 元，年均增长 2.2 倍。为了摸清移动电话今后的发展前景、用户的消费心理与承受能力以及今明两年移动电话的需要量，我们进行了一次社会调查。经整理分析，其结论如下：

设导言为 S，那么，S = 预测范围 + 对象 + 数据 + 动因 + 惯用语。

根据模型，可获得本例的“件、量、旨、链、语”信息如下：

模型件：范围 + 对象 + 数据 + 动因 + 惯用语

模型量：$范围_1$ + $对象_1$ + $数据_2$ + $动因_1$ + $惯用语_1$

模型旨：开篇明旨

模型链：是什么→为了什么；链环式；由果溯因思维描述模型

模型语：说明

4. “倒悬”开头式

这种方式是在文章的开头先归纳其主旨或概括其主要内容，以示为读者着想，提高阅读速度，使读者看完开头即对全文的基本精神有一个概括了解。它常用于调查分析类、总结报告类、会议纪要类、财经新闻类等文种中。

[例7]

国家重点实验室规划管理研讨会会议纪要

二〇〇×年×月×日

为学习贯彻《国家重点实验室建设与管理暂行办法》(以下简称《管理办法》),研讨国家重点实验室改革与发展的思路,听取科技界对国家重点实验室工作的意见和建议,促进国家重点实验室的健康发展,科学技术部基础研究司于2002年7月至8月分别在北京、西安、长春和杭州召开了“国家重点实验室规划管理研讨会”。164个国家重点实验室主任、依托单位主管领导和教育部、财政部、国土资源部、农业部、卫生部、国家计划生育委员会、国家环境保护局、国家林业部、国家海洋局、中国科学院的代表共400余人参加了会议。科技部程津培副部长两次出席会议并发表重要讲话。

设导言为S,那么,S=目的+会议(时间、地点)+与会单位、人员。

根据模型,可获得本例的“件、量、旨、链、语”信息如下:

模型件:目的+时间+地点+单位+人员

模型量:目的$_4$+时间$_2$+地点$_4$+单位$_{10}$+人员$_{400余人}$

模型旨:开篇明旨

模型链:为什么→做什么;规约思维描述模型

模型语:说明

5. 立论开头式

这种方式是在文章的开头直接提出论点,其论点鲜明、突出。此法主要用于财经学术论文之中。立论开头式的具体方法很多,如解题式、定义式、设问式、分析式、引申式等。究竟选用哪一种方式,则要根据文章的具体要求和作者的习惯而定。

[例8]

论我国住房抵押贷款证券化

住房抵押贷款证券化——我国商业银行的必然选择。

住房贷款证券化是指将流动性低,但能产生预期资金流的住房抵押贷款转化成为可以在资本市场上流通的证券的过程。住房抵押贷款证券化是国际金融领域一项重大的金融创新,在市场经济发达国家已经形成了大规模的住房抵押贷款的证券化市场,住房抵押贷款证券化已成为西方商业银行信贷资产证券化的主流,并对住宅业的发展、住房自有率的提高以及风险的防范与化解产生了重大而深远的影响。我国商业银行面对金融创新的发展趋势,也应实行住房抵押贷款证券化,其客观必然性具体表现在以下六个方面。

设导言为S,那么,S=主旨+定义+概况+结论(演绎推理)。

根据模型,可获得本例的“件、量、旨、链、语”信息如下:

模型件:主旨+定义+概况+结论

模型量:主旨$_1$+定义$_1$+概况$_2$+结论$_1$

模型旨:开篇明旨

模型链:是什么→为什么→结论;综合—分析—综合;演绎归纳推理模型

模型语:说明

4.1.3.3 结尾思维描述模型

俗话说,编筐编篓难在收口。写文章也是这样的,开头难,结尾也不容易。财经应用文多种多样，其结尾方式也是各不相同的，但不管用什么样的结尾方式，都要做到语言简洁，符合文种的写作要求，意尽笔停。常用的结尾模型有以下 4 种。

1. 规定性结尾式

它是指有明文规定如何结尾，或虽无明文规定但习惯用法比较一致的结尾方式。例如行政公文类、合同类、经济纠纷诉状类等。

例如，行政公文“请示”，其结尾方式一般按固定格式结尾：“妥否，请批示”，“当否，请批复”。其模型为：P = 设疑 + 请求。

再如，“起诉状”的结尾：

为维护本人的合法权益，特向贵院提出诉讼，恳求依法判决。

此致

青岛市××人民法院

具状人：青岛市××集团

法定代表人：张××

2000 年 6 月 7 日

其模型为：P = 目的 + 请求或 P = 递交谁 + 谁递交 + 何时递交。

总之，行政公文类、合同类、经济纠纷诉讼类文章结尾均有自己的习惯用法或固定格式。

2. 总结性结尾式

这种方式是在文章的结尾处，对全文的主旨进行简要的总结概括，使读者有一个完整的概念，以加深印象。它常用于总结、财经论文、行政公文中某些篇幅较长、内容较多的文章或文件之中。

例如，总结的结尾模型为：P = 问题 + 今后打算 + 努力方向。

再如财经论文的结尾，应该是立论得到证明之后的自然归宿，应与本论部分论点相一致。其模型为：P = 概括论点（勿重复）。

3. 展示、鼓励性结尾

这种结尾方式是在结尾处，根据主旨展示未来、鼓舞斗志。总结报告类文章常用此法。

例如，财经调查报告的结尾模型为：P = 措施 + 建议 + 展望 + 方向。

4. 自然结尾式

这种结尾方式是将文章的主要内容写完之后，不加任何言外之文，事终墨断，自然收尾。它多见于计划总结类、法律规章类、行政公文类文种。其模型为：P = 意尽笔停。

4.1.3.4　主旨句思维描述模型

做好主旨句（观点句）的提炼，对写好财经应用文至关重要。不同的内容，可以归纳出不同的主旨句。

（1）成绩观点句。例如：杜绝了浪费，节约了行政支出。其模型为：C =（谁）→取得什么。

（2）做法观点句。例如：搞好专项斗争，深入开展财经大检查。其模型为：C = 做法 + 成绩。

（3）体会句。例如：正确处理好“两个关系”，牢固树立服务第一思想。其模型为：

C = 做法 + 体会。

4.1.3.5 段落思维描述模型

财经应用文的段落思维，主要指句段间的逻辑化展开。

1. 逻辑化展开

逻辑化展开就是对所指称的事物现象与其他事物现象之间的紧密的必然的内在逻辑关系进行分析，从而认识这个事物现象的深层本质。逻辑化展开所运用的基本思维操作模型有原因分析、背景分析、功能分析和措施分析。

(1)（段内或段间的）原因分析。

[例9]

专项性市场预测报告《我区手电筒销售情况分析及对策》

销售情况分析：手电筒是人们生活日用品。我区近几年来销售量增长很快，1998 年国有公司和供销社纯销 315 万支，2002 年纯销 395 万支，2003 年纯销 477 万支，平均每年递增 23%，这是历年少有的现象。销售增长幅度大的原因主要有：党的十一届三中全会后，各地贯彻农村各项政策，生产迅速发展，加上近年来许多农副产品价格普遍提高，农民增加收入，生活改善，购买力显著提高；各地实行生产责任制，农事活动基本以户为单位，许多农民夜间作业，如看田水、护秧、打谷；还有许多农村没有通电，用手电筒方便。

第一、二句用比较的说明方法，写出结果；第三、四、五句对手电筒销售增长的原因进行分析。

(2) 背景分析：是指对人或事物起作用的历史情况或现实环境进行分析。

(3) 功能分析：是指对事物或方法所发挥的有利作用、效能进行分析。

[例10]

国务院关于19××年税收财务物价大检查的通知

1985 年以来，在全国范围内已连续开展了七次税收物价大检查，对严肃财经法纪，促进改革开放和经济发展做出了很大贡献。在加快改革、扩大开放的新形势下，税收财务物价大检查，作为遏制经济领域违法违纪行为、防止财政收入流失、惩治腐败现象、促进国民经济更快更好发展的一项重要措施，在今后较长时间内仍要继续发挥它应有的作用。1992 年的税收财务物价大检查，必须全面贯彻落实党中央和国务院有关加快改革开放的一系列指示精神，坚决保护企业和单位的合法权益，认真检查、纠正各种违反财经法纪的行为，把开展大检查同转换企业经营机制、提高经济效益、完成财政税收任务、加强廉政建设、增强广大职工的遵纪守法观念紧密结合起来。现将有关事项通知如下：

这是通知的“缘由”部分。第一句是对财务大检查进行“功能分析”；第二句则交代了此项工作部署的理由，实行税收财务物价大检查的历史经验，是背景分析，即简要说明了为什么要进行此次大检查的原因（现实生活背景）——“遏制经济领域里的违法违纪行为，防止财政收入流失，惩治腐败现象，加快改革”。最后，第三句陈述大检查的目的和总体要求（“目的”是“功能”的预想，因此目的方法仍然是功能分析）。

(4) 措施分析：措施分析一般都属于因果分析模型——对其分析成果的应对、处理、解决。

[例 11]

××市人民政府办公室关于全面推进素质教育工作的意见

各区、县人民政府，市各级有关部门：

为了进一步贯彻落实《中共中央国务院关于深化教育改革全面推进素质教育的决定》以及全国、全省基础教育会议精神，全面贯彻党的教育方针，提高教育教学质量，结合我市实际情况，经市政府同意，特提出如下意见：

一、进一步转变思想，更新观念，增强全面推进素质教育的责任感和紧迫感。……

二、切实改进和加强中小学德育工作。德育是基础教育，是全面推进素质教育的灵魂。……

三、积极推进课程和教材改革。

第一段为“缘由”部分，提出了政策依据和直接原因，并交代了写作目的，运用了原因分析和目的分析。第二、三、四段运用了措施分析，生成结构化、条理化。

2. 具体化展开

所谓具体化展开，是指在作者行文的基本语义是一个概括性、抽象性、总体性、宏观性的东西的时候，作者的主要目的和理想就是把这个概括性、抽象性、总体性、宏观性的东西说得具体、生动，更加感动人，使读者对这个东西更加清楚明白，这个过程就是一种具体化展开的过程。与逻辑化展开的行文措辞思维模型不同，它不是揭示一个事物与另外的事物、环境之间的相互关系，而是着眼于抽象性概括的具体性表现，或者着眼于整体事物的内部细节的描述。因为，读者在接受这些具体性的感性化、细节化的信息之后，才能相信并接受总体性概括性的命题、判断，书面语言交际的目的才能达到。行文措辞的具体化展开又分为两种具体化思维操作模型：构成分析、过程分析。

（1）类型的构成分析。所谓构成分析，是指一个行文节点、基本语义是一个整体性的对象，作者需要让读者了解这个整体事物的情况，因此行文时，就需要对其内部的构造、元素、类型、性质进行分解，并用语言文字传达出来。

类型的构成分析是指对某种事物的类型特征十分了解时，要想读者也知道这些类型特征，在行文时，就要运用类型性的构成分析思维模型。

[例 12]

海洋与生命　童裳亮

原始生命的诞生，像一声春雷，打破了地球的死寂，开辟了地球历史的新纪元。这些原始生命在和大自然的搏斗中生存、发展，经过亿万年的进化，逐步形成了原始动物、海绵动物、环节动物、软体动物、棘皮动物，以至出现了像鱼类这样比较高等的海洋脊椎动物。原始生命向另一个方向发展，又形成了许多海洋藻类。

这个段落的基本语义是：“原始生命的诞生，开辟了地球历史的新纪元。”这个基本语义经过修辞化形成了第一个句子。第二、三句继续运用功能分析的方法具体分析两类原始生命的生命进化的过程及结果。一是“原始生命诞生后，进化成为比较高等的海洋脊椎动物”，二是“原始生命的诞生，导致了海藻的出现”。这个段落是运用类型分析进行功能分析而行文的。

（2）过程分析。所谓过程分析，是指作者的行文措辞的语义节点、基本语义、内部语言是告知读者一个行为、事件或历史、程序，这个程序作者是明白的，但要读者明白，就必须运用过程分析的思维对这个事件或程序的细节、环节、阶段进行分析，从而用语言进行表达。

当行文的语义节点、基本语义是想传达对某个人物的活动、行为或事件的印象时，就要运用行为构成分析的思维模型对这个整体行为或事件的细节运用进行性分析性描述，从而形成展开性行文措辞。

[例13]

×××舍己救人英勇献身

共青团省委授予“优秀共青团员”光荣称号的决定

5月10日上午，共青团××省委员会在××俱乐部开大会，团省委书记宣读团省委的决定，授予勇拦惊马而英勇献身的×××同学为“优秀共青团员”，并要求全省共青团员学习×××同学舍己救人英勇献身精神，做一个有理想、有道德、有文化、守纪律的好团员。

×××同学生前是××商学院××系××专业应届毕业生，今年刚满22岁。1994年5月3日，×××同学满怀喜悦的心情奔赴工作岗位去报到。刚出村口，忽见迎面跑来一辆马车，上坐一位老大娘，后面跟车的老板紧喊：“拦住！拦住！”×××同学不顾个人安危，奋勇扑向狂奔的惊马，使尽全身力量拦住了惊马。但因马车冲力过猛，把×××同学压在车下，当即牺牲了。车上的老太太得救了，而他自己却献出了宝贵的年轻生命。

该“决定”的第二段是对×××同学勇拦惊马过程的陈述，人物活动、行为事件清晰，属于行为过程分析。

4.1.3.6　主体部分思维描述模型

财经应用文主体部分思维描述模型要从内容上、逻辑上分析出主体部分的层次（意义段）和逻辑关系，然后再依次“建模”。既要从宏观上把握全局，又要从微观上进行具体分析。

[例14]

××省供销合作社××××年工作总结

（一）农村市场活跃。××××年，随着两个农业文件的贯彻执行，农村经济政策进一步落实，全省农民的积极性很高，农副业生产发展很快，农村市场购销活跃，国家的农副产品收购和生产、生活资料供应都比上年增加，集市贸易成交额不断扩大。这一年我省供销系统的农副业产品收购额达6亿多元，比上年增长2.6%。主要农副产品收购情况比较好。棉花收购了14万吨左右，比上年度增长5%，桑蚕茧收购量比上年增长9.3%。农业生产资料销售额15亿多元，比上年增长12.1%，其中化肥供应量比上年增长19.5%，是新中国成立以来增长幅度最大的一年。工业品下乡情况有进一步的好转。农村饮食服务的营业额比上年增长12%，农村集市贸易的成交额达11亿元，比上年增长36%，整个农村市场呈现出一派繁荣活跃景象。

（二）（略）

（三）（略）

（四）（略）

（五）（略）

设主体部分思维描述模型为R，其中“成绩经验”部分为A，“问题教训”部分为B，“努力方向”部分为 C，n 表示若干个。那么，A = 主题句 + 因 + 果 + 例证 + 总括。

根据模型，可获得本例的“件、量、旨、链、语”信息如下：

模型件：主旨句 + 因 + 果 + 例证 + 总括

模型量：主旨句$_1$ + 因$_2$ + 果$_4$ + 例证$_6$ + 总括$_1$

模型旨：段首明旨

模型链：是什么→为什么→怎么样；设问思维描述模型

模型语：说明、数字说明

结构形态模型：总—分—总（综合—分析—综合）

B = 主旨句$_1$ + 因$_n$ + 果$_n$ + 例证$_n$ + 总括$_1$（模型同 A，亦可用 A 的变量模型）

C = 努力方向

R（横）= 横式结构

任何财经应用文的主体部分都可以建立“模型”，用模型理论解读、撰写，收到学而不死、运用自如、举一反三的效果。

4.1.3.7　过渡与照应思维描述模型

过渡是文章各个层次、各个段落之间的承接与转换。它的思维描述模型是：A 内容→（转化为）B 内容，或甲表述方法→（转化为）乙表述方法。

照应是文章中前后之间的关照、呼应。它的思维描述模型是：A 部位内容→（强调/反复）B 部位内容。

1. 过渡的方式

（1）序数过渡。利用序数词规定次序，使文章顺次而下，自然过渡。

（2）词语过渡。如“批复如下”等词或词组。

（3）句子过渡。如“造成重大损失的原因是什么”等句子。

（4）段落过渡。在篇幅较长、意义重大且层次跨度较大的文章中，常常使用一个独立的自然段进行过渡。

2. 照应的方式

（1）题文照应，即文章内容照应标题。如主旨句、小标题照应文题。

（2）首尾照应，即文章结尾处对开头观点作小结，或强化开头内容，突出主旨。

（3）前后照应，即围绕主旨文章各段前后呼应，强化主旨，加深读者印象。

4.2　财经应用文思路思维描述模型

4.2.1　思维与思路

思维是人脑对客观事物的本质属性和内在规律的反映。语言是思维的载体，人们借助语言进行思维。

思路是写作思维过程的脉络和顺序，是作者认识、反映客观事物，精心构思编排的思想活动路线和轨迹。

我国著名的语言学家张志公在《怎样锻炼思路》一文中说：“作者的思路是他对客观事物怎样观察、理解和认识的反映。思路不是凭空产生的，而是以客观事物为基础的。客观事物反映在作者头脑里，经过观察、理解、认识过程，形成他对这件事物的印象、看法、态度或感情。把这些印象、看法、态度或感情理出个头绪来就是所谓的思路。”按照这个思路写文章，就是所谓的组织结构。文章的结构组织是否清晰严密，表明他对所写的客观事物是否形成了鲜明的印象、看法、态度或感情。

文章结构每部分都有自己的思路。有的是横向思路，有的是纵向思路。财经应用文写作构思主要运用逻辑思维来进行的，不同的文种和内容，会采用不同的逻辑思维方法来构思，从而形成不同的思路。这种思路通常体现在财经应用文结构的各个层面上。

4.2.2 总分思路思维描述模型

总分思路思维描述模型是运用综合与分析两种思维方法形成的文章思路模型。古人说："文章之道，有开有合"，所谓"开"，可理解为分析；所谓"合"，可解释为"综合"。法拉格在《回忆马克思的写作》一书中说："一个辉煌的思想家，必须具备两种才能——分析的才能与综合的才能。"他介绍说，马克思"极善于把事物分析之后再综合起来说明，详细描述它的内容和各种不同的发展形势。发现它内在的各种关系"。分析与综合能力，不仅是思想家进行思考的手段，而且对于财经写作，也是不可或缺的。

所谓分析就是把事物分解成若干部分，分别加以研究，由总到分，化整为零，对实体事物进行分解，对抽象事物进行剖析。比如观察一个事物，第一步观察到的是大体轮廓，从总体（综合）出发；第二步用分析法将认识的对象的各个部分进行分解，加以研究和分析；第三步，在分析基础上的再综合，从而得到科学的认识。这种螺旋式的交替上升，不仅反映了人们认识事物的规律，同时也科学地概括了财经写作过程的基本思路。

所谓综合，就是在分析的过程中，通过概括、抽象的方法，把事物最根本的方面反映出来，去掉表面现象，把事物的共同点（实质）准确地归结起来。

没有分析就没有综合；然而，只有分析而无综合，得到的往往只是零碎的认识和片面的结论，也就失去了分析的意义和价值；只有综合而没有分析，就失去了事物的个别本质的认识，就不能综合出事物的共同本质，因此，分析与综合是互为前提，密不可分的，是辩证的统一。

在财经写作中，分析与综合常用的思维方式是：分类与归类、纵剖与横断（即纵向与横向思维）、定性与定量、归纳与演绎。

分析与综合思路思维描述模型如图 4 -1 所示。

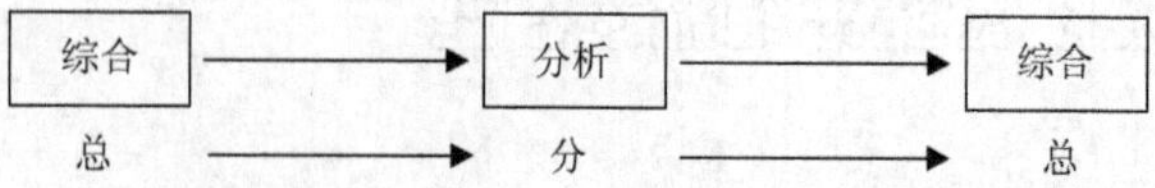

图 4 -1 分析与综合思路思维描述模型

4.2.2.1 分类与归类思路思维描述模型（图 4 -2、图 4 -3）

把比较复杂的集合性事物中特征相同的类型划分在一起就叫分类。人们研究问题，总是通过比较、分析，找出事物的异同，把相同的聚集在一起。比如在研究中国特色的社会主义时，总是按政治的、经济的、文化的、军事的四部分分别加以研究。新形成的四个部分，既是对总体（中国特色社会主义）的分割，又是按照各自特点的组合。这叫做分类，它的思路是由综合到分析。

分类标准要正确、灵活。对事物分类时，既可按事物表象等非本质属性为标准进行分类，也可以以事物本质属性为标准分类。在分类时要标准一致，使分出的各类事物具有并列关系、对立关系，而不具有交叉关系。

当人们在汇总情况、总结经验时，人们的分析活动则主要表现为通过比较，把散乱的生活素材归拢成若干并列的类型，用于说明某种意图。这些并列的类别，既是按照各自特征的组合，又是对写作意图的分割，这叫归类，它的思路是由分析到综合。

如果说比较是通过区别事物之间的异同来确定其特征，那么，分类与归类，则是以这些特征为基础，将同类事物集合起来，揭示其共性。无论分类或归类都属于综合—分析—综合的基本思路。

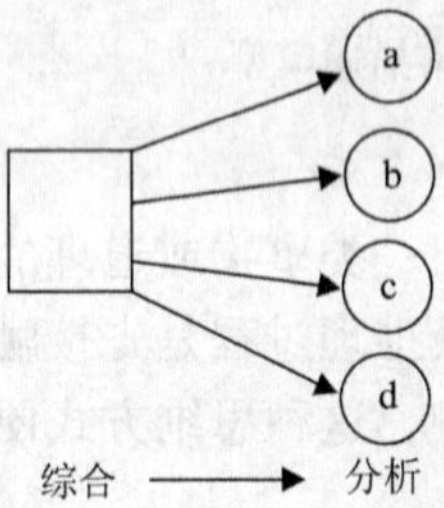

图 4－2　分类思路思维描述模型

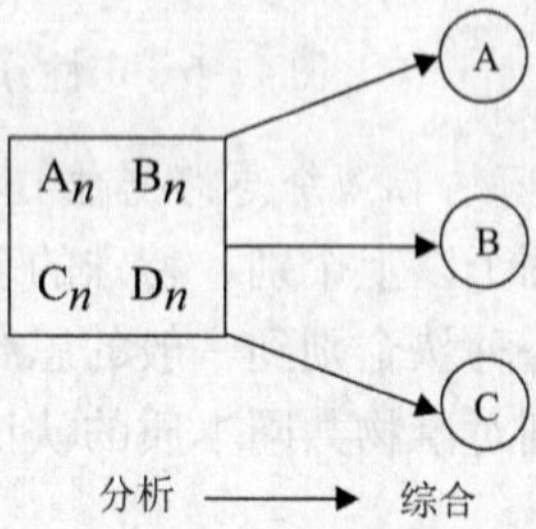

图 4－3　归类思路思维描述模型

4.2.2.2　纵剖与横断思路思维描述模型（图 4－4、图 4－5）

纵剖就是对事物的纵向剖析，按时间的先后顺序将事物的发展过程和演变分成若干段，依次进行考察和分析，从而探索事物的历史渊源。也可以从发展的过程上，如原因到结果、低级到高级、过去到现在以至将来，把它分成若干阶段，逐步考察分析。

所谓横断即横向剖析，就是寻找事物的内外联系，从事物内部的各个侧面、与外部的各种联系上，如事物的主流与支流、部分与整体、优点与缺点、正面与反面，以及同类事物中的此与彼、个别与一般等，把它们分成若干方面，逐次进行分析考察。

在财经写作中，常用纵剖与横断思维方法构思文章，比如写财经总结，可用纵剖思维法写工作进程，用横断法思维写经验和规律。

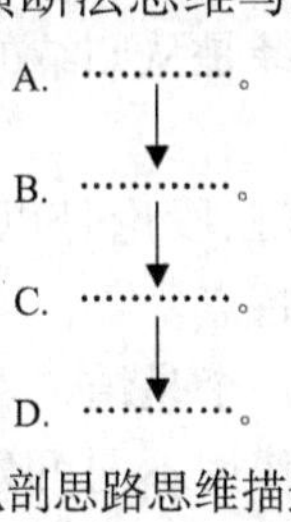

图 4－4　纵剖思路思维描述模型

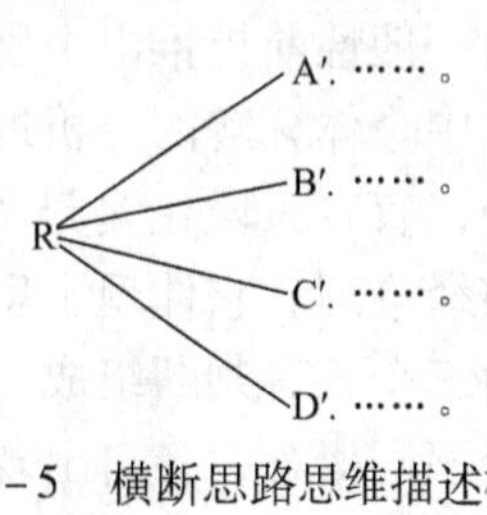

图 4－5　横断思路思维描述模型

4.2.2.3　定性分析与定量分析思路思维描述模型（图 4－6）

定性分析是对事物客体的各种因素或性质作出判断性的分析。定量分析是对事物客体的各种因素间的数量关系加以判定和分析。对任何情况和问题都要注意它们的数量方面，要有基本数量的分析，因为任何质量都表现为一定的数量，没有数量就没有质量。

任何事物的分析都离不开定性分析与定量分析。定性分析注重对事物质的断定，定量分析注重对事物量的判定，而任何事物都是质与量的统一，因此，对事物的分析要做到定性分析与定量分析相结合。

在反映各种经济现象的财经应用文中，如果只有定性分析，则说服力不强，比较抽象，不能使人信服；如果只有定量分析，又得不到理性的升华；因此，只有将定性分析与定量分析结合起来，才能准确、深刻地揭示事物的本质。

在定量分析中，要注意基本数字分析、绝对数字分析、相对数字分析、平均数字分析，这样，才能全面、深刻地反映事物的矛盾。

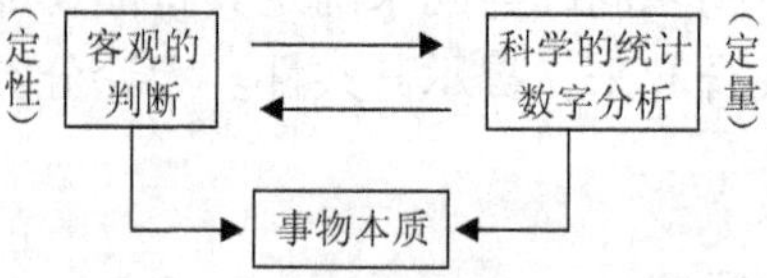

图4-6　定性分析与定量分析思路思维描述模型

4.2.2.4　归纳与演绎思路思维描述模型

归纳是从两个以上个别、特殊的事物或道理中，推出一类事物或道理的普遍性结论的推理方法，是一种从个别到一般的思维方法推理形式。其推理过程是先接触认识个别的事物，然后上升到对事物共同本质的认识。在财经应用文中，这种思维方式便形成了归纳思路模型。

归纳是一种分析基础上的综合，它综合的是类对象某方面或某几方面的共性。它是一种高级求同分类的方法。

其逻辑模型是：

S_1 具有 P 属性；

S_2 具有 P 属性；

S_3 具有 P 属性；

……

S_n 具有 P 属性；

S_1、S_2、S_3……S_n 是 S 类中的部分对象，并且 S 与 P 具有因果联系；

所以，凡 S 都具有 P 属性。

演绎推理是由一般性前提推出个别性结论的推理。演绎是从归纳的结论开始，从一般推出个别。它是类中个体分解的分析过程。

在演绎推理中，直言三段论是最为常用的方法。直言三段论是以两个直言判断为前提，推出结论的演绎推理。它体现了思维从一般到个别的特点。

直言三段论由三个直言判断组成，其中两个是前提，一个是结论。在一个直言三段论推理中，总有三个不同概念，各自出现两次。三个概念按作用不同可分为：

小概念：用S表示，指结论中的主项。

大概念：用P表示，指结论中的谓项。

中概念：用M表示，又称中项，指在两个前提中各出现一次，而在结论中不出现的概念。

其逻辑模型是：

M 是 P；（大前提）

S 是 M；（小前提）
所以，S 是 P。（结论）

4. 2. 3　因果思路思维描述模型

4. 2. 3. 1　由果溯因思路思维描述模型（图 4 – 7）

运用由果溯因这种模型可以探究事物的本质和规律。

什么是事物的本质、规律？人们认为，本质、规律就是事物彼此之间存在的一种稳定的必然因果关系，当一种因的现象发生后，必然产生相应的结果，这就是因果关系的必然性。这样，因果之间就产生了固定的、重复的、带有规律的联系，所以，因果关系是一种规律性关系，果是现象，因是本质。

在财经应用文写作中经常会用到因果思维方法。在行文时，首先要分析导致事物结果或现状的原因。在诸多原因中抓住主要原因，再分析次要原因，既要分析内因，又要分析外因。然后再探究产生原因的原因，这就是所谓的因因分析，从而揭示出最深层、最根本、起决定作用的原因，这样才能抓住事物的本质。

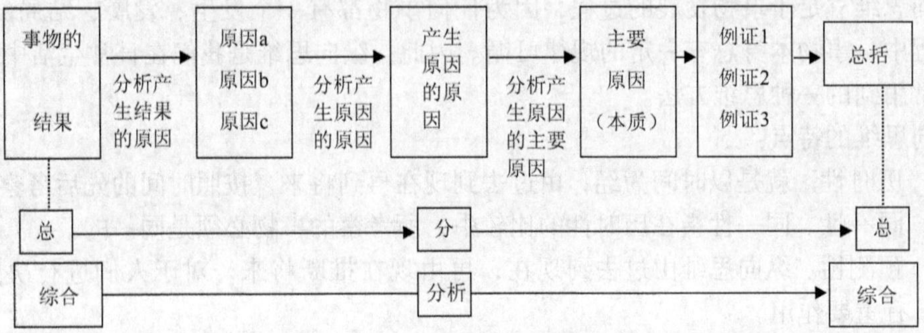

图 4 – 7　由果溯因思路思维描述模型

4. 2. 3. 2　背景思路思维描述模型（图 4 – 8）

背景思维就是对某种社会生活和社会现象所依存的社会环境、条件进行分析，从而透析出对事物、现象、状态产生的因果关系的思考。

财经应用文中的导言部分，经常运用背景思维分析方法，从而对某些经济现象所依存的社会背景进行分析与综合，以生成更深刻的思想、观点和认识。

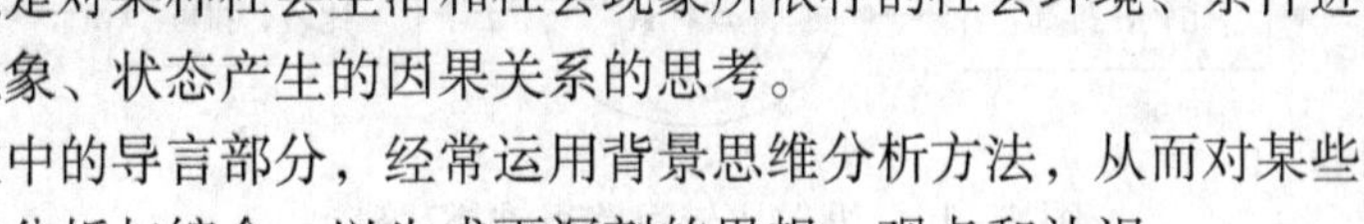

图 4 – 8　背景思路思维描述模型

4. 2. 4　递进思路思维描述模型（图 4 – 9）

递进思路思维描述模型是运用递进思维方法形成的一种文章思路模型。它在认识剖析事理时，围绕中心，采取由表到里、由浅入深、由低到高、由小到大、由轻到重、层层递进、步步深入的一种思维方法。运用这种思维方法可以深入清晰地分析比较复杂的事理，说明比较复杂的结构关系，从而更能深入地认识事物的本质，使文章由浅入深，层层深入，顺应事理的内在联系，因而显得层次分明，条理清晰。

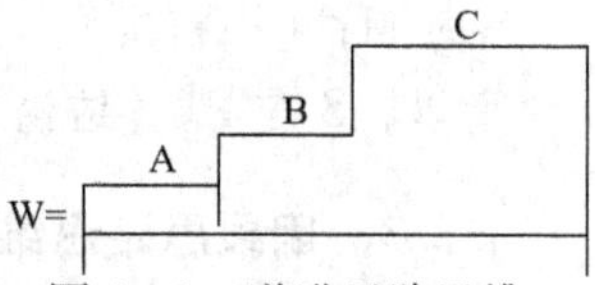

图 4－9　递进思路思维描述模型

4.2.5　比较思路思维描述模型

4.2.5.1　纵向比较思路思维描述模型（图 4－10）

纵向思维是英国的爱德华·德·波诺（E. D. Bono）最早提出来的，他在 1973 年出版的《横向思维》一书中提到与横向思维对应的便是纵向思维（vertical thinking）。

纵向思维是一种历史性的比较思维。它把事物放在自己的过去、现在和未来的坐标上，进行纵向比较分析，从而发现其在不同时间段上的特点及相互间的联系，以此来把握事物的本质和规律的思维过程。

纵向思维立足于事物发展的过程，因为任何事物都有一个发生、发展、结局的过程，在该过程中，事物本身总有一定的规律可循。因此，纵向思维是我们在日常生活中和学术研究中常用到的一种思维方法。

纵向思维的特点：

（1）历时性。就是以时间为经，由过去到现在再到将来，按照时间的先后考察事物。

（2）同一性。同一性指在历时性的比较中，所考察的事物必须是同一的。

（3）预测性。纵向思维由过去到现在，再由现在推断将来，对于人们进行决策、规划未来具有重要作用。

在财经应用文写作中，可以运用纵向思维方法考察各种经济现象，把握其规律，纵向历史地比较分析。

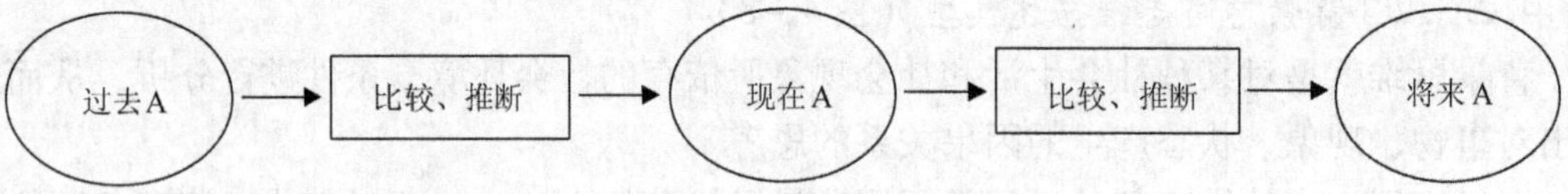

图 4－10　纵向比较思路思维描述模型

4.2.5.2　横向比较思路思维描述模型（图 4－11）

横向思维（lateral thinking）是爱德华·德·波诺在其第一部著作《水平思维的运用》中首先提出来的。横向思维是截取历史的某一横断面，研究同一事物在不同环境中的发展变化，在同左邻右舍的相互关系和比较中，找出该事物在不同环境中的异同的一种思维活动。

横向思维的特点：

（1）同时性。与纵向思维的历时性不同，横向思维是同时性的。所谓同时性，就是先把时间范围确定下来，然后再研究在同一时间内各方面的相互关系，再开展横向比较研究。

（2）横断性。横断性是指对事物的横向比较，即把研究的客体放到事物的相互关系中去考察，从而揭示纵向思维过程中不易察觉的问题。俗话说的“不怕不识货，就怕货比货”以及“不比不知道，一比吓一跳”，就是最简单的横向思维。

（3）开放性。纵向思维是自己与自己比，这是一种局限于自身的封闭式思维过程。而横向思维是一种开放性的思维，它可以和外界越来越多的事物比较，从而在比较中扩大视野，不断充实自己。

横向思维是财经应用文写作中经常用到的一种思维方法。

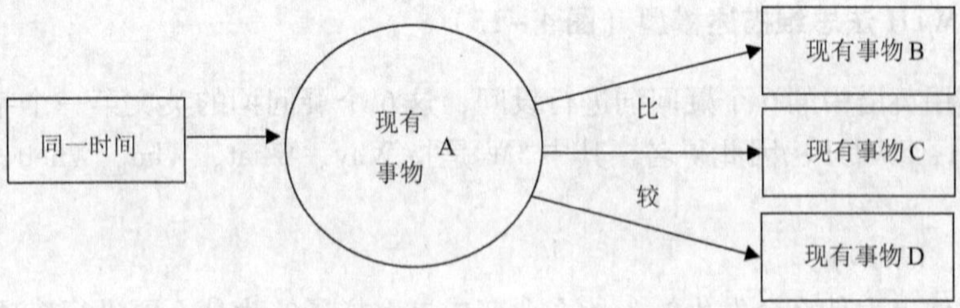

图 4－11　横向比较思路思维模型

4.2.5.3　纵向思维与横向思维的辩证统一

在实际思维过程中，客观事物本身既有历史的、现在的和将来的纵向过程，又有同周围事物的横向联系，它们本身是在纵向与横向的交叉关系中存在的，而纵向思维与横向思维正是客观事物的纵向关系、横向关系及其相互交错的关系的反映。

纵向思维与横向思维各有其特殊的作用。纵向思维可以从历史的比较中看到成绩，找到自己进一步发展的方向。横向思维可以跳出纵向思维的局限性，把自己放到更开阔的视野中进行比较，更能找出自身的不足，向着更高的目标前进。在思维中，只有把两者辩证地统一起来，才能把握事物的全局，进行科学的决策。

4.2.6　组合思路思维描述模型（图 4－12）

组合是客观世界中十分普遍的现象。小到微观世界的原子、分子，大至宇宙中的天体、星系，到处都存在着组合现象。组合的结果是多种多样的，组合的可能性是无穷的。从人的思维角度看，想像的本质就是组合。

在财经应用文写作中，可有多种多样的组合思路。例如，事物的性质、功能、用途、措施、范围、构成、类型，等等，往往根据需要将几种因素按照一定的逻辑关系组合在一起成为一段或一篇，构成“信息的组合”、“事物的组合”、“过程的组合”等。这些组合并不是简单的罗列、机械的叠加，而是一种以综合分析为基础，并按照一定的原理、规则对现有事物进行有效的综合，从而获得新事物、新系统的创造方法。

因此可以说：“组合就是创造。”

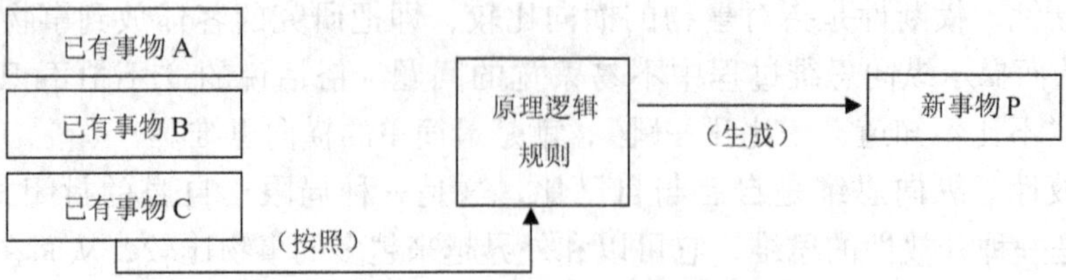

图4－12 组合思路思维描述模型

4.2.7 5W1H法思维描述模型（图4－13）

美国陆军用英语中的6个疑问词进行设问，这6个疑问词的英文第一个字母正好是5个W和1个H，5W1H法因此得名。其中5W是指Why、What、Who、When、Where；1H指How。

1. 为什么（Why）

例如，这件事为什么会发生？为什么会变成这个样子？为什么要进行该项目开发？为什么要这么做？为什么别人不参加？为什么失败了？等等。

2. 什么（What）

例如，事业成功的条件是什么？工作目的是什么？工作重点是什么？该项目开发有什么有利条件和不利因素？等等。

3. 何时（When）

例如，该项工程何时开工？设备何时安装？何时完工？何时投入经营？等等。

4. 何处（Where）

例如，在何处投资最佳？该城市与其他城市在投资环境方面有何不同？产品在什么地方销售？等等。

5. 何人（Who）

例如，这件事由谁来办？谁担当首席谈判代表？谁是项目的决策人？项目由谁承担风险？等等。

6. 怎样（How）？

例如，南水北调工程怎样设计最合理？怎样的方案最科学？怎样施工既好又快？怎样解决在施工中可能发生的问题？等等。

5W1H法思维描述模型的特点是把创新的思路科学系统化，克服思路漫无边际的缺点，节约创新时间，抓住问题关键，而且更加简洁、方便。在财经公文和事务文书中常用此模型。

为什么 → 是什么 → 何时 → 何地 → 何人 → 怎么样

图4－13 5W1H法思维描述模型

4.2.8　发散思维与收敛思维描述模型

4.2.8.1　发散思维描述模型

发散思维又称辐射思维或扩散思维。它是在 1967 年首先由美国心理学家吉尔福特在《人类智力的本质》一书中提出来的。发散思维是沿着不同方向、不同角度朝多个方向作辐射发散思考，从多方面寻找解决问题答案的思维方式。譬如从广州到北京可以坐火车、坐飞机、坐汽车等，有多种途径；对一个项目的设计，可以有多种方案；对一道数学题，可以有多解。多思路、多角度、多方面思考问题，这就是发散思维最根本的特色。

1. 发散思维的主要特点

（1）迅捷性。指在极短的时间内对问题作出反应，扩展多向思路。

（2）灵活性。指思维机动灵活、随机应变、举一反三、触类旁通，思维总是在运行中寻找最佳思路。

（3）独创性。发散思维总是在众多思路中独辟蹊径，新颖独特，突破思维定式，敢于突破常规和未知领域。

（4）多向性。指有多个思维指向、多个思维起点、多个逻辑规则、多个思维结论等。

发散思维的作用是可以训练思维的灵活性、多样性和求新性。发散思维方式可以把思维从一事物扩散到多种事物，从而跳出人们固有的思维定式，激发创造性灵感。

2. 发散思维的具体表现形式

（1）辐射式思维（多向思维）（图 4 - 14）。辐射式思维是发散思维最重要的一种形式。它要求从尽可能多的方面思考问题，即发挥思维的活力，使思维不要局限于一种模式、一个方面。要多角度、多方向、辐射式地向外扩散，这是一种辐射式思维方式。

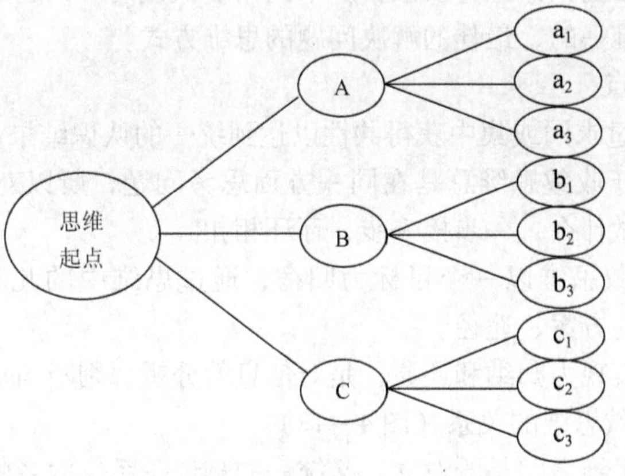

图 4 - 14　辐射式思维描述模型

（2）设问思路思维（链环式）（图 4 - 15）。这种方式的重点在于思路活动按照“是什么→为什么→怎么样”一步一步向前推进。

爱因斯坦曾说过：“提出一个问题往往比解决一个问题更重要……而提出新的问题，新的可能性，从新的角度去看旧的问题，都需要有创造性的想像力，而且标志着科学的真正进步。”实践证明，发现问题和提出问题就等于取得了成功的一半。可见，设问是一种创造型思维描述模型。

设问思路思维描述模型的特点是抓住事物带有普遍意义的方面进行提问，在财经应用文写作中，从文题到导语、正文乃至通篇结构经常使用这种模型。

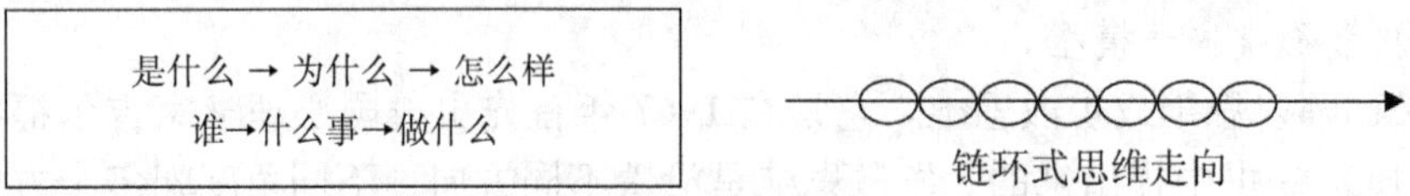

图4－15　设问思路思维描述模型

（3）逆向思维（图4－16）。就是从相反方向来考虑问题的思维方式，它可以变肯定为否定，变否定为肯定；变正面为反面，变反面为正面，这种思维可以培养人们独立发表见解的能力。

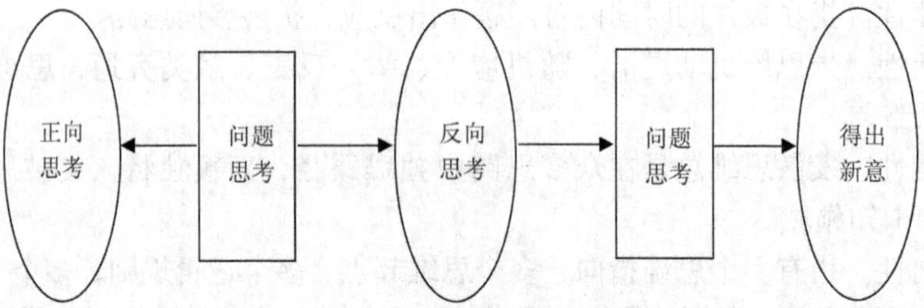

图4－16　逆向思维描述模型

总之，发散思维是一种多角度、多方向开放性的思维方式，它把思维的“触角”伸向四面八方，使思维纵横交错，从而织出五花八门的“思维产品”。

4.2.8.2　收敛思维描述模型

收敛思维是指思维的主体经过发散，从不同角度认识同一问题后，再从各个方面把思维集中起来，以寻找唯一的、最佳的解决问题的思维方式。

1. 收敛思维的特点

（1）收敛性。通过求同或集中获得共性以达到统一的认识结果。

（2）程序性。由于收敛思维总是在同一方面思考问题，所以对过程也赋予了严格的程序，先做什么，再做什么，一步接一步，环环相扣。

（3）比较性。收敛思维以一个目标为归宿，通过思维中的几种方案、途径的比较，寻找出一个比较合适的方案、途径。

收敛思维的实质表现为归纳和还原，是对信息的分析、判断与选择过程。

2. 发散思维与收敛思维的关系（图4－17）

发散思维与收敛思维之间是既对立、又统一的辩证关系。两者的思维方向相反，但却相互依存。发散思维是从一点向外扩散、辐射，产生观点、办法，数量越多越好，侧重数量。收敛思维是从四面八方向内集中、辐辏，从众多方案观点中选出或综合为一个最优方案，侧重质量。没有收敛，无所谓发散，没有发散，也不能收敛；发散必须以收敛为出发点，收敛也必须以发散出来的结果为前提，没有发散出来的众多想法，也就无法收敛、形成结果。两者相辅相成、作用互补。

发散思维与收敛思维在财经应用文写作中经常用于信息的搜集、分析、整理，文章的构思与主旨的提炼等。

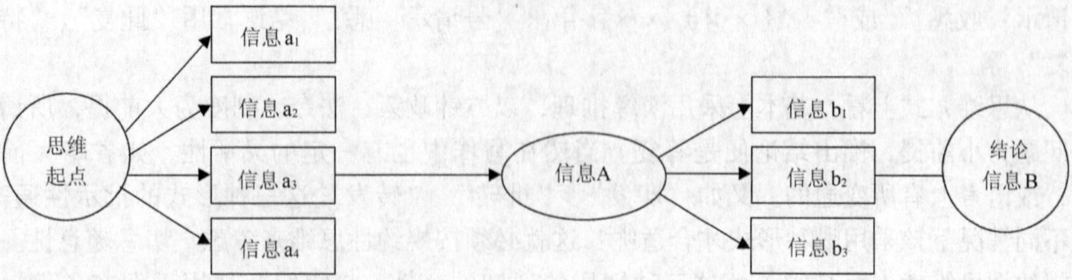

图 4－17　发散思维与收敛思维描述模型

4.2.9　超前思维描述模型（图 4－18）

超前思维也叫预测性思维，它是用将来的或是可能出现的情况对现在进行调整的思维方式，是人们思维能动性的表现。例如，人在行动前有行动计划，生产前有生产指标，学习前有学习任务，等等。这种计划性、目的性和要求，就是超前思维的表现。换言之，超前思维就是人们如何利用目标、计划、要求来指导自己行为的思维方式。

随着新科技革命高潮的到来，西方掀起了未来学的热潮。未来学就是对未来的预测，他们力图追踪时代发展的脉搏，对未来发展做出系统的回答。

超前思维在财经应用文写作中经常用到，例如各种经济计划、经济预测，等等。

超前思维有两个显著的特征：一是可能性。超前思维要面向未来，立足于现实客观条件，对未来的各种可能性进行预测和分析。二是可调性。超前思维一旦把未来描述出来之后，就对现在的事物有调整和指导作用，从而调动人们的主观能动性，朝着可能达到的目标前进。

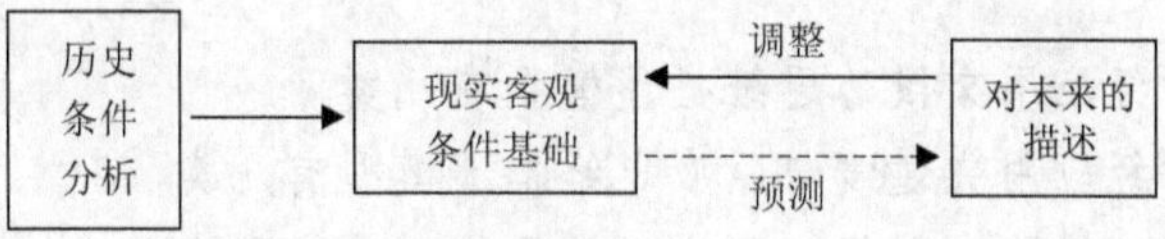

图 4－18　超前思维描述模型

4.2.10　规约性思维描述模型（图 4－19）

所谓规约性思维，是指作者的思维要有约束性，它必须根据党和国家的方针政策，把握工作的重心、会议的议题、集体的决定、领导的意图来思考所写的公文的内容和形式，不能渗入作者的主观思想。如撰写行政公文批示批复，其思维过程必须按规定程序进行。

从格式上看，有较固定的格式，有标题、发文机关、受文机关、正文、签字盖章、公文编号、附件、日期和用印、秘密等级和缓急程序、公文专用纸等，文种的用途也是不容混淆的。

从内容上看，对所请示的问题，必须根据某一方针、政策、法令、制度来作答，如涉及具体政策、法令或以前的宗卷、批复或批示时，必须认真检查原件，防止引用法令或答复问题前后矛盾。

从语言上看，都有一套程式化的语言：“××××年×月×日×号文‘关于××问题的请示’收悉。”或“‘（××）××字第××号请示’悉。”结语常用“此复”、“特此批复”等。

从思维方式上看，基本上采用演绎推理，以方针政策、法令、制度为大前提，所请示的问题为小前提，推出结论便是答复。当然在写作中也有一定的灵活性，如省略大前提的，或语言上有所变通的。又如“印发”、“批转”、“转发”这三种形式的批示性通知，在不同情况下该采用哪种形式才合适呢？这就必须按规约性思维来考虑，切忌随意性。要按规约性思维考虑，必须了解这三种性质的通知的个性。“印发”适用于发布条例、规定、办法等行政法规，或者下发有关文件。“印发”行政法规，执行要求比较严格，一般用“按照执行”、“照此执行”；若下发有关文件，允许酌情变通执行，一般用“现印发给你们，请结合实际情况贯彻执行”，批语比较简单。“批转”适用于对下级机关送来的要求加注批示性意见。对上级机关、同级机关、下级机关和不相隶属的机关的公文都可以用“转发”，执行要求根据情况可用“遵照执行”、“照此执行”或“参照执行”、“研究执行”，批语一般只简要写明对被转发的文件提出的问题的态度，也可以写类似“批转”的批语。由此可见，如不掌握各种文种的个性，写作者是无法用规约性思维来思考的，因而必然会贻误工作。

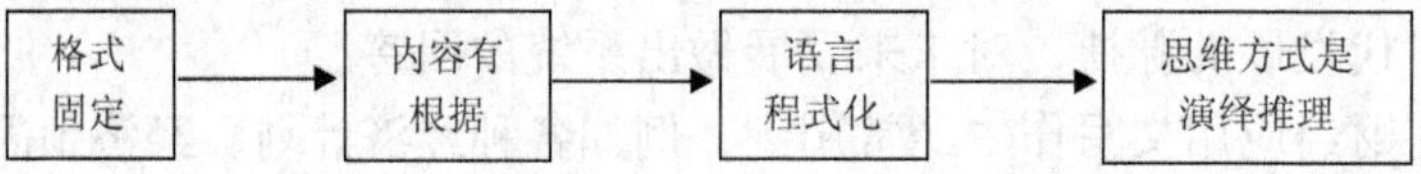

图4－19　规约性思维描述模型

综合训练4

1. 简答题

（1）举例说明财经应用文段落思维描述模型有几类。

（2）举例说明财经应用文过渡与照应思维描述模型有几类。

（3）什么是文章的思路？财经应用文思路思维描述模型有几类？

（4）财经应用文安排结构的原则是什么？

（5）举例说明财经应用文的结构形态思维描述模型有几类。

（6）举例说明财经应用文结构内容思维描述模型有几类。

2. 是非题

（1）财经应用文的段落思维描述模型主要是指逻辑化展开和具体化展开。（　　）

（2）段内或段间的原因分析是从目的分析到结果。（　　）

（3）段内背景分析是历史或现实生活背景。（　　）

（4）措施分析是对分析成果的应对、处理、解决方法。（　　）

（5）功能分析是指事物或方法所发挥的有力的作用、效能。（　　）

（6）背景分析是指舞台后面的景物。（　　）

（7）财经应用文的过渡思维描述模型是一段中既可以写甲事物，又可以写乙事物。（　　）

（8）财经应用文的照应思维描述模型就是前面的内容写到后一段。（　　）

3. 请运用导言思维描述模型分析下面公文的开篇。

市人民政府：

根据省人民政府侨务办公室、省统计局、省财政厅《关于××省首次侨情普查的通知》的精神，为进一步做好侨务工作和对台工作，把侨、台工作重点转移到为经济建设服务上来，促进我市对外开放和外向型经济的发展，现拟定在全市开展侨、台情况普查工作。现将有关工作安排如下：

4. 请运用文题模型拟写一篇公文标题。(内容自拟)

5. 请运用主体描述模型拟写一份上学期个人学习总结的主体部分。

6. 请阅读下列各段文字，说明各段的思路思维描述模型。

(1) 祖国内地31个省、自治区、直辖市，在现役军人中，接受大学（指大专以上）教育的有4.571万人；接受高中（含中专）教育的有1.4109万人；接受初中教育的有4.2989万人；接受小学教育的有4.5191万人。以上各种受教育程度的人包括各类学校的毕业生、肄业生和在校生。

(　　　　　　　　　　)

(2) 按劳分配，是社会主义分配的基本原则，也是社会主义优越性之一。几年来，我厂由于认真贯彻了按劳分配政策，极大地激励了广大职工社会主义劳动的积极性，使得生产效率成倍地增长。

为全面贯彻按劳分配原则，进一步调动劳动积极性，现就两项政策问题请示如下：

(　　　　　　　　　　)

(3) ×市百货公司钟表商店营业室被抢劫、纵火烧毁，流动资金损失五万九千一百二十七元，同意以"财政损失"核销，列入2004年度会计决策之内。

(　　　　　　　　　　)

(4) 在近几年棉花丰收的情况下，国务院决定由国家储备一部分棉花，储备资金由农业银行贷款解决，利息由中央财政负担。但棉花的经营和保管责任仍在地方，棉花销售后实现的税收和经营利润也归地方，所以，棉花的储备费用应由地方负担。

(　　　　　　　　　　)

第5章　财经应用文表达与语言思维描述模型

5.1　财经应用文表达思维描述模型

财经应用文的表达方式主要是记叙、说明和议论。财经写作实用性的特点，决定了其表达方式必须以记叙、说明、议论的确定性、规范性和简洁性为特征，以平实、庄重为基本格调。它在表达效果和可读性的追求上在于使人理解，不在于使人感动，以明晰、简洁为度。

5.1.1　叙述思维描述模型

5.1.1.1　叙述的作用

叙述是表达人物的经历和事物发展变化过程的一种手段。在财经应用文写作中，叙述同样也是一种常用的表达方式，有着十分重要的作用。主要是：

（1）对财经事物发展变化及其空间转移过程的科学综合和高度概括，使读者产生完整、深刻的印象。

（2）交代介绍财经活动的事实、基本情况，以表达作者的基本观点，为展示文章的主旨服务。

（3）文中的例证也用叙述方式表达。

5.1.1.2　叙述思维描述模型的分类

1. 陈述型（概叙：何人—何事—做什么？详叙：主旨句 + 事实/理由）

任何一件财经活动事件或任何一个事物，都有一个发生、发展和结局的过程。叙述某一事件的来龙去脉，或某一事物的发展变化过程，可以具体陈述，也可以概括地进行陈述。概括叙述是财经应用文写作最普遍、最主要的一种方法。例如财经诉讼文书之一的“民事答辩状”，其中“事实与理由部分”的陈述，属于具体陈述。民事调解书中的“案由”则用概括叙述。

此外，在财经公文、财经事务文书和财经专业文书中，大多使用概括叙述。

2. 交代型（梗概—背景 / 结果—根据 / 原因）

交代型的叙述主要用于财经公文或事务文书的开篇部分，一般简洁交代事件的梗概、发生背景或后果、拟文的根据或事件的原因等。

例如《 ××省石油公司关于××油库发生漏油事故的报告》的开头部分这样写道：

省商业厅：

××石油供应站所属××油库，输油管线于一九××年二月安装完毕。一九××年二月二十五日开始进油，至二月二十八日先后共进七批，9 卡槽汽油，总量××吨。在进油过程中发生了漏油××吨的严重事故。事故发生后，我公司先后三次派人到现场调查，现把情况报告如下：

……

这段文字是在正文之前的，简要地交代了事故的梗概，给人以总的印象。

3. 例证型（主旨句 + 事例）

这种叙述方式是以实例的陈述来佐证有关的某一个观点的谬误或某一事件的存在。在财经应用文中大量使用例证型的叙述方法。

例如《对少数单位违反统计、会计制度，任意错综数字的通报》一文中有这样一段：

有相当一部分单位提前结账，造成大量数字错综。如××地区食品公司规定全地区一月十五日结账，××、××地区食品公司在一月二十日结账……

5.1.1.3　叙述的特点

财经写作是为了解决在财经活动中的实际问题的，所以它的性质决定了以下的特点。

1. 直而略

“直”指的是在叙述中不拐弯抹角、不雕饰、不做作。文中的人或事是什么样的就怎么叙写和反映。“略”讲的是概括。在记叙文中写人叙事都要求具体、生动、形象，而财经文书却没有这个必要，特别是财经公务文书叙事写人，没有描写型，更没有艺术典型。因其“直”故重意而不重形，重事实的本质而不重事实的现象。严格地讲，这种叙事写人是在讲概念。因其“略”有综合概括，故重整体而不重个别，重整体价值意义而不重个别价值的意义。

2. 综合表达

财经文书的叙述大多与说明、议论结合进行综合表达，而且大多以述说为主。它不同于散文、小说、戏剧、诗歌等文艺作品那样要求很高的艺术性。“述说”介绍情况，陈述事实，说明原委，讲出道理是财经文书的基本笔法。

5.1.2　说明思维描述模型

5.1.2.1　说明的作用

说明是用来解说事物、阐明事理的一种重要表达方式。解说事物是指用言简意赅的文字把事物的性质、形态、特点、结构、成因、功用等情况介绍清楚；阐明事理是指用准确无误的语言把事物的概念、特征、种类、变化等内容表达明白。

说明这种表达方式使用相当广泛，在财经公文、经济情报信息、商品广告、商品使用说明书等文体中，都经常用它来表达观点和阐说事物的内容。

5.1.2.2　说明思维描述模型的分类

1. 介绍说明（撮要—综合）

所谓介绍说明，是指对所要说明的对象摘取要点，作概括扼要而又比较全面的介绍，所以介绍说明又称概说。介绍说明要根据写作目的、被说明事物的特点进行。能反映事物特征、本质的多介绍，读者不知道的多介绍，读者已经了解的少介绍。这是一种基本的说明方法，在财经文书中应用相当广泛。

介绍说明可以用来介绍工作的进程、企业的变化、工作中的问题，以及经济信息、商品说明等。例如：

皇后牌珍珠玉脂霜

珍珠对皮肤保健及营养有显著功效。明朝李时珍将其用于健肤方面。在《本草纲目》中有下列记录："珍珠粉涂面令人润泽好颜色，涂手足去皮肤逆胪除面黥。"足见珍珠粉在护肤方面的价值。

本厂出品的皇后牌珍珠玉脂霜选用闽南珍珠及高级脂肪醇、丙三醇等营养原料精制而成，膏体细腻，气味清香，是一种高级润肤美颜化妆品，男女老少均宜使用。

功能：用本品可增强皮肤表皮细胞活力，促进新陈代谢，防止皮肤粗糙，消除皱纹，延缓衰老，且有消除暗疮、雀斑，洁白皮肤，使之光泽，永葆青春的作用。

用法：早晚各搽一次，每次取本品少许，均匀搽遍面部，按摩片刻，即可收到满意的效果，需要时可增加次数。如果寒风吹袭或烈日曝晒，立即搽用本品，可保护面部皮肤不受损害。

中华人民共和国漳州制造

这段文字，十分简洁地介绍了该霜的功效、制法、功能和用法。作者摘取了要点，又抓其特点，综合性地作了全面评价。

2. 举例说明（事例+数字）

举例说明，就是举出实际事例来说明事物，把比较抽象、复杂的事物说明得具体而明晰。例如《对我区卷烟市场消费结构的初步分析》一文在"近年来产销情况"中这样写道：

从生产等级结构上看，滤嘴烟及甲级烟增长幅度大，中档烟稳步增长，低档烟有所下降。如2004年全区卷烟产量为580020箱，其中滤嘴烟、甲级烟分别为8011箱，分别比2003年增长21.96%、36.21%、53.3%，2005年的生产量虽然仅比去年增长13%，但滤嘴烟、甲级烟却分别比去年同期增长1.07倍、3.73倍，乙、丙级烟增长较小，而丁级烟却下降6%，戊级烟却由2004年占总产量的41%下降为36.5%。

3. 比较说明（分析：同中见异或异中见同）

比较说明是通过几个事物或一个事物的几个方面进行互相对比来说明事物。它通过事物的比较，把事物既互相联系，又互相区别的特征凸现出来，即"同中见异"；同时也可以把几个不同的事物进行比较，找出它们的共同之处，即"异中见同"。使读者在比较中认识事物的本质，从而产生深刻的印象。例如《××商店2006年度经济活动分析报告》中有这样一段说明：

主要指标经营情况，该店销售比2005年增加14.98%，流动资金运用基本维持上半年水平，实现了增销不增资。由于销售增加，资金未相应增加，因此，全部流动资金和商品及原材料资金流转速度分别比2005年加速4.60天和3.62天。……

这样一对比，使该店的经济指标一目了然。

4. 分类说明（求同——信息的综合；求异——信息的分解）

将被说明的对象，按照一定的标准划分为不同类别，然后分门别类地一一加以说明，这就是分类说明。例如，"①吃的商品销售普遍增加……②穿的商品结构继续发生变化……③用的商品大幅度增长……"这样分几个方面来进行分类说明，层次井然。

分类说明要有一定的范围和标准，被分出来的各类内容不能互相包含也不能互相交叉，既要尽量做出系统的完全的归类，又要避免过于繁琐。

5. 比喻说明（抽象→具体；以此→喻彼）

为了使抽象的道理具体化，深奥的事物浅显化，有时采用比喻说明的说明方法。

例如《关于甘肃农村承包情况的调查》一文，在写到甘肃不同地理条件时，作者这样写道："三里不同天，五里不同地。"既生动形象，又十分逼真。

6. 问答说明（原因→结果）

"问答"是财经应用文中经常采用的一种方法，特别是在商业广告中广为使用。例如：

电视机图像不清该怎么办

问：我的电视机没有毛病，但常常图像不清，尺寸缩小，声音变低，同步不稳定，为什么？怎么办？

答：最常见的原因是电压不稳定所致。如果供电压忽高忽低，不仅影响显像管图像的质量，还会由于电压的突然升高而使晶体管被击穿或烧毁电子管，电视就坏了。

如果把电视机的插头插在苏州延安电器厂的调压器上，上述问题就可迎刃而解了。

7. 数字说明（绝对数—相对数—平均数）

在财经应用文中，常常要列举具体数据，用准确的数据来说明事物。

例如在《经济活动分析报告》中，分析主要指标经营情况：

① 销售 51.005；

② 人均销售额 1.275；

③ 资金平均数 11967；

④ 利润 3.888；

⑤ 周转天数（资金）29.50 天；

⑥ 费用水平 0.85。

这样，人们就可以从数字上看出主要指标经营情况，比起一般介绍要精确得多。

此外，利用图表，引用资料，也都是常用的说明方法。

5.1.3　议论思维描述模型

财经应用文写作中的议论与议论文中通过复杂推理而导出结论的方式有所不同，大体有以下 3 种情况。

5.1.3.1　财经公务文书的议论（只说不论）

在财经公务文书中的议论，只说不论是其显著的特征。这与又说又论的议论文不同，与以论代说的学术论文也不同。它只是如实地说出意见、主张、办法，并不展开论述。因此，把它的议论叫做"直接明白地发议"，正是根据"只说不论"的特点而得出结论，可以说，财经公务文书的议论是只讲概念（下判断）的议论，不是运用概念、判断进行推理的议论。这因为：第一，只说不论是公务文书议论的通用形式、主要形式；第二，即使运用了又说又论亦即推理的形式也多为简单的类比、归纳、演绎等，很少使用从一般进到一般，从概念上升到概念的复杂推理；第三，即使行文中提出了经过认识升华过程而得到的精辟论点，也不需要反映出使认识升华的复杂的推理程序和方法。

5.1.3.2　财经事理文书中的议论（夹叙夹议）

财经事理文书中的议论一般采用又说又论的形式，即夹叙夹议、叙议结合的方式。如总结、调查、报告、指示等有限的文种常使用这种议论方法。

5.1.3.3 财经学术论文中的议论（借助逻辑思维→晓之以理→使人信服）

这是一种运用概念、判断进行推理的议论，它采用逻辑思维手段进行分析，阐述经济领域内各种现象和问题，揭示这些现象和问题的本质及其规律性。财经学术论文既然是一种议论体文章，它与一般议论文的相同点是都以议论为主要表达手法，不同的是，议论对象不同，财经论文具有强烈的政策性。

5.2 财经应用文语言思维描述模型

财经应用文的基本特征是实在性和应用性，而不是文艺作品的文艺性和欣赏性。这就决定了它的语言既与虚构夸张无缘，也不与象征、拟人、含蓄攀亲，它要求朴实无华，简洁严正，信息性强。

对语言表达的要求，各种文体有共性，也有个性。共性，即准确、鲜明、生动。个性，就财经应用文来讲，则要求准确、简练，其中有些文种如调查报告、总结等也要求尽可能写得生动些。

财经应用文语言思维描述模型有7种。

5.2.1 准确模型（内容真+结论准+析理有据+词语贴切）

所谓准确，就是财经应用文语言所表达的意思与所涉及的实际情况完全相符。财经应用文是财经系统下情上呈、上旨下达、经验交流、信息传递的有效工具，也是制订、体现和落实党的方针政策的重要工具。如果不准确，甚至一语之失，一字之差，往往会造成思想混乱，工作失误。特别是在社会主义市场经济迅猛发展的时代，如果带有法规性质的财经应用文写得不准确，将会给经济的发展和繁荣带来损失。

5.2.1.1 财经应用文的准确性的主要体现

（1）文章的内容要真实。文学作品的内容虽然也要求真实，但这种真实主要是艺术的真实。它的人物、情节都可以虚构，语言可以夸张，其真实的标准是恰如其分地表现人物的思想感情。而财经应用文的真实则不同，它要求客观实际的真实，包括人名、地名、时间、数据、引语、事件、情节等，必须符合客观事物的本来面目，一是一，二是二，不能有丝毫马虎含糊，既不能夸大，也不能缩小。

（2）文章的结论要准确。结论是财经应用文的核心，一定要准确无误。例如，有什么要求，要做什么，不要做什么，怎样去做，掌握什么分寸，等等，都需要表达准确。

（3）分析问题、说明事理要准确。分析问题要有理有据，也就是说，议论要符合马列主义、毛泽东思想、邓小平理论的基本原理，符合党的方针政策，符合党和国家制订的财经法规、规章和制度，符合客观事物的发展规律，符合实际情况。不能随心所欲、信口开河地乱发议论。

（4）运用词语要准确。指用词贴切，避免产生歧义，语句通顺，不出现语法、修辞、逻辑方面的错误。

5.2.1.2　财经应用文的语言要求

1. 掌握分寸，表达周密

写作中涉及政策办法、工作情况、经验教训时，往往有时间、范围、数量、程度、条件、主次等方面的区别，必须交代清楚，过与不及，都是不准确的，自然也谈不上明确了。

例如，“保证供应”与“满足供应”有程度的不同，“保证供应”与“保障供应”有方针、政策上的区别。

再如，一篇情况反映中写道：

第一，冶金系统各厂还出现了以下三方面的新气象：

一、以往“年初松、年底紧，月初松、月底紧”的现象开始扭转，生产比较均衡；

二、“拼设备、搞突击、放高产”的做法有了改变，产量稳步持续上升；

三、能源和原材料的管理进一步加强，消耗普遍下降。

说扭转，只是“开始”；讲均衡，冠以“比较”，没说过头话。产量上升，以“稳步持续”作状语，不同于以往时起时伏。说加强管理，用“进一步”，表明不是初步；讲消耗下降，用“普遍”，说明不是部分，既不笼统，也不夸大缩小，实事求是地、明确地反映了情况。

表示分寸的词语，有的幅度大，梯级多。例如表示数量的，少至“极少数”、“微乎其微”，多至“绝大多数”、“大部分”、“部分”、“小部分”等梯级，要细加区别，恰当使用。当用而不用，不当用而用，或选用得偏大偏小、偏高偏低，都不能准确反映客观实际。因此在拟文时使用词语不能掉以轻心，信笔写来，必须强调“一字入文，九牛曳不动”，非审慎不可。

2. 合乎逻辑，前后照应，避免自相矛盾

要做到准确，还要注意用规范的书面语言表达，句子的结构要完整，词语搭配要得当，要符合逻辑。请看下面例子：

据查，最近我市市区养狗成风，影响环境卫生，且多次发生疯狗咬人的事件。现有养狗者必须于本月十五日前将所养的狗自行处理。违反此规定者，由公安局派人捕杀。

捕杀的应该是“狗”，而不是“违反此规定者”。毛病出在主语。

一句、一段里连用几个限制性词语的，要检查一下口径是否一致，前后是否配合。否则就会含混不清。例如：

① 今年上海郊区所有农场都增产了，只有个别略有减产。

② 到年底，上级规定的任务，该厂已基本上全部完成了。

③ 这个新产品已初步试制成功，现正大批量投产。

例①前面说“所有”，就是无一例外，与后面的“个别”相矛盾；例②中“基本上”与“全部”不能放在一起；例③前面说的是“初步试制成功”，怎么就能“大批量”投产呢？

3. 不用模棱两可的语句

要做到表达准确，就不能采用表达模糊概念的词语。在财经公文中“本月”、“下月”、“去年以前”之类的词语是不能用的，必须明确写出具体时间和范围。目前文件中常出现的“据我们不成熟的意见”、“据不完全可靠的判断”等语句，以及“大约”、“或者”、“也许”等词，也应当尽量避免使用。

4. 避免错别字和标点错误

财经应用文由于文字崇尚简洁，如有错别字、掉字、漏写或错用标点符号，就容易造成误解，从而带来政策上、工作上的损失。

例如，浙江省余姚县桐江桥小吃店原出纳员朱再成贪污公款74100元，其中9400元是利用进货发票中的“葱”字错为“冲”字进行贪污的。

又如，一份公文中规定“商业、企业简易仓棚每平方米造价三十五元以下的不作为基本建设处理”，因在“商业”之后多了一个顿号，于是其他企业也兴建了不少简易仓棚，仅五个企业统计，就在五千平方米以上。

5.2.2 简练模型（短而精→删掉可有可无的字、句、段）

财经应用文要写得简练。简练包括简洁、精炼两点意思，其中简洁是基本要求。文件简洁则能节省时间，提高办事效率。

简洁正如鲁迅所讲的：“竭力将可有可无的字、句、段删去，毫不可惜。”财经应用文除了众所周知的，一般不需要描写、抒情等表达形式外，特别要防止穿靴戴帽和字句啰嗦。怎样防止呢？下面以《××市财政局关于请及时足额上交基本建设收入和归还试车费的通知》一文为例加以说明。

（初稿）

××市财政局关于请及时足额上交基本建设收入
和归还试车费的通知

（2007）×财建发第××号

×××××：

你厂自2002年开始筹建以来，在国务院有关部、委和有关兄弟省、市大力支持下，通过全体会战职工的努力，排除了各种干扰，现已基本建成，并进行了试生产。自去年12月26日再次点火试车以来，基本上做到了安全、稳妥、持续生产，为国家提供了许多化工产品，还实现了基本建设收入。

遵照财政部（2002）财基字第183号《关于实行基本建设收入分成办法的通知》、财政部《关于实行基本建设收入分成办法的说明》，以及财政部（2006）财基字第153号《关于辽阳××总厂试车费的复函》抄件的精神，请你厂将已实现的基本建设收入，以付款委托书交入建设银行上海市分行的“基本建设收入户”，账号：×××××××。以后各月实现的基本建设收入，也请及时足额交入该户。至于基本建设收入的分成办法，待请示市委、市革命委员会后决定。

由于你厂的基本建设收入已经实现，财政部今年增拨你厂的流动资金已经下达，因此，在去年5月14日拨给你厂的×千万元试车费，请即以付款委托书方式交还建设银行上海市分行，转交财政部。交还时，收款单位栏填写“50建设银行上海市分行”，用途栏填写“归还试车费”。

希你厂在党的方针、政策指导下，狠抓企业管理，明确核算体制，建立和健全必要的规章制度，积极疏导积压资金，加强经济核算，为国家积累更多的资金作出贡献。

我局工作组和建设银行上海市分行应积极配合你厂，做好工作，保证基本建设收入的及时、足额上交。

××市财政局
2007 年 10 月 11 日

抄报：财政部、轻工业部、×××、市革委会×××、×××、×××
抄送：建设银行上海市分行、××××

（修改稿）

××市财政局关于上交基本建设收入
和归还试车费的通知

（2007）×财建发第××号

×××××：

你厂现已基本建成并进行了试生产。试车以来，为国家提供了许多化工产品，并实现了基本建设收入。

根据财政部的有关规定，应将已实现的基本建设收入，以付款委托书交入建设银行上海市分行的“基本建设收入户”，账号：×××××××。以后各月实现的基本建设收入，也应及时上交。

对拨给你厂的×千万元试车费，应即以付款委托书方式交还建设银行上海市分行，转交建设银行总行。至于试生产过程中所需技术措施和大修理费用，应编制计划，经批准后，分别在基本建设收入和试生产成本中开支。

××市财政局
2007 年 10 月 14 日

抄送：建设银行上海市分行、××××

这篇“通知”的初稿文笔流畅，语言也明确，但开头和最后两段属于穿靴戴帽，文字中有些字句也显得啰嗦。初稿的正文有 600 多字，修改稿只有 200 多字，文字删掉了三分之二，内容反而更加清楚，增加了“至于试生产过程中所需技术措施和大修理费用，应编制计划，经批准后，分别在基本建设收入和试生产成本中开支”一层意思。

通过该例子可以看出，应删去的字、句、段如下：

1. 与基本观点无直接关系的

上述“通知”的基本观点是要××厂上交基本建设收入和归还试车费。这是要××厂照办的，而初稿最后一段却写了“我局工作组和建设银行上海市分行应积极配合你厂，做好工作，保证基本建设收入的及时、足额上交”，这与基本观点无直接关系。

2. 不是说明观点所必需的

初稿倒数第二段“希你厂在党的方针、政策指导下，狠抓企业管理，明确核算体制，建立和健全必要的规章制度，积极疏导积压资金，加强经济核算，为国家积累更多的资金作出贡献”。这是对今后的要求，也属一般号召，在这里并非说明观点所必需的。

常见稿件的开头往往写上一长段“通过……”、“在……下”、“在……上”、“由于……”等套语，这些都可删去，或大大简化。

3. 对方已经知道的

初稿一开头就写：“你厂自 2002 年开始筹建以来，在国务院有关部、委和有关兄弟省、市大力支持下，通过全体会战职工的努力，排除了各种干扰”等语句，显然该厂知道得很清楚，写则是浪费笔墨。

常见的稿件中，有的引述来文一大段，有的向上级大讲特讲党的政策和道理，这些一般都可删去。

4. 字句重复累赘的

初稿中的“自去年12月26日再次点火试车以来，基本上做到了安全、稳妥、持续生产，为国家提供了许多化工产品，还实现了基本建设收入”，其中“自去年12月26日再次点火”、“基本上做到了安全、稳妥、持续生产”等句子省去以后，丝毫未损原意。

以上讲的是简洁的几方面，在此基础上还要讲求精炼。这就是说，即使所写的内容都是必要的，语言也无重复、累赘、堆砌，但可以压缩的还应当再压缩，或经过推敲选用更恰当的词语来表达，力求言简意赅。

如初稿第二段：“遵照财政部（2002）财基字第183号《关于实行基本建设收入分成办法的通知》、财政部《关于实行基本建设收入分成办法的说明》，以及财政部（2006）财基字第153号《关于辽阳××总厂试车费的复函》抄件的精神”等，修改稿只用了9个字来概括：“根据财政部有关规定”，语言就很精炼。

必须提出，简练也有个界限，不能为简而简，一味求简，以致妨碍语言的明确性。古人云：“凫胫虽短，续之则忧；鹤胫虽长，断之则悲。”应根据思想内容、读者对象、社会条件、实际情况和文体特征来安排语言文字的繁简长短。如果以为越短越好，削足适履，或者贪图方便，该说的话不说，当用的字不用，走向另一个极端，这就不是简练而是苟简了。

5.2.3 生动模型（形象+新鲜）

有人以为财经应用文只要写得明确、简练就行了，生动是不必要的。其实，财经应用文特别是调查报告、总结之类，如果能写得生动，使人看得津津有味，效果会更好。

例如，毛泽东同志写的《湖南农民运动考察报告》，语言就十分生动形象：

学会“弹钢琴”。弹钢琴要十个指头都动作，不能有的动，有的不动。但是，十个指头都同时按下去，那也不成调子。要产生好音乐，十个指头的动作要有节奏，要互相配合。党委要抓紧中心工作，又要围绕中心工作而同时开展其他方面的工作……党委的同志必须学会“弹钢琴”。

你们现在已经到了山穷水尽的地步。……你们的飞机坦克也没有用。我们的飞机坦克比你们多，这就是大炮和炸药，人们叫做土飞机、土坦克。这些土飞机、土坦克，难道不是比较你们的洋飞机、洋坦克要厉害十倍吗？

诚然，财经应用文不能像文学作品那样塑造形象，运用夸张、含蓄等修辞手法使语言生动，但也可通过典型事例，运用比喻、比拟、借代等手法使语言生动。虽然有些种类的应用文有一定的惯用格式，如合同、规章制度等不能写得生动，但有些种类的应用文在叙述过程中如能注意文字锤炼，也可以引人入胜。

语言生动的标志，一是形象化，就是有声有色，具体鲜明，不落入概念化。上面举的“弹钢琴”就是一例。二是新鲜感，即要运用创造性的语言，不要陈词滥调，使人厌烦。上述例子中的“土飞机”、“土坦克”和“洋飞机”、“洋坦克”就有创造性，给人以新鲜活泼的感觉。

再如下面的例子：

① 社队工业和多种经营是促进农业起飞的两只金翅膀，两者缺一不可，都要加速发展。

② 把“一步登天”的远景规划，同“步步登天”的近期目标结合起来。

③ 要认真抓好轻纺产品的升级换代，把许多日用工业品设计多年“一贯制”的局面扭转过来。

上述例子中的“起飞”、“金翅膀”、“一步登天”、“步步登天”、“升级换代”、“一贯制”等都比较新鲜形象、生动活泼。

要做到语言生动，就要向人民群众学习语言。人民群众的语言是丰富的、生动活泼的、表现现实生活的。例如，农民对市场上供应的一种硬塑料凉鞋的评价：“看看像凉鞋，穿穿是棉鞋，走路打滑塌，脱下闻臭脚。”再如有些车间同志，由于商业收购部门计划多变，就用顺口溜来反映工、商间的矛盾：“少了赶，多了砍，5656161（谐音：少啦少啦多啦多），厂里生产扭秧歌。”这些批语多么尖锐，又多么形象、风趣和生动。群众语言，用得恰当，发人深省，入木三分。

此外，借鉴古代语言和外国语言也很重要。

总之，要使财经应用文语言写得明确、简练、生动，需要认真锤炼。不但要注意遣词造句，选择合适的句式，使得概念明确，判断恰当，推理合乎逻辑，而且对党的方针政策和客观经济规律要掌握清楚，使之言简意赅。同时还要注意学习语法、修辞、逻辑等有关知识。

5.2.4　平实模型（直言行文 + 朴实）

所谓平实，就是平直朴实，像鲁迅在《作文秘诀谈》中所说的那样：“有真意，去粉饰，少做作，勿卖弄。”平直，是就财经应用文的笔法而言的，用笔贵在直言，用不着拐弯抹角，有什么说什么。朴实，是对财经应用文的用语而言的，无论是叙述事实，还是说明事理，不用或少用积极修辞方式，更不要浓妆艳抹，而是“淡扫娥眉”，于平淡处见神采，尽量做到庄重大方、通俗易懂。

5.2.5　规范模型（标准 = 格式 + 文本 + 数字 + 文字 + 符号 + 计量单位）

所谓规范，是指财经应用文写作的标准性、规定性和统一性。比如，行政公文的写作格式、发文稿纸格式、案卷格式，就应该按照国家技术监督局发布的《国家机关公文格式》、《发文稿纸格式》、《文书档案案卷格式》中的统一规定办理。签订合同所使用的文本，应该符合国家工商行政管理局制订的合同示范文本制度的统一要求。数字的书写样式、简化字的使用、缩略语、简称、修改符号、计量单位等，都应该按照有关标准和规定使用。如果各行其是，就会造成混乱，影响办事效率和效果。

5.2.6　习惯用语模型

习惯用语，是财经应用文在长期使用过程中出现的专用词语，主要包括程序性词语、专业词语、介词结构、雅语和敬语五类。

5.2.6.1 程序性词语

主要反映行文关系和工作程序，它们各有不同的功用，可根据行文目的和文章内容灵活使用。主要有以下 10 种。

(1) 称谓用语，对各机关单位的称谓。如：我（院）、本（部）、你（局）、该（厅）。这里的“我”、“本”、“你”不是指个人，而是指单位，“该”可指单位，也可指个人。这四个称谓用语，使用上不含等级色彩，上下级间均可据情使用。

(2) 经办用语，表示对工作处理的流程、情况。如：经、兹经、业经、均经、并经、后经、未经；拟、拟办、拟定；审定、审议、审发、审批；试行、暂行、可行、参照执行、贯彻执行等。

(3) 期请用语，表示请求、办理。如：希、请、拟请、请查收、请审核、即请查照、希即遵照。

(4) 期复用语，请求对方给予答复。如：请批示、请指示、请核示、请复等。期复用语常同征询用语结合使用。

(5) 征询用语，用于征求、询问。如：当否、可否、能否、是否可行、是否同意等。

(6) 表态用语，表示对经办的事情的态度。如：同意、照办、可行、不可、不同意等。

(7) 结尾用语。如：特此通知（通报、函复、函送、函告、证明）为要（为盼、为感、为荷）。“为要”以后的词语，使用上含有等级感情色彩，应注意区别。

(8) 开头用语，用于说明发文缘由、根据、意义、背景等。如：为、为了；根据、按照、遵照、依照；鉴于、关于、由于；兹、兹有、兹介绍、兹派、兹请等。

(9) 引述用语，用于批复或复函时引述来文作为依据的用语。如：接、近接、前接、悉、收悉、敬悉、欣悉、电悉等。

(10) 批转用语，用于批转、转发、印发通知时的用语。如：批示、阅批、审批、批转、转发、印发等。

5.2.6.2 专业词语

财经应用文具有很强的专业性，它是惯用语的主要组成部分。常见的专业词语有：商品、市场、资金、利润、物价、采购、销售、批发、资源、库存、储运、物流、调拨、在途商品、批零兼营、清仓查库等。财经应用文写作中要准确使用专业术语，体现出财经应用文简洁、准确的语言特点。

5.2.6.3 介词结构

大量使用介词结构，以使词语表达的意义更加明确、严密，这在财经公文、信函、法规制度等文体中经常见到的，常用的介词有：

(1) 表目的、原因的。如：为、为了、由于、鉴于，等等。

(2) 表对象、范围的。如：对、对于、关于、将、除了，等等。

(3) 表根据、方式的。如：据、根据、依照、依据、遵照、通过、在、随着，等等。

5.2.6.4 雅语

所谓“雅语”，是同“俗语”相对的，是比较典雅、凝练的书面语，或古代词语流传沿用至今。如：颁布、严防、虽系、鉴于、准予、暂行、如期、派员、承蒙、妥否、希予接洽为荷等。这些词语表现出财经应用文语言具有庄重、大方、典雅的语言风格。

5.2.6.5　敬语

讲究谦词敬语，是我国古代应用文的一个传统修辞特色。现代财经应用文的词语选择上对此有所继承。常用的表敬词语有：请、拟、遵照、蒙、承蒙、贵、谢意、谨、敬请、谨电、谨启等。

5.2.7　数字语言模型

在财经应用文写作中，数字的使用是十分频繁的，有些文种，如经济活动分析报告、审计报告、市场调查报告等文书的写作更是无“数”不成文。

数字语言在财经应用文中，具有文字不可取代的独特作用。它可以传递产品供需、市场价格，也可以用来反映各种经济现象，反馈经济信息，还可以标界数量界限，建立经济模型等，使行文简洁明快、鲜明集中。

财经应用文数字描述模型必须真实、准确、科学；清楚、明白、有效；规范、适量、得体。

1995 年 12 月 31 日，国家技术监督局颁布的《出版物上数字用法的规定》（见附录 2）对数字沿用法作了明确的规定，因此，要严格按照此规定正确使用。

综合训练 5

1. 阅读下列文字，请说明是采用什么思维描述模型进行叙述的。

（1）今年 3 月以来，我市××税务所连续 3 次发生遗失税收票据和税款被盗事件。3 月 5 日，该所专管员王×将装有 10 份完税证的手提包放在新雅酒店餐桌旁，饭后忘记将包带走，致使完税证丢失。3 月 16 日，该所副所长李××，在去××化工厂途中，将装有完税证的公文包随意夹在自行车后架上，致使 5 份完税证丢失。更为严重的是，5 月 17 日，该所专管员张×，在万鲜酒店就餐时，将装有 1 万元税款和票据的公文包随手放在旁边的餐桌旁，致使税款和票据全部被盗。

（　　　　　　　　　　　　　　　　　　　　）

（2）相比之下，新浪和雅虎等网站则发展比较均衡。如新浪，除在北京有着较高的浏览率（37%）外，在广州和上海也取得了较好的业绩（27% 和 20%）。

（　　　　　　　　　　　　　　　　　　　　）

（3）2005 年 8 月 4 日凌晨 1 时 15 分，我区广源购物广场发生重大火灾，经过 3 个小时的扑救，于 4 时明火全部扑灭。该购物广场 1～3 楼经营的商品及柜台、货架等全部烧毁，直接经济损失 300 万元。造成此次重大火灾的直接原因是一楼商户王×私接电源线路，电线起火所致。

（　　　　　　　　　　　　　　　　　　　　）

2. 阅读下列文字，指出是采用什么思维描述模型进行说明的。

（1）全年完成邮电业务总量 1335 亿元，比上年增快 35.4%。全国城乡电话交换机容量 10864 万门；其中局用交换机容量达到 93185 万门，比上年增加 2107 万门。

（　　　　　　　　　　　　　　　　　　　　）

（2）2003 年床位利用 100%，总量业额 38 万元，上缴国家税利 7 万元，上交厅办公室6万元，业务支出24万余元。

(　　　　　　　　　　　　　　　　　　　　)

(3) 副食品市场比较稳定。今年，猪肉供应的紧张状况已有所缓和，猪肉价格的提高，客观上抑制了消费，使猪肉供求矛盾缓解。同时，牛羊禽购销两旺，达到近几年来的最高水平。全区猪肉总销量2131吨，较去年上升17.6%，菜牛销12870吨，增长6.8%，菜羊116吨，增长2.5倍。

(　　　　　　　　　　　　　　　　　　　　)

(4) 中华牌硫磺香皂简介：

硫磺香皂是国内近来发展起来的香药皂，它不但有很好的洗涤效果，而且对一些常见的多发性皮肤病亦有一定的医疗作用。本品不但有较强的去污能力，而且有杀菌、消毒、止痒等功能。适用于头皮多、粉刺等。经临床试验，对毛囊炎、皮脂溢出等疾病均有疗效。

(　　　　　　　　　　　　　　　　　　　　)

3. 请指出下列两段文字的议论思维描述模型。

(1) ××市在19××年违反财经纪律，截留巨额税利，错误是严重的。对此，市委、市政府主要负责人应负主要责任。鉴于市委、市政府领导已作了检查，全部补交了所截留的税利，而且，区党委、区政府对此也负有一定责任。因此，中央纪委同意××区党委提出的对××市领导同志不给予纪律处分的意见。

(　　　　　　　　　　　　　　　　　　　　)

(2) 按劳分配，按马克思的原意，就是等量劳动必须给予等量报酬。那么，在社会主义现阶段，按劳分配是在全社会范围内实行呢，还是在企业内部实行呢？我们过去的做法是，集体所有制企业，按劳分配大都是以企业为范围的。但全国企业就不是这样了。全民企业由于实行了统收统支，基本工资是大体统一的，只有奖金才在企业之间略有差异。

(　　　　　　　　　　　　　　　　　　　　)

4. 请修改下面一段文字。

新中国成立以来，我市教育事业发展得非常快。不但办起了许多所中小学，还办起了大学、中专和技术学校。现在在校生占全县人口30%，专职教师有3000多人，除此以外，还聘请了不少有实践经验的兼职教师。全市的主要干部都是本市学校培养出来的。

5. 选择题

(1) 叙述是表达人物的经历和事物发展变化的一种手段。在财经应用文中，叙述也同样是一种常见的表达方式，有着十分重要的作用。财经应用文叙述思维描述模型有（　　）。

A. 结果型　　B. 交待型　　C. 例证型

D. 陈述型　　E. 议议型　　F. 夹叙夹议型

(2) 财经应用文是为了解决在财经活动中的实际问题而写作的，所以它的性质决定了财经应用文叙述的特点是（　　）。

A. 详叙　　B. 略叙　　C. 直而略　　D. 综合表达

(3) 财经应用文中的议论与议论文中的通过复杂推理导出结论的方式有所不同，主要方式是（　　）。

A. 又说又论　　　　B. 只说不论
C. 夹叙夹议　　　　D. 运用概念判断进行推理的议论

6. 是非题

(1) 二十多万公尺（　　）　　(2)“12.9”运动（　　）
(3) 第二产业（　　）　　(4) 5省1市（　　）
(5) 上午8点30分（　　）　　(6)“十五”规划（　　）
(7) 2个学生（　　）　　(8) 15.6岁（　　）
(9)“十一·五”规划（　　）

7. 用思维描述模型（部位模型）分析下面这份通告。

国家税务总局关于商务零售企业
开展增值税专用发票的通告

为了加强对增值税专用发票（以下简称专用发票）的管理，确保国家税收收入，现对就业零售企业销售商品向购买方开具专用发票的问题规定如下：

一、已认定为增值税一般纳税人的商业零售企业，可以开具专业发票。但企业须指定专人负责保管和开具专用发票。

二、就业零售企业只能向购货方为一般纳税人的单位开具专用发票，索取专用发票的购货方必须持盖有一般纳税人戳记的税务登记证（副本），未提供证件的，就业零售企业一律不得开具专用发票。

三、就业零售企业开具专用发票时，必须按国家税务总局的有关规定将全部联一次性如实填开。

四、就业零售企业开具专用发票中的单价和销售价，必须是含税价格，不能将价税分别填开。

五、违反以上规定的，税务机关一经查出，可依《中华人民共和国发票管理办法》的有关规定责令其限期改正，没收非法所得，并可处以3000元以上，10000元以下的罚款。

特此通告

××××年三月十六日

第6章 财经常用行政公文模型写作

6.1 公文概述

6.1.1 公文的概念

公文是公务文书的简称，是国家机关、社会团体、企事业单位用以处理公务的一种文书。它是传达贯彻党和国家的方针政策，颁布法规和规章，指导和商洽工作，请示和答复问题，汇报情况，交流经验以及记载政务活动的重要工具。公文有广义和狭义之分。

6.1.1.1 广义的公文

从广义上讲，公文包括专用公文、事务公文和通用公文三大类。其中，专用公文是指一定业务范围内由专门机关、组织等形成和使用的文书，如党务文书、军事文书、外交文书、司法文书、财务文书等。事务文书，即不列入国务院办公厅2000年8月24日发布的《国家行政机关公文处理办法》（2001年1月1日开始执行，以下简称《办法》）公文种类系列，属各机关、社会组织内部常用的处理日常事务的公文，如计划、总结等。

6.1.1.2 狭义的公文

狭义的公文仅指通用公文，现行通用公文主要指《办法》中所规定的13种行政公文。《办法》明确指出："行政机关的公文（包括电报，下同），是行政机关在行政管理过程中形成的、具有法定效力和规范体式的文书，是依法行政和进行公务活动的重要工具。"本章所讲的公文，指的就是行政机关使用的通用公文。

6.1.2 公文的特点

公文与其他文体相比，具有鲜明的特征，主要表现在以下4个方面。

6.1.2.1 法定的权威性

公文作为国家机关行使其行政管理职能的重要工具，直接反映制文机关的立场观点和决策意图，而且一旦发布生效，任何单位或个人都必须遵守和贯彻执行，可见其内容具有法定的权威性和约束力。公文的权威性来自国家机关的权威性。财经行政公文是财经管理部门行使其经济管理职能的重要工具，在法定时间和范围内，公文对受文对象具有强制阅读、执行或复文等效力，受文对象只能贯彻执行，不得违背。

6.1.2.2 严格的程式性

程式是指撰写公文有统一规定的种类、格式和行文关系，公文的结构、文风、用纸、书写和装订等都有统一要求。任何单位、个人在撰写、行文过程中都必须严格遵守，不得别出心裁、标新立异、自搞一套或混同使用。此外，公文一般要经过正式会议审核通过才能由相关主管领导签署发布。同时，为了保证公文传递通畅与贯彻执行，还规定了严格的公文收发处理程序，包括登记、分办、拟办、批办、承办和催办等环节。

6.1.2.3　作（读）者的规定性

公文的制发必须是依法成立并能以自己名义行使职权和承担义务的组织、机关或其领导人。这里的“领导人”是作为一个组织的代表出现的，而不是法律意义上的“自然人”。公文的撰写由专人负责，并代表专门机构。所以公文一旦行文，一切责任由制发单位负责，与拟稿人个人无关。除需要周知的公文外，多数公文的读者也是法定的，只有他们才有权阅读相应的公文。公文格式中设定的“秘密等级”及“附注”中关于阅读的说明，有时就是对法定读者阅读权限的规定。

6.1.2.4　严格的时效性

公文是针对具体情况、实际问题而制发的，公文的制发、传递、执行都具有严格的时间限定。因此，各级行政机关在行政管理过程中发现情况或问题，在确有必要行文的前提下应及时做出决定，迅速制发公文上传下发，以保证各项工作有序开展。同时对受文机关来说，也应及时办理所收公文，切实履行职责，以免延误工作，最终使公文不能发挥其应有的效能。

6.1.3　公文的分类

《办法》第九条规定，我国行政公文种类有命令（令）、决定、公告、通告、通知、通报、议案、报告、请示、批复、意见、函、会议纪要共 13 种。这 13 种行政公文的行文方向，则是由它们的行文关系所决定的。我国现行行政公文的行文关系，主要有以下 4 种类型：一是同一组织系统中上、下级之间，属领导与被领导的隶属关系；二是同一组织系统中上级主管业务部门与下级业务部门之间，属业务指导与被指导关系；三是同一组织系统中同级机关之间，属平级关系；四是非同一系统的任何机关之间，属不相隶属关系。根据行文关系的不同，行政公文可以分为下行文、平行文和上行文 3 个类别。

6.1.3.1　下行文

指居领导或指导地位的上级机关发给被领导、被指导的下级机关的公文，如命令（令）、决定、批复等。主要是传达领导机关意图，部署安排公务活动，要求下属机关遵照执行。

6.1.3.2　平行文

具有平行关系或不相隶属关系的机关之间传递的公文，如函等。主要是沟通情况、配合工作、联系相关公务等。

6.1.3.3　上行文

指被领导、被指导的下级机关向上级领导、指导机关报送的公文，如请示、报告等。主要是汇报工作、反映问题，为上级机关决策和更有针对性地指导下级机关的工作提供依据。

不同的公文种类及其文种，都有各自的使用范围和对应条件，因此在选用公文种类及文种时，一定要综合考虑本机关与主送机关的工作关系、本机关的工作权限以及行文目的和要求等方面的情况，做到正确选用和合理行文。

6.1.4　公文的作用

公文的作用，概而言之，主要有以下 5 方面。

6.1.4.1　领导和指导

党和国家的方针政策、各级领导的工作决策，是各下属机关开展各种公务活动的指导纲领和重要依据。公文既是领导机关传达贯彻党和政府方针政策的有效形式，又是传达工作决策的重要手段。领导机关主要通过公文发布传达工作部署和工作意见、实施对下级机关的领导和指导，如国务院对财政部的发文、财政部对各省财政厅的发文以及各省财政厅对所属市（地区）财政局的发文等，就对下级机关起领导或指导作用。可见，具有领导和指导作用的公文多是下行文。

6.1.4.2　规范和约束

国家领导机关及各级权力机关制发的公文，不少是带有法规效力和制约作用的，如命令、决定、通知、通告等。《会计法》、《企业财务会计报告条例》、《会计档案管理办法》、《会计基础工作规范》和《绿色食品标志管理办法》等我国的法律、行政法规或规章制度，基本上都是以公文的形式发布的，它们在有效时间和空间范围内，对相应的工作和活动有规范和约束效力。

6.1.4.3　宣传和教育

有些公文本身就是宣传教育材料，能提升人们的思想认识，调动人民群众的积极性，保证党和国家的路线、方针、政策的贯彻执行。一些下行文，在对重要工作做出安排的同时，也阐明政策或理论的依据，对目前的形势进行分析，或提供开展工作的具体指导思想，这样也能取得一定的宣传和教育效果。实践表明，发布和传达载有中央领导同志重要讲话的公文，利用公文进行奖惩公示，都是行之有效的宣传教育手段。

6.1.4.4　联系和沟通

在公务活动中，上下级之间需要彼此答复询问，通知相关事宜，请示报告情况等；平级和不相隶属的单位之间需要相互联系业务，沟通情况，交流信息等。这些活动一般是通过公文联系和沟通的。鉴于此，公文不仅有利于相关机关之间达成共识，密切配合；而且还能提高工作效率，推进各项工作的顺利进行。

6.1.4.5　依据和凭证

上级机关在制发公文时，要以下级机关所反映的情况做依据；而下级机关在处理具体事务、安排工作时，又需要上级机关的指示精神；不相隶属机关之间，也要依据往来的公文洽谈工作、沟通情况和解决问题。可见，公文在这些过程中便起着重要的依据作用。同时，作为反映各级行政部门在各个时期公务活动情况的文件记录，公文又有积累史料的凭证作用，即在公文的现实效用完成后，对以前工作仍有凭证作用。

6.1.5　公文的结构

这里的公文结构，主要是指公文的不同组成部分及其主要写作内容。行政公文一般由眉首、正文和版记三部分组成。

6.1.5.1　眉首

眉首又称文头或版头，主要由发文机关标识、发文字号、秘密等级、紧急程度和文件份数等组成。

1. 发文机关标识

一般由公文发文机关全称加文种构成，如“中华人民共和国财政部公告”。几个机关联合行文时，主办机关排列在前，如《财政部、国家档案局关于印发〈会计档案管理办法〉的通知》。下行文的发文机关标识，常在发文机关名称后加“文件”两字，以示庄重，如“××市人民政府文件”。

2. 发文字号

发文字号又称发文号，是发文机关单位的代号和文件的登记编号，由机关代字、发文年份和发文序号三部分依次组成。机关代字是发文机关的代称，发文年份是发文年度，发文序号是发文的顺序号。如“国办〔2006〕36 号”，其中“国办”是国务院办公厅的代称，〔2006〕是发文年份，“36”是发文序号，指该文件是国务院办公厅 2006 年发出的第 36 个文件。

一份公文一般只能有一个编号，联合发文只标主办机关的发文字号。如《财政部、国家档案局关于印发〈会计档案管理办法〉的通知》，是财政部和国家档案局的联合发文，财政部是主办单位，该文的发文字号便是“财会字〔1998〕32 号”。

3. 签发人

签发人指的是代表机关和部门核准并签发公文的领导人。上报的公文应当在发文字号右侧标注“签发人”，“签发人”后面标明签发者姓名，其作用是明确公文的具体责任者。如有多个签发人，主办单位签发人置于第一行，其他签发人姓名从第二行起排在主办单位签发人之下。其他公文的签发人，则只在发文稿纸上签写。

4. 秘密等级

按国家保密工作的有关规定，凡内容属于或涉及国家秘密的公文都应标注出秘密等级。公文秘密等级是指公文内容所涉及的国家秘密的等级，分绝密、机密和秘密三级。所以，凡内容属于涉密的公文都应在首页上角标注出秘密等级，如需同时标识出秘密等级和保密期限的，两者之间用“★”号隔开。意在要求有关部门或人员按国家保密工作的有关规定进行阅读、传递和管理。

5. 紧急程度

紧急程度是对公文送达和办理的时间要求进行标志，分“特急”和“急件”两种。对一些急需处理的公文，在首页的右上角（秘密等级之下）标明紧急程度，以使紧急公文优先得到处理，避免延误。

6. 文件份号

文件份号是指同一文稿印制若干份时每份公文的顺序号码，也叫“编号”。譬如，一个文件印发 300 份，那么它的份号就是从 1 号到 300 号。编印份号的目的是为了便于发文和查对。

6.1.5.2　正文

公文的正文部分是公文的核心部分，它主要由以下一些要件组成。

1. 标题

公文的标题就是公文的名称，它是对公文主旨的高度概括，也是对公文主要内容的揭示，并为查考、使用和管理文件提供检索标志。公文标题一般由发文机关名称、公文事由和文种三部分组成，如《国务院关于加强预算外资金管理的决定》。公文标题一般不用标点符号，但当不使用标点符号会引起读者误解或产生歧义时，可适度使用标点符号，如法规、规章名称要加书名号，并列的几个名称之间加顿号等。

公文标题根据情况，也可适当省略。①省略发文机关。即公文的标题由事由和文种组成，如《关于严厉打击卷烟走私整顿卷烟市场的通知》，常用于上行文、平行文和知照性下行文。②省略发文事由。公文的标题由发文机关名称和文种组成，一些对社会公布的公文文种，如命令、公告、通知等标题常采用这种省略方式，如《中华人民共和国主席令》等。③省略发文机关和事由。这类标题只有文种，适用于公告、通告等公开发布的公文，如《公告》等。

2. 主送机关

主送机关又叫受文机关，是公文的主要受理机关，即负责办理公文或执行公文内容的机关。行政公文除决定、公告、通告、会议纪要等公文外，一般都要写明主送机关；上行文和平行文，一般只有一个主送机关。

3. 主体

主体是公文正文的核心部分，它具体表述公文的主要内容。主体根据内容表述的需要，可以分小标题、部分或段落进行陈述。但要做到一文一事，主旨单一，内容准确，逻辑严密，结构清晰和层次分明。公文主体一般又可以分为开头、中心和结尾三部分。

开头一般简明扼要地说明制发公文的依据，可以是理论依据，也可以是实际工作需要，还可以是法令或来文等。中心的主要任务是对传达贯彻的法规、规章，施行的行政措施，请示和答复的问题，指导、布置或商洽的工作，报告的情况，交流的经验等进行明确的表述。它可以根据公文的具体需要，指出政策规定或者提出新的政策，提出针对某种情况或问题的具体做法要求，对工作的质量、数量、时限和规模作出规定，并就保证任务完成、目标实现从多方面提出有效的解决办法，等等。公文结尾有以下几种形式：在部署重要工作，安排重大行动或嘉奖、表彰等性质的公文中，常以提出号召或希望结尾；上级机关向下级机关布置工作，一般用向执行机关提出执行要求结尾；也有一部分公文，使用公文结尾惯用语收束正文。

4. 附件

附件是对正文起补充说明或证实正文某内容的文图材料等，如统计表、图片等。值得注意的是，用命令（令）发布的行政法规和规章，用通知批转、转发的公文，它们同发布令及批转、转发性通知共同组成一个新的公文，其核心是所发布及批转、转发的公文，因此它们不是附件，也就无需在公文附件处加以体现，只要将被发布及批转、转发的法规、规章或公文直接附在正文之后即可。

5. 成文日期

成文日期指公文成文的确切日期，是公文开始生效的日期（在正文中明确规定了公文生效日期的除外）。一般公文的成文日期以领导人签发该文的日期为准，联合行文的以最后签发机关的签发日期为准，会议通过的公文以会议通过的日期为准，电报则以发电日期为准。

6. 印章或签署

印章是发文机关对公文生效负责的凭证，公文除会议纪要和以电报形式发出的公文以外，一律要加盖印章，否则视为无效。联合上报的公文由主办机关加盖印章，联合下发公文的发文机关都应加盖印章。单独行文公文可不签署发文机关名称，成文时间距离右边沿空四个字格加盖印章。当联合行文需加盖两个印章时，两个印章都应压成文时间，并且主办机关印章排在前面。当联合行文需加盖3个以上印章时，每排最多排3个印章，两端不得超出版心，最后余下的一两个印章居中排布。印章之间互不交切。

签署是指发文机关领导人在以其名义制发的公文正本的落款处签注姓名或加盖签名章，凡以领导人名义发布的公文均应签署，否则公文无效。

7. 附注

附注是指对正文中出现的名词术语、有关事项和使用方法等做的简要说明和解释。附注一般加括号标注，标识在文件末成文日期之下、主题词之前。每项说明为一个自然段，有多条时就用序号进行排列。

6.1.5.3　版记

版记又称文尾，该部分属于文件的附加部分，主要是对文件印发情况加以说明，主要包括以下几个组成部分。

1. 主题词

主题词是从文件中抽象出来，能够反映公文主要内容的、并经过规范化处理的名词或名词性词组。一份公文除类别词外，一般情况主题词不超过5个，标引的主题词必须从有关主题词表中选用，如《国务院公文主题词表》等。主题词具体的标引顺序是：先标类别词，再标类属词，最后标文种。如《国务院关于深化城镇住房制度改革的决定》，其主题词有“城乡建设　住宅　制度　改革　决定”，其中“城乡建设”为类别词，“住宅”、“制度”和“改革”为类属词（范围由大到小），最后标的是文种“决定”。

2. 抄送机关

抄送机关是指主送机关以外需要执行或知晓公文内容的其他单位，应使用全称或规范化的简称。抄送机关一般只需了解公文的内容而不负责答复和办理。

3. 印发机关

印发机关是指负责印发文件的机关，一般是发文机关的办公厅（室）。

4. 印发日期

印发日期指办公厅（室）接稿后送往印刷的时间。印发日期署在印发机关的右边，如“二〇〇五年九月十二日印发”。

5. 印发份数

印发份数是指该文件的总印份数。印刷份数置于印发机关及印发日期栏底线下方。如“共印××份”。

6.1.6　公文的格式

当前通行的公文格式有两种：一种是印有版头的，俗称“红头文件”；另一种是未印版头的，称为普通公文。有版头的公文适用于党政机关和重要的大单位，式样参见第72页；无版头的公文适用于一般企事业单位，式样参见第73页。

另外，需要说明的是：

（1）公文用纸一般使用成品幅面尺寸为210mm×297mm的国际标准A4纸张。“布告”、“公告”、“通告”用纸大小，根据实际需要确定。

（2）公文用纸天头（上白边）为：37mm±1mm；公文用纸订口（左白边）为：28mm±1mm；版心尺寸为：156mm×225mm（不含页码）。

0001　　　　　　　　　　　　　　　　机密★×年
特　急

××××××文件

×××〔2003〕×号

××省人民政府关于×××××
×××××的通知

×××××：

××。

附件：1. ×××××××××××

2. ×××××××××××

发文机关（印章）

二〇〇三年×月×日

（此处填写附注）

主题词：××× ×× ××× ×× ×××

抄送：×××××，×××××，×××××，×××××，×××××，×××××，××××××，××××××。

××省政府办公厅　　　　2003年×月×日

标　题

发文字号

××××× （主送机关名称）：

××。

附件：

1. ××××××××××××

2. ××××××××××××

发文机关（印章）

二〇〇五年×月×日

主题词： ×××　××　×××　××　×××

抄送： ×××××，×××××，×××××，×××××，×××××，×××××，×××××，×××××。

××办公厅（室）　　2005 年×月×日

6.1.7　公文的写作要求

6.1.7.1　依法行文

从我国现有的法律、法规体系看，大部分法律、法规是由行政机关执行的。《办法》明确指出：公文是“依法行政”的工具。依法行文就是指公文应在法律法规的允许范围内制发。为此，就要在公文制发时做到依法行文，把好内容关，使公文内容同国家的法律、法规步调一致。同时，也要使公文的制作程序符合国家的法律、法规。这就要求公文的写作者要熟悉国家有关的法律法规，准确理解党和国家的方针政策，遵循公文制作的合法程序，保证公文依法行文。

6.1.7.2　受命代言

公文要根据领导机关或领导人的意图进行写作，具有很强的“代言”性质，而不是表达个人见解，也不宜体现个人个性特征。所以，写作者必须准确地体现被代言者的思想、观点和意图，在思想、思维等方面与其看齐和靠拢。这种受命写作的特殊性，要求公文写作者要全面提升法律、政策认知水平，加强专业知识和语言表达等涵养。

6.1.7.3　制作规范

公文写作要遵守《办法》的规定，不但要遵循公文法定的规范格式，而且要遵循各种文种的写作体式。同时，还要培养根据特定情况和行文意图选择不同公文种类及其文种进行规范写作的意识和能力。

6.1.7.4　语言实用

公文语言必须符合公务活动的特定需要。公文以实用为目的，以客观、准确为原则，以表意精确、恰如其分为标准。为此，下行文的语言要严肃、郑重，上行文语言要谦和、恭敬，平行文语言要礼貌、协商等。

6.2　决定

6.2.1　基础知识

6.2.1.1　决定的含义与作用

决定是党政机关对重要事项或重大行动作出决策和安排的指导性公文。

《办法》规定："决定适用于对重要事项或者重大行动作出安排。"由于决定都是对重要事项、重大行动所做出的，所以它的作用也非常重要，具体表现在以下3个方面。

1. 政策性强

如其定义所示，决定所涉及的问题重大，它公布以后，对下级机关和群众具有指导性意义，也具有导向作用。下级机关和群众都将其视为必须执行和遵守的上级方针政策，在思想行为和具体工作中，将照章行事。

2. 约束力大

决定一经形成，有关人员就不得以任何借口拒不执行，如果要改变决定，必须经过一定的法定程序。在执行中，不管理解与否，都得执行，即决定的执行具有相当的强制性。它对下级机关和群众都有重大而严格的约束力，有关人员的行为都不得超越它、无视它。

3. 影响重大

它的内容重要，一般是针对某重要事项或重大问题，经集体研究讨论以后，才通过决定这种形式做出安排和部署，所以决定的实施，一般都会产生重大影响。

6.2.1.2　决定的种类

决定一般是按照内容性质分类，可分为以下4类。

1. 法规性决定

法规性决定一般由国家立法机关或其他权力机关做出，有严格的规范性。为了表明要切实解决某一重要问题，将其制作成办法、措施等，作为法律法规或制度确定下来。为了慎重，一般是由重要会议通过，然后才发布，所以它有很强的权威性和行政约束力。如《嘉兴市人民代表大会常务委员关于加强经济工作监督的决定》（2001年5月18日嘉兴市第四届人民代表大会常务委员第26次会议通过）。

2. 决策性决定

决策性决定是对重要事项或者事关大局的行动作出决策部署，既要确定大政方针，又要明确工作任务、实施的方案、采取的措施，并且还要强调和提醒下级认真贯彻执行。这种决定如果只有大政方针，没有细则，那么下级部门就不好操作，会影响决定的实施。例如《国务院关于成立国务院西部开发领导小组的决定》。

3. 安排性决定

安排性决定主要是领导机关对某一项重要而又具体的工作作出具体安排，这比决策性决定更要具体周详，而不是大政方针性的。这种决定对指导原则、具体任务、方式方法、步骤安排、实施措施和要求等，都得一项一项安排妥当。

4. 知照性决定

知照性决定主要适用于召开重要会议，批准或者修订某项法规，安排或处理人事问题，设置或撤销某组织机构，奖惩单位或个人，更改或撤销下级机关不适当的文件精神等。这种决定内容比较简单，只需把决定的事项让人周知，一般都不写执行要求，最多强调一下原则性意见即可。

6.2.1.3　决定的特征

决定的特征在前述作用与种类中已提及，如法规性、指挥性、工作安排性等，这些都可说是其特征，以下介绍上文尚未涉及到的两点。

1. 规范性

决定由于其内容的重要与重大，所以它的决策和安排，不仅需要下级机关所有成员服从和认真贯彻执行，而且对作出决定的机关人员都具有约束力。它要求在某一事项的安排上，或者在某一重大行为中，上下一致，全员一心，统一思想和行动，共同把决定实施完成。所以，它对一定范围内的全员的行为都有一种规范作用。

2. 广泛性

决定的应用范围十分广泛，党政机关、社会团体、企事业单位等各级各类机关都可以使用决定这种文种。同时，决定涉及的范围也很广泛。决定往往不是直接对某一下级单位发话，所以一般都不写主送机关，只注明阅读范围，这样，它就在这个规定的范围内广泛地起指挥、指导作用。

6.2.2　模型解析

决定的结构模式与其他公文有较大的相异处，虽然标题、正文等也是必有的项目，但它有生效标识，而其他文种一般都没有这一项。而且结尾也不同。所以决定的结构模型为：标题 + 生效标识 + 正文。

6.2.2.1　决定的文题思维描述模型

设决定文题为 W，那么，W = 发文机关 + 介词 + 事项 + 文种。如：《中共中央关于加强和改进党的作风建设的决定》。

一般的公文标题都有全称式、省略式几种，而决定的标题，由于其内容的重要与重大，故一般不采用省略式。其他文种的省略式，一般省的是“发文单位”一项，因为这些文种最后都有落款，“发文单位”可以在落款中标出。而决定一般是自然结尾，没有落款，所以标题中的“发文单位”一般不省略。当然，不省略也有别的意义，如表示慎重等。所以，决定的标题一般都是全称式。如：《全国人民代表大会常务委员会关于修改〈中华人民共和国大气污染防治法〉的决定》。

6.2.2.2 决定的生效标识

设生效标识为X，那么，X=会议名称+时间。如：（2001年9月26日中国共产党第十五届中央委员会第六次全体会议通过）。

决定的内容和发布，都是经过有关会议讨论通过的，所以在制文的过程中，要在标题之下正文之上括号内写明通过的时间和通过会议的名称。

有的决定，没有专门会议通过，而是由有关领导研究作出的，这样的决定，则需在正文之后写上发布日期，或者直接在标题下边标明日期。

生效标识作用无外乎两种，一是为了慎重行事；二是有的决定，有某种文告在先，在新的决定生效之前，办事得依据原文告，由新的决定生效之日起，都得依据新的决定，而原文告或全部或部分停止生效。

6.2.2.3 决定的正文思维描述模型

设正文为S，那么，S=前言+主体+结尾。

（1）设前言为A，那么，A=背景/原因 +目的+依据和意义+惯用语。

[例1]

近几年，全国成立了一大批新的公司，在生产、流通领域起了一定作用，但其中有相当一部分公司政企不分，官商不分，转手倒卖，牟取暴利。这些问题的存在和发展，损害了国家和群众的利益，造成社会分配不公，扰乱经济秩序，败坏社会风气，严重干扰和阻碍了改革。为了治理经济环境，整顿经济秩序，加强对商品流通的管理，保障改革的顺利进行，根据有关法规，必须对各类公司进行清理整顿。为此，特作如下决定：

根据模型，可获得本例的“件、量、旨、链、语”信息如下：

模型件：背景/原因+目的+依据/意义+惯用语

模型量：背景/原因$_1$+目的$_1$+依据/意义$_1$+惯用语$_1$

模型旨：开篇明旨

模型链：为了→依据→做什么；规约思维

模型语：说明

正文的前言部分一般应写明作出决定的原因、背景、目的、依据和意义，只有写明了这些内容，下级机关才能充分了解行文的意图，从而认识到决定的重要性和必要性，才会切实有效地执行。否则有的单位对决定的认识不足，重视程度不够，执行起来就会打折扣，行动缓慢等。

（2）设主体为B，那么，B=决定事项（方针政策+措施+要求）。

[例2]

这次清理整顿的重点是1986年下半年以来成立的公司，特别是综合性、金融性和流通领域的公司。在此之前成立的公司，凡问题严重的也要进行清理整顿。通过清理整顿，主要解决公司政企不分、官商不分、转手倒卖、牟取暴利等问题，进一步明确经营方针、经营范围，使之走上健康发展的轨道。

各地区各部门接到本决定后，要立即研究，抓紧部署。过去经国务院和中央有关部门批准的公司，也必须按本决定进行清理整顿。全国清理整顿公司的工作要在今年年底前基本结束。各省、自治区、直辖市人民政府要在清理整顿工作结束后，将情况报告国务院。

根据模型，可获得本例的“件、量、旨、链、语”信息如下：

模型件：方针 /政策 + 措施 + 要求

模型量：方针/政策$_2$ + 措施$_3$ + 要求$_2$

模型旨：段首明旨

模型链：做什么→怎么做→要求什么；发散思维；篇段一体/分条列项式结构

模型语：叙述、说明

主体是决定的核心部分，种类不同，其内容的设置也不尽相同。决策性决定、安排性决定要求写明决定事项的具体内容，一般是对某项工作确定原则，提出具体要求，作出具体规定、措施或方法；法规性决定，要求对某项法规作出规定，如规定内容多，需列出条款分而述之，以清新明了。有的是对人的，要对某人或某些人表明态度，作出安排或处理。

主体部分内容要明确具体地阐述方针、政策、措施、办法等，以便于下级机关理解执行。对一些重要的事项，在阐明要求规定的同时，也可对决定的事项作出简要分析，以提高相关人员对决定的认识。

(3) 设结尾为C，那么，C = 执行要求/希望、号召/补充说明。如：中央、国务院和有关部门过去的有关规定，凡与本决定不一致的，一律以本决定为准。

结尾的形式有很多种，并无统一的模式。一般是向下级机关或有关人员发出号召、提出希望，或提出执行要求。有的是对决定内容做一些补充说明。还有的采用秃尾，即主体终了，即告全文结束。总之，可根据内容灵活安排，不强求统一。

6.2.2.4 决定的总体思维描述模型

表6-1 决定的总体思维描述模型（R）

模型 \ 模型结构	R = 文题 + 生效标识 + 正文 = W + X + S				
	文题 W	生效标识 X	正文 S = 前言 + 主体 + 结尾 = A + B + C		
	W = 发文机关 + 介词 + 事由 + 文种	X = 会议名称 + 时间	前言 A = 背景/原因 + 目的 + 依据 + 惯用语	主体 B = 决定事项（方针/政策 + 措施 + 要求）	结尾 C
模型件	发文机关、介词、事由、文种	会议名称、时间	背景/原因、目的、依据、惯用语	方针/政策、措施、要求	执行要求/希望、号召/补充说明
模型量	发文机关$_1$、介词$_1$、事由$_1$、文种$_1$	会议名称$_1$、时间$_1$	背景/原因$_1$、目的$_2$、依据$_1$、惯用语$_1$	方针/政策$_2$、措施$_3$、要求$_2$	执行要求/希望$_n$、号召/补充说明$_n$
模型旨	文题现旨	文题现旨	开篇明旨	段首明旨	结尾点旨

续表6－1

模型	R＝文题＋生效标识＋正文＝W＋X＋S				
	文题 W	生效标识 X	正文 S＝前言＋主体＋结尾＝A＋B＋C		
模型结构	W＝发文机关＋介词事由＋文种	X＝会议名称＋时间	前言 A ＝背景/原因＋目的＋依据＋惯用语	主体 B ＝决定事项（方针/政策＋措施＋要求）	结尾 C
模型链	谁→什么事→做什么；设问思路	何时→做什么；设问思路	为了→依据→做什么；规约思维	做什么→怎么做→要求什么；发散思维，条文式结构	希望什么→做什么；规约思维
模型语	直陈	说明	说明	陈述、说明	

6.2.3 例文点评

［例文］

国务院关于加快发展中西部地区乡镇企业的决定

党的十一届三中全会以来，我国乡镇企业异军突起，为农村发展和国民经济增长做出了重要的贡献，成为我国社会主义市场经济中生机勃勃的力量。但是，由于多种原因，乡镇企业发展的区域分布很不平衡，占全国人口约三分之二的广大中西部地区只拥有全国乡镇企业产值的三分之一，已成为我国中西部地区与东部地区经济发展的差距的重要原因。党的十四大指出："继续大力发展乡镇企业，特别要扶持和加快中西部地区和少数民族地区乡镇企业的发展。"这对于逐步缩小东西部地区差距，振兴少数民族地区经济，改变贫困落后面貌，巩固和发展团结稳定的大局，实现共同富裕，具有十分重要的经济意义和政治意义。为此，特决定如下：

一、提高认识，加强领导，把加快发展乡镇企业作为中西部地区经济工作的一个战略重点

我国中西部地区幅员广大，资源丰富，是少数民族主要聚居区。经过十多年的改革，中西部地区经济发展取得了重大成就，绝大多数农民温饱问题已基本解决，有条件集中精力大力发展乡镇企业。通过加快发展乡镇企业，促进中西部地区经济腾飞，较快地增加农民收入，实现农村小康和国民经济翻两番的战略目标；更有力地支持和建设农业，推动农业向高产、优质、高效发展，逐步实现农业现代化；大批转移农村剩余劳动力。加快农村工业化和城镇化进程；为进一步促进我国工业和整个经济的改革与发展，作出更大的贡献。

为此，必须把加快发展乡镇企业作为中西部地区整个经济工作的一个战略重点，提到各级政府重要工作日程上来。改变过去抓工业就是抓国有工业，抓农村经济就是抓农业的传统观念，正确认识乡镇企业与国有企业和农业为基础的前提下，一手抓国有大中型企业，一手抓乡镇企业；地、县要一手抓农业，一手抓乡镇企业。今后，中西部地区县城第

二、三产业的发展，除国家统一规划开发的工程和项目外，要逐步转移以发展乡镇企业为主的轨道上来；从中央到地方的综合部门和有关业务部门，在为国有大中型企业服务的同时，要积极为发展乡镇企业服务。各级政府主要负责同志要加强领导，一年抓几次，及时解决乡镇企业发展中的重要问题。要选派和配备得力干部充实和加强各级乡镇企业管理机制。

二、实行适应中西部地区经济发展要求的产业政策

兴办乡镇企业要立足于开发利用当地资源。把资源优势转化为经济优势，是实现中西部地区经济迅速增长的重要途径，中央和各级地方政府的综合经济部门、有关业务部门，都要从中西部地区实际情况和加快经济发展的要求出发，因地制宜地执行国家的产业政策，创造有利于开发资源的条件和环境，促进乡镇企业发展。

中西部地区发展乡镇企业，要面向国内外市场的需要，立足当地资源优势，除国家明文规定的外，适合发展什么就发展什么，不受限制；只要产品质量高，销路好，又有治理污染和保护资源、环境的可靠措施，项目规模大小不受限制，并免征国有资产投资方向调节税；在保证效益的前提下，发展速度能多快就多快，不受限制。但是，也不能不顾条件，层层硬性规定指标、摊派任务。

中西部大多数地区，应当在农林牧副渔全面发展的基础上，把积极兴办农副产品加工、储藏、保险、运销等企业放在重要地位。在有条件的地方，要发展附加值较高的外向型农产品加工企业。暂时没有条件办加工业的地方，要把运销作为突破口来抓。

要充分利用山上山下、地上地下的丰富资源，在各级政府统一规划下，进行合理开发，发展矿业、建材、小水电和旅游等资源型产业。各有关部门要帮助进行技术论证，提出可行性方案，提供必要的服务。除国务院明文规定外，任何部门、单位增加收费种类和提高收费标准，都必须经省、自治区、直辖市人民政府批准。

要利用中西部地区劳力多的优势，发展商业、服务业、手工业、建筑业、运输业、旅游业及其他劳动密集型产业，组织劳务输出，繁荣城乡经济。

三、提倡不同组织形式的乡镇企业共同发展

发展乡镇企业，要在继续坚持原来乡办、村办、户办、联户办“四轮驱动”的基础上，再加上联营企业、中外合资企业等，实行“多轮驱动、多轨运行”。

近几年来，我国农村涌现出一批不同类型的乡村股份制企业（包含股份合作制企业）。这种新型的企业组织形式，有利于筹集民间资金，明晰产权关系，实行政企分开，具有适应商品经济发展的许多好处，各地要认真总结试点经验，并积极推广。国家在农村投资开发的项目，凡是适合于地方联营的、可以与乡村集体股份相结合，建立联营企业，以减少国家在征地、招工等方面的投入，带动更多的农民脱贫致富。

中西部地区生产力发展水平还比较低，在乡镇企业的组织形式上，更需要放开手脚，实现“多种轮子一齐转，哪个转得快就让它转”。不同地区生产力水平不同，多种“轮子”不可能在每个地区都以同样的比重、同样的速度运转，要允许和支持适应当地生产力发展水平的“轮子”转得快些，不限制其发展速度。在那些贫困落后，集体经济薄弱，办乡、村集体企业缺乏条件的地区，可以放手发展个体、私营和股份合作制企业。不同所有制企业，都要进入市场，实现平等竞争。

建立健全对乡镇企业的法律保护制度。各级政法机关要保护乡镇企业及其经营者的合

法经营活动和合法收入，严禁一切“吃大户”、乱摊派甚至敲诈勒索等不法行为。要纠正对个体与私营企业认识上的偏见和政策上的歧视，严禁对个体、私营企业的赎买行为。不得利用行政手段随意平调乡镇企业资产、改变隶属关系或变更企业性质。

四、鼓励和支持各类人才走上开发乡镇经济的主战场

乡镇企业的发展，人才是关键。各级政府要下决心，采取有力措施，为乡镇企业创造一个大胆使用人才、积极吸引人才、加速培养人才和坚决保护人才的环境和机制。

要破除“左”的思想束缚，大胆选拔和放手启用那些敢想敢干，善于经营，在实践中成长起来的各种农村能人。他们是农村发展社会主义市场经济的积极分子，要充分发挥他们的带头示范性作用和骨干作用。鼓励他们以个体、私营、联户、承包、租赁、股份制等各种形式领办、创办乡镇企业。农村党员干部要带头办乡镇企业，勇于带领群众致富。

中西部地区要结合机构改革，鼓励一部分有才能、有志向从事经济工作的党政机关和事业单位的干部，走向发展乡镇企业的主战场。对离开党政机关到乡镇企业去的干部，在严格实行政企分开的原则下，允许各地采取一些过渡办法，积极创造与党政机关“脱钩”的条件。

乡镇企业是大中专毕业生最能显身手的场所之一。国家教育部门要鼓励大中专毕业生到乡镇企业就职，对新分配的大中专毕业生，凡是到乡镇企业工作的，允许保留国家干部身份，行政关系保存在县镇企业主管部门或人才交流中心，免除见习期，其工资奖金在不低于国家规定标准的前提下，由企业自行确定。为了提高乡镇企业的整体素质，各有关大中专院校要为乡镇企业定向培养人才，并列入各级教育部门的计划；有条件的大专院校，要增设适用于乡镇企业的专业；通过职业中学、民间办学、短期培训等途径加强对农村现有知识青年的职业教育，不断扩大乡镇企业的人才后备资源。

要积极支持科研、事业单位工作人员、国有企业技术人员和职工，利用工余时间和节假日，为乡镇企业提供有偿服务。允许离退休人员接受乡镇企业的聘任，原有离退休待遇保持不变。

对在乡镇企业生产经营中做出突出贡献的科技人员、管理人员，实行收入上不封顶、依法纳税的政策。要严格区分依靠自己专业知识为乡镇企业提供服务所取得的收入与收受贿赂的界线。

五、走因地制宜、合理布局、集中连片发展的路子

中西部地区地域辽阔，交通不便，不少地方缺水缺电，发展乡镇企业不能“遍地开花”。要从当地的资源、人才、交通、能源、水源等综合条件出发，因地制宜，合理布局，建设乡镇工业小区，集中连片发展。这样，有利于扬长避短，选择最容易成功的地方重点突破；有利于节省资源，减少基础设施建设的投入；有利于加强宏观指导，避免重复建设；有利于带动农村小城镇建设。这是一条促进中西部地区经济、社会发展的路子。

集中连片发展，主要是依托现有小城镇和乡镇企业有一定基础的地方，相对集中发展；在沿边开放地区，边贸口岸，有水有电、处于交通沿线、有丰富资源可开发的地方，要重点发展；中小城市实行开放政策，要打破城乡分割格局，允许农村集体和个人进城办第二、三产业。各级地方政府和有关部门要集中人力财力物力，在集中连片发展的地方搞好基础设施和政策环境建设。对适宜分散发展的手工业等，继续实行分散经营。

对集中连片发展乡镇企业实现股利政策。各地要采取优惠的措施，吸引农民自理口

粮，自带资金，来兴办第二、三产业；吸引条件较差的乡、村进行异地开发，到条件较好的地方创办乡镇企业；吸引东部地区企业家和国外投资者来办第二、三产业。在小城镇和其他集中连片发展的地方，实行土地有偿使用和转让，合理收取费用，用于基础设施建设，以及为小城镇建设配套的文化、教育、卫生和其他社会公益事业。

六、积极在中西部地区培育和发展市场体系

为了加快中西部地区乡镇企业发展，必须建设和发展市场体系，搞好商品流通，实现人才、技术、劳动力和资金等要素的有效配置。要改变乡镇企业千辛万苦地在社会上到处寻求原料、人才、技术、资金和销售对象的状况，逐步转向通过日益完善、公平竞争的市场使供需双方直接见面，去满足自己发展经济的需求，把资源配置和产品交换提高到新的水平。这对交通不便、信息不灵的中西部地区，具有更为迫切、更为重要的意义。今后各级政府要把市场建设作为发展第三产业的重点抓紧办好。各有关部门要把培育商品市场和生产要素市场作为发展乡镇企业和为其提供服务的一项重要任务，逐步建立规范的和公平的市场秩序，促进乡镇企业发展。

七、多渠道增加中西部地区乡镇企业的资金投入

资金短缺是制约中西部地区乡镇企业发展的重要因素。为此，国家要给予必要的支持，同时必须进一步放开搞活农村金融，逐步建立、完善农村资金市场，发展横向经济联合，培植企业投资能力，广辟资金渠道，加大资金投入。

从一九九三年起到二〇〇〇年，除了用好现有乡镇企业贷款存量和每年正常新增贷款外，再由中国人民银行每年在国家信贷计划中单独安排五十亿元贷款，支持发展中西部地区乡镇企业。这项贷款由中国农业银行经营发放，重点用于中西部地区乡镇企业集中连片发展的地方，按项目投放资金，实行资金与人才、技术、管理诸要素综合投入，保证效益。由中国农业银行和农业部共同拟定具体实施办法。各专业银行和有关金融机构，要把发展中西部乡镇企业作为资金投放的一个重点。农村信用社在支持农业稳定发展的基础上，积极增加乡镇企业信贷投放量。各级财政每年要安排一定资金支持发展乡镇企业。

开辟新的乡镇企业投资渠道。提倡各地建立乡镇企业发展基金。允许乡镇企业从销售收入中提取1%作为企业技改和新产品开发资金。鼓励农民以劳带资或以资带劳进厂、联户集股办厂。

八、抓住机遇，推进东西部横向经济联合和城乡联合

当前我国东部经济较发达地区乡镇企业已开始进入产业结构升级换代的阶段。要在现有基础上不断提高乡镇企业发展水平，注重调整结构，改革技术，提高产品质量、增加经济效益，努力向外向型、高科技发展，为中西部地区乡镇企业腾市场，转移劳动密集型产业，以东部的发展带动中西部发展，实现全国大发展。

要充分利用沿边、沿江地区及内陆省会城市对外开放的机遇，鼓励和支持沿海发达地区乡镇企业、大中城市和国有企业，按照互利互惠的原则，与中西部地区发展横向经济联合，开发资源，实行优势互补，共同发展，中西部地区要从当地经济发展的实际需要出发，采用多种形式，吸引东部地区前往投资，联合兴办乡镇企业。

凡是东部地区和大中城市到中西部地区投资兴办乡镇企业或乡镇联营企业的，都享受当地制定的优惠政策。同样，中西部地区到东部地区兴办或联办的乡镇企业，也享受东部地区的优惠政策。

鼓励城乡联合，提倡中西部地区国有大中型企业、三线军工企业，通过扩散零部件生产、原材料开发和加工等形式，与当地联办乡镇企业。凡是与乡镇企业联办的企业，可以实行乡镇企业经营机制，享受当地的优惠政策。

近几年来，东部地区与中西部地区之间的干部双向交流，对于推进经济发展与区域合作起到了很好的作用，应坚持下去并不断发展。

九、各有关部门通力合作，为促进中西部地区乡镇企业上新台阶做出贡献

从中央到地方的各有关部门，都要把支持中西部地区乡镇企业的发展，作为贯彻落实党的十四大精神的实际行动。计划部门要把乡镇企业纳入国民经济发展规划，安排和落实在中西部地区的能源、交通、通信和资源开发的重要工程项目，为当地的经济发展创造良好的外部环境；工交和国防军工部门要鼓励大中型企业通过产品和技术扩散及原材料基地建设等方式，带动中西部地区乡镇企业的发展和技术进步，并把乡镇企业列入运输计划；商业、外贸部门要加快发展国内市场，对具备国家规定条件的外向型企业赋予进出口经营权；地矿、冶金部门要帮助乡镇企业兴办乡镇矿业和以矿产品为原料的加工业，提供技术和信息服务；财政、金融部门要在资金筹集、融通方面给予积极支持，帮助企业建立健全财务制度，培训财会管理人员；水利部门要帮助解决水土流失和乡镇企业供水问题；环保、国土等部门要帮助乡镇企业解决污染、节约用地等问题；税务部门要对中西部乡镇企业实行优惠的税收政策，“放水养鱼”，培育税源；工商部门要在企业登记方面提供方便，经营项目方面尽可能放活一些；政法、监察、审计部门要保护乡镇企业的合法经营，合法权益；教育、科技、人事部门要在人才培养、技术开发方面提供支持。

各有关部门都要根据以上原则要求，制订支持乡镇企业发展的政策措施，作为国务院决定的配套文件下达；同时，清理废除过去一切不利于乡镇企业发展的条例、文件和规定，并公之于众。各级政府要定期检查各有关部门的工作，组织交流经验，表彰为发展乡镇企业做出重要贡献的单位。

本文件的基本精神，也适用于东部经济欠发达的地区。

国务院

一九九三年十月十四日

[点评]

这是一份对重要工作进行部署、作出安排的决定。标题是由发文机关名称、事由和文种三个要素构成的。正文的前言部分首先高度评价乡镇企业的发展状况，然后指出在发展中存在的区域分布不够平衡的问题，最后引述党的十四大有关的政策精神，并指明其重大的现实意义，这也是对发文依据和目的的一种交代。“为此，特决定如下”或“特作如下决定”之类的语句是决定的开头和主体部分之间惯用的过渡性语句；主体部分篇幅较长，内容全面、详尽，主要是对发展中西部乡镇企业的政策、要求和措施等作了具体规定。这一部分由于采用了序码加小标题的形式，所以很有条理性，各条决定事项都表述得非常清楚；结尾部分专门对决定精神的适用范围加以明确。

这份决定较好地体现了这一文种所应具备的政策性、权威性和指挥性，可以真正起到工作指针的作用，有些内容甚至带有法规的特点。

6.2.4 同步训练

阅读以下这则决定，然后完成决定后面的练习。

完善社会主义市场经济体制若干问题的决定

（2003年10月14日中国共产党第十六届中央委员会第三次全体会议通过）

为贯彻落实党的十六大提出的建成完善的社会主义市场经济体制和更具活力、更加开放的经济体制的战略部署，深化经济体制改革，促进经济社会全面发展，十六届中央委员会第三次全体会议讨论了关于完善社会主义市场经济体制的若干重大问题，并作出如下决定。

一、我国经济体制改革面临的形势和任务

（1）深化经济体制改革的重要性和紧迫性。……

（2）完善社会主义市场经济体制的目标和任务。……

（3）深化经济体制改革的指导思想和原则。……

二、进一步巩固和发展公有制经济，鼓励、支持和引导非公有制经济发展

（1）推行公有制的多种有效实现形式。……

（2）大力发展和积极引导非公有制经济。……

……

十二、加强和改善党的领导，为完善社会主义市场经济体制而奋斗

（1）党的领导是顺利推进改革的根本保证。……

（2）加强和改进党风廉政建设。……

全党同志和全国各族人民，在马克思列宁主义、毛泽东思想、邓小平理论和“三个代表”重要思想指导下，全面贯彻十六大精神，紧密团结在以胡锦涛同志为总书记的党中央周围，开拓进取，扎实工作，为建成完善的社会主义市场经济体制、实现全面建设小康社会的宏伟目标而努力奋斗！

1. 拟写出文题、正文的思维描述模型。

2. 参照6.2.3例文的评语，给本决定写一篇评语，内容尽量详细，字数要在800字以上，层次清晰，语言流畅且专业化。

6.3　通告

6.3.1　基础知识

6.3.1.1　通告的含义和职能

通告是领导机关及其职能部门，向所辖范围内的人民群众、机关团体公布应当遵守或周知事项的公文。

《办法》规定：“通告适用于公布社会各有关方面应当遵守或者周知的事项。”这一规定实际上已经把通告的职能作用以及主要特征告知了社会各界。由于这一规定的权威性，故而各种应用文专著、教材等，在讲通告的作用、特征等问题时，都没超出也不可能超出这个规定的范围。所以，如果要想理解通告的职能作用及其特征，就得深入理解《办法》中对其的规定。

所谓“公布”，是说通告与其他公文的区别是公布性公文，没有规定明确的告知对象，其对象具有广泛性。“应当遵守”，言明通告有法规性，人人都得严格遵守，不得有

违，如有所违，要受到相应的法规惩处。“周知”，是广泛告知人们知晓，力求人人知道。

6.3.1.2 通告的种类

通告的种类，一般按其性质划分。所谓性质，其实也就是《办法》中规定的“应当遵守”及“周知”。

1. 周知性通告

周知性通告主要是使受文者了解其重要情况、重要信息。因此，文中不需要直接提出执行要求。但这并不意味着不需要大家去遵守或执行，虽然只是知照，但也大多属上级机关的下行公文，其中总有一些指令性因素，所以受文后，也往往有需要遵循的，规定自己行为的，不能完全抹掉“遵守”、“执行”的因素。

2. 法规性通告

凡宪法、法律、法规赋予权力的有关机构，在其权限范围内都可以发布通告，规定一些事项，有关人员必须遵守。发布通告时，要向受文者交代需要遵守和执行的政策、措施，以及其他行为规范。这些政策、措施和规范一经发布就具有一定的强制力。

6.3.1.3 通告的特征

通告的特征既比较明显，也比较简单，主要有以下3点。

1. 法规性

这一特点主要是指法规性通告。法规性通告一经颁布，特定范围内的部门、单位和民众都必须遵守，在行为上不允许违背。这显现出了通告的法规性和约束力。在经济领域内就更是如此。因为经济活动和经济工作比其他行业更特殊，如果违背了国家及上级机关的有关经济工作的通告，就会造成经济损失，影响阻碍经济的发展。责任重大，不可小视。

2. 周知性

这一点也是由通告含义而来。通告的内容要求在“社会各有关方面”的人们或是特定的人群中普遍知晓。虽然并不像其他公文那样要求限时执行，但如果是在其范围之内的，就必须知晓。只有周知了，才能了解有关政策法令，遵守某些规章，共同维护社会公务管理秩序。如有谁不知，一经违法，对社会和他本人都会造成损失或危害。

3. 行业性

大部分通告都只限于某一行业、系统或者部门，还有的通告仅仅只在单位内张贴，所以大多有鲜明的行业性特点。但是社会人等、各个行业之间总是有联系的，尽管某通告只是在行业上实施，它也会涉及其他行业的人。比如保护森林的通告，虽在林业系统，但其他系统的人同样要遵守。即使是贴在某单位内的通告，如其他单位的人临时到了该单位，这时也得遵守该通告。

6.3.1.4 通告与公告的区别

通告与公告，两者都是公布性公文，在一些属性上是相同的，如制作时都不必写明执行要求，都只需告诉人知道即可。两者之间的区别有以下4点。

1. 制发机关的级别不同

一般来说，公告发文机关级别较高，因为公告的范围涉及面较广，若范围太小则不必发布公告文种，这样就造成了公告发文机关的级别较高。与此相反，通告的发文机关级别较低。

2. 事项大小程度不同

一般来说，公告内容比通告重要些。另外，公告除特例以外，不要求强制执行，而通告则常常涉及一些应该遵照执行的事项。

3. 传播范围不同

公告一般是向内外宣布一些重大事项，范围宽，覆盖面大。而通告一般是一定范围内公布应当遵守或周知的事项，范围比起公告来，要小得多。

4. 写法不同

公告一般是开门见山，直述其事，不用开头语和结尾语，也不用说明和议论，内容也很单一。而通告的篇幅相对较长，内容也相对复杂一些，既要在开头写出发布通告的原因、目的、意义等，又要在正文部分写出缘由、事项和结尾。

6.3.2　模型解析

通告由标题、发文字号、正文、日期构成。不仅整体框架与其他文种基本相同，而且各部分的结构也有许多相似之处。

6.3.2.1　通告的文题思维描述模型

设通告文题为W，那么，W=发文机关+事由+文种。

具体写法，一般有全称式和省略式两种，其中省略式一般是省略发文机关，只有事由和文种。如：《关于征集第一次全国经济普查宣传标语口号的通告》（国务院第一次全国经济普查领导小组办公室二〇〇四年一月二十九日发布）。

除这两种常规写法外，有时也出现特殊写法：一种是将标题分为两部分，第一部分是“发文机关+文种”，第二部分是通告的内容。如：《中国人民银行通告　明日起发行1990版人民币》，但这种写法极少见到。另一种是“发文机关”、“事由”全省略，只出现文种。

根据模型，通告文题模型的“件、量、旨、链、语”信息如下：

模型件：发文机关+事由+文种

模型量：发文机关$_n$+事由$_1$+文种$_1$

模型旨：文题现旨

模型链：谁→什么事→做什么

模型语：直陈

上述情况表明，通告标题的模型完全可以突破，不拘一格，既要遵循一定的规矩，又不能被所谓常规格式完全限制。

6.3.2.2　通告的发文字号

设发文字号为X，那么，X=单位代字+年份+字号。

通告的发文字号，也是多种情况并存。如果是政府发布法规性通告，一般应有公文正规的发文字号；如果是某一行业管理部门发布通告，往往采用“第×号”的简略方法；还有的一般性通告，也可不用写发文字号。

6.3.2.3　通告的正文思维描述模型

通告正文一般由缘由、事项、结尾等构成。设正文为S，那么，S=缘由+事项+结尾=A+B+C。

（1）缘由A=目的+措施+根据+惯用语。

[例1]

为了加强爆炸物品和枪支、弹药管理，维护社会治安秩序，保障公共安全，保护人民群众生命财产安全，公安部决定，坚决收缴非法爆炸物品、枪支弹药，严厉打击违反爆炸物品、枪支弹药管理的违法犯罪活动。根据国家有关法律、法规的规定，特通告如下：

缘由实际就是正文部分的开头，它一般用来表示发布通告的背景、根据、目的、意义等内容。但这些内容并不是每一个通告都必须写全的，通常只写其中一项或两项，而且这一、两项也无需详尽其事，简明扼要就行。最后一般用“特作如下通告”、“特通告如下”等作过渡，以便转入事项部分的写作。

(2) 事项 B = 事项/措施/规定/操作/处罚。

[例2]

一、严禁非法制造、买卖、运输、储存；

二、严禁非法持有、私藏、使用；

三、严禁邮寄和非法携带；

四、严禁合法单位违法违规产、销、存、运、用等；

五、此类犯罪人员须立即投案自首；

六、从轻从重处罚的规定。

整个通告，正文是主体部分，而正文之中，事项又是主体部分。因此，事项是通告的重中之重。但是，重要并不等于繁杂。其事项部分主要有两种情况：

一种是讲清要人们知道的事项；另一种是讲明要人们遵守的事项。这两种内容，有的只偏重一种，而有的则兼而有之。

不管是哪种内容，如果涉及的事项比较多，则要分条列项，一条一条叙述清楚：如果内容比较单一，则可一气呵成，甚至连段落也不必分。但不管分不分段，分不分条，都要以把事情说清楚为原则。有时内容虽然只有一件，但却比较复杂，也不能怕文字太多而不适当减省：但如果事项本身单一，也不要怕太少而无话找话说。绝大多数通告要求有关人员“知且行”的。

(3) 结尾 C = 惯用语/强调/要求。

通告的常规结尾较简单，大多采用“本通告自发布之日起实施”或“特此通告”等方式作结。

但有的通告要对其内容做一些强调或要求，如“以上各项，望遵照执行”，还有的提出奖惩要求，如“对执行及时与优胜的有关单位或个人，给予表扬和奖励”等。

还有的通告不设置结语。

根据模型，通告正文模型的“件、量、旨、链、语”信息如下：

模型件：缘由 + 事项 + 结语

模型量：缘由$_n$ + 事项$_n$ + 结语$_n$

模型旨：段首明旨

模型链：为了什么→周知什么→做什么；横断思路

模型语：介绍、说明

6.3.2.4 通告的署名和日期

署名与日期与一般公文一样处理，即于右下角署上发文机关名称和日期。

6.3.2.5　通告的总体思维描述模型

表 6－2　通告的总体思维描述模型（R）

模型	R = 文题 + 发文字号 + 正文 + （署名日期） = W + X + S				
	文题 W	发文字号 X	正文模型 S = 缘由 + 事项 + 结尾 = A + B + C		
模型结构	W = 发文机关 + 主要内容 + 文种	X = 单位代字 + 年份 + 字号	缘由 A	事项 B	结语 C
模型件	发文机关、主要内容、文种	单位代字、年份、字号	目的、根据、惯用语	事项、措施、规定、操作、处罚	强调、要求
模型量	发文机关$_n$、主要内容$_1$、文种$_1$	单位代字$_1$、年份$_1$、字号$_1$	目的$_n$、根据$_n$、惯用语$_1$	事项$_n$、措施$_n$、规定$_n$、操作$_n$、处罚$_n$	强调$_n$、要求$_n$
模型旨	文题现旨		开篇明旨	段首明旨	结尾点旨
模型链	谁→什么事→做什么		因果思路	横断思路	规约思维
模型语	直陈		说明	介绍、说明	说明

6.3.3　例文点评

［例文］

××市房地产管理局、××市工商行政管理局、××市公安局
关于责令非法买卖公房使用权的单位或个人限期进行登记的通告

近来，一些单位和个人乘住房紧张之机，采取种种非法手段出卖、购买或倒卖公房使用权，严重破坏社会主义经济秩序。为坚决制止这种非法行为，打击违法犯罪活动，根据国务院（投机倒把行政处罚暂行条例）和××市人民政府（关于查处非法买卖公有房屋使用权的规定），就有关问题通告如下：

一、任何单位和个人均不得非法出卖、购买或倒买倒卖公房使用权。凡有下列行为之一者，均属非法，必须在本通告发布之日起至 1991 年 12 月 31 日到区、县房地产管理机关、工商行政管理机关进行登记：

1. 倒卖公房使用权的；

2. 为买卖公房使用权的单位、个人牵线搭桥，提供房源信息居间牟利的；

3. 为倒卖房屋活动提供房源、支票、现金、银行账户、代办假换房手续及其他方便条件，或代出证明、发票、代订合同从中渔利的；

4. 公房承租人非法将使用权出卖或变相出卖给他人获利的；

5. 单位和个人直接或通过他人向公房承租人购买公房使用权的。

二、有上述行为的单位和个人，在通告规定的期限内主动坦白交代违法违章事实，积极退出非法所得或有检举立功表现的，可依法从宽处理。

在通告规定的期限内拒不登记，不交出非法所得，或者损毁、隐匿证据，订立攻守同盟，转移赃款赃物的，将依法从严惩处。

三、所有了解、掌握非法出卖、购买或倒买倒卖公房使用权情况的公民，都有检举揭发的义务，有关部门将对检举揭发人予以保护，对检举揭发有功人员，将给予奖励。

四、房地产管理机关、工商行政管理机关、公安机关根据各自职责依法对出卖、购买或倒买倒卖公房使用权的案件进行查处。拒绝、阻碍国家工作人员依法执行职务的，依照(中华人民共和国治安管理处罚条例）处罚，情节严重触犯刑律的，司法机关依法追究刑事责任。

[**点评**]

这份法规性通告的标题包括发文机关、事由和文种三个要素，事由写得比较具体。正文包括开头和主体两大部分，开头部分提出问题，写明发布通告的目的和根据，然后用“就有关问题通告如下”，将内容过渡到下一个部分，即主体部分。“……通告如下”是常用于通告的开头和主体部分之间的过渡语。主体部分一条一条地写明事项，对有关问题作出了严格规定，这些规定带有鲜明的政策性和法定的权威性。这份通告没有一个单独的结尾部分。有些通告在写完事项之后，还要提出要求和希望，或以“特此通告”、“此告”等惯用语结束正文。

通告按其用途和内容的不同，可划分为两类，一类是法规性通告，用来宣布有关规定，并且能够起到行政法规的作用，本例文就属于这类通告；另一类是事务性通告，用来公布某些单位或个人需要了解或办理的有关事宜，人们平时经常会看到或用到这类通告，如《××市公安局关于启用公安专用车辆号牌的通告》。在日常工作和生活中，人们常见的修路通告、迁址通告、停电通告、招标通告、车辆禁行通告、更换电话号码通告等都属于事务性通告。

6.3.4 同步训练

阅读以下这则通告，然后完成通告后面的练习。

中国人民银行关于进一步改革外汇管理体制的通告

为促进社会主义市场经济体制的建立和进一步对外开放，推动我国国民经济的持续、快速、健康发展，根据国务院决定，从1994年1月1日起，进一步改革我国的外汇管理体制。现通告如下：

一、实行外汇收入结汇制、取消外汇分成

境内所有企事业单位、机关和社会团体的各类外汇收入必须及时调回境内。属于下列范围内的外汇收入（外商投资企业除外），均须按银行挂牌汇率，全部结售给外汇指定银行：

1. 出口或转口货物及其他交易行为取得的外汇；
2. 交通运输、邮电、旅游、保险等行业提供服务和政府机构往来取得的外汇；
3. 银行经营外汇业务应上缴的外汇净收入，境外劳务承包和境外投资应调回境内的外汇利润；
4. 外汇管理部门规定的其他应结售的外汇。

下列范围内的外汇收入，允许在外汇指定银行开立现汇账户：

1. 境外法人或自然人作为投资汇入的外汇；

2. 境外借款和发行债券、股票取得的外汇；

3. 劳务承包公司境外工程合同期内催调入境内的工程往来款项；

4. 经批准具有特定用途的捐赠外汇；

5. 外国驻华使领馆、国家组织及其他境外法人驻华机构的外汇；

6. 个人所有的外汇。

上述范围内用于支付境内费用的部分，均应向外汇指定银行兑换人民币办理支付。

取消现行的各类外汇留成、上缴和额度管理制度。对现有留成外汇额度余额和前述允许开立现汇账户范围以外的现汇存款，按以下原则处理：

留成外汇额度余额允许按1993年12月31日公布的外汇牌价继续使用。对汇率并轨前已办理结汇，尚未分配入账的留成外汇额度，应在1994年1月31日以前办完入账，也允许按1993年12月31日公布的外汇牌价继续使用。

前述允许开立现汇账户范围以外的现汇存款，在实行结汇制后，可继续保留原有现汇账户，只许支用，不许存入，用完为止。账户内余额允许用于经常项目支付，偿还外汇债务或向银行结售。

二、实行银行售汇制，允许人民币在经常项目下有条件可兑换

在实行售汇制后，取消经常项目正常对外支付用汇的计划审批。境内企事业单位、机关和社会团体在此项下的对外支付用汇，持如下有效凭证，用人民币到外汇指定银行办理兑付：

1. 实行配额或进口控制的货物进口，持有关部门颁发的配额、许可证或进口证明以及相应的进口合同；

2. 实行自动登记制的货物进口，持登记证明和相应的进口合同；

3. 除上述两项以外，其他符合国家进口管理规定的货物进口，持进口合同和境外金融机构的支付通知书；

4. 非贸易项下的经营性支付，持支付协议或合同和境外金融、非金融机构的支付通知书。

非经营性支付购汇或购提现钞，按财务和外汇管理有关规定办理。对向境外投资、贷款、捐赠的汇出，继续实行审批制度。

作为一项过渡措施，改革初期对出口企业按结汇额的50%在外汇指定银行设立台账。出口企业出口所需用汇及贸易从属费，持前述有效凭证，由银行在其台账余额内办理兑付。出口企业出口所需用汇，超过台账余额的部分，仍可以按国家规定的办法，持有效凭证到外汇指定银行办理兑付。

三、建立银行间外汇市场改进汇率形成机制，保持合理及相对稳定的人民币汇率

实行银行结汇、售汇制后，建立全国统一的银行间外汇交易市场。外汇指定银行是外汇交易市场的主体。银行间外汇交易市场主要职能是为各外汇指定银行相互调剂余缺和清算服务。银行间外汇交易市场，由中国人民银行通过国家外汇管理局监督管理。

1994年1月1日开始，实行人民币汇率并轨。并轨后的人民币汇率，实行以市场供求为基础的、单一的、有管理的浮动制。由中国人民银行根据前一日银行间外汇交易市场

形成的价格，每日公布人民币对美元交易的中间价，并参照国际外汇市场变化，同时公布人民币对其他主要货币的汇率。各外汇指定银行以此为依据，在中国人民银行规定的浮动幅度范围内自行挂牌，对客户买卖外汇。在稳定境内通货的前提下，通过银行间外汇买卖和中国人民银行向外汇交易市场吞吐外汇，保持各银行挂牌汇率的基本一致和相对稳定。

四、强化外汇指定银行的依法经营和服务职能

外汇指定银行办理结汇所需人民币资金原则上应由各银行用自有资金解决。国家对外汇指定银行的结算周转外汇实行比例管理。各银行结算周转外汇的比例，由中国人民银行根据其资产和外汇结算工作量核定。各银行持有超过其高限比例的结算周转外汇，必须出售给其他外汇指定银行或中国人民银行；持有结算周转外汇降到低限比例以下时，应及时从其他外汇指定银行或中国人民银行购入补足。

为使有远期支付合同或偿债协议的用汇单位避免汇率风险，外汇指定银行可依据有效凭证办理人民币与外币的保值业务。

各外汇指定银行要保持合理的资产负债结构，按规定办理结汇、售汇和开户、存贷等业务，努力提高服务质量，降低服务费用，依法经营，公平竞争。

五、严格外债管理，建立偿债基金，确保国家对外信誉

对境外资金的借用和偿还，国家继续实行计划管理、金融条件审批和外债登记制度。为境外法人（含中资控股的机构和企业）借款出具担保，必须严格按照国家外汇管理局《境内机构对外提供外汇担保管理办法办理》。

为确保国家的对外信誉，必须加强外债偿还的管理，继续实行“谁借谁还”的原则。债务人应加强对借用外债项目的管理，提高项目的经济效益和创汇能力。国家鼓励和支持各地区、有关部门和外债较多的企业按债务余额的一定比例建立偿债基金，在外汇指定银行开立现汇账户存储。国家批准的专项还贷出口收汇，可以直接进入该账户。专户资金只能用于对外支付本息，不得转移或用于其他支付。

债务人还本付息应从其偿债基金专户中支付，如发生困难，经外汇管理部门审查批准，根据借款协议，凭外债登记证和还本付息核准凭证，用人民币到外汇指定银行办理兑付。债务人要求在贷款协议规定到期日之前提前对外偿付的，须按规定经外汇管理部门批准。未办理登记手续的外债和境内机构违反规定为境外法人借债提供担保引起的支付责任，各银行不得擅自为其办理对外支付。

已发放的境内金融机构自营外汇贷款，债务人可用创汇收入直接偿还，也可按贷款协议规定，用人民币向外汇指定银行购汇偿还。实行新体制后，境内金融机构借入境外贷款和吸收外币存款发放的贷款，仍采取贷外汇还外汇的方式，还款外汇按上述办法解决。

六、外商投资企业外汇管理体制仍维持现行办法

外商投资企业的外汇收入；允许在外汇指定银行或境内外资银行开立现汇账户。外商投资企业在国家规定允许的范围内对外支付和还境内金融机构外汇贷款本息，可从其现汇账户余额中直接办理；超出现汇账户余额的生产、经营、还本付息和红利汇出的用汇，由国家外汇管理部门根据国家授权部门批准的文件及合同审核批准后，向外汇指定银行购买。

七、取消境内外币计价结算，禁止外币在境内流通

自1994年1月1日起，取消任何形式的境内外币计价结算；境内禁止外币流通和指

定金融机构以外的外汇买卖；停止发行外汇券，已发行流通的外汇券，可继续使用，逐步兑回。

八、加强国际收支的宏观管理

加强对外汇收支和国际收支平衡情况及变化趋势的分析、预测，逐步完善我国国际收支的宏观调控体系。建立国际收支统计申报制度，加强对收、付汇和借还外债的核销、统计、监督和管理，堵塞漏洞，减少、杜绝外汇流失。各有关部门应密切配合，及时协调、解决工作中出现的问题，确保外汇管理体制改革的顺利实施。

1993 年 12 月 28 日

1. 分析开头语中涉及了哪些内容，并具体到语句起止处。
2. 给正文的八个内容分类，要求用模型分析的语言。
3. 写一篇 500 字的评语。

6.4　通知

6.4.1　基础知识

6.4.1.1　通知的概念与作用

通知是一种告知性、部署性和指示性的公文。主要适用于批转下级机关的公文，转发上级机关和不相隶属机关的公文，发布规章，传达要求下级机关办理和需要有关单位周知或执行的事项，任免人员等。它是使用范围最广、使用频率最高的公文之一。

通知的主要作用有：

1. 批转转发

通知既可以批转下级机关的公文，也可以转发上级机关和不相隶属机关的公文。

2. 传达知照

规章即法规性文件，由有关部门制订并经相关法定程序通过以后，大多可用通知的形式发布。传达要求下级机关办理和需要有关单位周知或执行的事项。有些决定事项，也需适时让有关单位知晓或共同执行。

3. 指示部署

上级机关可以用通知的形式向下级机关布置工作，安排任务，阐明原则，并指明具体的执行办法。

4. 任免人员

根据发文机关的行政权限，决定相关人员的职务任免，并用通知的形式予以发布。

6.4.1.2　通知的特点

1. 使用的广泛性

通知对于发文机关无行政级别限制，因此上自政府最高行政机关，下至基层单位，都可以用通知行文，其适用范围相当宽泛。

2. 灵活的兼容性

上级机关可以用“通知”对某项工作加以指导，阐明工作原则，提出具体要求，这种通知具有明确的指令性。同时，通知还可以用来传达具体的事宜，使相关单位及对象了解有关情况，这又使其具有知照性。一份通知双重作用，十分灵活。

3. 执行的时效性

通知的事项一般要求下级机关予以办理或执行，并且一般都有一定的时间限制，不容延误。有的通知内容只在一段时间内有效，如会议通知。

6.4.1.3 通知的主要类型

通知根据内容与作用的不同，可分为以下6种类型。

1. 指示性通知

指用以公布不宜用命令（令）发布的规章、办法、措施和行政法规的通知。指示性通知往往带有强制性、指挥性和决策性。

2. 批示性通知

指发布某些行政法规、转发上级、同级或不相隶属机关公文以及批转下级机关公文的通知。这类通知包括批转性通知和转发性通知两种。批转性通知适用于上级机关对下级部门的文件加批语下发，需在标题中加标“批转”两字；转发性通知是“转发”非下级相关的有关文件，需在标题中注明“转发”两字。

3. 事项性通知

当工作任务不宜采用命令或意见行文时，便可使用通知行文。上级机关发布事项性通知，指导下级机关办理某些事项，一般除交代工作任务外，通常还提出工作原则和相关要求，让受文单位贯彻执行。所以，事项性通知具有强制性和行政约束力。

4. 知照性通知

知照性通知用于告知某一事项或某些信息的通知，诸如庆祝节日，成立、调整、合并、撤销某个机构部门，启用新印章，更改电话，更正文件差错等，都可用这种通知行文知照。

5. 会议通知

告诉有关单位或个人参加相关会议的通知。

6. 任免通知

知会有关单位或个人有关人事任免的通知。

6.4.2 模型解析

6.4.2.1 指示性通知思维描述模型

1. 指示性通知的文题思维描述模型

（1）指示性通知的文题定量思维描述模型

设指示性通知文题为W，那么，W = 发文机关 + 事由 + 文种。如：《中共中央办公厅、国务院办公厅关于严禁在公务活动中接受和赠送礼金、有价证券的通知》。

（2）指示性通知的文题变量思维描述模型

W_1 = 事由 + 文种。如《关于县级市管理权限的通知》。

W_2 = 发文机关 + 发布（批转、转发） + 被发布文件标题 + 文种。如：《国务院办公厅转发〈商业部关于继续做好城市蔬菜产销工作报告〉的通知》。

W_3 = 通知。只写文种，省略发文机关和事由。模型构成与其他公文标题相同。

2. 指示性通知的正文思维描述模型

设正文为S，那么，S = 缘由 + 事项 + 要求。

（1）设缘由为A，那么，A=为了什么（目的）+要做什么+惯用语。

[例1]

各省、自治区、直辖市人民政府，国务院各部委、各直属机构：

为保护消费者和企业的合法权益，维护社会主义市场经济秩序，促进改革开放和国民经济健康发展，国务院决定，在全国范围内开展一场声势浩大而又讲求实效的严厉打击制售假冒伪劣商品违法犯罪活动的联合行动（以下简称打假联合行动）。现就有问题通知如下：

根据模型，可获得本例的“件、量、旨、链、语”信息如下：

模型件：目的+做什么+惯用语

模型量：目的$_3$+做什么$_1$+惯用语$_1$

模型旨：开篇明旨

模型链：因果分析

模型语：说明

（2）设事项为B，那么，B=通知事项（做什么）+如何执行（怎么做）。

[例2]

一、各级党政机关及其工作人员，特别是领导机关和领导干部，在公务活动中包括礼仪庆典、新闻发布会和经济活动中，不得以任何名义和变相形式接受礼金和有价证券。凡违反规定接受礼金和有价证券者，要坚决追究，根据数额多少和情节轻重给予党纪、政纪处分。触犯刑律的，要依法惩处。

二、各地区、各部门、各单位不得以业务会、招待会、订货展销会、新闻发布会等各种会议和礼仪、庆典、纪念、商务等各种活动及其他的形式或名义，向党政机关及其工作人员赠送礼金和有价证券。凡违反规定的，要追究有关领导的责任。

三、各级党政机关及其工作人员在涉外活动中，由于难以谢绝而接受的礼金和有价证券，必须在一个月内全部交出并上缴国库。凡不按期交出的，以贪污论处。

四、各地区、各部门、各单位对上述规定必须坚决贯彻执行。各级领导干部要切实负起责任，严于律己，带头贯彻执行，并对本地区、本部门、本单位的工作人员加强教育管理，对执行本通知的情况加强监督检查，绝不允许敷衍塞责。

五、各地区、各部门、各单位过去制订的有关规定，凡与本通知精神不一致的，一律以本通知为准。

该文前三条是通知事实（规定）；第四、五条说明如何执行上述规定。

根据模型，可获得本例的“件、量、旨、链、语”信息如下：

模型件：做什么+怎么做

模型量：做什么$_3$+怎么做$_2$

模型旨：段首明旨

模型链：做什么→怎么做；设问思路

模型语：概叙、说明

（3）设要求为C，那么，C_1=希望/号召；C_2=惯用语（特此通知、以上通知，望认真执行）。

[例3]

税收财务物价大检查结束后，各省、自治区、直辖市和国务院各有关部门都要向国务院写出总结报告，同时抄送国务院税收财务物价大检查办公室。

以上通知，望遵照执行。

二〇〇×年×月×日

结尾是对发文主体行政职能、权力、地位、身份的强化。

6.4.2.2 批示性通知思维描述模型

1. 批示性通知的文题思维描述模型

设批示性通知文题为W，那么，W＝发文机关＋发布（批转、转发）＋被发布文件标题＋文种。如：《国务院批转〈国家体改委、商业部等单位关于二〇〇×年商业体制改革几个问题报告〉的通知》。

其他与指示性通知相同。

2. 批示性通知的正文思维描述模型

设正文为S，那么，S＝批转、转发的文件＋批语。其中批语＝（批转、转发）的目的、理由＋对受文单位要求＋补充规定。

[例4]

国务院办公厅转发对外贸易经济合作部

《关于加强对中药材出口管理报告》的通知

各省、自治区、直辖市人民政府，国务院各部委、各直属机构：

对外贸易经济合作部《关于加强对中药材出口管理的报告》已经国务院批准，现转发给你们，望认真贯彻执行。

中药材在我国外贸出口中占有重要地位。近年来，不少单位对内抬价收购，对外低价竞销，造成“肥水外流”，这种状况不能再继续下去。为维护我国声誉，促使中药材出口良性发展，中药材的出口有必要实行统一管理，统一规划，统一对外。经贸部门应积极主动做好直辖市组织工作并严格执行许可证管理制度；各地区、各有关部门要从全局出发，互相支持，通力协作，共同把中药材的出口工作搞好。

第一段是批转（转发）的文件＋惯用语。

第二段是批语。“中药材在我国……不能再继续下去了”是转发通知的背景；“为维护我国声誉……统一对外”是转发通知的目的；“经贸部门应积极……出口工作搞好”是对有关部门的具体要求。

6.4.2.3 知照性通知思维描述模型

知照性通知也叫告谕性通知。这种通知的文题模型与指示性通知相同。

知照性通知的正文很简短，一般为段文合一，正文的思维描述模型为：S＝目的＋依据＋事项。

[例5]

国务院关于成立经济贸易办公室的通知

各省、自治区、直辖市人民政府，国务院各部委、各直属机构：

为适应加快改革开放和经济建设的新形势，加强宏观调控和协调日常经济工作，国务院第100次常务会议决定，撤销国务院生产办公室，在原生产办公室的基础上成立国务院经济贸易办公室，办公室主任由朱镕基同志兼任。

其中，“为适应加快改革……日常经济工作”是目的；“国务院第100次党委会议决定”是依据；“撤销国务院生产办公室……由朱镕基同志兼任”是事项。

6.4.2.4　会议通知思维描述模型

1. 会议通知的文题思维描述模型

设会议通知文题为W，那么，W=介词+召开+会议名称+文种。如：《关于召开吉林省土特产品签约会议的通知》。

2. 会议通知的主体思维描述模型

设会议通知主体思维描述模型为S，那么，S=引语+正文。

设引语为A，那么，A=缘由（目的）+名称+惯用语。

设正文为B，那么，B=会议主旨或议题+时间+地点+人员+准备/要求。

[例6]

关于召开全省社会主义精神文明建设工作会议的通知

各市、县（区）党委和人民政府，省直属有关单位：

省委、省政府决定召开广东省社会主义精神文明建设工作会议，现定于11月24日至26日在广州召开。现将有关事项通知如下：

一、会议的议题

总结交流在深化改革、扩大开放，发展社会主义市场经济条件下，加强精神文明建设，促进两个文明建设协调发展的新鲜经验；表彰一批在精神文明建设中取得显著成绩的文明单位和文明户标兵；研究在发展社会主义市场经济的新形势下，进一步加强社会主义精神文明建设的任务、对策和措施。

二、参加会议的人员

1. 各地级市来4人。(略)

2. 各县（市、区）党委或政府主管精神文明建设工作的负责同志1人。

3. 省精神文明建设委员会成员。

4. 省直有关单位负责同志、省直文明单位代表和新闻记者。(名单附后，略)

三、请各市以地级市为单位，省直机关以省委机关工委、省府机关工委、省高校工委、省军区、省农垦总局、民航中南管理局、广州铁路（集团）公司为单位，将参加会议同志的姓名、职务、性别于×月×日前用书面或电传送省委办公厅第二秘书处。参加会议的同志请于11月23日到××宾馆××号楼报到。

四、各市可来一辆工作用车。其余自带车辆司机食宿自理，大会不予安排。

五、需接车接机和购买回程车、机票的同志，请于×月×日在报名时一并告知，亦可电话告知省委办公厅行政处。

中共广东省委办公厅
广东省人民政府办公厅
××××年×月×日

6.4.2.5　任免通知思维描述模型

1. 任免通知的文题思维描述模型

设任免通知标题为W，那么，W=介词+任免事项+文种。如：《关于×××同志免职的通知》。

2. 任免通知的正文思维描述模型

设任免通知正文为S，那么，S=依据+任免人员。

[例7]

经×党组讨论决定：

免去××××同志中共×××省××职工大学党委书记的职务。

二〇〇一年七月三十日

6.4.2.6　事项性通知思维描述模型

1. 事项性通知的文题思维描述模型

设文题为W，那么，W=发文机关+介词+事项+文种。

2. 事项性通知的正文思维描述模型

设正文为S，那么，S=目的（依据）+事项+结尾。

[例8]

国务院关于成立国家新的物资管理机构筹备组的通知

为了加快我国物资管理体制改革工作的步伐，国务院决定成立国家新的物资管理机构筹备组，由柳青同志任组长，凌毓勋同志任副组长。筹备组自通知之日起，开始集中办公，办公地点设在国家物资局。

特此通知

××××年×月×日

6.4.2.7　指示性通知的总体思维描述模型

表6-3　指示性通知的总体思维描述模型（R）

模型	R=文题+正文=W+S			
	文题W=发文机关+事由+文种	正文S=缘由+事项+要求=A+B+C		
模型结构	W_1=事由+文种 W_2=发文机关+发布（批转、转发）+被发布文件标题+文种 W_3=通知	缘由A=为什么（目的）+做什么+惯用语	事项B=事项+怎样做	要求C C_1=希望+号召 C_2=惯用语
模型件	发文机关、事由、文种	为什么、做什么、惯用语	事项、怎样做	希望、号召、惯用语
模型量	发文机关$_1$、事由$_1$、文种$_1$	为什么$_n$、做什么$_n$、惯用语$_1$	事项$_n$、怎样做$_n$	希望$_n$、号召$_n$、惯用语$_1$
模型旨	标题现旨	开篇明旨	段首明旨	
模型链	谁→什么事→做什么；设问思路；链环式	因果思路；设问思路；规约思维	做什么→怎么做；设问思路；组合思路	展示、鼓励式结尾；定向思维描述模型
模型语	直陈	说明	说明、概叙	说明

6.4.3 例文点评

［例文］

国务院 中央军委批转
全国拥军优属拥政爱民工作领导小组民政部总政治部
全国拥军优属拥政爱民工作会议纪要的通知

国发［2004］15号

各省、自治区、直辖市人民政府，国务院各部委、各直属机构，各军区、省军区、各军，各军兵种、各总部、军事科学院、国防科学技术大学，武警部队（军级以上单位）：

现将全国拥军优属拥政爱民工作领导小组、民政部、总政治部《全国拥军优属拥政爱民工作会议纪要》批转给你们，请结合实际，认真贯彻执行。

拥军优属、拥政爱民是我党我军我国人民的优良传统和特有的政治优势，军政军民团结是中国革命和建设事业取得胜利的重要保证。进一步做好新形势下的双拥工作，加强军政军民团结，对于维护国家安全、统一和社会政治稳定，保证改革开放和社会主义现代化建设的顺利进行，实现全面建设小康社会的宏伟目标，推进国防和军队建设，具有重大而深远的意义。《全国拥军优属拥政爱民工作会议纪要》系统总结了十多年来双拥工作的经验，对新形势下开展双拥工作的指导思想、基本任务、创新发展和组织领导提出了明确要求，是当前和今后一个时期开展双拥工作的基本依据。地方各级人民政府和全军各部队，要以邓小平理论和“三个代表”重要思想为指导，站在国家长治久安和民族兴旺发达的高度，把双拥工作作为事关全局的战略任务来抓，不断巩固和发展军民同呼吸、共命运、心连心的大好局面，为促进国家改革发展稳定和军队现代化建设作出新的贡献。

二〇〇四年五月十一日

附：全国拥军优属拥政爱民工作会议纪要（全国拥军优属拥政爱民工作领导小组 民政部 总政治部 2004年1月9日）

（附件内容略）

［点评］

这是一份批示性通知。通知标题明确而详实，通知标题的思维描述模型为：W＝发文机关（国务院、中央军委）＋批转＋被发布文件标题（全国拥军优属拥政爱民工作会议纪要）＋文种（通知）。标题的模型链是：谁→做什么→什么事，设问思路思维描述模型，链环式思维走向。

该通知的正文构成为：S＝批转的文件＋批语。分两段行文。

第一段的思维描述模型是：A＝批转的文件＋惯用语，简明扼要，开篇明旨。

第二段B（批语）＝批转理由＋对受文单位要求。所以又可以分为三个层次。第二段从开头到“具有重大而深远的意义”，是通知的缘由层次。该部分从“优良传统和特有的政治优势”写到“重要保证”，再写到“重大而深远的意义”，步步推进，使缘由显得非常充分。其思维描述模型是：C（通知缘由）＝背景情况（拥军优属、拥政爱民是……取得胜利的重要保证）＋通知意义（进一步做好新形势下的……的工作，对于……具有重大而深远的意义），采用的演绎推理方式是综合，其中，背景是大前提，意义是小前提，批转通知的事项是结论。第二层是“《全国拥军优属拥政爱民工作会议纪要》系统总结了……双拥工作的基本依据”一句，这一层将批转通知的对象内容写得概要而突出，采用了排比修辞手法。其思维描述模型是：D（通知事项）=批转对象（《全国拥军优属拥政爱民工作会议纪要》），采用归纳思维模型法。第三层从“地方各级人民政府和全军各部队”到结尾，是本批转通知的结尾部分。其思维描述模型是：E=对受文单位要求。

总之，整个正文部分层次分明，思路顺达，理由充分，主旨集中，重点突出。这样，受文单位阅后在今后的工作中便有了明确的认知和努力的方向。

正文的右下方是发文的日期。因为发文机关的名称在标题中已经写明，所以正文之后也可以不落款。行文日期一般写在正文的右下方，有时也可以提前，置于标题之下。最后的附件，则标示了转发文件标题及其发布单位、发布日期。

6.4.4 同步训练

1. 试分析以下这则通知的思维描述模型。

上海市第一商业局

关于催报商品流通中不正之风检查情况的通知

各站、司、店、校、所：

今年9月7日，市人民政府曾以沪府73号文通知各单位，要求切实贯彻国务院《关于制止商品流通中不正之风的通知》，并将检查处理情况逐级上报市府。为此，请你单位按照市府通知要求，将有关情况，连同我局8月25日大会贯彻情况，于11月25日前书面汇报我局一式三份。要求如下：

一、汇报材料中，请着重说明局大会以后开展了哪几方面的工作，调查和处理了多少案件，重点案例的进展情况，收到了哪些效果等。

二、汇报内容应包括中纪委通知“关于杜绝‘关系户’不正之风的要求”。

三、福利产品的检查情况请各单位按市委“沪委26号”通报精神，在11月15日前将清理情况另行报局（前已发文通知）。

以上各点希按照执行。

××××年×月×日

2. 请根据会议通知思维描述模型，为以下××市商业局《关于召开商业体制改革座谈会的通知》排序，让它成为一则完整而精当的会议通知。

（1）交流今年以来落实企业自主权、经理任期目标责任制、分等划细健全内部承包责任制以及小型企业内部租赁等方面的做法、经验和效果。交流今年以来“双增双节”、扭亏增盈的做法、经验和效果。

（2）局第8会议室。

（3）请各单位准备好会议材料，按时出席。

（4）各县商业局直属各公司主管体制改革工作的局长、经理和办公室负责人各1人。

（5）为交流和总结商业体制改革和扭亏增盈的情况及经验，市局决定近期召开商业体制改革座谈会，现将有关事项通知如下。

（6）6月3日至4日两天，6月2日到市局招待所报到。

3. 根据下列素材，请你代××县人民政府草拟一份会议通知。

××县人民政府经多次研究，最后确定在今年 12 月 3 日至 5 日在本县××宾馆召开所属各乡镇领导、县各直属单位负责人会议，研究明年全县经济发展规划，另外还有元旦期间慰问烈士军属问题也要研究。要求本县所属乡镇长（正职）都要参加，县各直属单位一把手也要出席。各乡镇要把明年经济发展的打算带来，同时把本乡镇、单位烈士军属有关情况也带到会议上一起研究。不得缺席。

6.5 通报

6.5.1 基础知识

6.5.1.1 通报的概念和特点

通报是适用于表彰先进、批评错误、传达重要精神或情况的下行公文。它往往旗帜鲜明地树立榜样，理直气壮地警戒教育，以打击歪风、树立正气；同时，准确地反映重要"精神"，及时传达工作情况，以把握工作方向，调整工作部署，改进工作方法。

通报虽然不直接指示下级机关如何开展工作，但是下级机关可以从通报中获取有关的典型材料和重要信息，进而借鉴经验或吸取教训，提高认识或规范行为。

通报的特点有：

1. 真实性

内容真实是通报的生命。被通报的人或事必须是真人真事，这是通报行文的基础和前提。通报的事实、人物和细节都必须是真实的，不能有差错或出入，更不能编造虚构。因此，写通报，对正、反两方面的事实材料都要认真核实，做到准确无误、不留纰漏。无论是通报表扬还是通报批评，都要实事求是，要避免为"通报"而人为地"典型化"的做法。

2. 教育性

无论是表彰先进还是批评错误，通报的目的都是教育人。"传达重要精神或情况"的通报，也是为了了解、宣传上级的方针政策，教育广大人民群众。通报正是通过这种教育性，发挥着对下级机关工作的引导作用。

3. 典型性

通报要求内容要有很强的典型性。通报的事实或情况要具有典型的教育或指导意义，即必须具有代表性、普适性和针对性；唯有如此才能服众，才能产生良好的教育效果。因此，通报写作一般选择能对下级机关产生明显告诫作用、引起较大反响的典型人物事迹作为通报内容。以便群众或效仿先进，或警戒错误，或交流信息，或了解情况，保证工作顺利推进。

4. 时效性

通报对时效的要求较高，无论内容是关于人还是对于事，通报的目的都是适应当前工作的需要而与时俱进地进行教育和指导，所以一般要求以最近涌现出来的先进人物或新近发生的典型事件为内容。同时，还要及时行文，否则就可能达不到预期的教育或指导效果。

6.5.1.2　通报的种类

通报按性质划分，可分为综合性通报和专题性通报；按表现形式划分，可分为直述性通报和转发性通报；按表现内容划分，可分为表彰性通报、批评性通报和情况性通报。下面按表现内容划分的种类分别介绍如下：

1. 表彰性通报

主要是表扬好人好事或宣传先进经验。这类通报的目的在于树立榜样，以供人们学习或借鉴，所以阐述先进人物事迹要着重凸显其先进性，从中总结出先进经验，作为学习借鉴的重点。通过在一定范围内表彰先进集体或个人，从典型事例中概括归纳具有普遍指导意义的好经验，适时宣传，能促进群众思想觉悟的提升，推动当前工作更好地开展。

2. 批评性通报

批评性通报一般可分两类：一是典型事故通报；二是错误言行通报。前者是对突发恶性事件所作的通报；后者则是对日常工作中具有代表性的错误行为的通报。两者的行文目的在于，通过对事件危害性、不良影响的分析以及对有关人员的严肃处理，以引起相关单位及人员的注意，并从中吸取教训，防止类似事件及行为的再度发生，防止造成不应有的损失或影响。

3. 情况性通报

情况通报兼属下行文或平行文，一般具有传达和指导的双重功效。这类通报主要用于及时传达工作中的新精神、新情况或新问题，让所属单位和群众了解新近动态，以便统一思想和认识，齐心协力把工作搞好。它往往结合通报的“精神”或“情况”，提出一些相应的要求。

6.5.1.3　通报的作用

通报对下级和有关方面的指导成分多于指挥成分，能起到倡导、警诫、启发、教育和交流的作用。其中，最主要的两种作用是教育作用和交流作用。

1. 教育作用

表彰通报和批评通报对当事人的奖励或惩罚都具有行政约束力，所以，在一定范围内对具体的人和事表扬或批评，能起到鼓励先进、弘扬正气或批评错误、打击邪气的作用。

2. 交流作用

传达重要精神和知照情况的通报，能使上情下达，让信息得到及时交流与沟通，并能促进上下级之间、有关部门之间的相互了解，并达成共识，从而使工作更顺利地进行和完成。

6.5.2　模型解析

6.5.2.1　通报的文题思维描述模型

设通报的文题为W，那么，W = 发文机关 + 事由 + 文种。如：《××市人民政府关于表彰二〇〇五年度先进集体及先进个人的通报》。

W_1 = 事由 + 文种。如：《关于对市××钢铁厂实现安全生产年的表彰通报》。

W_2 = 文种。这种通报文题只适用一般通报，比较重要的通报一般不用。其模型的结构与其他公文标题同。

6.5.2.2　通报的正文思维描述模型

1. 表彰性通报

设正文为 S，那么，S = 事迹 + 评议 + 表彰决定 + 号召。

设事迹为 A，那么，A = 时间 + 地点 + 人物 + 经过 + 结果（5W1H 法思维模型）。

设评议为 B，那么，B = 分析 + 评议 = 价值 + 意义 + 精神实质（定性分析）。

设表彰决定为 C，那么，C = 物质奖励 + 精神激励。

设号召为 D，那么，D = 希望/要求。

通报的结尾为自然结尾，一般另起一段写明惯用语“特此通报”。

[例 1]

关于表彰我省参加第×届中国农业博览会
组织参展、展览设计及获奖产品推荐、生产单位的通报

各市、县人民政府，省直各单位：

今年 10 月，我省在第×届中国农业博览会上，一举夺得农、牧、渔、农机、乡镇企业产品金、银、铜奖总数全国第一和展览组织、展览设计两个一等奖。这不仅展示了改革开放以来我省农业发展取得的丰硕成果，而且对提高我省农产品的知名度和市场竞争力，扩大对外开放，加快高产优质高效农业的发展，都具有重要意义。

为了鼓励争创优质产品、名牌产品，把我省更多的产品推向全国，走向世界，使我省农业和农村经济在社会主义市场经济条件下更好、更快地发展，省政府决定，对我省参加首届中国农业博览会组织参展、展览设计及获奖产品推荐、生产单位给予奖励。省政府号召全省农业战线上的广大科技人员和干部群众再接再厉、勇于创新，推动农业向更高层次的优质化、商品化发展。

附：获奖单位名单（略）

二〇〇×年××月××日

根据模型，可获得本例的“件、量、旨、链、语”信息如下：

模型件：事迹 + 评议 + 表彰决定 + 号召

模型量：事迹$_n$ + 评议$_1$ + 表彰决定$_1$ + 号召$_1$

模型旨：段首（尾）明旨

模型链：事迹→评议→决定→号召

模型语：说明、陈述、议论

其中，“今年 10 月……两个一等奖”为事迹；“这不仅展示了……重要意义”为评议；“为了鼓励……生产单位给予奖励”为表彰决定；“省政府号召……商品化发展”为号召。

2. 批评性通报

设正文为 S，那么，S = 缘由 + 分析评议 + 措施。

设缘由为 A，那么，A = 概况 + 时间 + 地点 + 事故 + 后果。

设分析评议为 B，那么，B = 原因 + 性质 + 危害 + 处分决定。

设措施为 C，那么，C = 总结教训 + 健全制度 + 开展检查 + 消除隐患。

［例2］

国务院办公厅关于浙江省兰溪市非法成立金融机构并引发挤兑事件的通报

国办发〔1996〕42号

各省、自治区、直辖市人民政府，国务院各部委、各直属机构：

最近，浙江省兰溪市三家非法成立的金融机构发生了储户挤兑事件，严重影响了当地正常的经济秩序和社会安定。经国务院批准，现将有关情况通报如下：

1994年6月至1995年3月，兰溪市体改委未经中国人民银行批准，擅自批设了“兰溪市兰江民融资金服务部”、“兰溪市兰嘉民融资金服务部”和“兰溪市职工融资服务社”三家融资机构（以下简称“融资机构”）。兰溪市工商行政管理局为这三家融资机构颁发了营业执照，并擅自将其业务范围核定为“人民币存贷业务”。这三家融资机构非法从事金融业务，通过比国家法定存款利率高50%、贷款利率高90%的方式扩张业务规模。当借款企业经营出现困难、贷款出现重风险时，引起了存款人的心理恐慌。自1996年5月20日开始，这三家融资机构均出现储户挤兑，挤兑人数最多的一天达600多人，挤兑风波直至6月上旬才基本平息。

为了平息挤兑风波，维护社会稳定，浙江省人民政府做了大量工作，但是，未向国务院请示，自行决定由当地国有商业银行和城市信用社贷款4500万元给有关企业，再由企业归还这三家融资机构的借款，通过转贷的办法支付居民存款，这是违反国家有关规定，超越职权的。当地政府还准备把这三家融资机构的2319万元不良贷款并入城市信用社来消化，更是错误的。

这次兰溪市发生的挤兑事件，完全是由于兰溪市有关部门超越职权擅自批设金融机构造成的。中国人民银行兰溪市支行作为地方金融主管部门，对非法设立金融机构未及时制止并向上级报告，事发之后处理失当，负有监管不力的责任。为严肃法纪，维护正常的金融秩序，国务院决定对浙江省兰溪市非法成立金融机构并引发挤兑事件给予通报批评，并责成浙江省人民政府和中国人民银行会同有关部门，对在此次事件中负有责任的兰溪市体改委、工商行政管理局和中国人民银行兰溪市支行等有关部门的负责人进行严肃处理；构成犯罪的，要依法追究其刑事责任。各有关部门要从这一事件中认真吸取教训，采取有力措施，坚决杜绝此类问题的再次发生。

一、进一步增强法制观念。各级人民政府和各部门领导干部要认真学习《中华人民共和国中国人民银行法》、《中华人民共和国商业银行法》和《全国人大常委会关于惩治破坏金融秩序犯罪的决定》等有关法律、法规和规章制度，严格依法办事，做学法、守法、执法的模范。未经中国人民银行批准，任何部门都不得擅自批准成立金融机构及有关筹备机构。各级人民政府和有关部门要强化金融风险意识，保证社会的稳定和正常的经济秩序。

二、中国人民银行要根据《中华人民共和国中国人民银行法》的规定，严格履行对金融机构的监管职责。对非法成立金融机构及有关筹备机构或非法从事金融业务的，要及时制止、依法查处并向上级报告；特别是对有可能危及金融秩序稳定、涉及重大金融风险的问题，要及时报告。对玩忽职守造成损失的，要追究有关人员的责任。

三、由各级人民政府牵头，组织当地人民银行、公安和工商行政管理等部门，并邀请法院、检察院参加，对本地区的非法金融机构进行彻底清理。凡属非法设立的金融机构或非法办理金融业务的，要坚决予以取缔，并依法追究有关人员的责任。

一九九六年十月七日

这是一份批评性通报。其文题准确、精炼、富有特色。正文中“最近……现将有关情况通报如下”为事件概况；“1994 年 6 月至 1995 年 3 月……挤兑风波直到 6 月上旬才基本平息”是事件缘由；“为了平息挤兑风波……坚决杜绝此类问题的再次发生”为分析、评议；“一、进一步增强法制观念……并依法追究有关人员的责任”，其中的一、二、三条，分别为措施。

3. 情况性通报

情况性通报可分为传达重要精神和传达重要情况两类。

设传达重要精神的通报正文为 S，那么，S = 什么精神 + 有何意义 + 如何执行（什么→为什么→怎么样），设问思路思维描述模型。

设传达重要情况的通报正文为 S_1，那么，S_1 = 情况 + 分析情况 + 措施 + 惯用语（总—分思维描述模型）。

[例 3]

国务院办公厅关于个别地方违反规定征收养老保险调剂基金问题的通报

国办发电［1995］33 号

各省、自治区、直辖市人民政府，国务院各有关部门：

最近，有个别地方作出规定，要求已经国务院批准由部门和单位直接组织养老保险费用统筹的直属企业，向当地缴纳养老保险调剂基金。这种做法，违反了国务院的有关规定，影响了政令畅通和中央财政收入，是完全错误的，应予以纠正。根据国务院领导同志指示，现就有关问题作如下通知：

一、凡地方制订的向经国务院批准由部门和单位直接组织养老保险费用统筹的直属企业征收养老保险调剂基金的规定，一律不得执行；已经执行的要立即停止执行，并于今年 11 月底以前将所征收的调剂基金全部退还企业。被征收调剂基金的企业，应于今年 12 月底以前将退还的资金冲减成本。对此，财政部、劳动部等部门要加强监督检查，对有令不行、有禁不止的，按照有关规定进行严肃处理。

二、国务院批准一些部门和单位对其直属企业职工的养老保险费用直接组织统筹，是充分考虑这些行业的特点和各方面的情况，经慎重研究确定的。地方各级人民政府及其社会保险工作主管部门，必须从大局出发，正确处理整体利益与局部利益的关系，积极支持这些部门和单位搞好直属企业职工的养老保险制度改革，不得自行其是。

三、各地和国务院各有关部门、单位都要按照《国务院关于深化企业职工养老保险制度改革的通知》（国发［1995］6 号）要求，切实抓好企业职工养老保险制度改革工作，及时认真地研究解决改革过程中出现的新情况和新问题，不断总结经验、完善办法，以保证这项改革的顺利进行。

国务院办公厅

一九九五年十一月十日

这是一份情况性通报。“最近……作如下通报”是正文情况概述、分析；“现就有关问题作如下通报”启引下文。其余三项内容为针对通报情况提出具体要求和执行措施。

6.5.2.3　表彰性通报的总体思维描述模型

表 6－4　表彰性通报的总体思维描述模型（R）

模型 \ 模型结构	R = 文题 + 正文 = W + S				
	文题 W	正文 S = 事迹 + 评议 + 表彰决定 + 号召 = A + B + C + D			
模型结构	W = 发文机关 + 事由 + 文种 W_1 = 事由 + 文种	事迹 A = 时间 + 地点 + 人物 + 经过 + 结果	评议 B = 分析 + 评议 = 价值 + 意义 + 实质	表彰决定 C = 物质奖励 + 精神奖励	号召 D = 希望 + 要求
模型件	发文机关、事由、文种	时间、地点、人物、经过、结果	分析、评议（价值 + 意义 + 实质）	物质奖励、精神奖励	希望、要求
模型量	发文机关$_1$、事由$_1$、文种$_1$	时间$_1$、地点$_1$、人物$_n$、经过$_1$、结果$_1$	价值$_1$、意义$_1$、实质$_n$	物质奖励$_n$、精神奖励$_n$	希望$_n$、要求$_n$
模型旨	文题现旨	开篇明旨	汇总显旨	汇总显旨	
模型链	谁→什么事→做什么；设问思路；链环式	5W1H 法思维描述模型；纵向思路；规约思维	定向思路思维描述模型	定向思路思维描述模型	定向思路思维描述模型；展示、鼓励式结尾
模型语	直陈	概叙	议论、说明	说明	说明

6.5.3　**例文点评**

［例文］

关于表彰先进个体工商户和先进私营企业的通报

粤府〔1998〕107 号

各市、县、自治州人民政府，省府直属有关单位：

改革开放以来，我省广大个体劳动者和私营企业主在以公有制为主体，多种所有制经济共同发展的方针指引下，在各级党委、政府积极鼓励、引导下，勇于进取，自强不息，艰苦创业，守法经营，使我省个体经营经济在促进商品生产、活跃城乡市场、解决劳动就业、增加财税收入、劳动致富等方面发挥了积极的作用，成为我省经济发展的重要力量和新的经济增长点。他们热爱党、热爱社会主义，致富不忘国家，扶贫济困，积极回报社会。为表彰对促进经济社会发展作出突出贡献的先进个体工商户和先进私营企业，省人民政府决定对林英平等 500 名先进个体工商户和广州市金象工业生产有限公司等 100 户先进私营企业予以表彰。

希望受表彰的个体工商户和私营企业再接再厉，发扬成绩，不断进取，在党的十五大路线和省八届党代会精神的指引下，为我省经济社会发展作出新的贡献。

广东省人民政府

一九九八年十二月三十日

[点评]

这是一份表彰性通报。通报标题简明扼要，其思维描述模型为：W＝事由（表彰先进个体工商户和先进私营企业）＋文种（通报）。

本通报正文的结构为：S＝事迹＋评议＋表彰决定＋号召，分两段行文。其中，第一段的思维描述模型为：A＝事迹＋评议＋表彰决定，显得有理有据，持之有故。又可分为三个层次。从开头到“新的经济增长点”是本通报的事迹层次，其思维描述模型为：B＝时间（改革开放以来）＋地点（我省）＋人物（广大个体劳动者和私营企业主）＋经过（在以公有制为主体……守法经营）＋结果（使我省个体经营经济……新的经济增长点）。几个要素交代清楚，逻辑推进，层次分明。从“他们热爱党”到“积极回报社会”是本通报的评议层次，其思维描述模型为：C＝评议（定性分析），概述精要。“为表彰对促进经济社会发展……先进私营企业予以表彰”一句则是通报的表彰决定层次，通报所表彰的对象是 500 名先进个体工商户和 100 个先进私营企业，其思维描述模型为：D＝精神激励。这样，通报首先对通报对象做出的成绩进行说明介绍，突出强调表彰对象在社会主义经济建设中所发挥的重要作用，并且高度评价其作用意义之所在，然后进一步从道德品质、人格修养方面对表彰对象加以简约评价。既突出重点，又点面结合，使受文机关能够全面了解对表彰对象进行表彰的必要性，即表彰对象不仅是生意场上的生力军，更是有良好品质和社会责任感的社会群体中的先进分子。这样就使表彰决定更有说服力和感召力。第二段向表彰对象提出希望，其思维描述模型为：D＝希望。

全文层次分明，结构清晰，语言精练，行文严谨，是一篇规范的表彰性通报。

6.5.4　同步训练

1. 阅读下面这则通报，请将材料中所阐述的 3 种做法的观点句提炼出来，并填写在括号中。

卫生部关于近期食品卫生监督执法情况的通报

卫法监发〔2002〕253 号

各省、自治区、直辖市卫生厅局：

今年以来，各级卫生行政部门认真执行《食品卫生法》，以“三个代表”重要思想为指导，按照国务院和卫生部加强食品卫生监督执法的工作部署，加大食品生产经营各环节的监督执法力度，查处了一批违反食品卫生的典型案件（见附件），使违法犯罪分子得到应有的处理，切实保障了人民身体健康。主要做法是：

一、(　　　　　　　　　　　　　　　　　　　　)

今年上半年，北京、重庆、天津、广东、河南、四川、云南、陕西等地卫生厅局高度重视生产经营环节食品卫生监管工作，在查处违法生产经营案件工作中，措施果断，态度坚决，毫不手软，取得了显著效果。他们注重广泛动员群众，积极排查食品卫生违法案件线索，突出工作重点，精心组织，周密部署，克服种种困难，坚持原则，严格依法行政，通过艰苦努力，查处了一大批大案要案。通过查处并公开曝光这些违法案件和处理结果，提高了全社会的食品卫生法律意识和人民群众的防范意识，对维护市场经济秩序起到了促进作用。

二、(　　　　　　　　　　　　　　　　　　　　)

为预防夏季肠道传染病和食物中毒的发生，许多省份近期多次开展集中整治行动，强化卫生监督执法工作，保障人民身体健康。如北京市卫生局以“严格执法、消除隐患、查找问题、督促落实”为主题，深入开展餐馆业食品卫生管理集中整治“金盾行动”，共检查餐饮单位约13000户，依法对2000多户进行了行政处罚，取缔无卫生许可证擅自经营的餐饮单位约300户，查抄非法加工制售黑窝点20余个，罚款近120万元。上海市卫生局开展了“加强餐饮卫生监督，实施食品放心工程”为主题的“卫监5号”行动，截至9月5日，各区县卫生局卫生监督所共对各辖区内的7711家餐饮单位进行监督检查，立案处罚2389件，罚款金额378.9万元，吊销卫生许可证两户。通过专项监督执法检查，及时发现了存在的卫生问题，消除了食物中毒隐患。

三、(　　　　　　　　　　　　　　　　　　　　　)

各地要认真总结近年来食品卫生监督执法工作，查找工作的薄弱环节，从监督执法成果中总结经验教训，不断适应新形势和新要求，探索解决问题的新方法和新途径，坚持以预防为主的工作方针，从保护人民根本利益出发，加强食品生产各环节的监督管理，消除管理工作中的隐患，堵塞漏洞。在监督执法工作中，要将群众利益放在首位，注重监督执法与技术指导并重，切实转变工作作风，树立执法新形象。同时，要广泛发动群众，高度重视举报投诉的处理工作，将此作为卫生监督工作的重点之一，积极排查线索，对发现的重大案件要一查到底，切实解决人民群众的食品卫生问题。

二〇〇三年九月九日

印　章

2. 请用思维描述模型分析下面这则通报。

××省人民政府关于表彰2005年度全省“山区建设优秀人才”的通报

各市、县、自治区人民政府，省府直属有关单位：

2005年，我省广大山区干部群众在各级党委和政府的领导下，为进一步振兴山区经济和加强两个文明建设，在工业、农业、科教、卫生等各条战线上艰苦创业，开拓进取，取得了显著的成绩，并涌现出一批山区建设优秀人才。他们热爱山区，扎根山区，全心全意为山区人民服务，深受山区人民的称赞和爱戴。省政府决定对山区建设作出突出贡献，被评为2005年全省“山区建设优秀人才”的×××等50位同志予以表彰和奖励。

我们希望获奖的同志戒骄戒躁，再接再厉，为山区建设，为建设社会主义新农村再立新功。我们号召全省广大干部群众向他们学习，为加快建设海峡西岸经济区作出贡献。

附件：2005年全省“山区建设优秀人才”名单

二〇〇六年×月×日

3. 根据下面素材，以某市人民政府的名义写一则通报。

李杨是某市工商管理所检查员，共产党员，今年4月5日清晨，他在对进入该市的一辆长途客车进行例行检查时，查获犯罪分子王某携带海洛因1000克。在押送途中，王某以人民币1000元妄图贿赂李杨，被严词拒绝后，凶相毕露，拔刀行凶，刺伤李杨的腿部。李杨临危不惧，与王某搏斗，并在群众的帮助下，将王某抓获。李杨在长期的缉私生涯中，破获各种案件百余件，连续4年被评为市先进工作者。

某市政府决定通报表彰，并号召全市人民向他学习。学什么？主要学两点：一是为维护国家、人民利益，不畏强暴，同违法犯罪分子作坚决斗争的英雄事迹；二是学习他热爱本职工作，出色完成党和国家交给的艰巨任务的自我牺牲精神。

6.6 报告

6.6.1 基础知识

6.6.1.1　报告的含义与职能

报告是下级机关向上级机关汇报工作，反映情况的上行公文。

《办法》规定："'报告'适用于向上级机关汇报工作，反映情况，答复上级机关的询问。"

《办法》规定的这些职能非常明确，但写报告的具体情况是多种的：一是有问题、有情况主动为文；二是上级机关有要求；三是上级机关有什么情况询问时。这三种情况都是下级机关写报告的原因。

报告与其他公文的一个不同点是：可以事前、事中、事后行文，这要视情况而定。一般来说，汇报工作和反映情况是事后或事中行文；答复询问一般是事中或事后行文；提出建议的报告则大多是事前行文。

6.6.1.2　报告的种类

根据《办法》对报告的界定，可将其分为工作报告、情况报告和答复报告。此外，常用的报告还有呈转报告、例行报告。

1. 工作报告

工作报告是下级机关向上级机关汇报情况的报告。这种报告多属例行报告，每隔一定的时间都要写，如一季、半年、一年等。到规定的时间，下级机关就必须将工作情况向上级作全面汇报，在规定的这段时间内所有工作都在汇报之列，起码是主要的、重要的事项和问题等都得汇报。但不能事无巨细地都汇聚在报告里。

2. 情况报告

这种报告是下级机关向上级机关反映重要情况、重大事故的报告。所报告的内容必须是比一般日常工作重要的、重大的、特殊的情况，否则也不必要写报告，因为下级的工作性质、内容、模式等情况，上级一般都知道。

3. 答复报告

答复报告是下级机关答复上级机关询问的报告。

6.6.1.3　报告的特征

报告与请示有很多相同之处。两者都属于上行公文，都是下级机关向上级送达的文种，但两者也是有区别的。请示需上级指示和批准、批复，而报告只需将情况或问题向上级陈述清楚即可，不需上级批准、批复。另外，报告有时还向群众报告，如"大会主席报告开会宗旨"，既针对上级领导，同时又针对群众。而请示并不针对群众。

具体来说，报告有如下 3 个特点：

1. 陈述性

这当然是就报告所使用的语言而言的。因为报告一般都是汇报工作、反映情况，而这样的语境中，人们通常都是使用叙述的语言方式。同时报告也要求在叙述过程中直而略，简洁明了。当然，这并不是说报告只能使用陈述语言，只是说陈述味很浓，并不是绝对不能使用别的语言。

2. 建议性

由于报告主要是向上级机关汇报工作、反映情况，不像请示那样必须上级批复，只需要上级机关和领导知道工作、了解情况（呈转类除外）。但这些工作和情况可供上级机关和有关领导人决策参考，而且有很多报告本身就有给上级献计献策的意味和内容。虽然有时它并不是直接的建议，但实际它已被上级视作推动全面工作的建议。

3. 沟通性

一般来说，沟通性是平级机关之间的事。报告虽然是上行公文，但有明显的服务意识，它在实际上起到一种“下情上达”的作用。目的是让上级知道某些情况，了解下级的工作，获取一些信息；或者要取得上级部门的理解和支持，争取工作主动。作为上级机关来说，也正需要了解下级的工作情况，以获得一些管理信息。

6.6.2 模型解析

报告的格式，一般由标题、主送机关、正文、发文机关、日期组成。设报告为R，那么，R＝文题＋主送机关＋正文＋结尾＋发文机关＋日期。

6.6.2.1 报告的文题思维描述模型

设文题为W，那么，W＝发文机关＋事由＋文种。

常见的报告标题有两种形式：定量与变量思维描述模型。

定量模型，指标题模型中的发文机关、事由、文种三者均有的，如：《重庆市万州区人民政府关于三峡工程移民安置情况的报告》。

变量模型，指将模型中的三项省略了一项或两项的（一般只省一项，省两项的很少），省略时一般省的是发文机关，如：《关于进一步加强我市公共场所防火工作的报告》。

省略事由的很少见到，但不是绝对没有，如有的只有“报告”文字，有些紧急性和联合性的报告，一般在文种前加“紧急”或“联合”字样。

根据模型，报告文题的“件、量、旨、链、语”信息如下：

模型件：发文机关＋事由＋文种

模型量：发文机关$_1$＋事由$_1$＋文种$_1$

模型旨：文题现旨

模型链：谁→什么事→做什么

模型语：直陈

报告标题撰写的注意事项：

（1）事由要明确。报告标题中的事由部分非常重要，但又非常难写。因为它往往只有一个词或词组，用一个词或词组将报告全部内容准确概括出来，难度很大。这主要取决于作者的文化水平和政策水平，而不仅是有无写作经验的问题。如：《关于营销技术培训的报告》，该标题缺乏主干动词，需在“营销技术培训”前加上“加强”二字才能真正表达行文目的。

（2）语序要恰当。一般公文标题都是一个词语或一个句子，这就要词语的搭配合适，词语的前后安排准确。否则，就会成为一个病句，或表达有歧义。如：《关于解决发展生产情况的报告》，其中词序不对，“解决发展生产”应改为“解决生产发展”。

6.6.2.2　报告的主送机关

与其他公文同。此处不再详述。

6.6.2.3　报告的正文思维描述模型

1. 情况报告

设情况报告正文为S，那么，S = 情况 + 原因/责任 + 意见/教训 + 结尾 = A + B + C + D。

（1）情况 A = 时间/地点/事故/后果。

[例1]

2001年4月21日，我省红光市第三棉花加工厂发生一起特大火灾事故，烧毁皮棉101980担，污染1396担；烧毁棉籽5535担，污染72600担；烧毁部分棉短绒、房屋、机器等。造成直接经济损失20129000元，加上付给农民的棉花加价款3669000余元，共损失23799000余元。

情况部分要求落笔扣题，承接标题中的事由，引出情况的时间、地点、事故和结果。这部分要简明扼要，直陈其旨。

（2）B = 原因/责任分析。

[例2]

从调查核实情况上看，这次火灾是一起重大责任事故，其直接原因是该厂临时工李××违反劳动纪律，擅自扭动籽棉上垛机上的倒顺开关，放出电火花引燃落地棉所致。但这次火灾的发生领导也负有重大责任。

（3）C = 处理意见/教训。

[例3]

为了认真汲取这次特大火灾的沉痛教训，我们采取了以下措施：

（一）认真学习国务院关于搞好安全生产的有关规定，提高对新形势下搞好安全工作的认识。……

（二）在全国开展安全生产大检查，及时消除事故隐患。……

（三）对××市第三棉花加工厂发生的这起特大火灾事故，省政府责成省供销社、省劳动局、省公安厅会同××地委、行署核实案情，抓好善后工作。……事故的性质和责任已经查明，肇事者李××被依法逮捕，负有责任的厂长段××，副厂长张××也被依法处理。对××市政府分管财贸工作的副市长××同志，给予行政撤职处分。

（4）结尾 D = 今后努力方向/惯用语。

[例4]

我们一定要在现有人力、物力、技术条件下，尽最大努力做好安全工作，防止此类事故的再次发生。

以上报告，如有不当，请指正。

××省人民政府（印章）
××年××月×日

2. 工作报告

S_2 = 基本情况 + 成绩/体会 + 问题/不足 + 解决的办法（成绩—经验—体会—问题—办

法）。

工作报告通用的模型是采取“三段式”模式。由于内容不同，表现为多变状态，主要有：

①情况—做法—问题（意见）；

②情况（做法）—问题—今后意见；

③情况—问题—今后意见；

④情况—原因（责任）—下步做法；

⑤情况—原因—责任及处理意见；

⑥情况—原因—建议。

事项是报告的主体。一般包括工作的基本情况（工作的全过程+操办措施+成果）、主要经验和体会、存在的主要问题或今后工作的打算等。在写此内容时千万要注意几点：一是要有主次，不能平均用笔，要突出重点；二是写的一定是有价值的东西，无关紧要的尽量不写进去，且要根据报告的主旨来定主次或取舍。

一般来说，情况报告中，主要过程、成绩，今后的安排等是重点；解决问题的报告中，提出问题，解决的措施等是重点；回复报告则根据问什么答什么、交代什么、报告什么，把问题和意见写清楚即可。

3. 答复报告

S_3=答复依据+答复事项。

答复依据是指上级机关要求回答的问题，这部分可简要写；答复事项是指针对上级机关提出的问题做出的回答，答复的内容要体现针对性，问什么就答什么。

[例5]

(1996) 商副食字第××号函收悉。现将所询问之××仓库工程进展情况报告如下：

(然后报告所询问事项具体情况)

4. 呈转报告

呈转报告是下级机关呈送给上级机关并要求上级批准后转发给有关单位或部门予以贯彻执行的报告。其模型为：S_4=情况+建议。

这类报告，内容上重点不在反映情况和问题，一般多以“意见”、“建议”为主，多是针对工作中存在的具体问题指出具体解决办法。

5. 例行（报送）报告

指下级机关向上级机关报送计划、总结、表册等文件资料和重要物件时，照例随物行文所写的报告。其模型为：S_5=报送物件（名称/种类/数量）+附件。

[例6]

××省燃料公司关于上报“一九××年石油包装申请计划”的报告

×燃字（××）第×号

商业部燃料局：

现将我省“19××年石油包装申请计划”上报你局，请列入计划内给予分配。

附件：《一九××年石油包装申请计划》一份

（公章）

一九××年×月×日

6.6.2.4　报告的结尾

结语一般是模式化的惯用语，有多种写法，如“特此报告”、“以上报告如有不妥请指正”、“以上报告，如无不妥，请批转”等。具体使用哪种说法，要根据报告的内容、性质和行文意图来决定，一定要与缘由、主体相呼应，才能成为一个整体。

6.6.2.5　报告的落款

落款基本与其他公文相同，即写出发文机关和日期。只有一点稍有不同，其日期可以写到标题之下，用括号括住。

6.2.5.6　报告的总体思维描述模型

表 6－5　报告的总体思维描述模型（R）

模型	R = 文题 + 主送机关 + 正文 + 落款				
	文题 W	正文 S = 情况 + 原因/责任 + 处理意见/教训 + 结尾			
模型结构	W = 发文机关 + 事由 + 文种	情况 A	原因/责任 B	处理意见/教训 C	结尾 D
模型件	发文机关、事由、文种	时间、地点、事故、后果	原因/责任	处理意见/教训	今后努力方向/惯用语
模型量	发文机关$_1$、事由$_n$、文种$_1$	时间$_n$、地点$_n$、事故$_n$、后果$_n$	原因/责任$_n$	处理意见/教训$_n$	今后努力方向/惯用语$_1$
模型旨	文题显旨	开篇明旨	段首明旨	段首明旨	结尾点旨
模型链	谁→什么事→做什么	何时→何地→何事；链环式	因果思路	横向思路；分条列项式结构	超前思维
模型语	陈述	说明	说明、议论	说明	说明

6.6.3　**例文点评**

［例文］

关于检查《全国人大常委会关于惩治生产、销售伪劣商品犯罪的决定》等法律执行情况的报告

全国人民代表大会常务委员会：

根据全国人大常委会 1993 年执法检查工作的安排，全国人大法律委员会、全国人大教科文卫委员会组成联合执法检查组（以下简称联合执法检查组），分成三个组，于今年 11 月初至 11 月底，分赴江苏、浙江、天津、河南、河北、广东、福建等 7 省（市）及所属 27 个市县，对《关于惩治生产、销售伪劣商品犯罪的决定》（以下简称《决定》）、《产品质量法》、《食品卫生法（试行）》、《药品管理法》和《商品检验法》等法律的执行情况进行了检查。这次检查以《决定》和《产品质量法》为重点，各检查组共参加了 33

个汇报会，听取了人大、政府和各有关行政执法部门以及法院、检察院的汇报；召开了7个座谈会，听取了人大代表、消费者协会和群众代表的情况反映和意见；考察了20家企业；视察了28个商场、集贸市场和医药市场；对市场上9类共90种商品进行了质量抽查。通过检查，对各地贯彻实施上述法律的情况和问题有了一定的了解，与当地领导交换了意见，提出了若干改进工作的意见和建议。现将执法检查的情况报告如下：

一、《决定》等法律的实施初见成效

上述法律颁布以后，特别是今年《决定》和《产品质量法》颁布、施行以来，各地的贯彻是积极认真的，主要表现在：

首先，各级人大和政府领导对贯彻法律十分重视。河北、河南两省的省人大和省政府，及时召集各有关部门和法院、检察院开会，研究部署深入开展打假治劣斗争和对大要案的查处工作；浙江省人大常委会专门作出打假决议，强调要像扫黄、禁毒那样，依法严厉打击制售伪劣商品的违法行为；天津市政府坚持把打假治劣作为每年为群众办的20件实事之一，确定以严重危害人民健康安全、影响工农业生产的伪劣商品为打击重点。为了结合实际贯彻实施法律，7省（市）还制定了一系列地方性法规和政府规章，使法律的有关规定更加具体化和便于操作。各地还普遍设立了打假专门机构，由政府主要领导挂帅，各有关行政执法部门和法院、检察院领导参加，具体领导、组织、指挥打假治劣工作。福建省泉州市认真吸取了“晋江假药案”的教训，重新调整、加强了医药市场整顿领导小组，研究拟定了整顿措施，打假工作收到显著成效。

其次，普遍开展了法制宣传教育。如河北省人大、政府和法院、检察院联合发出宣传贯彻《决定》和《产品质量法》的通知；浙江省、郑州市政府开展了《决定》和《产品质量法》宣传月活动；各地的人大、政府领导，通过各种新闻媒介发表讲话和文章，宣传有关法律的重要意义，提出实施意见。各有关部门还通过法律知识竞赛、法规咨询、质量投诉、介绍识别伪劣商品的知识、展示并当众销毁伪劣商品，现场宣判制假贩假犯罪分子等多种活动，造成打假声势。在宣传群众的同时，不少地方还加强了对执法人员和企业管理人员的培训。如浙江省卫生厅今年对全省各级药品监督员普遍进行了一次培训；江苏的南京、苏州、常州三市，今年共举办企业厂长经理学习《决定》和《产品质量法》培训班或研讨班、食品和药品监管人员培训班、专业检验师资培训班179期，培训人员18342人次。

第三，进行执法检查，查处了一批不法分子。近年来，7个省（市）各市县普遍加强了打假力度，广泛开展执法检查和专项打假斗争，抓紧了对制售伪劣商品案件的查处。据不完全统计，自去年以来，7省（市）共出动数十万人次，对重点商品、重点地区和重点行业进行了检查；共查获伪劣食品、烟酒、化肥、农药、柴油、低压电器、医疗器械、农机配件等数百种，案值达57165.63万元，罚没款5687万元；取缔制假贩假的黑窝点和集散地4687个，销毁了大量伪劣产品。今年1至9月，7省（市）各级法院共受理有关生产经销伪劣商品的犯罪案件233件，已审结143件，判处了一批犯罪分子。

第四，打假同时抓了治劣扶优工作。在打假斗争中，一些地方领导认识到：打假只能治标，治劣才是治本之策，比较注意了抓产品质量。温州市政府提出“质量立市”的口号，制定了质量整顿规划；提出要彻底改变温州形象，“叫响温州货”。许多省市开展了扶优创名活动，鼓励企业走质量效益型道路。如浙江省在10个主要行业的100多家重点企业开展了“找质量差距、创浙江名牌”活动，评选出 65 种产品为首批浙江名牌产品。江苏省政府鼓励企业积极采用国际标准和国外先进标准，目前全省采用上述两种标准的产品已达 6700 种，创出了一批具有国际先进水平的优质名牌产品。福建省晋江、石狮市开展了“以优取胜，争创名牌”活动，一些产品进入了先进行列。

总之，《决定》和《产品质量法》颁布、实施以来，各地的打假治劣斗争已取得阶段性成果，制售伪劣商品的猖獗势头受到一定的遏制；产品质量略有上升。

二、存在的主要问题

打假治劣虽然取得了一定成效，但对成绩不能估计过高，目前市场上各种伪劣商品仍然很多；打假治劣工作还面临许多困难和问题：

（一）各种制售伪劣商品的违法犯罪活动仍然十分猖獗，主要表现在：

1. 假冒名优、紧俏商品的现象仍十分突出，其中涉及人民健康安全和工农业生产的商品，如食品、药品、低压电器、建材、种子、化肥等占很大比重。首先是假冒烟酒和药品（包括保健品）的问题最为严重，据有的省工商局粗略统计，这类案件占工商机关查获案件的一半以上；不仅发案率高，而且有些地区已形成一些规模很大的产地和市场，已成为伪劣品的源头和集散地。去年以来，河南、广东发生了因食用假酒假药造成 26 人中毒、其中 6 人死亡、3 人失明、2 人致残的恶性事件。其次是伪劣建材、农药、农种和化肥问题也很严重。据浙江、江苏两省标准计量局今年对 190 家螺纹钢生产企业进行的统检，合格率分别为 17.3% 和 22.1%；劣质品分别占 34.6% 和 56.8%。由于建材质量低劣曾发生过民房倒塌、阳台脱落的事件。河南省查获的伪劣农药、化肥案件占案件总数的 19%。国家技术监督局今年第二季度检查了浙江省富阳等 5 个县市种子公司销售的 22 种水稻种子，合格的只有 11 种，比全国平均合格率低 29.6 个百分点。河北省有的农民因使用伪劣化肥、农药、种子，已造成土壤板结、粮食减产的恶果。由于假冒伪劣商品充斥市场，广大消费者谈假色变；对许多名优商品不敢问津；也使生产名优商品企业受到很大冲击，有的企业明知自己的产品被假冒也不敢声张，怕越张扬产品越没销路，只好花钱把假冒商品买来销毁，以求息事宁人。

2. 重大案件增多，违法经营数额越来越大。浙江省检察机关今年 1 至 10 月查处的假冒商标案件中，非法经营额在 10 万元至 50 万元的有 18 件，比去年全年增加了 63.6%；非法经营额超过百万元的有 3 件，是过去没有的。江苏省仅在今年 7 月至 10 月，省检察机关就立案侦查了非法经营额在 40 万元以上的假冒商标案件 30 件；是去年同期的 6 倍多。

3. 制售伪劣商品活动具有反复多发性，抓一下就缩回去，稍放松又冒出来。如河北无极县的医药市场形成、发展已经 10 年，在省里督促下曾整顿过三次，但至今仍有数百户无许可证从事医药批发经营。又如浙江的阀门产业近两年加强了质量管理，抽查合格率达到 80% 以上，但今年在温州瓯海地区又出现了回潮现象。

4. 违法犯罪主体中个体户和无业人员占的比重大。浙江省检察机关今年 1 至 10 月立案查处的 149 名案犯中，个体户和无业人员就有 122 名，占 81.9%。其次是法人犯罪增多。南京市检察院今年立案的案件中，属于法人犯罪的占 50%；基本上都是乡镇企业，其非法经营额大多超过 20 万元。

5. 违法手段变得更为狡猾和隐蔽。为了逃避打击，不法分子常常“打一枪换一个地方”：制造与经销实行单线联系，增加查证难度。制假手段也越来越“高明”，许多假酒不仅商标、装潢一模一样，连风味也差不多。有的不法分子还采用高科技的电子仿真技术仿冒激光防伪标识，使人难辨真假。还有的不法分子不惜重金走私进口设备、雇佣多人从事大规模假烟生产。给“回扣”、“好处费”是不法分子推销伪劣商品（尤其是伪劣药品）的主要手段。浙江省义乌市检察院立案查处的案件中，收受“回扣”、“手续费”的占31%；在浙江轰动全国的平阳伪劣制革机械大案中，买方经办人员大都收取了“回扣”；江苏宜兴某商厦一个业务员采购假烟，受贿高达8万之巨，后假烟被扣，致使该商厦损失148万元。

（二）打假治劣斗争存在许多薄弱环节：

1. 法制宣传教育不够深入细致。《决定》和《产品质量法》颁布以后，各地虽然做了大量的宣传工作，但是总的说工作还不够深入，尤其是对法律的主要精神和重点内容宣讲得不够。不少商品生产者和经营者还不清楚自己的产品质量责任；许多个体户和私营企业主的法律意识仍很淡薄。有些造假酒的人至今还认为，只要酒是真的，吃不死人，即使牌子是假的也算不上什么事。消费者协会也反映，消费者受了坑害来投诉的只是少数，多数是自认倒霉，还不知道、不善于运用法律武器保护自己的权益。

2. 地方保护主义和以罚代刑问题比较普遍。地方保护主义首先表现在有的地方领导，从局部利益出发，把执行法律与发展经济对立起来，放弃甚至明令禁止执法监督，为伪劣商品大开绿灯。如有的地方领导认为，执法监督妨碍“搞活”，竟然宣布执法监督部门进入“冬眠”、“休克”状态，导致一些“三不”（即不监督、不检查、不发证）市场出现；有的县开设了所谓的“特区”，规定国家实行专卖的商品，在“特区”均不受限制；有的县卫生局，越权发放药品批发经营许可证，盲目开办医药市场，并任其发展，致使大量伪劣药品在市场泛滥。其次是在打假案件中偏袒本地当事人，主要表现在争管辖、抢先立案、对外地办案人员不予配合、甚至给犯罪分子通风报信等。由于各地执法机关之间缺乏信任，各自到外地办案时常常不通知当地执法机关就抓人，或者擅自扣押外地的车辆、人质，有的已发展成两地执法机关之间的直接对抗，甚至酿成人命官司。以罚代刑问题也比较严重，主要表现是立案难、移送难，一般处罚多、起诉少、处刑轻。据不完全统计，7省（市）今年1月至9月共查处制售伪劣商品案件22695起，移交司法机关的只有484起，其中又有不少免诉，真正起诉到法院的仅有233起。从审判情况看，判处轻刑、缓刑的多，重刑的少，只有一人被判处无期徒刑，十年以上有期徒刑也只有6人。

3. 打假治劣斗争发展不平衡。一是农村和城乡结合部的打假不如城市，使农村和城乡结合部成为伪劣商品的生产地和集散地。二是个体、私营企业和集体企业的产品质量劣于国有企业，尤其是个体、私营企业基本没有检验手段和检验制度，产品质量没有保证。三是流通领域的商品质量普遍劣于生产领域，统计数据表明，流通领域合格率普遍比生产领域低20个百分点左右。四是执法机关对有证照的企业查得比较紧，而那些在路边摆地摊的无证违法经营者却往往没人管，从而使不法分子有了根据地和避风港。

4. 执法力量不足，经费困难，各地对此反映强烈。有的省平均每个执法人员要承担600家企业的执法监督任务，很难做到严格执法。司法机关的力量也严重不足，越是重大案件的查处越牵扯人力，人力不足也是造成立案少、结案率低的客观原因之一。另一个突出问题是打假经费十分困难。每年财政给的经费十分有限，而质量检验、外出办案、举报奖励、购置装备都要花钱，办一个案子往往要花几万元；有的案子外出调查多达几十次，结果是办案越多亏的越多，影响了打假积极性。

三、几点建议

（一）要进一步抓好法制宣传教育。实践证明，法制教育抓不抓大不一样，凡是打假工作和质量好的，都是法制宣传教育搞得好的。法制宣传教育要克服一般化，抓住薄弱环节，紧密联系实际，针对不同的对象，有所侧重地讲清法律的主要精神和重点内容，使生产者、经营者都明确自己产品质量责任，使广大消费者都学会运用法律武器维护自己的权益；除人大和政府抓以外，还要充分发挥人大代表和消费者协会在法制宣传教育中的作用。

（二）要充分认识打假治劣斗争的长期性、艰巨性和复杂性，树立打持久战的思想。市场经济优胜劣汰，有竞争就会有不正当竞争，伪劣商品是不会自动被淘汰的，尤其在市场还没有发育成熟、竞争机制尚未完善、个体经济和集体经济不断发展的情况下，打假的任务就更艰巨。因此，必须把打假作为一项长期战略任务，坚持常抓不懈。打假也不能代替治劣，治劣比打假难度更大。各级领导应当树立质量意识，正确处理质量、效益和速度的关系。质量管理要抓薄弱环节，当前，产品劣质问题主要发生在个体、私营企业和部分小型集体企业以及流通领域，建议国家技术监督部门研究一个如何帮助个体、私营、集体企业完善各项质量检验制度和解决流通领域的质量监控问题的可行办法。

（三）加强监督，充分运用法律手段打击地方保护主义，纠正以罚代刑现象。地方保护主义和以罚代刑包庇纵容不法分子，是打假斗争开展不力的重要原因。克服地方保护主义和纠正以罚代刑，需要提高地方领导的思想认识，更需要加强监督。人大要充分发挥对政府和司法机关的监督作用，各地方领导和司法工作人员，要依法从严查处，决不姑息迁就。

（四）充实加强执法力量，形成打假网络。目前各地打假队伍无论数量还是素质，都不能适应形势和任务的要求，需要进一步充实和加强；打假体制也需要进一步完善。现在执法体制上的主要问题是：执法力量既不足又分散，在职能上既条块分割又交叉重叠，对执法手段没有综合运用，各执法部门相互间缺乏协调和配合，往往是有的领域几家都去管，有的又谁都不去管。打假治劣应当综合治理，建议国务院研究进一步完善打假体制的办法，最好能从上到下形成一个网络，使各方面的执法力量形成一个拳头。关于打假经费问题，各级财政应当保证落实。

（五）法制需要进一步完善。不法分子搞假冒伪劣，有不少是钻了法律上的空子。如《药品管理法》第十五条规定，只要持有药品经营许可证，就可以在城乡贸易市场上出售药品。现在许多经营药材的集贸市场已演变成药品批发市场，由于一些地方越权颁发许可证，或者让个人承包药品批发业务，或者允许个体商贩使用国有企业的许可证，致使许可证制度形同虚设，市场上违法经营药品的情况十分严重，已成为伪劣药品的主要倾销场所。为此，对《药品管理法》上述规定的完善和修改，应加以认真研究；有些委员建议删去第十五款，以尽快堵住这一漏洞。当前药品广告泛滥、夸大疗效的问题也很严重，建议在制定广告法时加以限制。此外，鉴于伪劣药品在伪劣商品中比重大、危害大的情况，许多地方呼吁实行药品专营制度；是否必要，也请国务院研究。

执法检查是人大监督工作的具体化。通过执法检查，既可以了解法律实施中的问题，有利于完善法制，又可以对地方起到督促作用，建议以后每年至少搞一次，形成制度。

以上报告，请审议。

全国人大常委会执法检查组
1993年12月21日

［**点评**］

这是一份呈报性专题报告。标题是由事由和文种两个要素构成的，发文机关则被省略。正文的开头部分主要介绍检查组的工作情况；主体部分写明成绩，反映问题，提出建议。由于这一部分篇幅较长，为使层次更加清楚，这里采用了序码加小标题的写法。内容详尽，表意明确，分析得当，措施有力，是这一部分比较突出的特点；结尾部分进一步申明执法检查的重要性，强调使其制度化的意义。最后所用的“以上报告，请审议”是呈报性报告惯用的结束语。

6.6.4　同步训练

阅读以下这则报告，然后完成报告后面的练习。

关于进一步加强森林防火工作的报告

国务院：

我国的森林防火工作，以一九八七年大兴安岭特大森林火灾为转机，进入了一个新阶段。全国森林防火综合能力明显提高，森林火灾损失大幅度下降；对保护国家森林资源，促进国民经济发展，维护生态环境，保障林区安定发挥了重要作用；在新的形势下，森林防火工作出现了一些新的情况和问题，必须认真加以解决。森林防火任务日益繁重，森林防火工作只能加强，不能削弱。国家森林防火总指挥部撤销后，地方各级人民政府要进一步负起责任，切实做好森林火灾的预防和扑救工作。林业部将做好对各地森林防火的检查、监督和协调，各有关部门要积极支持；共同做好森林防火工作。现就进一步加强森林防火工作的意见报告如下：

一、进一步认识森林防火工作的重要性、长期性、艰巨性。森林防火是关系林业全局的大事，属于抢险救灾性质，是国家公安消防工作的重要组成部分。搞好森林防火工作，有利于保护森林资源，有利于林区安定；有利于集中精力抓改革开放和经济建设，有着巨大的经济效益、生态效益和社会效益；森林火灾受社会条件和自然因素的影响，在目前条件下，只要把工作做好，不发生大的森林火灾是可以办到的。但是，思想麻痹，工作放松，遇上恶劣条件发生森林大火的危险性是随时存在的。地方各级人民政府，要把森林防火工作作为一项重要任务，常抓不懈；正确处理好经济建设和森林防火工作的关系，把加强行政领导，进行科学管理，讲究经济效益有机结合起来，不断提高森林防火工作的现代化、规范化、专业化水平。

二、继续坚持实行森林防火工作行政领导负责制，强化森林消防监督职能；根据《中华人民共和国森林法》和《森林防火条例》的规定，森林防火是各级人民政府的重要行政职能，森林防火工作实行各级人民政府行政领导负责制，省长、市长、县长、乡长，要对本地区的森林防火工作全面负责。实践证明，这是搞好森林防火工作的关键，应认真坚持。地方各级人民政府成立森林防火指挥部，是行之有效的组织形式，在政府换届或机构改革时，应及时调整充实；落实责任，搞好工作衔接。各级人民政府林业行政主管部门对森林防火工作负有重要责任，要依据《中华人民共和国消防条例》和《森林防火条例》的规定，在同级公安机关的协助下，认真实施森林消防监督。国家森林防火总指挥部撤销后，与森林防火工作有关的部门，要继续做好所承担的森林防火工作。建议由林业部牵头，由有关部门参加，建立部际联席会议制度，协调解决森林防火的重大问题；遇有特别重大森林火灾，组织指挥扑救工作。

三、依靠全社会的力量，积极做好森林火灾的各项预防工作。预防和扑救森林火灾，是每个公民的义务。各地区、各有关部门，要开展广泛深入的宣传教育，提高全社会的森林防火意识，增强“森林防火、人人有责”的自觉性。要进一步强化林区的火源管理，严格执行有关的规章制度，严禁火种入山。要坚持火源管理同可燃物管理并重的原则。有计划有条件地消除林内可燃物，减少森林火灾隐患。要把森林防火责任落实到地块人头，经常检查，兑现奖惩。要认真搞好森林火险区划，不断完善森林火险天气预报工作，针对不同森林火险等级，采取不同的预防、扑救对策和措施。要积极开展争创无森林火灾单位活动。

四、进一步加强森林消防队伍建设，逐步提高专业化水平。森林火灾的扑救工作，要逐步做到“专群结合，以专为主”。要全面加强武装森林警察部队的革命化、现代化、正规化建设，理顺关系，明确任务，突出重点，努力提高部队的战斗力。充分发挥人民解放军武警部队在森林防火灭火中的重要作用。国有林业局和大型国有林场应建立专职森林消防队，做到组织、任务、训练、机具四落实；要进一步加强航空护林工作。要有计划地搞好森林消防队伍的培训工作；克服平时毫无准备，发生森林火灾临时找人扑救的现象。要加强火场的统一指挥调度，努力减少经济损失和人员伤亡。及时查处森林火灾案件。

五、不断增加投入，切实加强森林防火基础设施建设。要把森林防火基础设施建设纳入各级人民政府的国民经济和社会发展计划。森林防火基础建设要同林业生产经营统筹安排，同步实施。国家和地方人民政府给予森林防火的各项优惠政策和扶持措施，要保持相对稳定。随着经济发展，地方各级人民政府要逐步增加森林防火资金投入，抓紧实施各级森林防火基础设施建设规划，努力提高森林防火综合能力。要积极开展森林防火科学研究，推广和运用先进科学技术，加强国际森林防火技术交流，逐步提高我国森林防火的现代化水平。

六、进一步完善全国森林防火工作体系，做到从上到下有专人管。进一步明确职能，建立岗位规范，健全工作制度。平时开展预防工作，进入防火期要坚持全天二十四小时值班，要有领导带班，及时处理有关问题。不断完善森林火灾调查统计和报告制度，及时发布森林火灾信息。

当前正值北方森林防火的最紧要时期，以上报告，如无不妥，请批转各地执行。

林业部

一九九三年五月十三日

1. 给以上报告写一篇评析文章（500～800字）。
2. 分析开头语，看它由哪几部分构成，并说出每部分的名称。
3. 该报告的标题命名采用的是哪种方式？请解析。

6.7 请示

6.7.1 基础知识

6.7.1.1 请示的概念和特点

请示是下级机关向上级机关请求指示、批准时所使用的上行文。在工作中发现新情况、新问题需要向上级请求处理办法时，可以使用请示；或是有某方面自己不能解决的困难、问题需要请求上级帮助解决时，也可以使用请示。

请示的特点有：

1. 提前性

请示所涉及的事项，都是下级机关无权或无法自行处理的比较重要的事项，所以必须事先行文，在得到上级的批复之后，才能开展相关的具体工作，否则，“先斩后奏”是违反组织原则的行为。

2. 单一性

如果在一份请示中出现多个事项，就有可能涉及上级机关的多个职能部门，需要这些职能部门的相关人员合议，才有可能对请示事项做出处理。这显然不利于请示问题的及时解决，也很容易造成部门或领导之间互相推诿、扯皮的现象。鉴于此，一般的请示是一文一事，即一份请示只请求一个事项。

3. 期复性

写请示最直接的目的是期望得到对方的回复。不管是哪种类型的请示，都是请求上级机关或业务指导部门对请示事项及时做出批复，希望能从中获得政策性许可（支持）或方法性指导。

6.7.1.2 请示的适用范围

请示的适用范围，主要有以下6方面：

（1）对上级有关方针、政策、指示或法规、规章不够明确或有不同理解，需要上级机关作出明确解释或答复。

（2）从本地区本单位的实际情况出发，需要对上级机关的某项政策、规定作出变通处理，有待上级重新审定与明确答复。

（3）在工作中出现新情况、新问题需要处理而无章可循、无法可依，需要上级机关作出明确指示。

（4）需要请求上级指导解决本地区、本单位的某一具体问题或某一实际困难。

（5）按上级机关和主管部门有关政策规定，不经请示有关部门批准，无权自行处理的问题。

（6）工作中出现了一些涉及面广而本部门无法独立解决的困难和问题，必须请示上级领导或综合部门，以求得他们的协调和帮助。

6.7.1.3 请示的种类

根据写作意向和内容可分为请求指示类和请求批准类。

1. 请求指示类

该类请示适用的请求事项主要是：遇到新情况、新问题，无据可依或无章可循，需要上级机关予以指示；对有关方针政策或上级发布的规定、批示有疑问，需要上级机关给予解释或说明；因机关、单位之间意见分歧，需要上级机关裁决；或是不能自行处理或根本无法处理的重大问题或全局性问题，请求上级机关指点迷津。

2. 请求批准类

请求批准类请示所适用的请示事项一般是：下级机关对实际工作中出现的问题已形成具体的处理意见，如机构设置、重要计划或工作规划等，但由于事项已超出其职权范围，必须经过上级机关批准才能办理；或事项性质比较特殊、情况比较复杂，为慎重起见，也可以向上级请示，并请求上级批准或修正所提出的解决问题的方案。

6.7.1.4　请示与报告的区别

请示和报告都属于上行文，但这是两个不同的公文文种。报告用于汇报工作，反映情况；请示是就某一问题而请求上级指示和批准。两者行文目的不同，请示必须在事前行文，请求上级批准回答；报告在事前、事后及事情进行中都可行文，一般不需要上级回复。请示必须坚持一文一事，而报告则可一文数事。在公文写作中，应尽可能地避免报告与请示混用或共用。

6.7.2　模型解析

6.7.2.1　请示的文题思维描述模型

1. 请示的文题定量思维描述模型

设请示的文题为 W，那么，W = 发文机关 + 介词 + 事由 + 文种。

[例 1]

国家经委关于加强野生资源保护和市场管理的请示

根据模型，可获得本例的“件、量、旨、链、语”信息如下：

模型件：发文机关 + 介词 + 事由 + 文种

模型量：单位$_1$ + 介词$_1$ + 事由$_2$ + 文种$_1$

模型旨：标题现旨

模型链：谁→什么→做什么；链环式

模型语：直陈

2. 请示的文题变量思维描述模型

W_1 = 介词 + 事由 + 文种。如：《关于贯彻按劳分配政策两个具体问题的请示》。该文题省略了发文单位。

6.7.2.2　请示的正文思维描述模型

设请示正文为 S，那么，S = 请示缘由 + 请示事项 + 结尾 + 惯用语。

（1）设请示缘由为 A，那么，A = 请示理由/依据 + 背景情况。

[例2]

省劳动厅：

按劳分配，是社会主义分配的基本原则，也是社会主义优越性之一。几年来，我厂由于认真贯彻了按劳分配政策，极大地激发了广大职工社会主义劳动的积极性，使得生产率成倍地增长。

为全面贯彻按劳分配原则，进一步调动职工的劳动积极性，现就两项政策问题请示如下：

根据模型，可获得本例的“件、量、旨、链、语”信息如下：

模型件：依据＋背景＋理由＋惯用语

模型量：依据$_2$＋背景$_1$＋理由$_2$＋惯用语$_1$

模型旨：开篇明旨

模型链：大前提（依据）→小前提（分析）→结论（综合）；演绎推理

模型语：概叙、说明

其中，“按劳分配……优越性之一”是依据，以国家的方针政策为大前提；“几年来……成倍地增长”是背景，为小前提；“为全面贯彻……请示如下”是理由，它与请示的问题一起组成结论。

（2）设请示事项为B，那么，B＝请示内容＋（本单位对请示问题的）认识、处理、建议。

[例3]

拟用1990年全厂超额利润的10%为全厂职工晋升工资。其中，1990年4月30日在册职工每人晋升一级，凡班（组）长和车间先进生产（工作）者及车间以上领导和先进人物再依次晋升一级；全厂技术突击组成员每人浮动一级工资，组长每人浮动两级工资。

根据模型，可获得本例的“件、量、旨、链、语”信息如下：

模型件：请示内容＋问题处理

模型量：请示内容$_1$＋问题处理$_4$

模型旨：段首明旨

模型链：综合→分析；分类思路思维模型

模型语：说明

其中，“拟用1990年全厂超额利润……晋升工资”为请示内容，“其中……浮动两级工资”为问题处理。

（3）设请示结尾惯用语为C，那么，C＝请示＋妥（当）否＋请批复。如“以上请求，妥否，请指示”。

请示结尾（惯用语）是请示正文的组成部分，应该正确使用。常用的惯用语还有：“以上请示，请批复”，“以上请示，当否，请批示”。

6.7.2.3　请示的总体思维描述模型

表6-6　请示的总体思维描述模型（R）

模型 \ 模型结构	R=文题+正文=W+S			
	文题W	正文S=请示缘由+请示事项+结尾（惯用语）=A+B+C		
模型结构	W=发文机关+介词+事由+文种 W_1=介词+事由+文种	请示缘由A=理由+依据+背景	请示事项B=请示内容+对请示的认识+处理/建议	结尾C=请示+惯用语（妥否，请批复）
模型件	发文机关、介词、事由、文种	依据、理由、背景	内容、认识、建议	请示、惯用语
模型量	发文机关$_1$、介词$_1$、事由$_1$、文种$_1$	依据$_n$、理由$_n$、背景$_1$	内容$_n$、认识$_n$、建议$_n$	请示$_1$、惯用语$_1$
模型旨	标题现旨	开篇明旨	全文主旨	
模型链	谁→什么事→做什么；链环式；设问思路	一般→个别；演绎推理；原因与背景思路思维描述模型	综合→分析；分类思路思维描述模型	什么→怎么样→回复；设问思路
模型语	直陈	概叙、说明	说明	惯用语

6.7.3　例文点评

[例文]

××市商业局储运公司关于在库区修建码头和简易维修车间的请示

×商储字〔2003〕第×号

市商业局：

为了适应城市经济体制改革形势发展的需要，进一步搞好我市商业储运工作，按照局领导指示，计划以我市库区为重点，逐步实现装卸操作机械化，现拟在库区内修建码头和简易维修车间。这两个建设项目所需物质指标是：钢材××吨，水泥××吨，杉木××立方米，松杂木××立方米；所需费用为人民币××万元。可否按计划修建，请批示。

附件：

1. 码头、维修车间基建计划表
2. 维修车间设计草图

（公章）

二〇〇三年×月×日

[点评]

这是一份请求批复拟行事项的请示。请示标题归纳得明确、简要，鲜明地揭示了请示的中心内容。文题的思维描述模型是：W=发文机关（××市商业局储运公司）+介词（关于）+事由（在库区修建码头和简易维修车间）+文种（请示），标题的模型链是："谁→什么事→做什么"，设问思路思维描述模型，链环式思维走向，环环相扣，使思维步步推进。

请示的正文部分可分为三个层次：从开头至“现拟在库区内修建码头和简易维修车间”是请示的缘由部分，也是请示的主旨所在。这部分重点突出拟写请示的根据，是“按照局领导指示，计划以我市库区为重点，逐步实现装卸操作机械化”，这就使请示的理由既充分，又要言不烦。其思维描述模型是：A（请示缘由）=背景情况（为了……需要，进一步搞好……工作）+请示理由（按照局领导指示……操作机械化）+请示对象（现拟在库区内修建码头和简易维修车间）。这段文字采用的演绎推理方式是综合，背景是大前提，理由是小前提，请示事项是结论。从“这两个建设项目所需物质指标是”到“所需费用为人民币××万元”是请示事项部分。请示事项写得明确、具体，采用数字分析方法，所需材料与费用一一列出，语言直截了当，没有废话。其思维描述模型是：B（请示事项）=请示内容（“这两个建设项目所需物质指标……为人民币××万元”），采用分类思维描述模型法，主要是分析。最后一句“可否按计划修复，请批示”，这是请示结尾部分，用期复语作结，其模型是：C（惯用语）=可否+请批示。

6.7.4 同步训练

1. 请根据下面这份请示的内容，拟写一个合适的标题。

（　　　　　　　　　　　　　　　　　　）

省发改委：

××房地产开发公司自今年组建以来，配合我市旧城改造，业务发展很快，最近已开发市五号地块。本公司现有干部、职工30余名，随着业务扩大，工作人员还将逐步增加。鉴于目前公司办公用房系租用远郊旧房，面积小，且交通不便，影响公司正常业务的开展。为此，公司拟自筹资金建造综合楼一座，建筑面积7000平方米。其中：为解决拆迁户回迁用房5300平方米，办公用房1700平方米，总投资700万元。是否妥当，请予批复。

附件：××××

××房地产开发公司

××××年××月××日

2. 请分析下文的思维描述模型。

关于申请对外承包劳务经营权资格的请示

××建工集团：

我公司是经建设部核定的工业与民用建筑工程施工一级资质企业，成立于19××年××月。公司注册资本××××万元，现有职工×××××人，其中高级职称××人，中级职称×××人，机械1000台，总功率2.2万千瓦。公司在国内外设有土建、设计、装饰、机械施工、设备水电安装、房地产、建筑工程监理、电脑软件开发等10多个分公司。在几内亚、冈比亚等国家设有经理部和全（合）资企业。20世纪90年代以来，公司生产经营实现跨越式发展，主要经济技术指标位居××省同行业前列，被评为我省最大经营规模建筑企业十强第一名、中国500家最大规模和最佳经济效益施工企业，连续9年被评为“省重合同信用企业”，荣获“全国先进建筑施工企业”、“全国施工技术进步先进企业”、“全国工程质量管理先进单位”、“全国建设系统精神文明建设先进单位”等称号，两次荣获中国建筑工程质量最高奖“鲁班奖”。公司现有施工能力可完成工作量××亿元，竣工面积××多万平方米。

1998 年，我公司通过了 ISO9002 国际质量认证体系，取得了走向国外市场质量保证的通行证，企业管理与国际接轨。为拓展经营渠道，搞活国有企业，提高国有资产增值率，我公司现申请对外承包劳务经营权资格，申请对外经营范围为：

1. 承包境外工业与民用建筑工程及境内国际招标工程。

2. 建筑材料（产品）、设备出口。

3. 对外派遣实施境外工程需要的医务人员。

特此申请，请批复。

××建工集团第×建筑工程有限责任公司（印章）

二〇〇〇年十月二十五日

3. 根据下面提供的基本情况，拟写一份请示，没有提供的内容自拟。

某农场根据外贸出口的需要，拟建羽绒加工车间 800 平方米，除自筹资金××万元，尚缺基建费用××万元、设备购置费××万元（详见预算表），需向主管部门行文请求审核拨款。农场主管单位为××省农垦局。请示文号为〔2002〕×农基字第 15 号。

6.8　批复

6.8.1　基础知识

6.8.1.1　批复的概念和特点

批复是上级机关答复下级机关的请示事项时所使用的一种下行文。它与请示的行文方向是一种对应关系。一般来说，下级机关有请示，上级机关就得及时给予批复。批复属于回复性、指示性的下行文。

批复的特点有：

1. 指示性

批复具有指示性。上级机关通过批复表态对于对方所请示的事项准许怎么做，不能怎样做。批复意见代表上级机关的职权和意图，具有指示性和权威性，下级机关必须遵照上级机关的批复意见执行。

2. 被动性

批复是依赖请示而存在的一种公文。在公文程序上，先有请示后才有相应的批复。上级机关面对下级机关送呈的请示，首先必须根据党和国家的方针政策审核它是否正确，其次还得调查了解实际情况，判断请求的事项是否符合实际，所提出的意见或办法是否切实可行。最后才能作出相应的指示，或同意或修正或不同意。任何一份批复都是在这种被动情况下依照以上过程产生的。

3. 针对性

首先，批复的主送单位只能是请示单位，涉及的其他单位只能是抄送单位，并且范围还必须有一定的限制。其次，批复的内容是由请示的内容决定的。一般下级请示什么事项，上级就答复什么事项，不能擅自变更。由此可见，批复具有很强的针对性。

6.8.1.2　批复的种类

以批复的内容为标准，可以将批复分为指示性批复、审批性批复和解答性批复。

1. 指示性批复

对下级机关请求指示事项请示的批复，一般是对下级机关请示涉及政策上、认识上的问题作出指示性的答复。

2. 审批性批复

对下级机关请示涉及人事、财物、机构等方面的具体问题，作出批准、不批准或不完全批准等审批性答复的批复。

3. 解答性批复

对下级机关请求指示的请示所作的批复。由于下级机关对工作中所遇到的问题无法处理，因此必须给出解决问题的具体方案。

6.8.2 模型解析

6.8.2.1 批复的文题思维描述模型

1. 批复的文题定量思维描述模型

设批复的文题为 W，那么，W = 发文机关 + 事由 + 文种。

[例1]

国务院关于长江上游水污染整治规划的批复

根据模型，可获得本例的“件、量、旨、链、语”信息如下：

模型件：机关 + 介词 + 事由 + 文种

模型量：机关$_1$ + 介词$_1$ + 事由$_1$ + 文种$_1$

模型旨：标题现旨

模型链：谁→什么事→做什么；链环式

模型语：直陈

2. 批复的文题变量思维描述模型

如《关于同意成立韶关市人民对外友好协会的批复》，该文题省略了“发文机关”，其他与定量思维描述模型相同。

又如《商业部、对外经济贸易部关于出口远洋和对港分割肉价格问题给安徽省商业厅、安徽省经贸厅的批复》，这是一种附加式的批复。文题增加了行文对象，标题由发文机关、事由、行文对象和文种组成。其他与定量思维描述模型相同。

再如《关于同意 × × 省大学更名问题的批复》，这种批复在文题中表明批复机关的肯定态度，只限于肯定性答复，其他与定量思维描述模型文题同。

6.8.2.2 批复的正文思维描述模型

设批复正文为 S，那么，S = 引语 + 意见 + 结尾。

(1) 设批复引语为 A，那么，A = 引述（受文机关的标题 + 发文字号 + 发文日期 + 请示事项内容要点） + 惯用语。

有时批复引语也可以只引请示的标题和发文字号，可作为引语的变量思维描述模型为：A_1 = 引述（文题 + 发文字号）。

批复引语是批复行文的必要用语，用以说明发文机关制发批复的原因或依据。

[例2]

你厂二○○三年五月三日《关于建设路急修下水道的请示》市建字第3号收悉。现批复如下。

根据模型，可获得本例的“件、量、旨、链、语”信息如下：

模型件：发文日期+发文标题+发文字号+惯用语

模型量：发文日期$_1$+发文标题$_1$+发文字号$_1$+惯用语$_1$

模型旨：开篇明旨

模型链：原因或依据分析

模型语：直陈

(2) 设批复的意见为B，那么，B=表明态度/意见/要求。如“同意”下级机关的请示，则给予肯定答复；“基本同意”或“原则同意”，则对请示内容提出修正、补充意见；不予批准的，应在作出否定性答复后，说明理由，并做必要的解释。

[例3]

××市商业局：

你局《关于两项商品损失的请示》(2005) ×市商财第18号收悉，经研究批复如下：

一、××市百货公司钟表商店营业室被强抢，纵火烧毁，罪犯已被处决，流动资产损失97127元，同意以“财产损失”核销，列入2004年度会计决算之内。

二、××市百货公司批发商店库存××产白蜡钱、××产青蜡钱，残损变质，属于两项损失，按财务管理办法规定，在你局批准权限之内，省局不予审批。

根据模型，可获得本例的“件、量、旨、链、语”信息如下：

模型件：事项（同意/不同意）+态度+意见

模型量：事项$_2$+态度$_2$+意见$_2$

模型旨：汇总显旨

模型链：什么→怎么办；设问思路

模型语：说明、陈述

内容简单的批复，可篇段合一；内容复杂的，可分条列项说明。

(3) 设结尾用语为C，那么，C=惯用语。如：“特此批复”、“此复”。有的批复用语也可省略。

6.8.2.3 批复的总体思维描述模型

表6-7 批复的总体思维描述模型（R）

模型 \ 模型结构	R=文题+正文=W+S			
	文题W	正文S=引语+意见+结尾=A+B+C		
	W=发文机关+介词+事由+文种	引语A=引述+惯用语	意见B=态度+意见+要求	结尾C=惯用语
模型件	发文机关、介词、事由、文种	引述（受文机关标题+发文字号+发文日期+请示事项）、惯用语	态度、意见、要求	惯用语

续表 6-7

模型 \ 模型结构	R = 文题 + 正文 = W + S			
模型	文题 W	正文 S = 引语 + 意见 + 结尾 = A + B + C		
模型结构	W = 发文机关 + 介词 + 事由 + 文种	引语 A = 引述 + 惯用语	意见 B = 态度 + 意见 + 要求	结尾 C = 惯用语
模型量	发文机关$_1$、介词$_1$、事由$_1$、文种$_1$	引述$_1$、惯用语$_1$	态度$_n$、意见$_n$、要求$_n$	“特此批复”、“此复”
模型旨	标题现旨	开篇明旨	汇总显旨	
模型链	谁→什么事→做什么；设问思路	原因→依据/分析；规约思维	什么→怎么办；设问思路	固定
模型语	直陈	说明	说明、陈述	词组

6.8.3 例文点评

[例文]

财政部、国家税务总局关于非产权人重新购房征免个人所得税问题的批复

财税〔2003〕123 号

××省地方税务局：

你局《关于个人出售住房所得征收个人所得税有关问题的请示》（×地税发〔2003〕11 号）收悉。经研究，批复如下：

个人现有住房房产证登记的产权人为 1 人，在出售后 1 年内又以产权人配偶名义或产权人夫妻名义按市场价重新购房的，产权人出售住房所得应缴纳的个人所得税，可以按照财政部、国家税务总局、建设部《关于个人出售住房所得征收个人所得税有关问题的通知》（财税字〔1999〕278 号）第三条的规定，全部或部分予以免税；以其他人名义按市场价重新购房的，产权人出售住房所得应缴纳的个人所得税，不予免税。

二〇〇三年五月二十八日

[点评]

这是一份财政部和国家税务总局针对××省地方局关于个人出售住房征收个人所得税有关问题的解答性批复。批复标题的思维描述模型是：W = 发文机关（财政部和国家税务总局）+介词（关于）+事由（非产权人重新购房征免个人所得税问题）+文种（批复）。标题的模型链是：谁→什么事→做什么，设问思路思维描述模型，链环式思维走向。

批复的正文部分的思维描述模型是：S = 引语（第 1 段）+ 意见（第 2 段），省去了一般批复的结尾用语，两个内容各自独立成段，显得简洁、分明和有序。其中，引语部分（第 1 段）的思维描述模型是：A = 引述（受文机关的标题 + 发文字号）+ 惯用语（经研究，批复如下）。具体来说，引述 = 受文机关的标题（关于个人出售住房所得征收个人所得税有关问题的请示）+ 发文字号（×地税发〔2003〕11 号）。由于本批复是一份解答性批复，所以意见部分（第 2 段）也与一般批复的“同意”、“基本同意”或“原则同意”不同，它的思维描述模型则是：B = 情况$_1$（个人现有住房房产证登记……应缴纳的个人所得税）+ 根据（《关于个人出售住房所得征收个人所得税有关问题的通知》（财税字〔1999〕278 号）第三条的规定）+ 处理意见$_1$（全部或部分予以免税）+ 情况$_2$（以其他人名义按市场价重新购房的）+ 处理意见$_2$（产权人出售住房所得应缴纳的个人所得税不予免税）。可见，意见部分针对性强，态度明确，答复中肯。

6.8.4　同步训练

1. 下面这份批复是属于哪一类型的批复？并根据批复的格式补出正文开头的惯用语。

关于处理恶意占用域名资源行为的批复

信部电函〔2001〕324 号

中国互联网信息中心：

你中心《关于处理恶意占用域名资源行为的请示》收悉。(　　　　　　　　)：

为维护正常的域名注册秩序，充分利用域名资源，针对一些公司多次预注册域名而不按照规定提交申请文件和缴纳费用的行为，我部对《中国互联网域名注册暂行管理办法》第十八条做出如下补充解释：“当某一域名注册申请人对某一域名提出申请 30 日内不提交正式申请文件的，不得连续申请注册该域名。”

你中心可以据此解释对现有的连续预注册的申请做出撤销或删除处理。

中华人民共和国信息产业部

二〇〇三年七月四日

2. 请分析下面这份批复的思维描述模型。

关于在行政处罚决定中罚款金额计算问题的批复

××发〔××××〕××号文件收悉。现批复如下：

根据《中华人民共和国食品卫生法》第三十九、四十、四十二、四十三、四十四和第四十五条的规定，在对上述条款所述违法的食品生产经营者进行罚款的行政处罚时，应视具体情节，按以下方法计算罚款金额：

（一）对可以认定的违法所得，在处以违法所得最高倍数的罚款数额仍低于对没有违法所得罚款幅度的下限时，按照对“没有违法所得”处罚的罚款下限执行。

（二）对难以或无法认定的违法所得，按没有违法所得处理，在法定罚款幅度内，根据情节确定具体的罚款金额。

此复。

3. 因潮汛和台风季节临近，××厂地处低洼地段，要成立防汛抗台办公室，任命主任为王××、副主任为张××，并请上级××公司拨经费 55000 元用于防汛抗台，特向×

×公司写了请示。请以××公司名义拟写一份批复，表示同意。

6.9 意见

6.9.1 基础知识

6.9.1.1 意见的定义

《办法》规定："意见用于对重要问题提出见解和处理意见办法。"由此可知，意见是党政机关对重要事项发表的对工作有指导性质的公文。

从行文方向上看，意见可以是上行文，也可以是下行文。下行文一般带有指示性质，下级机关在工作中应遵循；上行文与请示也不相同，它可以由领导机关转发或批转，而请示上达后，领导只能批复。

6.9.1.2 意见的种类

意见的种类不像其他公文那么繁杂及划分标准众多，意见的种类一般按其内容和性质划分为如下3种。

1. 规划性意见

这种意见是对某一时期工作的某一方面提出大体构思、要点或原则性设想、努力方向等。一般是涉及时间比较长的某方面的工作，而且又都是从客观上、整体上提出的意见，由于只是预设构想，所以它不会太过具体。从某种角度讲，它有点类似于计划、纲要等文种，但两者又不完全相同。如：《关于非公有制经济组织党建工作的意见》。

2. 实施性意见

这种意见是为了贯彻落实某一项重要的决定或中心工作，特为制定的实施方案，所以这种意见既非常注意解释说明上级的有关文件和指示精神，又会同时提出较为具体的行动方案和工作措施、方法和步骤。这样使得下级机关既可以更加深入地理解掌握上级的文件或指示精神，同时，又有具体明确的行动方案，易于操作。

3. 工作意见

这是对于某项工作提出具体意见，这种意见的针对对象，既可以是上级机关对下级的，也可以是某一机关领导集体对群众的。某工作事项，当然是那些特殊的、新的、重要的，一般对其不甚熟知，难于操作，所以要具体。必要时，甚至在意见中还有一些可操作的办法、手段、步骤等。

6.9.1.3 意见的特点

1. 广泛性

意见的适用范围很广，它的发文单位，既可以是党政各机关，也可以是企事业单位。以意见涉及的内容而言，几乎各级机关各部门的所有要施行的及所有比较重要工作，都可以使用它。所以，它具有很突出的广泛性。

2. 具体性

这一特点，在上述意见种类已有涉及。加之意见这种公文一般是上级机关对相关方针政策所作出的补充或说明，也是为了解决某些迫切的、具体的问题而制作的。所以，它的内容一般都必须提出具体解决问题的办法，目的是为了受文对象执行和操办方便。

3. 灵活性

意见的灵活性，要从两方面去理解，一是形式灵活，二是行文方向灵活。

形式的灵活是指两方面的因素：既可以单方面独立行文，又可以几家联合行文；同时，它既可独立成文，又可以与其他文种搭配行文。所谓搭配行文，一般是上级机关有什么重要文件或重要指示，到了下级单位，单位又针对实际情况制订具体执行和操办意见，既可以使人深入、全面理解上级的文件、精神，又可使上级文件方便操作。

行文方面的灵活，是指意见可以作上行公文，也可以作下行公文。即上级有什么指示可以用意见形式下文，下级有什么情况或建设性意见也可以使用意见这种公文形式。

6.9.2　模型解析

意见一般由标题、主送机关、签署、正文构成。

6.9.2.1　意见的标题

设标题为 W，那么，W = 发文机关 + 事由 + 文种。

标题构成方式，与其他公文相同，有全称式和省略式两种。如果标题中，“机关”、“事由”、“文种”三项都有，就是全称式。如：《中共中央关于进一步繁荣文艺的意见》。省略式一般省略“发行机关”，只有“事由”、“文种”两项。如：《关于农业综合开发若干意见》。

意见的发文机关和发文日期，其处理方法有别于其他文种。有时是联合发文，发文单位多，在标题中不好处理，这时可将发文单位列于省略式标题下边。如：《关于进一步做好国有粮食企业扭亏增盈工作的意见》，一共四个单位联合发文，顺序依次为：国家计委　国家粮食储备局　财政部　中国农业发展银行。有时本来发文单位就一个，也有意将其与日期一起放到标题之下，并用括号括住。

日期的位置可在两处，即全文最后或标题下均可。如放在标题之下，也要使用括号。(签署即指发文机关及日期，不另文)

6.9.2.2　意见的主送机关

主送机关的处理办法有 3 种情况：

（1）上行“意见”，一般都要求写明主送机关。

（2）下行“意见”，受文对象较明确，一般也要写明主送机关。

（3）内容涉及面广泛，受文者很多时，可不写明。

6.9.2.3　意见的正文思维描述模型

设正文为 S，那么，S = 前言 + 意见条文 + 结尾 = A + B + C。

正文中的“要求”一项，可有可无，根据内容的实际情况，有必要的，在正文最后写出；如无必要，可不写。故此，正文内容在一般情况下，就只有“缘由”和“意见条文”两项。

（1）前言 A = 目的/背景/依据 + 惯用语。

[例 1]

为贯彻落实党的十五大和十五届四中全会精神，切实加大对中小企业特别是高新技术类中小企业的扶持力度，促进中小企业健康发展，提出以下政策意见：

前言即是正文的开头，是“提出见解的处理办法”的背景、意义、目的或根据等。这些内容并不是每项都必须有的，通常是根据情况选择其中一、二项作为开头即可。如《关于农业综合开发的若干意见》的前言（详见6.9.3的例文），其中就只有“意义”和“目的”两项，“背景”和“根据”没有。

在开头的结束处，常以“现提出如下意见”、“为此……特提出如下意见”等惯用语过渡到下文。

（2）意见条文B=基本见解/原则性要求/政策性措施/注意事项。

[例2]

一、充分认识大力发展资本市场的重要意义

二、推进资本市场改革开放和稳定发展的指导思想和任务

三、进一步完善相关政策，促进资本市场稳定发展

四、健全资本市场体系，丰富证券投资品种

五、进一步提高上市公司质量，推进上市公司规范运作

六、促进资本市场中介服务机构规范发展，提高执业水平

七、加强法则和诚信建设，提高资本市场监管水平

意见条文即正文的主体，是意见的核心内容，所有在意见中要提出来的问题、任务、原则、方法等内容，都要一一写明。如果内容不十分复杂，就问题、意见多少，逐一排成几条，把每条叙述明白就行。如果内容繁杂，可先将其划分为几大类，用小标题标出，在小标题之下再列若干条文。

（3）结尾C=强调+希望+要求。

[例3]

清理整顿小钢铁厂的工作涉及面广，政策性强，任务重，各地人民政府要统一认识，加强领导，明确责任，按照国务院的统一部署，加大执法力度，狠抓落实。同时，要做好宣传教育工作，妥善处理关停工作中出现的各种矛盾和问题，保证这项工作的顺利进行。

正文写完之后，一般用结尾段落来进一步强调工作或提出希望和要求。

（4）成文日期。要写全称，即年月日。

根据模型，意见正文的“件、量、旨、链、语”信息如下：

模型件：前言+意见条文+结尾

模型量：前言$_n$+意见条文$_n$+结尾$_n$

模型旨：汇总显旨

模型链：为什么→做什么→要求；因果思路

模型语：陈述，说明

6.9.2.4　意见的总体思维描述模型

表 6－8　意见的总体思维描述模型（R）

模型	R＝文题＋主送机关＋签署＋正文			
	文题 W	正文 S＝前言＋意见条文＋结尾＝A＋B＋C		
模型结构	W＝发文机关＋事由＋文种	前言 A	意见条文 B	结尾 C
模型件	发文机关、事由、文种	目的、背景、根据	见解、任务、原则、措施	强调、希望、要求
模型量	发文机关$_1$、事由$_1$、文种$_1$	目的$_n$、背景$_n$、根据$_n$	见解$_n$、任务$_n$、原则$_n$、措施$_n$	强调$_n$、希望$_n$、要求$_n$
模型旨	标题显旨	开篇明旨	段首明旨	结尾点旨
模型链	谁→什么事→做什么；设问思路	为什么→根据什么；设问思路思维描述模型	横断思路，条文体例式结构	做什么→怎么做
模型语	陈述	说明	叙述、说明	说明

6.9.3　例文点评

［例文］

关于农业综合开发的若干意见

（财政部　二〇〇二年二月七日）

农业综合开发是国家支持农业发展的重要手段，是巩固和加强农业基础地位、提高农业综合生产能力的有效措施，是支持我国农业参与国际竞争、推进农业现代化的重要途径。为了总结农业综合开发经验，适应新阶段农业发展需要，进一步提高农业综合开发水平，现就农业综合开发提出以下意见。

一、农业综合开发的指导思想和目标任务

（一）农业综合开发的指导思想。适应新阶段农业发展的要求，以农业主产区为重点，着力加强农业基础设施建设，改善农业生产条件，提高农业综合生产能力和保护农业生态环境；着力推进农业和农村经济结构战略性调整，提高农业综合效益，增加农民收入。

（二）农业综合开发的目标任务。坚持以改造中低产田为重点，加强农田水利基本建设，建设优质、高产、稳产、节水、高效农田，增强农业抗御自然灾害的能力，提高我国基本农田的生产能力，特别是主产区粮食生产能力；以市场为导向，发挥农业区域比较优势，积极培育农村支柱产业发展产业化经营，推进农业和农村经济结构战略性调整，全面提高农产品质量、农业生产组织化程度和农业抗御市场风险的能力；实行山水田林路综合治理，加强农田林网建设，推进退耕还林，加大对生态工程和生态项目的支持力度，治理水土流失，有效地改善生态环境，促进农业可持续发展；积极推动农业科技革命，加强农民技术培训，加大农业新品种、新技术的推广力度，促进农业信息化和农业生产标准化建设，推进项目区农业现代化进程，提高农业国际竞争力。

二、农业综合开发扶持范围和建设内容

（一）农业综合开发的扶持范围。一是土地资源开发治理项目，包括中低产田改造、草场改良和工矿废弃地复垦，发展节水农业、生态农业，建设优质粮食基地、优质饲料作物基地等；二是多种经营项目，包括种植业、养殖业，农产品储运、保鲜、加工和批发市场建设等；三是示范项目，包括高新科技示范、科技推广综合示范、农业现代化示范等。

（二）农业综合开发的建设内容。主要包括小型水库、拦河坝、排灌站、机电井、灌排渠系（5个流量以下）、改良土壤、机耕路、农牧机械、草场围栏、畜禽棚舍、水产养殖池与设备、农田防护林、完善农业支持服务体系、农产品加工生产厂房与设备、农产品产地批发市场等。

三、农业综合开发应遵循的原则

（一）突出重点。以农业主产区，特别是粮食主产区为开发重点。

（二）择优立项。把农业资源条件优越、开发潜力大、农民群众自愿开发、资金配套能力强的地方或项目，优先纳入农业综合开发的扶持范围。

（三）综合开发。因地制宜，实行农林牧副渔综合开发，山水田林路综合治理。

（四）统筹规划。开发区和项目应经过科学评估和论证，精心设计和实施。

（五）连片开发。土地开发应遵循土地利用总体规则，按流域或灌区统一规划，集中投入，连片开发治理，努力提高土地产出率和水资源利用率。重点搞好基本农田保护区范围内的中低产田改造，并对改造过的耕地依法进行保护。

（六）产业化经营。发展多种经营应充分发挥区域资源优势和比较优势，培育支柱产业和主导产品，重点扶持产业化“龙头”项目，提高农业产业化水平。

（七）科技与体制创新。依靠农业科技进步，推进农业综合开发机制创新。

（八）开发与保护结合。农业资源开发与农业生态环境保护相结合。

四、农业综合开发的投入机制

农民群众是农业综合开发的直接受益者。要坚持和完善“国家引导、配套投入、民办公助、滚动开发”的农业综合开发投入机制。除中央财政专项安排农业综合开发资金外，地方各级财政要相应落实配套资金，农民筹资投劳要符合有关政策规定。对部分财政资金实行有偿投入，按照“谁受益，谁还款”的原则落实还款责任，确保及时足额偿还。回收的财政有偿资金继续用于农业综合开发。

五、农业综合开发的投入政策

（一）各级财政要逐步加大农业综合开发资金投入。“十五”及今后一段时期内，用于农业综合开发投入的财政资金增长幅度应高于“九五”水平。

（二）采取综合因素法分配中央财政农业综合开发资金。对农业综合开发潜力大、开发效果好的地方，相应增加中央财政农业综合开发资金的投入。

（三）明确中央财政资金与地方财政资金的投入比例。依据各省、自治区、直辖市和计划单列市的财力状况分类确定各地财政资金配套比例（另行规定）。原则上财力状况好的地区多配套，财力困难的地区少配套。省级财政承担的配套资金不低于全部配套资金的70%。地方财政配套资金不落实的，要适当调减下一年度的中央财政资金投入。

（四）保证农业综合开发的投入重点。原则上财政资金的 70% 用于土地治理项目，30% 用于多种经营项目。根据各项目区不同的资源状况，可适当调整投入比例。

（五）加大科技投入力度。逐步将财政资金中科技投入比例提高到 10%。

（六）合理确定财政资金无偿与有偿投入比例，以及财政有偿资金还款期限。原则上投入公益性的财政资金实行无偿使用，投入非公益性的财政资金实行有偿使用。切实加强财政有偿资金管理工作，防止形成债务风险。

（七）多层次、多渠道筹集开发资金。通过安排贷款贴息资金，引导银行增加农业综合开发贷款投入。积极探索开放性开发、经营性开发和股份制开发方式，广泛吸引各类社会投资和外资，加大农业综合开发投入力度。

六、农业综合开发项目和资金管理

（一）实行项目和资金管理有机结合。以资金投入确定项目规模，按项目管理资金。

（二）项目实行统一组织，分级管理。农业综合开发项目应自下而上逐级申报，由国家农业综合开发办事机构（或授权省级农业综合开发办事机构）组织评估、审定和审批。

（三）完善项目监督管理制度。强化项目前期科学立项、中期监督检查、后期项目验收和监测评价。全面推行专家评审制、项目法人责任制、招投标制和工程监理制。

（四）加强项目的运行与管理。对已建成的项目，农业综合开发办事机构要负责明晰产权归属，落实管护主体，建立必要的运行管理制度，保证项目正常运转。

（五）建立健全资金管理和监督制度。农业综合开发资金实行专人管理，专账核算，专款专用。全面推行财政无偿资金县级报账制、财政有偿资金委托银行放款制和项目资金公告（公示）制。加强财务检查和审计监督，严禁挤占挪用农业综合开发资金；对违反规定的，要予以纠正并严肃查处。

（六）提高项目和资金管理水平。建立健全权责结合的管理责任制和奖优罚劣办法，不断提高农业综合开发管理水平。

七、农业综合开发工作的组织领导

地方各级人民政府要切实加强对农业综合开发工作的领导，把这项工作放在整个农业和农村经济工作的重要位置。加强和充实农业综合开发办事机构。农业综合开发办事机构要制订规划，做好综合协调，引导择优选项，指导和管理农业综合开发项目实施。各有关部门要相互支持，密切配合，形成合力，创造性地做好新阶段农业综合开发工作。

本意见自发布之日起施行。其他农业综合开发管理办法或规定与本意见不一致的，以本意见为准。

［点评］

这篇意见的标题是由事由和文种两个要素构成的。正文包括开头、主体和结尾三个部分，开头第一段强调农业综合开发的重要意义，明确制发意见的目的，“现就……提出以下意见”是意见的开头和主体部分之间常用的过渡性语句之一；主体部分对农业综合开发工作进行部署，依次写明开展工作的指导思想和目标任务、做好工作的原则及农业综合开发的投入机制、投入政策、项目和资金管理、组织领导等各项内容，从总体要求到措施和办法，都很具体、明确；结尾部分非常简短，只就与意见的实施相关的问题作出说明。

6.9.4 同步训练

阅读以下这则意见，然后完成意见后面的练习。

关于进一步做好国有粮食企业扭亏增盈工作的意见

国家计委　国家粮食储备局

财政部　中国农业发展银行

（一九九九年七月二十二日）

1998年4月以来，各地人民政府和有关部门认真贯彻落实党中央、国务院关于粮食流通体制改革的一系列方针政策，紧紧围绕“三项政策、一项改革”，在加强宏观调控、搞好粮食收储、保护农民利益、狠抓扭亏增盈等方面取得了明显成效。但是，仍有一部分国有粮食企业继续发生亏损，严重影响了粮食流通体制改革目标的实现。根据《国务院关于进一步完善粮食流通体制改革政策措施的通知》（国发〔1999〕11号）精神，现对进一步做好国有粮食企业的扭亏增盈工作提出如下意见：

一、各级地方政府要加强领导，把国有粮食企业扭亏增盈作为粮食工作行政首长责任制的重要内容

国有粮食企业特别是购销企业的扭亏增盈工作，直接关系到粮食流通体制改革预期目标的实现。各级地方政府要真正把粮食企业的扭亏增盈作为粮食工作行政首长负责制的一项重要内容，切实加强领导并负起责任。要结合当地实际情况，明确粮食企业扭亏增盈的目标，制定具体政策措施。每个季度应全面检查一次落实情况，发现问题及时纠正。属于政策不落实而增加企业亏损的，是哪一级政府和部门造成的，就要追究哪一级负责人的责任。

二、各级粮食主管部门要强化对企业扭亏增盈工作的分类指导和监督考核，切实加大企业改革力度，强化内部管理

各级粮食主管部门要在当地政府的统一领导下，加强对本地区粮食企业扭亏增盈工作的直接领导，落实扭亏增盈目标责任制。要结合本地实际，制定考核的经济指标，层层分解落实到位。要对企业扭亏增盈实行分类指导，对扭亏增盈工作成绩突出的单位和个人，给予表扬和奖励，并推广他们的经验和做法；对完不成扭亏增盈任务的要检查原因，及时整改；对亏损大户要下大力气进行综合整顿，实行领导分片包点，建立直接工作联系。对完不成扭亏增盈目标的责任主管部门和企业，要查明原因，确属违规操作或经营管理不善的，要对其领导班子进行调整并撤换主要负责人。粮食主管部门要定期检查扭亏情况，并及时反映和解决企业在扭亏增盈工作中出现的新情况和新问题。

国有粮食企业要加快自身改革步伐。粮食购销企业中凡是具备独立核算条件的附营业务必须与购销企业彻底分离。粮食购销企业在不占用农业发展银行贷款的前提下，可以在收购淡季充分利用闲置设备和富余人员开展直接服务于农民的“两代一换”（代农民加

工、代农民储粮、品种对换）和小规模主副食加工等其他业务，增加收入。国有粮食购销企业要加大人员下岗分流的力度，建立再就业服务中心，做好下岗职工基本生活保障和再就业工作。其他国有粮食企业要按国有企业改革要求，调整结构，转变机制，积极培育新的经济增长点。鼓励其他国有粮食企业进行购并、重组和资产置换，培育龙头骨干企业，延伸经营领域，提高企业的组织化程度，增加产品的科技含量。县级粮食企业要积极进行贸工农一体化试点，使生产者与流通企业风险共担，利益共享，促进粮食产业化经营的发展。

粮食购销企业要严格按照国发〔1999〕11 号文件规定的保护价收购范围和收购价格正常敞开收购粮食，并严格执行顺价销售的原则。为努力扩大国有粮食购销企业的粮食销售市场份额，粮食购销企业必须严格按《国务院关于印发当前推进粮食流通体制改革意见的通知》（国发〔1998〕35 号）规定核算粮食进价成本。根据当前粮食购进价格低的实际情况，原粮购进价原则上应按库存粮购进价加权平均计算，以利库存高价位粮食也能逐步顺价销售。对实行顺价销售比较困难的粮食品种，其原粮购进价也可按当年购进的定购价和保护价加权平均计算；对将定购价调整到保护价水平的粮食品种，其原粮购进价也可按保护价水平计算进价成本。无论采取哪种计价方法，都要将企业负担的当期费用（含利息）全部摊入当期合理费用，以保证企业足额支付当期贷款利息和补偿已发生的当期其他费用。各企业要研究建立行之有效的销售激励机制，充分调动职工促销的积极性。企业领导要科学决策，搞好经营，提高企业经济效益。

粮食购销企业要进一步加强内部管理，特别是要加强资金管理：严格资金使用范围，确保收购资金封闭运行。要下大力气清收欠款和各种不合理占用资金，不断提高资金管理水平。要切实加强成本费用管理，广泛推行费用定额管理和“一支笔”审批制度，严格控制各项开支。要重点加强对办公经费、业务招待费等费用项目的管理。亏损企业不准购置小汽车、移动电话和高档办公用品，不得发放奖金和装修办公场所。所有企业均不得为外单位和个人报销费用或变相列支费用。要严格执行权责发生制原则和有关粮食财务规定，进一步规范企业会计核算，如实反映企业盈亏。

三、农业发展银行和有关商业银行要加强粮食企业资金监管，搞好资金供应

农业发展银行要在收购资金封闭运行和粮食企业不发生新的挤占挪用的前提下，及时保证购销企业按国家政策规定开展正常购销活动的资金需要。对粮食购销企业随行就市收购的粮食，要按时间收购价格和必要的收购费用核定贷款，并根据有关规定和“以销定贷”的原则，按照实际收购进度及时发放贷款。对企业顺价销售粮食回笼的销售贷款，要按照有关规定及时、正确分解到各专户，并给购销企业留有必要费用开支资金，以充分调动企业收购和促销的积极性。对粮食购销企业的展期贷款，要执行当期利率。农业发展银行各基层行要切实加强收购资金封闭运行管理有关政策的宣传力度和银企联系，努力改进服务和监督方法。要防止将粮食出库报告制度搞成销售审批制度，及时纠正对企业销售粮食实行逐笔审批的做法。严禁信贷专管员在粮食仓库上锁、贴封条等不当行为。有关商业银行要对其他国有粮食企业安排必要的信贷资金。对管理水平较好，产品有市场，经营有效益的企业要保证资金供应；对一时效益不好但有一定发展潜力的企业要给予一定的资金扶持，帮助企业走出困境。

各有关部门要加强对粮食购销企业销售处理陈化粮的管理和监督。对于陈化的中央储

备粮，未经国家粮食储备局等部门批准，国有粮食购销企业不得擅自销售处理；对于陈化的地方储备粮和周转粮，未经省级政府和有关部门批准，国有粮食购销企业也不得擅自销售处理。目前陈化粮销售对象只能是饲料、酿造等工业用粮大户，防止流入粮食市场。陈化粮销售处理时，必须认真落实价差亏损的补贴来源并制定补贴资金到位计划，各级农业发展银行要加强监督，督促有关部门及时拨补价差补贴，确保处理陈化粮形成的价差损失及时得到补偿。

四、财政、税务部门务必落实各项补贴和税收政策

各级财政部门务必千方百计落实对国有粮食购销企业的各项补贴政策。从1999年起，中央财政对地方粮食风险基金补助实行对地方政府总额包干。在包干过程中，对粮食购销企业的补贴标准整体水平不变，对粮食购销企业的超储库存所需利息要据实补贴。补贴包干不能包到企业。中央财政对地方的包干补助款和地方自筹配套资金要按季均衡拨付到各地在农业发展银行开设的粮食风险基金专户。地方财政对粮食购销企业的各项补贴要及时足额到位。各地要进一步调整和完善对粮食购销企业的超储补贴办法，制定奖励促销措施，支持企业扭亏增盈。各级财政部门要建立强有力的监督机制，督促下级财政部门将补贴款及时足额拨补到企业，监督粮食主管部门和企业管好、用好粮食补贴款，防止截留挪用、虚报冒领骗取财政补贴等违纪现象发生，一经发现，必须严肃查处。

税务部门要尽快落实有关粮油税收政策。根据国发〔1999〕11号文件规定，财政部、国家税务总局等部门制定下发了《关于粮食企业增值税免征问题的通知》（财税字〔1999〕198号），各级地方财税部门必须严格按照通知规定执行，把对粮食企业的税收优惠政策尽快落到实处。

1. 列表显示标题的思维描述模型。
2. 指出前言部分写了哪几项内容。
3. 用模型理论评述全文。

6.10 函

6.10.1 基础知识

6.10.1.1 函的概念和适用范围

函是用于不相隶属机关之间商洽工作、询问和答复问题、请求批准和答复审批事项的公文。根据《办法》的规定，函的适用范围主要有以下4方面：

（1）平级机关或不相隶属机关之间的商洽性、询问性和答复性公务联系。
（2）向无隶属关系的业务主管部门请示批准有关事项。
（3）业务主管部门答复或审批无隶属关系的机关请求批准的事项。
（4）机关单位对个人的公务联系，如回复群众来信等。

6.10.1.2 函的特点

1. 广泛性

函的适用范围非常广泛。它可以商洽讨论问题，可以知照说明情况，可以咨询答复问题，可以请求批准事项，还可以答复审批事项。可见，函使用灵活方便，既可平行行文，

又可以上行行文，还可下行行文。

2. 商洽性

函多用于解决具体事务，内容实在，语言平和，一般是双方平等地协商，民主地探讨。函的内容一般不具有指示或指导性质，商定的意见对双方都不具有权威性和强制性，一般只供双方用作工作处理的参考。

3. 简便性

函有公文中的“轻骑兵”之称。一是它的写作格式简便，如可以不用文头，便函可以不编文号、不拟标题等。二是函虽属平行文，但它既可上行，又可下行，行文具有多向性，给公务办理带来了诸多方便。三是短小精悍，内容单一，一事一函，随事而立，落笔入题，语言简洁，结构简明，不拘一格。

6.10.1.3　函的种类

1. 按函的格式和使用的具体情况可分为公函和便函

（1）公函

属于正式公文，其格式及行文规则应按《办法》的规定办理。本节所述的函专指公函。

（2）便函

不属于正式的公文，主要用于日常事务性工作，不需要有完整的公文格式，其行文格式与一般书信类似。

2. 按函的行文方向可分为复函和来函

（1）复函

又称答复函，是对来函的一种答复，是发文机关的一种被动行文函。

（2）来函

又称去函，是发文机关的一种主动行文函。而来函按其表现内容及作用，又可分为以下 4 类。

① 商洽函。主要用于平行和不相隶属机关之间商洽某项具体事务，如人员调动、联系参观、请求帮助支援等事项。

② 询问函。既可用在平行机关和不相隶属机关之间相互询问有关问题，也可用于上级向下级询问一般性问题等。

③ 告知函。主要是将对方需要了解或周知的事项主动告知对方，但不需要对方回复。

④ 请批函。又称申请函，是发文机关向不具上下隶属关系的有关主管职能部门请示批准的函。如向工商部门申请办理营业执照，向财政部门请求拨款，向教育部门申请社会办学等。这是由于发函机关在某些事项的处理上，涉及相关主管职能部门的权限，就必须向该主管职能部门请求批准，而发函机关与该主管职能部门之间又不存在直接的上下级隶属关系，所以不宜用“请示”行文，而只能用“函”行文。

6.10.2　模型解析

6.10.2.1　来函的文题思维描述模型

1. 来函的文题定量思维描述模型

设函的文题为 W，那么，W = 发文机关 + 介词 + 事由 + 文种。

[例1]

广东省商业厅关于商洽代培文秘人员的函

根据模型，可获得本例的“件、量、旨、链、语”信息如下：

模型件：机关+介词+事由+文种

模型量：$机关_1$+$介词_1$+$事由_1$+$文种_1$

模型旨：标题现旨

模型链：谁→什么事→做什么

模型语：直陈

2. 来函的文题变量思维描述模型

如《关于玉米粉加工厂所需玉米原料问题的函》，该文题省略了发文机关，其他与定量思维描述模型相同。

6.10.2.2 来函的正文思维描述模型

设函的正文为S，那么，S=导语+主体+结尾。

（1）设函的导语为A，那么，A=发函缘由+依据+事项。

[例2]

为了进一步做好信息工作，加强办公室系统信息网络建设，充分发挥办公室的参谋助手作用，根据商业部办公厅要求，请各地和省直各单位在7月15日前把办公室从事信息工作人员及开展信息工作情况报省厅办公室。

根据模型，可获得本例导语的“件、量、旨、链、语”信息如下：

模型件：目的+依据+事项（要求）

模型量：$目的_3$+$依据_1$+事项（要求）$_1$

模型旨：开篇明旨

模型链：原因→根据→结果；因果思路思维描述模型

模型语：说明

其中，“为了……的参谋助手作用”是目的；“根据商业部……要求”是依据；“请各地……报省厅办公室”是事项（要求）。

（2）设函的主体为B，那么，B=商洽/询问/告知/审批的（事项+要求+希望）。

[例3]

目前，商业部办公厅已在全国各商业厅办公室系统建立起系统网络，为了把我省各级商业部门办公室信息网络尽快建立起来，及时沟通信息，请各地把办公室主管信息工作的负责人名单也报给省厅办公室。省厅要求，各办公室除紧急情况随时报送外，每半月至少报送一条经过筛选的综合性、倾向性、预测性、典型性信息。希望全省上下共同努力及时沟通信息，不断提高信息质量，做好信息的通报和反馈，使办公室真正成为汇集和传播各种信息的枢纽和信息网络联系中心，成为领导决策的信息咨询机构。

根据模型，可获得本例主体的“件、量、旨、链、语”信息如下：

模型件：告知的（事项/要求/希望）

模型量：$事项_1$/$要求_2$/$希望_5$

模型旨：段首明旨

模型链：告知（什么事/要求什么/什么希望）；设问思路思维描述模型

模型语：说明

其中，“目前……报给省厅办公室”是告知事项；“省厅要求……典型性信息”是要求；“希望全省上下……信息咨询机构”是希望。

（3）设函的结尾为 C，那么，C = 商洽函期复用语/告知函结束用语/审批函结束用语。

C_1商洽函 = “请研究见复”/“请予函复”/“盼复”。

C_2告知函 = “特此函告”/“特此函达”。

C_3审批函 = “当否，请函复”/“可否，请予审批”。

6.10.2.3　复函的文题思维描述模型

复函的文题与来函的文题大致相似，唯一不同的是在文题中应体现“复函”字样。

设文题为 W，那么，W = 发文机关 + 介词 + 事由 + 回复函对象 + 文种。如《财政部关于棉花储备费用问题给商业部的复函》。

6.10.2.4　复函的正文思维描述模型

设复函正文为 S，那么，S = 引文 + 主体 + 结尾。

（1）设复函的引文为 A，那么，A = 回复的缘由 + 函复的依据。

如“你单位 × 函〔2006〕 × × 号函收悉”，随后说明函复的依据，用“经研究，现函复如下”等语句过渡，引出主体部分。

（2）设复函的主体为 B，那么，B = 答复事项 + 答复原因（根据）。

[例 4]

在近几年棉花丰收的情况下，国务院决定由国家储备一部分棉花，储备资金由农业银行贷款解决，利息由中央财政负担。但棉花的经营和保管责任仍在地方，棉花销售后实现的税收和经营利润也是归地方，所以，棉花的储备费用应由地方负担。至于经济体制改革中省级棉麻公司的机构有所变动的情况，棉花储备费用如何开支拨补问题，可请地方根据具体情况自行研究确定。

根据模型，可获得本例主体的“件、量、旨、链、语”信息如下：

模型件：答复事项 + 答复原因

模型量：$答复事项_2$ + $答复原因_1$

模型旨：汇总显旨

模型链：果→因

模型语：说明

其中，“在近几年……利息由中央负担”是答复事项；“但棉花的经营……仍由地方负担”是答复的原因；“至于……研究确定”是附带答复事项。

（3）设复函的结尾为 C，那么，C = 结束惯用语。如“特此函复”、“专此回复”等。

6.10.2.5　函的总体思维描述模型

表6-5　函的总体思维描述模型（R）

模型	R = 文题 + 正文 = W + S			
	文题 W	正文 S = 导语 + 主体 + 结尾 = A + B + C		
模型结构	W = 发文机关 + 介词 + 事由 + 文种	导语 A = 发文缘由 + 依据 + 事项	主体 B = 商洽/询问/告知/审批（事项 + 要求 + 希望）	结尾 C = 期复/结束用语
模型件	发文机关、介词、事由、文种	目的、依据、事项	事项、要求、希望	商洽函期复用语、告知函结束用语、审批函结束用语
模型量	发文机关$_1$、介词$_1$、事由$_1$、文种$_1$	目的$_n$、依据$_n$、事项$_n$	事项$_n$、要求$_n$、希望$_n$	“盼复，特此函达”、“可否，请予审批”
模型旨	标题现旨	开篇明旨	段首明旨	
模型链	谁→什么事→做什么；设问思路	规约思维	什么事→要求什么→希望什么；设问思路，组合思路	规约思维
模型语	直陈	说明、直陈	说明	惯用语

6.10.3　**例文点评**

[例文]

关于在安徽省怀宁县开展农村社会养老保险试点的函

民办函〔××年〕××号

安徽省人民政府：

根据国务院关于农村（含乡镇企业）的社会养老保险由民政部负责的决定，我部已着手在有条件的地区开展农村社会养老保险制度的试点工作，经商你省民政厅，拟在你省怀宁县进行试点。

农村社会养老保险是深化农村经济体制改革的重要内容，是农村的主要社会保障制度之一，是计划生育基本国策的重要配套措施。开展社会养老保险对促进我国城乡经济和社会的发展与稳定，意义重大。这项工程政策性强，涉及面广，难度较大，请省政府予以支持和指导。

民政部（印章）

××××年×月×日

[点评]

这是一份用于机关单位之间商洽工作、联系事项用的商洽函。本函标题简要，主旨明确，其思维描述模型为：W = 介词（关于） + 事由（在安徽省怀宁县开展农村社会养老保险试点） + 文种（函）。标题的模型链是：在哪里→什么事→做什么，设问思路思维描述模型，链环式思维走向。

该函正文由导语、主体两部分组成，其思维描述模型为：S=导语+主体，仅用一段行文，言简意赅。其中，导语层次的思维描述模型为：A=发文依据（根据国务院关于……的决定）+缘由（我部已着手……的试点工作，经商你省民政厅）+事项（拟在你省怀宁县进行试点），阐述简洁明了。主体层次的思维描述模型为：B=事项地位（农村社会养老保险是……的重要配套措施）+工作意义（开展社会养老保险……意义重大）+工作特点（这项工程政策性强……难度较大）+希望要求（请省政府予以支持和指导），采用递进思路思维模型，起了强调和突出作用。

本函省略了结尾惯用语，这也是本函行文简练的表征。

6.10.4 同步训练

1. 下面这份函是哪一类型的函？请补出本函的结尾句，让它成为一则完整的函。

关于商洽代培统计人员的函

××金融管理干部学院：

得悉贵院将于3月份举办统计人员讲习班，系统培训统计工作人员。国务院《关于加强统计工作的决定》下达后，我厂曾打算集训现职统计工作人员，但由于力量不足，未能实现。现在贵院决定办讲习班，我厂拟派15名统计人员随班学习，请你们代培。如同意，将是对我厂统计工作的有力支持。代培所需费用由我厂如数拨付。

盼予复函

××××机床厂（印章）

××××年×月×日

2. 试分析下面这份去函的思维描述模型。

××市第一变压器厂关于请归还贵厂劳动服务公司开办费借款的函

市第七变压器厂：

你厂于××××年×月，从我厂借去资金××万元，作为贵厂劳动服务公司开办费，当时议定年内偿还。目前，我厂正在编制××××年财务决算，为及时搞好各类款项的清理结账，望贵厂能将所借款项于××××年×月×日前归还我厂。

××××年×月×日

3. 根据下面这份函的内容及给出的材料，起草一份答复此函的复函。

××省××市××××机床厂向××金融管理干部学院发出一封“关于商洽代培统计人员的函”（内容详见上文）。受函单位接到上述来函后，经学院办公会议研究，同意代培，并有下述事项需要告知对方：住宿问题无法解决；代培费用按实际参加人数均摊，于学习班报到时缴清；拟于3月中旬开学，具体开学日期和报到地点另定。

6.11 会议纪要

6.11.1 基础知识

6.11.1.1 会议纪要的概念和特点

会议纪要是用于记载、传达会议情况和议定事项的公文。它既可上呈，以汇报会议的情况和结果；也可以平行，以传达会议精神和议定事项；还可以下达，如会议纪要被批转或转发至有关单位遵照执行，要求与会单位共同遵守等。会议纪要使用比较广泛。

会议纪要的特点有：

1. 纪实性

会议纪要是一个比较特殊的公文文种，它一般根据会议、会议文件和其他会议资料分析、归纳和整理而成，因此具有很强的纪实性。它要求如实地反映会议的基本情况，传达议定事项；即使对重要问题的看法有分歧，也要在会议纪要中如实反映。正因为如此，会议纪要具有历史凭证作用和查考价值。

2. 提要性

会议纪要，顾名思义，就是反映会议的要点；“纪”有理出头绪和纲要的意思，所谓“理之为纪”（《左传》）。会议纪要就是围绕会议主旨来整理、提炼、概括会议内容，具有很强的提要性。会议纪要不必像会议记录一样有事必录，面面俱到，而是择其精要而记之，求其实质而录之。从会议记录到会议纪要，需经过必要的整理、精心的提炼以及科学的概括和加工的过程。

3. 约束性

会议纪要是会议成果的反映，会议纪要一经下发，就要求与会单位和有关人员遵照执行，并成为与会者贯彻执行议定事项的依据，对有关单位和人员有一定的行政约束力和指导作用。在这一点上，会议纪要与党务决议基本一致，只不过比决议的规范性、严肃性程度略低。

6.11.1.2　会议纪要的种类

根据《办法》对会议纪要的界定，将其分为知照性会议纪要和决议性会议纪要。

（1）知照性会议纪要。这种会议纪要是把会议讨论的情况、主要精神提供给相关单位，供相关单位参阅，主要起传递信息的作用，一般没有贯彻执行的要求。

（2）决议性会议纪要。这种会议纪要是将领导机关召开的、研究某方面或某项工作的会议所形成的研究成果、处理意见传达给下级机关，并要求相关单位贯彻执行，有一定的行政约束力。

6.11.1.3　会议纪要的作用

（1）上级机关可以向下级机关传达会议的议定事项及相关精神，要求下级机关按会议所决定的办法或精神及时遵照执行。

（2）下级机关可以向上级机关汇报会议的相关情况，反映会议所研究、讨论和决定的相关事项，以便及时得到上级机关的指导与帮助。

总之，会议纪要反映会议的基本情况和主要精神，协调各有关单位的行动步骤。譬如，有些大中型会议或座谈会，在开过之后并不作正式决定或决议，但对会上所讨论的问题在取得一致意见后，需要贯彻执行或公布于报刊，就需要撰写会议纪要。

6.11.2　模型解析

6.11.2.1　会议纪要的文题思维描述模型

1. 会议纪要的文题定量思维描述模型

设会议纪要的文题为W，那么，W＝会议名称＋文种。如：《××市人民政府第×次常务会议纪要》。

2. 会议纪要的文题变量思维描述模型

W_1 = 会议主题 + 文种。如：《关于加强货币管理的会议纪要》。

W_2 = 会议名称 + 会议范围 + 文种。如：《全国教育工作会议纪要》。

W_3 = 主标题 + 副标题。如：《我市经济工作的腾飞——××市二○○五年经济工作会议纪要》。

6.11.2.2　会议纪要的正文思维描述模型

设会议纪要的正文为 S，那么，S = 导言 + 主体 + 结尾。

（1）设导言为 A，那么，A = 会议概况（名称/目的/内容/时间/地点/规模/人员/议题/成果）。

（2）设主体为 B，那么，B = 会议情况、成果 + 分析评价 + 议定事项。

（3）设结尾为 C，那么，C = 要求/希望/号召或评价。

[例 1]

国家重点实验室规划管理研讨会会议纪要

二○○×年×月×日

为学习贯彻《国家重点实验室建设与管理暂行办法》（以下简称《管理办法》），研讨国家重点实验室改革与发展的思路，听取科技界对国家重点实验室工作的意见和建议，促进国家重点实验室健康发展，科学技术部基础研究司于 2002 年 7 月至 8 月分别在北京、西安、长春和杭州召开了“国家重点实验室规范管理研讨会”。164 个国家重点实验室主任，依托单位主管领导，教育部、财政部、国土资源部、农业部、卫生部、国家计划生育委员会、国家环境保护总局、国家林业局、国家海洋局、中国科学院、中国地震局、中国气象局、国家自然科学基金委员会、中国石油天然气总公司等部门和山西省科技厅、吉林省科技厅、上海市科委、浙江省科技厅、陕西省科技厅的代表共 400 余人参加了会议。科技部程津培副部长两次出席会议并发表重要讲话。

科技部基础研究司领导在会上作了主题发言，提出了国家重点实验室改革与发展的思路，介绍了《管理办法》的要点。信息安全国家重点实验室副主任荆继武教授介绍了国家重点实验室网站的建设情况。固体微结构物理等 25 个国家重点实验室的代表作了大会发言，介绍了他们学习《管理办法》的体会和各自实验室的管理经验。与会代表围绕国家重点实验室的改革与发展、规范管理、评估等问题进行了认真、热烈的讨论。

会议认为，科技部出台的《管理办法》非常必要和及时，适应了新形势下实验室发展的需要，进一步明确了国家重点实验室的宗旨和定位，规范了国家重点实验室管理的基本原则和程序，将对国家重点实验室的发展产生深远的影响。

会议代表一致同意国家重点实验室的定位，即：国家重点实验室是国家科技创新体系的重要组成部分，是国家组织高水平基础研究和应用基础研究、聚集和培养优秀科学家、开展学术交流的重要基地。会议赞成科技部提出的实验室下一步改革与发展的基本思路，要按照“三个基地”的要求，推进国家重点实验室的改革和调整工作。一是部分实验室要拓宽研究方向，遴选吸纳高水平人才；二是推进规模较大、多学科交叉集成的国家实验室的试点工作；三是建立“优胜劣汰”和有进有出的机制，淘汰部分较差的实验室，新建少量实验室；四是要大力推动国家重点实验室深化改革，真正建立“开放、流动、联合、竞争”的运行机制。通过改革和调整，国家重点实验室将逐步发展成为三种类型：多数实验室仍为专业类实验室，少数为多学科交叉集成的国家实验室和以重大科学工程（装置）为依托的国家实验室。国家重点实验室将能够真正代表我国基础研究和应用基础研究的精华力量，部分实验室成为有一定国际影响和竞争力的国际一流实验室。

与会代表对国家重点实验室评估工作给予了很高的评价，认为评估是必要的，评估结果是公正、合理的，对促进实验室的发展发挥了重要作用。

与会代表就国家重点实验室具有“相对独立的人事权和财务权”、实验室与依托单位的关系、淘汰制度等进行了热烈的讨论。代表们认为，国家重点实验室要处理好与依托单位的关系，依托单位要关心、支持国家重点实验室的发展，切实帮助实验室解决发展中的实际问题，如人员编制、研究生培养、经费等。建立淘汰机制是必要的，但淘汰比例不宜太高。

代表们一致认为国家重点实验室网站建设十分重要，将推动实验室信息化管理，促进实验室开展网上合作交流，密切社会、行政主管部门和实验室之间的联系，加强实验室对外宣传。

与会代表对《国家重点实验室评估规则》和《评估综合指标体系》提出了许多意见和建议。要简化评估指标和评估程序，突出对成果和人才的评价，淡化过于细致的数量统计工作，真正体现以评促进、以评促改的目标；评估指标要充分考虑应用基础研究类和基础研究类实验室的区别，获得专利、完成国家重大任务与论文一样，都是实验室对国家的重要贡献。

代表们一致呼吁，国家应为重点实验室营造有利于原始性创新的宽松环境，增加经费投入，注意通过科技项目计划和人才计划支持实验室的建设和发展；在促进实验室开放方面部署相应计划，如设立国家重点实验室开放基金等；加大仪器设备更新改造力度。主管部门应进一步加大对国家重点实验室的支持力度，落实配套经费。

会议要求：

1. 各主管部门和依托单位要根据本单位的具体情况制订相应的《国家重点实验室建设与管理暂行办法实施细则》，把国家重点实验室作为科技工作的重点予以支持，明确实验室相对独立的人事权和财务权、实验室主任负责制、试行课题制管理等。要根据会议精神，切实加强对国家重点实验室的管理，按照“统一规划，分步实施，成熟一个，启动一个”的原则，逐步开展国家重点实验室的改革和调整工作。有国家重点实验室的高等学校要进一步明确实验室在学校发展中的地位和作用，为重点实验室的发展创造更好的环境。

2. 各国家重点实验室要进一步明确定位和研究方向，加大开放力度，遴选吸纳更多的优秀人才进入实验室队伍，深化改革，建立新机制，改进管理，努力在出成果、出人才方面再上新台阶。

本例的文题思维描述模型为：W = 会议名称 + 文种。

正文思维描述模型为：S = 导言 + 主体 + 结尾。其中“为学习贯彻……并发表重要讲话”是导言；“科技部基础研究司领导在会上作了主题发言……落实配套经费”是主体；“会议要求……出人才方面再上新台阶”是结尾。

根据模型，可获得本例导言的“件、量、旨、链、语”信息如下：

模型件：目的 + 时间 + 名称 + 人员 + 内容

模型量：目的$_4$ + 时间$_1$ + 名称$_1$ + 人员$_{19}$ + 内容$_5$

模型旨：开篇明旨

模型链：为什么→决定什么→哪些人参加，做了些什么；设问思路

模型语：概括、陈述

根据模型，可获得本例主体的“件、量、旨、链、语”信息如下：

模型件：成果 + 分析评价 + 建议

模型量：成果$_3$ + 分析评价$_3$ + 建议$_5$

模型旨：段首明旨

模型链：横断思路；措施分析

模型语：说明、阐述（按逻辑主次顺序表达）

根据模型，可获得本例结尾的“件、量、旨、链、语”信息如下：

模型件：要求

模型量：要求$_2$

模型旨：汇总显旨

模型链：做什么→希望什么；设问思路

模型语：陈述、说明

6.11.2.3　会议纪要的总体思维描述模型

表 6－6　会议纪要的总体思维描述模型（R）

模型	R = 文题 + 正文 = W + S			
	文题 W = 会议名称 + 文种	正文 S = 导言 + 主体 + 结尾 = A + B + C		
模型结构	W_1 = 会议主题 + 文种 W_2 = 会议名称 + 范围 + 文种 W_3 = 主标题 + 副标题	导言 A	主体 B	结尾 C
模型件	会议名称、文种	目的、时间、名称、人员、内容	成果、分析评价、决定事项、建议	要求、希望、号召
模型量	会议名称$_1$、文种$_1$	目的$_n$、时间$_n$、名称$_n$、人员$_n$、内容$_n$	成果$_n$、分析评价$_n$、决定事项$_n$、建议$_n$	要求$_n$、希望$_n$、号召$_n$
模型旨	标题现旨	开篇明旨	段首明旨	
模型链	什么→做什么；设问思路	为什么→决定什么→做了什么；背景思路	认定→评价→讨论→建议是什么→怎么样；横断思路	是什么；设问思路
模型语	直陈	概括、陈述、说明	说明、陈述	陈述、分类

6.11.3　例文点评

[例文]

××市财政局第十次办公会议纪要

××××年×月×日，在市财政局第一会议室召开第十次办公会议。与会者有：××局长、××副局长、××行政处长、××局长办公室主任以及各直属分局主要负责人。会议由××局长主持。

会上，由××局长传达了市人民政府《关于压缩行政经费的通知》（以下简称《通知》）精神，接着会议就如何按照《通知》精神，抓好行政费用的合理开支问题进行了热烈的讨论。会议一致认为，既要切实做到勤俭节约，又要不影响正常行政开支，不影响必要活动的开展。会议做出以下4点决议：

1. 各处、各分局在本周内用两个半天时间，组织有关人员集中传达、学习《通知》精神，提高认识，统一思想。

2. 各处、各分局利用政治学习时间向群众传达、宣讲，对全局机关工作人员普遍开展一次勤俭节约、艰苦朴素的传统教育。

3. 各处、各分局责成有关人员根据《通知》的经费压缩指标，重新审查和修订本年度行政经费的开支预算，并于两周内报局长办公室。

4. 各处、各分局的财务部门必须从严控制出差经费。

××××年×月×日

[点评]

这是一篇值得学习和借鉴的决议性会议纪要，它主要记载和反映了××市财政局第十次办公会议的情况和有关议决事项。会议纪要标题简要，思维描述模型为：W＝会议名称（××市财政局第十次办公会议）＋文种（会议纪要）。

该会议纪要的正文部分分两段进行布局谋篇，其思维描述模型为：S＝导言（第1段）＋主体（第2段），本会议纪要的结尾部分省略了。导言为正文的第1段，其思维描述模型为：A＝会议概况（时间＋地点＋名称＋人员＋主持）。其中，“××××年×月×日”为会议时间，会议地点是在××“市财政局第一会议室”，会议名称为××市财政局“第十次办公会议”，与会人员包括“××局长……各直属分局主要负责人”，主持是“××局长”。本会议纪要的主体段的结构组成，B＝会议情况＋会议成果＋议定事项。其中，“会上，由××局长传达了……进行了热烈的讨论”为会议情况部分，“会议一致认为……不影响必要活动的开展”为会议成果部分，而“会议做出以下4点决议……必须从严控制出差经费”则是本次会议的议定事项。

总之，本会议纪要除结构完整、体式规范外，还有两大特点：一是会议概况简明扼要，重点突出；二是陈述议决事项集中凝练，条理清楚。

6.11.4　同步训练

1. 请分析以下会议纪要的思维描述模型。

校学科建设座谈会会谈纪要

2月21日下午，学校召开了校学科建设座谈会，会议由职能部门研究生部组织、副校长×××研究员主持。各二级学院分管院长，人事处、科技处和体工部等领导，部分特邀专家参加了会议。

×××副校长在会上指出：学科建设是高等院校的根本建设，是高校发挥人才培养、科学研究和社会服务三大功能的基础，是全面推进学校发展的一项基础性、根本性和战略性的工作，是学校办学水平和层次的集中体现。从申博工作中暴露出我校的一些问题：有特色学科数量少，学科优势少，缺乏在全国有影响的学科；缺乏学科梯队；科研经费少；学科建设体制、制度保证不够。今年我校要把学科建设当作头等大事来抓，希望大家群策群力，共同努力搞好我校的学科建设。

与会领导和教授进行了热烈讨论，提出了许多建设性意见，提出学校要以学科建设为龙头，带动人才培养、科学研究和师资队伍建设，并对我校当前需要解决的几个问题达成共识。第一，转变思想，认清形势，只有抓学科建设才能真正使我校向教学研究型大学转变；第二，摸清家底，做好学科建设规划，确定有优势的学科并大力扶植，加强内功，创出品牌；第三，充分发挥研究所的作用，以研究所建设为平台，实行强所战略，加大投入，保证条件，完善考核机制，推动学科建设；第四，加大投入，切实加强学科实验室、资料室的建设，提高图书馆的网上检索功能；第五，有计划引进高层次人才，形成强有力的学科人才队伍；第六，进一步完善科研奖励制度，不同等级的科研奖励力度应有所不同，促进多出高层次的科研成果。

2. 下面这份会议纪要属于哪一类别？试述它与其他几种会议纪要的异同。

中共××市委常委会议纪要

〔××××〕×号

时间：××××年×月×日下午至×日

地点：市委主楼 218 会议室

主持人：×××

出席：×××、×××、×××、×××

列席：×××、×××、×××、×××

议定事项

一、会议认真学习了省委××××年×月×日《关于进一步统一认识，坚决搞好治理整顿》的通知，对我市前段治理整顿的情况和一季度形势逐项进行了分析和深入讨论，进一步统一了思想，明确了当前和今后治理整顿的任务和工作重点。

会议认为，半年来我市在贯彻中央治理整顿方针的过程中，态度坚决，工作扎实，初见成效，但对成绩不能估计过高，要看到思想认识的差距和治理整顿任务的艰巨，要按照中央精神，进一步统一思想，认真抓好治理整顿的各项工作。

会议决定：在省委传达中央工作会议精神后，召开市委工作会议，通过传达中央工作会议精神，分析我市治理整顿形势和任务，提高认识，统一思想，动员广大党员一心一意搞好治理整顿。会议定于 4 月底召开，由市委办公室做好会议筹备工作。

二、听取了××同志关于××××年××立功竞赛表彰大会准备工作的汇报，原则同意“立功办”提出的大会方案及召开时间，原则同意市级劳模及文明单位的名单，责成“立功办”根据市委常委意见进行调整，并做好大会准备工作。对有些需要进一步研究的问题由“立功办”再做准备，向书记办公会汇报。

3. 根据下面这则新闻，拟一则决议性会议纪要。

我校2005年上半年工作会议于2月23日在徐汇校区包兆龙图书馆演讲厅召开。会议就新学年的工作进行动员和部署。党委书记×××作了“抢抓机遇，顺势而上，努力开创学校发展新局面”的报告。×××校长就具体工作进行部署和动员。常务副校长×××主持了大会。

×××书记的报告分为三大部分：一、充分认清我校当前面临的新形势、新挑战、新机遇；二、努力探求科学发展观的具体实现形式，认真解决好内涵发展和上水平问题；三、着力抓好具有全局意义的两项重要工作。

×××校长的报告主要分为以下六个方面进行展开：一、认真落实人才强校工作会议精神，大力推进人才强校主战略；二、学习贯彻全面加强和改进大学生思想政治工作会议精神，努力把人才培养工作提升到新的水平；三、启动“985工程”二期创新平台建设，力求在学科、基地和科技创新三方面取得新的突破；四、全校动员，全力以赴，加快推进闵行二期建设，全面实施闵行战略转移；五、切实贯彻学校发展规划，进一步探索现代大学制度建设，确保学校各项改革顺利推进；六、以深入开展保持共产党员先进性教育为主线，推进党的建设、校园文明建设和精神文明建设。

全体校领导、中心组成员，各院（系）、直属单位党政正副职，学院所属各系系主任及总支（支部）书记、各研究所（中心）主任、国家和省部实验室主任，其他教学、科研骨干代表等（院系负责通知并组织），院士、长江学者、总理基金获得者等教授代表，机关处以上（含副处）干部等出席会议。

综合训练6

1. 填空题

（1）广义的公文包括__________、__________和__________，狭义的公文则专指__________。按照行文关系，下级机关送呈上级机关的公文叫__________，而向非隶属机关送交的公文则叫__________。

（2）行政公文的主要特点是__________、__________、__________和__________。

（3）行政公文的作用主要有__________、__________、__________和__________。

（4）我国现行的公文包括__________、__________、__________、__________、__________、__________、__________、__________、__________、__________、__________、__________和__________共__________种。

（5）公文的秘密等级分绝密、机密和__________三类，如需同时标识出秘密等级和保密期限的用__________。公文的紧急程度则分__________和__________。

（6）公文标注主题词，应先标__________词，再标__________词，最后标__________词。一份公文除类别词外，主题词最多不超过__________个。

（7）公文的标题一般由__________、__________和__________组成，其中__________是一定不能省略的。公文正文部分的主体一般由开头、__________和

________构成。

(8) 公文的成文时间必不可少，它一般要以________为准，联合行文以________为准，会议通过的公文以________为准，电报以________为准。成文时间必须用________书写，而印发时间则用________书写。

(9) 公文的结构组成包括眉首、正文和版记三大部分。其中，眉首包括________、________、________、________、________和________，约占首页的________位置。正文包括________、________、________、________、________、________和________，版记则由________、________、________、________和________几部分组成。

2. 指出下面两则通知错误之处并进行修正。

(1)

机密

县人民政府文件

××县人民政府转发县乡镇
企业局《关于加速发展乡镇企业的报告》的通知
×府〔20××年〕第29号

各有关单位：

县人民政府同意县乡镇企业局关于加速发展乡镇企业的报告，现印发给你们，请遵照执行。

当前，全县乡镇企业呈现出万紫千红、百花争艳的大好形势，县人民政府希望大家借这股强劲的东风，像园丁一样，辛勤耕耘我县乡镇企业园地，加速发展乡镇企业，多创税利，把我县工业生产推上一个新台阶。

××县人民政府
二○○年×月×日

附注：《关于加速发展乡镇企业的报告》
抄送：市政府、省委、县委、县人大

(2)

通　知

区内各单位及居民：

为了贯彻我市城市建设总体规划，实现旧城改造的第一阶段目标，并保证在今年“十一”前竣工投入使用，现特通知如下：

1. 花楼街扩建范围内所有国营集体单位、商店、个体摊贩、公共汽车站、停车站、邮亭以及所有居民在2002年5月10日前搬迁完毕。

2. 所有搬迁单位、居民应按区人民政府的统一安排执行。个体摊贩一律迁走，不得在街头巷尾随意摆摊。

3. 从5月10日起，花楼街禁止一切车辆、行人通行，机动车行驶，必须持有相关证件。

4. 所有搬迁单位和个人务必执行。

借故不按时搬迁者，一切后果自负。

××区人民政府
××区城建局
二〇〇二年一月

3. 请指出下文的错误，并拟写格式正确的公文一份。

××市高等专科学校关于要求合肥市××高等专科学校给予推行信息化技术协助的函!

合肥市教育局：

在2002年全国重点高等专科学校校长联谊会上，通过了《关于加强职业技术教育工作的意见》的决议。大家认为成立国家级重点高等专科学校校长联谊会的决定非常正确。根据经济社会发展趋势及教育发展形势，目前我国职业技术教育发展的主流出现好转和上升的端倪，我们要坚持发展职业教育，坚持质量第一，名牌发展，适度超前不动摇，真正把我省的国家级高等专科职业学校办成具有支撑、带动、引导作用的一流学校、精品学校。我校决定从专业改革和建设入手办好重点专业，形成专业优势，提升办学质量，并着力推行教育信息化，加快学校教学手段的现代化，提高管理水平，你局××高等职业专科学校在办学中形成了多元化、多层次、多规格办学经验，学校苦练内功、外树形象、知名度高、信誉度好，毕业生供不应求，吸引力强，是高等职业专科学校教学科研的带头羊和试点。我们决心向该校学习，现特派三名电教室教师前来取经，请给予技术协助为盼。

此致

敬礼

××市高等职业专科学校
二〇〇二年四月十日

4. 复函与批复都是针对性的回复文件，但性质有所不同，请阅读下文并回答问题。

国家环境保护总局文件

环函〔2003〕377号

关于分期建设的项目排污费核定问题的复函

河南环境保护局：

你局《关于对洛阳豫港电力开发有限公司伊川二电厂装机容量问题的请示》（豫环监理〔2003〕20号）收悉。经研究，函复如下：你局请示反映，某电力开发有限公司作为项目建设单位，先后两次向环保部门申报并经审批的一期、二期工程，处于同一生产场所，实行统一经营管理，统一生产销售产品，并使用相同的公用设施，环保部门应将其作为一个排污者核定其排污量。

二〇〇三年十月三十一日
印　章

主题词：环保、建设项目、排污费核定复函

抄送：国务院办公厅

印发机关：××××　　印制日期：××年×月×日

（1）复函是针对什么公文作出的回答？此文使用的文种是否正确，为什么？

（2）复函的写作格式与批复是否相同，两者正文的写作有何相同和不同？

5. ××省外贸局拟于2001年12月10日派组（技改处×××等5人）到美国纽约市××设备公司检验引进设备，该局曾与对方签订过引进设备的协议，最近对方又来电邀请前去考察，以达成更广泛的合作。此次考察时间拟10天，所需外汇由该局自行解决，各项费用预算，以详细表格表示。

（1）××省外贸局拟将此项事宜报省政府批准，请代为拟写此篇公文。

要求：按规定格式拟写，眉首、正文、版记各部分齐备，发文字号、发文时间自拟。

（2）××省政府给该省外贸局回文，表示同意，但要求将行程改为一周，请代拟写此篇公文稿，发文字号自拟，格式从略。

6. 卫生部卫生监督中心2003年12月8日对全国十个省（安徽、福建、河南、湖北、云南、四川、广东、青海、浙江、江西）开展了茶叶卫生监督专项抽检工作。共抽检市售茶叶124份，其中112份合格，12份不合格。不合格的主要原因是铅含量超标。在12份不合格茶叶中，11份为铅项目不合格，占不合格总数的91.7%，1份为滴滴涕项目超标。本次所抽检茶叶样品中，六六六限量指标检测结果全部符合国家标准要求。

（1）卫生部接到卫生监督中心以上抽检情况的报告后，立即加以指示，将其报告发至全国各省市、卫生厅（局），强调茶叶与人民群众健康的密切关系，并要求各地加强对相关部门的监督，以保证各地茶叶均符合《茶叶卫生标准》（GB 6979—1988），请代写公文①。

（2）山西省卫生厅接到此文后，立即着手进行专项检测。为了保证工作落实，拟成立茶叶卫生监测小组，并拟2003年12月20日至2004年2月20日之内对省内太原市的茶叶市场进行突击性专项抽检，其检验项目为六六六、滴滴涕、铅等。请代山西省卫生厅拟写公文②向山西省人民政府报告工作计划，请求作出指示。

（3）山西省人民政府接到此文后，对卫生厅的做法表示同意，并作回复，请代写公文③。

（4）山西省卫生厅接到省政府文件后，立即向省内各市县相关单位发文，要求对各地茶叶市场进行专项检测，请代写公文④。

第7章　财经事务文书模型写作

7.1　计划

7.1.1　基础知识

7.1.1.1　计划的概念和特点

计划是对未来一定时期的全面工作或某项工作做出具体安排的应用文，它提出工作目标、要求以及实现这些目标、要求的措施、步骤和期限，是未来一定阶段的具体行动纲领。

所谓经济工作计划，是经济战线各行业、部门、企业、单位根据党和国家一定时期的路线、方针、任务和经济政策、法律、法规，结合自身的实际情况和承担的任务，事先对今后一段时间内的工作或某项经济活动所作出的打算、部署和安排。

计划的特点有：

1. 预见性

计划是对未来事项的一种预想和安排，在拟制计划时，要尽可能准确地预测出事物发展的趋势、方向和程度，然后再确定应该采取的措施、办法和步骤等。

2. 可行性

计划必须有为实现具体的目标而制订的可行措施、办法和要求，而且各项措施、办法和要求必须具体明确，切实可行，符合实际。目标定得过高，无法实现和完成；定得过低，计划又无法起指导、激励作用。计划的步骤、措施、要求、时限不但要写得具体、细致，还要便于检查督促，对照落实。

3. 约束性

计划一经下达，就在特定的时间、特定的范围产生一定的约束力，规范和指导实践活动。部门、单位的工作计划经一定会议通过和批准后，就具有正式文件的效能，在其所管辖的范围内，具有权威性和约束力，成为工作的纲领。

7.1.1.2　计划的种类

计划是一个统称。常见的规划、安排、打算、设想、工作要点、工作方案、工作意见等，都属于计划。一般来说，“规划”适用的时间较长，范围较广，内容比较概括；“安排”、“打算”适用的时间较短，内容比较具体；“设想”表示初步的、非正式的计划；“工作要点”、“工作方案”、“工作意见”往往是领导机关借以向所属单位布置一定时期的工作，交代政策，提供工作方法，也有计划的性质。

计划的种类很多，按不同标准就有不同种类的计划。

（1）按计划范围分，有国家计划、部门计划、单位计划、科室计划、个人计划等。

（2）按计划内容分，有生产计划、科研计划、工作计划、学习计划等。

（3）按计划时限分，有年度计划、季度计划、月计划等。

（4）按计划形式分，有条文式计划、表格式计划、条文表格综合式计划。

（5）按计划功效分，有指令性计划和指导性计划。

（6）按计划性质分，有综合计划和专项计划。综合计划也称全面工作计划，是指在一定时间范围内，对本单位、本部门全面的安排部署。综合计划往往是一个单位的行动指南、工作依据，其内容简要，仅提出一些原则性要求，不必提出过细的数字指标。专项计划是对某一方面工作的部署。它是单位或部门根据全面工作计划的要求拟定出来的，一般比较详细、具体。

7.1.2　模型解析

7.1.2.1　计划的文题思维描述模型

1. 计划的文题定量思维描述模型

设计划的定量思维描述模型文题为 W，那么，W = 单位名称 + 计划的适用时间 + 计划的内容范围 + 文种。如：《广州市国家税务局 2008 年税收工作要点》。

2. 计划的文题变量思维描述模型

设计划的变量思维描述模型文题为 W_1，那么，W_1 = 单位名称 + 计划的内容范围 + 文种。如：《华联商厦安全生产计划》。

设计划文题的变量思维描述模型为 W_2，那么，W_2 = 内容 + 文种。如：《空调销售计划》。

未定稿的计划，应在标题后或下一行用括号注明“草案”、“草稿”、“讨论稿”、“送审稿”等字样。

7.1.2.2　计划的正文思维描述模型

设计划的正文为 S，那么，S = 计划前言 + 计划主体（事项） + 计划结语。

（1）设计划前言模型为 A，那么，A = 指导思想 + 依据 + 主、客观情况 + 目的（任务） + 承启语。

［例 1］

××××年工作要点

××××年根据国务院关于开展增产节约、增收节支运动的部署，经济体制改革的中心是把企业搞活，流通体制改革将进一步深入。针对新的形势，今年工作的基本方法是坚持系统和经营两手抓，两个拳头同时出击，做到系统和经营工作两不误。

省公司对自己的经营工作，重点是做好领导力量和内部机构的调整，在没有经营资金和经营场所的情况下，在转变观念、增加思路、开放搞活上做文章，解放思想，勇于探索，靠新的商业手段去开辟购销渠道，力争把省公司的经济实体，办成服务经营型的新型商业企业。

系统工作的指导思想是坚持四项基本原则，坚持两个文明一起抓，把改革放在首位，挖潜力，多卖钱，抓效益，卸包袱，增活力。为此，特制订本计划：

根据模型，可获得本例前言的“件、量、旨、链、语”信息如下：

模型件：根据 + 目的 + 任务 + 方法 + 指导思想 + 承启语

模型量：$根据_2$ + $目的_2$ + $任务_3$ + $方法_1$ + $指导思想_3$ + $承启语_1$

模型旨：开篇明旨

模型链：为什么→做什么→达到什么目的；发散思维；链环式；目的、根据开头式结构

模型语：说明，综合表达法

前言部分要求写明计划的指导思想、目的要求、本单位情况分析以及承上启下的过渡语。这些内容当然不是项项必备，而是可根据计划的任务、对象、范围等具体情况，斟酌取舍。

前言是计划的总纲，回答“为什么”和“做什么”等问题，使人们了解执行计划的必要性和可能性。语言要鲜明、扼要，忌套话、空话。

（2）设计划主体（事项）为B，那么，B＝目标/任务＋措施＋步骤＋要求。

［例2］

××地质队2008年度安全工作计划（节选）

（前言省略）

一、安全目标：在隧道（洞）工程施工、钻探工程施工、桩基工程施工以及危险化学物品、爆炸物品管理、交通运输和消防安全工作中，杜绝责任死亡事故，不发生责任重伤事故，轻伤事故率不超过5‰，不发生直接经济损失在10000元以上的交通责任事故和其他责任事故，各施工作业场所安全文明施工条件有进一步的改善。

二、具体措施和要求

1. 继续认真落实各级安全生产责任制。认真落实各级安全生产责任制是贯彻“安全第一，预防为主、综合治理”安全生产方针的重要措施。2008年，队长将继续与各分管领导签订安全生产责任状；分管领导与所分管的二级单位行政主要负责人签订安全生产责任状；二级单位的行政主要负责人应与其下属的项目部签订安全生产责任状，项目部必须与所属的施工队、机台或生产班组负责人以及生产作业人员签订安全生产责任状。通过安全生产责任状的签订，将各级领导和岗位作业人员的安全生产责任加以明确并贯彻到生产、经营管理工作中去，并认真做好考核和奖惩兑现工作。

2. 进一步建立健全安全生产管理网络，强化“双基”安全生产工作。各二级生产经营单位和施工项目部都应配备专职或兼职安全员，协助行政领导抓好具体的安全生产管理和安全生产基础工作，完善安全生产硬件防护和基础档案，督促从业人员遵守各项安全生产管理规定和安全技术操作规程，坚决抵制“三危”现象的发生，努力做好“三不伤害”工作，使全队（公司）的安全管理工作做到纵向到底，横向到边，事事有人抓，处处有人管，不留死角。

3. 进一步加强安全生产宣传、教育和培训工作。以多种形式开展好安全宣传教育及安全培训工作。各生产经营单位应在坚持抓好新工人入队的“三级安全教育”、转岗工人“安全再教育”工作的同时，切实注意抓好民工、临时工的安全生产管理工作。各单位要按照《劳动合同法》的有关规定使用民工、临时工，应严格遵守先培训教育，经考试合格并签订了安全生产责任书后才准上岗的规定，真正将民工、临时工的安全生产教育培训落到实处。

4. 加大安全生产检查和不安全因素的整改力度。坚持定期和经常性的安全检查活动，继续落实“谁检查、谁负责”，并将主要精力放在不安全因素和隐患的排查治理上，力求

做好生产劳动本质安全工作。各生产经营单位应根据《安全费用提取与管理暂行办法》（第安〔2005〕17号）的要求，加大安全费用的投入，配齐施工机械设备的安全防护设施和个人劳动防护用品。要严格工程施工的安全生产管理程序，坚持工程施工的开工验收和安全技术交底工作，将安全生产管理工作真正落实到各个具体环节中去。

5. 做好分包、转包工程的安全生产管理工作。各有关单位在工程分包和转包时，不得将工程包给那些不具备基本安全资质的单位和个人。在进行工程分包和转包时，应同时与承包方签订安全生产协议书，以明确双方的安全生产职责、权利和义务，严禁以包代管，确保做好工程分包和转包过程中的安全生产监督管理工作。

6. 进一步做好车辆运输安全管理。配备有机动车辆的单位应抓好驾驶员的安全教育和考核工作，不断提高驾驶员的安全行车意识，自觉遵守道路交通安全规则，将违章行驶、酒后驾驶、疲劳驾驶作为车辆安全管理的重点，同时应加强机动车辆的维修保养，保证机动车辆始终处于良好的运行状态，预防责任交通事故的发生。

……

××地质队

2008年1月15日

根据模型，可获得本例主体的“件、量、旨、链、语”信息如下：

模型件：目标+措施+要求

模型量：目标$_3$+措施$_6$+要求$_6$

模型旨：段首明旨，“做法+观点”

模型链：做什么→怎么做→做得怎么样（什么条件/愿望/标准）；发散思维；辐射式；条文式结构

模型语：分类说明。采用同中见异、异中见同分析法

正文主体部分是计划的重点，要写得周全、明白、具体、准确。其中目标解决“做什么”的问题（工作任务的数量和质量指标），措施解决“如何做”的问题（何时做、谁来做、做到什么程度、何时完成），要求则要回答“什么标准”、“什么水平”、“什么程度”、“什么时候”完成这一类问题，即回答“做得怎么样”。目标、措施、要求等可以分开写，也可以将措施、步骤、要求放在一起写。

（3）设结语模型为C，那么，C＝希望/意见。

例2中的文章是自然结束，没有结语。

（4）计划的落款模型为H，那么，H＝计划单位＋日期。

7.1.2.3　计划的总体思维描述模型

表7-1　计划的总体思维描述模型（R）

模型 \ 模型结构	R = 文题 + 正文 + 落款 = W + S + H				
	文题 W	正文 S = 前言 + 主体（事项） + 结语			
	W = 单位名称 + 计划适用时间 + 计划内容范围 + 文种	前言 A	主体 B（计划事项）	结语 C	落款 H
模型件	单位、时间、内容、文种	根据、目的、任务、指导思想、承启语	目标、任务、措施、步骤、要求	希望、意见	计划单位、日期
模型量	单位$_1$、时间$_1$、内容$_1$、文种$_1$	根据$_n$、目的$_n$、任务$_n$、指导思想$_n$、承启语$_1$	目标$_n$、任务$_n$、措施$_n$、步骤$_n$、要求$_n$	希望$_n$、意见$_n$	
模型旨	标题现旨	开篇明旨	做法 + 观点		
模型链	谁→什么时间→做什么；发散思维；链环式	为什么→做什么→什么目的；发散思维；链环式；目的、根据开头式结构	做什么→怎么做→做得怎么样；发散思维；条文式结构	什么？定向思维；链环式	
模型语	直陈	说明、综合表达	分类说明、同中见异、异中见同	分类说明	

7.1.3　例文点评

[例文]

××市商业局2002年财务计划要点

2002年是执行“十五”计划的第二年。为了认真贯彻执行“发展经济，保障供给”的财经工作总方针，今年我局财务计划安排是以提高经济效益为中心的。财政预算要求是：2002年商品销售增长8%，费用降低3.2%，经营性亏损全部扭转，政策性亏损扭亏20%，实行利润缴库1234万元。根据上述要求，结合我市商业系统实际情况，具体安排如下：

一、商品销售计划86440万元，比上年增加6968.5万元，提高8.1%。

二、商品流通费用计划5605.2万元，比上年减少开支207.2万元，费用水平为6.48，比上年降低9.1%。

三、全部利润实现计划2125.6万元，比上年增加1442万元，五县824万元。

四、亏损计划2155万元，其中市内2148.5万元，五县6.5万元，主要用于浴池业亏损。猪牛羊蛋禽菜六种商品亏损安排1563.3万元，比上年减少659.2万元，扭亏29.66%。

五、商业流动资金周转为4.22次，比上年加快0.43次。

2002年的财务计划，总的看偏紧。为此，各单位任务指标下达后，要认真研究，明确责任，抓紧贯彻，迅速分解，落到实处，争取主动。商业局领导要求各单位以改革为动力，加强企业经营管理，搞好经济核算，降低商品流通费用，健全规章制度，实行目标管理制，把企业管理提高到新的水平。要求各级企业今年的各项经济指标都要达到或超过本企业历史最高水平。各级企业都要切实加强领导，充分发动群众，把增产节约工作扎扎实实地开展起来，采取有效措施，努力实现局里提出的财务计划。

2002年×月×日

[**点评**]

本文是“工作要点”，具有专题计划的性质。

标题的思维描述模型是W=单位名称（××市商业局）+计划的适用时间（2002年）+计划的内容范围（财务）+文种（计划要点）。标题的模型链是“谁→什么时间→做什么”，发散思路思维模型，链环式思维走向。

前言部分写明制订这一计划的目的、依据和总任务。然后用承启语引出主体部分。前言要解决的是“为什么→做什么→什么目的”的问题。

正文主体部分用条文式分别写出五个方面的具体任务指标及执行要求。其表达的是“做什么→怎么做→做得怎样”的内容。由于本文是“计划要点”，就如何落实只是提出了比较原则的要求。最后以自然结束结尾。

全文突出了“要点”的写法，任务明确，目标具体，并向下属单位提出了要求，提出了工作方法，但未越俎代庖，没有代替下属单位制订出具体的措施，只是借以向所属单位布置全年的财务工作计划指标。

7.1.4　同步训练

1. 从计划的写作要求看，下面这份计划存在什么问题？

××省五交化公司第四季度工作计划

今年的工作十分繁忙，尤其是第四季度的工作，如何把本季度工作搞好，作出下列计划：

1. 抽出时间认真学习上级有关改革的文件。
2. 深入下属单位了解工作进度和完成任务的情况，为搞好年终总评打基础。
3. 了解下属单位明年的计划安排和完成情况，以便做好明年的工作计划。
4. 厉行节约，避免超计划支出。

2000年×月×日

2. 试拟制一份本学期个人学习计划。

3. 请运用“思维描述模型”的方法，点评下面这份计划。

××商厦2008年度安全生产工作计划

2008年度××商厦在平稳、发展的基础上将继续坚持“安全第一、预防为主、综合治理、同步发展”的方针。积极配合市、区“安全生产执法年”活动，努力为企业“跨越发展、科学发展、和谐发展”创造更加良好的和谐社会和平安环境。在总结分析2007

年度安全生产工作经验的基础上，安排布置2008年安全生产工作计划：

一、认真贯彻落实国务院关于安全生产工作的重要指示，根据“隐患治理”的总体要求，在“安全生产执法年”活动中，深入开展事故隐患排查治理工作。把执行安全生产法律、法规，保障企业安全生产和社会稳定认真贯彻到具体工作中，把安全生产的各项制度和要求落实到每一个环节。把企业内部的组织建制与《安全生产法》、《消防法》紧密结合统筹管理，把目标责任层层分解到部门，明确到人。充分发挥“人”的主观能动性，充分提高干部、员工的安全责任意识，增强干部、员工爱企敬业、居安思危的思想。

二、切实做好以总经理为核心的安全生产监督管理工作。充分发挥常效管理机制作用，在企业安全生产中，突出领导抓职责、行政职能部门抓日常管理的体系。一把手亲自抓、分管经理重点抓、具体工作专人抓，形成安全生产综合管理一级抓一级，层层抓落实，步调一致，齐抓共管的工作管理体系。

三、深入开展“排查隐患”工作，把督查和日常检查相结合，严格值班制度，严格用电管理，预防控制各类违章违规行为和“习惯性”违规行为。保卫科、设备科实行24小时值班制度，不定期对重点区域、重点岗位和重点部位进行监控，坚持部门联合检查制度，同时做好台账记录和月报制度、考核制度，签订“安全生产责任书”、“安全工作目标考核责任书”。

四、加大对员工的安全生产的宣传、教育、培训工作，提高员工安全意识和参与安全管理的素质，人人重视安全工作。提高队伍的管理水平。今年将分期分批、有计划地对全体员工进行安全知识、法律法规培训，广泛开展具有针对性、知识性、趣味性的问卷答题活动，调动职工安全生产积极性，营造安全生产良好氛围，形成人人讲安全、事事讲安全、处处讲安全的好环境。

五、完善内部安全生产管理，彻底治理安全隐患工作，加大设备维护保养，投入资金逐步改善安全消防设施的不足，增添安全设备。适时对本企业应急预案进行充实、完善，保证在应急情况下可靠适用。

××商厦

2008年1月

7.2 总结

7.2.1 基础知识

7.2.1.1 总结的概念和作用

总结是对过去一定阶段的工作加以分析、研究，肯定成绩，找出经验，发现问题，吸取教训，将工作中的感性认识上升到理性认识，从中找出规律性的东西，用来指导今后实践的一种应用文。

总结的作用有：

1. 肯定成绩，总结经验

总结是对前一段时间的工作进行系统回顾，所以我们要了解做了哪些工作，工作中取得了什么成绩，这些成绩是如何取得的，一方面肯定成绩，另一方面总结经验，将感性认识上升到理性认识，找出其中规律性的东西，以指导今后工作。

2. 发现问题，总结教训

在肯定工作成绩的同时，也要找出出现问题的原因，有什么教训？这一系列的问题必须通过总结才能认识清楚。

3. 汇报工作，了解情况

一般来说，一份总结除了在本单位、本部门交流之外，还要上交领导部门。一份总结对下级单位来说，有汇报工作的作用，对上级单位来说，有了解情况的作用。通过总结，上级部门可以了解下属单位的情况，根据这些具体情况，再制订下一步工作的计划，使工作有的放矢，针对性强。上级单位还可以结合下属单位的工作情况，进行具体的指导帮助，使存在的问题及时解决，使取得的经验迅速推广。

7.2.1.2　总结的特点

1. 结论性

总结是对前段工作或具体活动的回顾和再认识，要在实践的基础上总结，因此要按照事物的本来面目加以反映，其结论要从客观实践中抽象概括出来。

2. 规律性

总结不是对工作实践的照相和复制，它要求进行理论的升华。通过回顾，要把前一段工作中的经验、教训，经过分析研究，上升到理论的高度，从中提炼出具有规律性的认识。所以写总结不能就事论事，堆砌材料。要有事实，有分析，要站在一定的高度透过现象看本质。这样的总结才有借鉴意义。

3. 人称的单一性

总结是本单位、本部门或本人对过去一段时间内工作情况的回顾，是对自身实践活动的认识。因此，总结均采用第一人称。

7.2.1.3　总结的种类

从性质上分，有综合性总结和专题性总结。

从内容上分，有工作总结和经验总结。工作总结要反映工作的面貌，着重介绍工作情况、具体做法，当然也包括经验教训、存在问题和今后意见。由于内容全面，写作时应当以概括叙述为主。工作总结多用于向领导汇报工作，或者向本单位做工作报告。经验总结主要是总结单位或个人的成功做法或经验体会。其内容单一、集中，一般采用夹叙夹议的写法，着重于典型事例的介绍。常在报刊上发表，适用于宣传先进。

从时间上分，有月份总结、季度总结、年终总结及阶段总结等。

7.2.2　模型解析

7.2.2.1　总结的文题思维描述模型

1. 总结的文题定量思维描述模型

设总结的文题为 W，那么，W = 单位名称 + 时限 + 内容 + 文种。

[例 1]

萧山区 2007 年度安全生产工作总结

根据模型，可获得本例的“件、量、旨、链、语”信息如下：

模型件：单位 + 时限 + 内容 + 文种

模型量：单位$_1$+时限$_1$+内容$_1$+文种$_1$

模型旨：标题显旨

模型链：谁→什么时限→做什么；发散思维；链环式

模型语：直陈

2. 总结的文题变量思维描述模型

设总结的变量思维描述模型为 W_1，那么 W_1 = 时限 + 内容 + 文种。如：《第三季度时令用品销售总结》。

W_2 = 内容 + 文种。如：《产品仓储工作总结》。

W_3 = 经验/主旨（新闻稿件标题法）。如：《从落实责任制入手加强企业管理的基础工作》。

W_4 = 正题（经验/中心）——副题（单位/时限/内容/文种）。如：《还路于民好——××市清理整顿占道经营摊档工作总结》。

7.2.2.2 总结的正文思维描述模型

设总结的正文为 S，那么，S = 前言 + 主体 + 结尾。

（1）设总结的前言模型为 A，那么 A = 基本情况概述（背景/主客观条件/指导思想/过程/成绩/评价）。

[例 2]

2002 年上半年经济工作总结

2002 年是××区的"社区建设年"，在区委、区政府的正确领导下，我办按照市、区经济发展的新思路，树立"大服务"、"大城管"、"大发展"观念，以经济建设为中心，大力推进城市社区建设，通过整合社区资源，发挥"三个主体"作用，促进属地经济与社会的协调发展。半年来，经过全办干部职工的共同努力，狮山经济工作取得了一定的成绩。

根据模型，可获得本例前言的"件、量、旨、链、语"信息如下：

模型件：背景 + 指导思想 + 过程 + 成绩

模型量：背景$_1$+指导思想$_1$+过程$_1$+成绩$_1$

模型旨：开篇明旨

模型链：是什么→做什么→怎么样；发散思维；链环式；根据目的开头式结构

模型语：概叙、说明结合

总结的前言可点明总结的指导思想和目的；交代基本情况，包括时间、地点、对象、范围、背景；概述基本内容，包括主要成绩、基本经验或教训、存在的主要问题等。这部分要求简明扼要。

（2）设总结主体模型为 B，那么，B = 成绩与经验 + 问题和教训 = K + O。

[例 3]

××省供销合作社 19××年工作总结

19××年，我省供销合作社在省委和省政府的领导下，遵照党的十一届三中全会精神，认真贯彻执行国民经济调整、改革、整顿、提高的方针，做了大量工作，取得了很大成绩。

一、农村市场购销活跃。19××年，随着两个农业文件的贯彻执行，农村经济政策进一步落实，全省农民的积极性很高，农副业生产发展很快，农村市场购销活跃，国家的农副产品收购和生产、生活资料供应都比上年增加，集市贸易成交额也不断扩大。这一年我省供销系统的农副产品收购额达6亿多元，比上年增长2.6%。主要农副产品收购情况比较好。棉花收购了14万吨左右，比上个生产年度增长5%；桑蚕茧收购量比上年增长9.3%。农业生产资料销售额15亿多元，比上年增长12.1%。其中化肥供应量比上年增长19.5%，是新中国成立以来增长幅度最大的一年。工业品下乡情况有进一步的好转。农村饮食服务的营业额比上年增长12%。农村集市贸易的成交额达11亿元，比上年增长36%。整个农村市场呈现一派繁荣活跃的景象。

二、支农工作进一步加强。国家大幅度提高农副产品的收购价，这是支持农业的一项重大措施。我省供销社归口管理的重要农副产品，已有八种提高了收购价。此外近两年社队集体和社员个人的收入，都有了较大幅度的增加。在此基础上，1981年各地供销合作社又积极帮助社队发展多种经营，除继续做好技术指导，调剂种子、种苗等工作外，在资金等方面也给以大力支持。全年发放农副产品预购定金4000多万元，提供扶持生产资金500多万元，有力地促进了农副产品生产的发展。在农业生产资料供应工作上，除适时供应化肥、农药等农业生产资料外，还积极帮助社队生产土化肥、土农药。开展中小农具的胶粘胶补。不少地方改进了化肥供应工作，配合农业科技部门进行土壤普查。按照封肥力合理供应。促进了农业增产增收。

三、重视发挥市场调节作用。根据“计划调节与市场调节相结合”的原则，各地供销社开始重视发挥市场调节作用。省社党组也用了较多精力来抓这方面的工作，努力搞活农村市场。这一年突出抓了四件事：第一，开展三类农副产品议购议销工作。我省除在果品行业试点外，地、市、县也不同程度开展了这项工作。凡是搞了议购议销的地方，都收到了显著成效。商品供应有所增加，市场价格稳中有降。第二，恢复和建立贸易货栈，疏通商品疏通渠道。组织产销直接见面，减少中间环节。我省已有不同类型的贸易货栈二十多个，对调剂商品余缺，促进货物畅通，发挥了很好的作用。第三，广泛进行三类物资交流活动。这一年除参加全国性交流会外，还召开了三次省内的交流会，并积极改进经营方式，促进了城乡间、地区间的物资交流。第四，对供销社经营管理体制的改革，特别是对扩大基层社自主权，作了一些调查研究和试点。

四、企业管理水平有所提高。全省各级供销社大力开展增产节约运动，取得了明显成效，各项经济指标完成得较好。19××年供销社系统利润总额比上年增长32.7%，亏损单位从上年的416个下降到120个，亏损额比上年减少28.1%，费用水平降低6.23%，资金周转加快13天。在增产节约运动中，各地都广泛开展了社会主义劳动竞赛，涌现出一大批先进单位和先进个人。

五、干部职工教育取得初步成效。19××年，全省供销社普遍重视了干部职工的教育培训，许多地、县已因地制宜办起了干校或干训班；省、地三所供销社的中专技校，在校学生达1000多人。一年来，全省共培训县社主任、基层社主任600人，各类专业人员近万人。各地还通过各种形式对干部职工进行业余教育，提高业务、技术和管理水平。

19××年，农村商业工作中也出现了不少新矛盾、新问题。许多问题涉及整个国民经济的调整和经济管理体制的改革。一是农村商品供应情况仍然比较紧。在国家大幅度提高农副产品收购价后，农村购买力有了很大提高。据统计，全省全年农村购买力为39亿元，比上年增加28%，占全省购买力增长部分的62.6%，而商品可供量却赶不上农村购买力的增长。许多地方商品供应情况还比较紧。农民增加了收入，却买不到需要的商品。预计在新的一年中购买力和可供量仍有一定的差额。二是农副产品收购问题较多。一部分重要的二类农副产品，由于社队自产自销，影响了国家收购计划的完成。例如全省全年茶叶流失500吨，占年收购量的十分之一；牛皮流失10万张，占年收购量的三分之一。一部分农副产品质量差，销售困难；有些农副产品一时显多，积压严重；有的被迫停收限收。三是农村市场出现多家经营、多条渠道后，在市场管理、物价管理、农工商联合企业经营范围、社队经销以及供销社对农村市场的安排和领导等方面，出现了一些新的问题。四是供销社自身建设亟待加强。供销社的业务扩大了，但人员、网点、仓储设施等没有跟上。现在，人员不足、仓库缺乏、网点分布不平衡的情况较严重，不能适应形势发展的需要。

根据模型，可获得本例主体的“件、量、旨、链、语”信息如下：

模型件：主旨句+因+果+例证+总括

模型量：主旨句$_1$+因$_2$+果$_4$+例证$_6$+总括$_1$

模型旨：段首明旨

模型链：是什么→为什么→怎么样；链环式；原因分析思路中又包含分类分析思维描述模型；综合—分析—综合，总—分—总结构

模型语：叙述、说明结合

成绩与经验：K_1=主题句+因+果+例证+总括

K_n=主旨句$_1$+因$_n$+果$_n$+例证$_n$+总括

问题和教训：O_n=主旨句$_1$+事例$_3$（分类法、横向分析）

总结的精华和重点在于主体部分。这一部分全面总结与经验总结、问题总结不同。全面总结一般包括工作成绩、存在问题和今后意见。有的还在成绩、问题之后简要提出一些体会而后才谈今后工作的设想或展望。经验总结与问题总结则在主体中分方面的专写经验或问题。

主体部分切忌事无巨细，一一罗列。应该既要有基本做法，又要有理论分析、归纳，要以观点统帅材料，以材料说明观点。

(3) 设总结的结尾模型为C，那么，C=今后打算+努力方向。

[例4]

“珍惜辉煌的过去，迎接胜利的未来。”在新的一年里，我们必须在已经取得成绩的基础上，进一步加强经营管理，抓紧农副产品收购，积极扩大销售，把生意做大、做活，为“四化”建设作出应有的贡献。

根据模型，可获得本例结尾的“件、量、旨、链、语”信息如下：

模型件：主题句+打算+方向

模型量：主题句$_1$+打算$_4$+方向$_1$

模型旨：结尾现旨

模型链：做什么；横向思路

模型语：说明

结尾部分也可以做简括地收束，问题总结则必须有解决问题的一些办法、打算。

7.2.2.3　总结的总体思维描述模型

表 7－2　总结的总体思维描述模型（R）

模型结构＼模型	R＝文题＋正文＝W＋S			
	文题 W	正文 S＝前言＋主体＋结尾		
	W＝单位名称＋时限＋内容＋文种	前言 A	主体 B	结尾 C
模型件	单位、时限、内容、文种	背景、指导思想、过程、成绩	（工作回顾）、成绩与经验、问题和教训、努力方向	今后打算、努力方向
模型量	单位$_1$、时限$_1$、内容$_1$、文种$_1$	背景$_n$、指导思想$_n$、过程$_n$、成绩$_n$	K_n＝主旨句、因$_n$、果$_n$、例证$_n$、总括$_n$ O_n＝主旨句$_1$、事例$_n$	打算$_n$、方向$_n$
模型旨	标题现旨	开篇明旨	段首明旨	结尾现旨
模型链	谁→什么时限→做什么；设问思路；链环式	是什么→做什么→怎么样；设问思路；链环式；根据、目的开头结构	是什么→做什么→怎么样；原因分析思路思维描述模型；横向分析思维	做什么；横向思路
模型语	直陈	概叙、说明结合	叙述、说明结合	说明

7.2.3　例文点评

［例文］

2002 年上半年经济工作总结

2002 年是××区的“社区建设年”，在区委、区政府的正确领导下，我办按照市、区经济发展的新思路，树立“大服务”、“大城管”、“大发展”观念，以经济建设为中心，大力推进城市社区建设，通过整合社区资源，发挥“三个主体”作用，促进属地经济与社会的协调发展。半年来，经过全办干部职工的共同努力，狮山经济工作取得了一定的成绩。

一、今年上半年的主要经济指标完成情况及分析

今年 1～6 月，实现国内生产总值 4018 万元，同比增长 25.83%，完成年度预期目标任务的 52.7%；实现工业生产总产值 11889 万元，同比增长 81.6%；实现第三产业收入 14592 万元，同比增长 87.5%；实现出口创汇 234 万美元，完成年度预期目标任务的 26.35%；直接利用外资 355.9 万美元，完成年度预期目标任务的 79.08%。

二、主要做法

取得以上的成绩，我们的主要做法如下：

（一）领导重视，认识到位

在今年 3 月底××区招商引资工作会议和第一季度经济分析会议上，区领导都不同程度

地强调了经济工作的重要性，提出要千方百计把我区的经济工作搞上去。面对严峻的经济形势，我办党政班子清楚认识到只有紧跟区委、区政府的工作部署，调整抓经济工作的思路，改变方式方法，切实采取措施，才能尽快扭转经济工作的被动局面，才能确保全区经济的快速持续稳定发展。因此，我们及时摆正经济工作的位置，主要精力抓经济，充分调动全办上下的积极性，形成了以经济建设为中心，广泛开展各项社区建设活动的良好氛围。

（二）狠抓招商引资

我办站在谋全局的高度，积极响应“园镇互动”和“做实区，做强镇”的战略，将招商引资工作纳入重要议事日程，及时调整招商工作机构，充实招商引资工作人员，返聘已退休的原分管招商引资、具有丰富工作经验的张悦忠副主任专抓招商引资工作，从而在组织、人员上确保了招商引资工作的正常开展。街道党政一把手主动拜会外商，大力宣传全市的发展规划、投资环境、引资政策、资源产业等情况，务必使外商投资项目在我区落户。在领导的带动下，我街招商办人员发扬顽强拼搏精神，积极参与粤台经贸会和粤港经贸会等省、市、区招商引资活动，采用“走出去、请进来”的方法，广泛与港、澳、台等地客商接洽，千方百计争取外商投资，对项目全力跟踪落实，全程服务办理，充分做好“留商培商”工作。1～6月成功引进了三家外资企业，投资总额达355.9万美元。

（三）以小区物业市场化运作为契机，发展城市经济

狮山辖区地处老城区，属地多为行政事业单位，经济资源相当匮乏，尤其是没有大型工业企业。但狮山作为政治、文化中心所在地，也有它的优势，如环境、科教、文化等方面，第三产业的发展空间还很大。近期，狮山街道南香社区物业管理通过招投标，已成功推向了市场。

三、存在的问题

从1～6月的各项指标构成以及对具体企业的调查分析看，我办对经济形势不能盲目乐观。存在的问题主要如下：

（四）上规模的企业发展不理想。三家企业中，有两家分别是制衣、纸制品生产的传统工业，科技含量不高，上半年的产值均呈不同程度的下降趋势。

（五）新引进的项目没有达到预期的产出目标，新的经济增长点不足。

（六）由于各种因素的影响，企业多数工人不愿参保，并牵涉到劳资纠纷，使我办完成其他相关任务指标的难度增加。

四、当前要突出抓好的几项工作

（七）目标指标有人落实，工作绩效与考核挂钩。当前，我区在经济方面出台了一系列行之有效的政策和措施，建立了相应的奖惩考核机制，引导各镇、街道用新的方式方法发展经济，我们一定要乘这股东风，在搞好城市管理的同时，突出经济工作“重中之重”的地位，调整充实抓经济工作的人员，保证做到指标有人跟踪落实，服务工作有人抓办。并根据我办实际，制订必要的可操作性强的奖惩措施，把经济发展预期目标的完成情况与党政领导、各部门的年度考核挂钩，建立经济增长目标责任制，实行经济工作的动态管理，确保将今年下半年的经济增长任务落到实处。

（八）发挥资源优势，拓宽第三产业的发展。我办辖区地处城市中心地带，优势资源在于城市商业功能的发挥。因此，我们要抓住各种有利时机，利用城市资源发展各类第三产业。如结合城中旧村改造，引导其向商业街区发展，壮大属地经济。

（九）扶持重点企业，促其加快发展。要组织力量深入企业，及时了解和掌握企业完成生产经营的情况，利用各种条件扶持重点企业的发展，特别是对××电子有限公司这种产值、创汇、纳税大户，希望通过市、区、街道联动协调，解决其在生产经营过程中出现的调配费、社会保险费的交纳等问题，并提供更多贴身服务。

（十）利用市、区功能区的条件，以今年下半年航展为契机，加大招商引资的力度，尤其注重对区外资金的引进跟踪。

（十一）当前，区正在酝酿对街道的财税分配管理办法，我办要在配合辖区税源调查研究的基础上，提出我们的合理要求，力争做到经济资源的合理配置，充分发挥街道发展经济的积极性，推动辖区经济的快速发展。

××区狮山办

2002年8月11日

[点评]

这份总结包括"基本情况"—"主要做法"—"存在的问题"—"当前的重点工作"几大板块，文章思路清晰，有一定的思想深度，写出了做法、经验，找出了存在的问题，明确了努力的方向。全文善用数字说明，语言准确，层次分明。

本文标题的思维描述模型是：W＝时限（2002年上半年）＋内容（经济工作）＋文种（总结），标题的模型链是："什么时限→做什么"，发散思路思维描述模型，链环式思维走向，环环相扣，使思维步步推进。

总结的正文部分可分为两个层次：一是前言部分。二是主体部分，由基本情况及分析、主要做法、存在问题、当前重点工作四部分组成。基本情况部分先以比较法分析说明了上半年工作的主要经济指标，然后综合说明上半年的经济工作特点；主要做法部分以"成绩观点主题句＋做法"的形式，用演绎、因果分析、比较分析等方法对上半年经济工作所取得的成绩进行了归纳总结；最后分条列项地指出工作中存在的问题和今后的工作重点。主体的思维描述模型为原因分析思路，即"是什么→做什么→怎么样"。

7.2.4　同步训练

1. 下面的总结是一篇病文，试指出其主要毛病。

××公司上半年工作总结

半年来本公司在精神文明和物质文明方面做了许多工作，取得了很大成绩。半年来，主要做了以下工作：动员组织公司干部和广大群众学习中央文件；安排、落实全年生产计划；推行、落实工作责任制；修建子弟小学校舍；建方便面生产车间厂房；推销果脯、食品、编织产品；解决原材料不足问题；美化环境，栽花种草；办了一期计算机技术培训班；调整了工作人员，开始试行干部招聘制。

半年来，在工作繁杂，头绪多而干部少的情况下，能做这么多工作，主要是：

一、上下团结。公司领导和一般干部都能同甘共苦，劲往一处使。工作中有不同看法，能当面讲、共同协商。互相间有意见能开展批评与自我批评，不犯自由主义。例如，有干部就经理未作商议，擅自更改果脯销售奖励办法，影响产量一事有意见，经当面提出，经理做了自我批评，并共同研究了新的奖励办法，又出现了增产势头。

二、不怕困难。本企业刚刚起步，困难很多，技术力量薄弱，原材料不足；产品销路没有打开等。为此，领导干部共同想办法，他们不怕跑路，放弃自己的休息时间，忍饥挨饿受冻，四处联系，终于解决了今年所需要的原料，推销了一些产品。

三、领导带头。公司的几位主要领导带头苦干、实干。他们白天到下边去调查了解情况、解决问题，晚上才开会研究问题，寻找解决的办法。领导干部夜以继日地工作，使公司工作上了台阶。

××公司

××××年×月×日

2. 请运用思维描述模型的方法，点评下面这份总结。

××区旅游局2007年度安全生产工作总结

根据《关于报送2007年度安全生产工作总结及责任人述职报告的通知》（××安〔2007〕13号）要求，现对我局2007年度安全生产工作总结如下：

一、成立安全生产工作小组，严格落实行业安全生产管理及责任追究机制。

成立以江涛（局长）同志为组长，谭建忠（副局长）同志为副组长，高群华、陈忠晓、肖勉同志为成员的区旅游局安全工作小组，负责节假日及日常旅游安全监督管理工作，严格执行本部门的安全监督管理职责，并根据《××区旅游局行政过错责任追究办法》及《××区旅游局受理行政投诉效能的具体办法》进行责任追究。完善企业安全生产管理责任人、安全员及联络员的分级安全生产管理网络，落实安全生产责任制，督促企业加强安全生产管理。

二、加强和规范安全隐患排查工作制度，切实做好旅游企业的安全隐患排查工作。

按照《关于全面加强和规范安全隐患排查工作制度的通知》（深×府〔2007〕24号）要求，根据行业特点编制《××区旅游企业安全隐患排查检查表》，规范隐患排查检查内容，根据《关于印发××区安全隐患排查对象清单的通知》（××安〔2007〕10号）要求，明确排查对象，组织力量对排查清单上的22家企业开展安全隐患排查，发现隐患现场监督企业整改，对于形成原因复杂、整改难度大的隐患，要求企业采取控制措施，积极协助相关执法部门帮助企业进行整改，并及时向区安委会报备。

三、切实落实各项安全事故防范措施，确保旅游安全无重大事故。

根据市、区安委会的部署，要求企业按规范编制安全生产应急预案，并进行建档备案，督促企业落实各项安全事故防范措施。各旅游景区黄金周期间严格执行节假日值班制度，对各大宾馆、酒店等接待设施及客流密集的旅游景区进行重点监控，针对××二通道施工带来的影响，积极采取应对策略，联系协调综治、安监、公安、交通等各有关部门，制订周详的旅游安全保卫方案，确保“春节”、“五一”及“十一”黄金周期间的旅游安全和第六届××黄金海岸旅游节各项活动的顺利举行。

2008年，我局将坚持“安全第一，预防为主，综合治理”的工作方针，继续落实安全隐患排查工作制度，进一步完善企业安全生产档案，加强安全生产宣传，积极协助市、区安委会做好各项安全生产工作，并认真总结今年经验，继续控制旅游安全事故的发生率，确保重大节假日的旅游安全及第七届××黄金海岸旅游节等节庆活动的顺利举行。

××区旅游局

2007年12月11日

3. 请结合自己的工作或学习，写一篇经验性总结。

7.3　简报

7.3.1　基础知识

7.3.1.1　简报的含义

简报是党政机关、社会团体、企事业单位编写的反映情况、沟通信息、交流经验、指导工作的一种限于内部使用的书面文体。简报一般只在各单位、各部门、各系统内部进行交流，是指导和决策工作的参考。简报不是公文，但它的作用与公文的报告有相似之处，所不同的是它可以上报下达，也可以与同级机关之间互通情报，是准公文性的参考性文书。

简报有多种名称，如：××简报、××动态、××信息、××通讯、××情况、××资料、内部参阅，等等。

7.3.1.2　简报的特点

1. 限于内部交流

简报不是公文，也不同于报纸、刊物，它一般在某一单位系统内部交流。特别是涉外机关和专政机关主办的简报更是如此。有的简报，往往是专给某一领导人看的，有一定的保密要求，不能任意扩大阅读范围。

2. 编发迅速，时效性强

简报是公务活动中的“轻骑兵”，不仅反映思想动态要快，报告工作情况要快，而且编发也要快。所以简报要快编、快印、快发，否则时过境迁，就失去了价值。

3. 内容简明

简报内容要新，编发要快，因而简报不能写得冗长，要用最少量的文字概括出事实的精髓和意义，简短而不疏漏，便于读者及时了解有关信息。

7.3.1.3　简报的种类

从时间上划分，有定期和不定期简报。

按性质和作用分，有情况简报、工作简报、会议简报等。

按内容和写作形式分，有综合简报和专题简报。综合简报多为常年定期编发的，用来反映单位、部门、地区的工作情况和生产情况。综合简报涉及面广，内容多，所刊载的文章形式多种多样，有情况反映、经验介绍，也有标题新闻等。专题简报一般是不定期的，有事就报，无事就停。专题简报是为配合某项工作的开展或某项任务的完成而编发的，它可以一事一报，也可围绕一个专题编发数篇文章。如会议简报、金融简报、教学简报等。当然，专题简报只是相对综合简报而言的。有时，相对于整个部门来说是专题简报，但面对下级机关却是综合简报。

7.3.1.4　简报的作用

1. 为领导机关掌握情况、制定政策提供依据

简报主要是下级机关向上级机关反映情况，将下情上达，领导机关可以及时了解、掌握下级单位的情况，从中发现典型经验或倾向性的问题，以便及时了解下级机关的各种工作动态和信息，便于制订相应的对策推动工作的开展。

2. 对下级机关的工作具有指导作用

领导机关发至下级单位的简报，可以传达、解释上级文件精神，指导下级工作；可以在简报上直接提出意见和要求，供下级参照执行；可以表彰先进，批评后进，运用典型推动面上工作。

3. 在本单位、本部门和兄弟单位之间互通信息、交流情况

本单位、本部门的各平行机关、单位之间，通过简报可以互通情报，交流经验，探讨问题，协调工作，互相促进；也可在不相隶属的单位之间传阅，交流情况，互通信息，以便互相了解，加强合作。

4. 为宣传部门提供稿件或线索

简报上除不能公开发表的材料外，可直接作为消息或通讯刊载于报刊。新闻工作者还可以从简报上发现线索，然后进一步采访，充实内容，从而写成新闻稿件。

7.3.2 模型解析

7.3.2.1 简报的报头思维描述模型

设简报的报头模型为P，那么，P＝报名＋编号＋期数＋编发单位＋印发日期＋密级。

［例1］

编号		密级
	×××简报	
×××编	第×期	×年×月×日

7.3.2.2 简报的报核思维描述模型

设报核模型为Q，那么，Q＝标题＋导语＋主体＋结尾。为了表明办简报单位的主张和意图还可配按语。

（1）设标题为W，那么，W＝全文内容/主旨。如：《农业开发将进一步支持农业产业化》。

设标题为W_1，那么，W_1＝引题＋正题＝背景、作用、意义＋全文主旨。

设标题为W_2，那么，W_2＝正题＋副题＝主旨＋补充说明正题。如：《以创建活动为动力，全面提高城市文明程度——××市启动创全国文明城市工作》。

（2）设导语为A，那么，A_1＝时间＋地点＋意义＋中心内容（叙述式写法）。A_2＝事情结果（结论式）。

［例2］

××简报

2005第22期总第161期

××市××领导小组办公室　　　　2005年5月13日

以创建活动为动力　全面提高城市文明程度

5月12日下午，××市创建全国文明城市领导小组在××召开工作会议，研究我市创建“全国创建文明城市工作先进市”的近期工作和重点整治工作方案，讨论了我市向省文明委推荐的文明村镇、文明单位名单，对我市加快创建“全国创建文明城市工作先进市”的工作进行了部署，市领导陈辞、张松林、李鸿儒、高锦全、裴成敏、彭晓敏、

陈宏芬、陈军、王若娴、王路、黄行光、吴伟雄、刘庆声、吴永坤等出席了会议。

根据模型，获得本例导语的“件、量、旨、链、语”信息如下：

模型件：时间+地点+中心+人员

模型量：时间$_1$+地点$_1$+中心$_3$+人员$_{14}$

模型旨：开篇明旨

模型链：何时→何地→何人→做什么；发散思维；链环式；5W1H法

模型语：陈述

导语部分要用简洁、明确的文字，概括全文的主题或主要事实（含时间、地点、人物、事件、因素等），给读者一个总的印象。

（3）设主体为B，那么，B=主题句+内容阐释。

[例3]

山东假日旅游简报

第1期

山东省假日办编　　　　2006年5月1日

（导语省略）

全省旅游市场火暴、安全、有序，呈现以下特点：

一是客流高峰来得早。广大游客更加理性地选择出游时间，为避开出行高峰，昨天已有部分外省、海外游客动身，“五一”上午已抵达旅游目的地，形成黄金周第一个客流高峰。据不完全统计，今天济南接待的日、韩、东南亚、港台游客达400多人，接待广东、浙江、东北等外省游客达上千人。

二是旅游活动精彩纷呈。各市各景区为黄金周准备的旅游活动丰富多彩。聊城市举办的“2006中国江北水城文化旅游节”、日照市举办的“2006中国（日照）北方竹文化旅游节”、“五莲之春杜鹃花节”、潍坊市举办的“山东首届中化奇人绝技英雄会”、德州市举办的“中国临邑第五届槐花节”、菏泽的国际牡丹花会等，均聚集了旺盛的人气。

三是近郊休闲生态旅游火爆。济南的红叶谷、槲树湾，临沂的蒙山，日照的海滨森林公园等生态景区接待人数和门票收入都较往年有较大增长。据有关业内人士分析，各景区（点）经营理念的转变、基础设施的不断完善和人们休闲理念的进一步成熟，是促成今年五一近郊休闲生态旅游火爆的主要因素。

四是自驾车出游继续走红。济南市举行了“五一自驾车出游仪式”，吸引了120多辆自驾车浩浩荡荡驶向各景区；在江北水城聊城的街道上，来自北京、天津等地的外地自驾车辆络绎不绝；莱芜齐鲁大峡谷今天接待的自驾车超过了1000辆，占接待车辆总数的80%以上。许多车主表示，利用黄金周携家人一起到户外放松一下，是人生最惬意的事情。

根据模型，可获得本例主体的“件、量、旨、链、语”信息如下：

模型件：主题句+内容阐释

模型量：主题句$_4$+内容阐释$_4$

模型旨：段首明旨

模型链：是什么→为什么→怎么样；设问思路；链环式；横式结构

模型语：叙述、说明结合

这一部分是简报的主干，是对导语的具体展开，材料要求充实、典型，有说服力。可以根据材料的特点，按时间顺序、空间顺序或归纳分类顺序加以表达。

（4）设结尾为C，那么，C＝概括点题/希望＋号召＋建议。

[例4]

山东假日旅游简报

第1期

山东省假日办编　　　　　　　　　　　　2006年5月1日

（主体省略）

各级政府和旅游部门、各旅游接待单位对五一黄金周旅游工作高度重视，有关领导带头值班，各级假日办、各旅游接待单位值班人员坚守岗位，全省旅游市场秩序良好，所接到的旅游投诉均得以积极妥善处理，全省未发生旅游安全事故。

结尾或总结概括全文，或提出今后的打算等。例4采用的是概括方式结尾。

（5）设按语为D，那么，D＝针对简报内容提示/说明/评注。

[例5]

信息简报

绥化行署简报

第29期

黑龙江省绥化地区
行政公署办公室　　　　　　　　　　　　1997年5月12日

按：搞好豆腐的生产和供应是安排好城镇人民生活的一件重要工作。绥化市在这方面抓得细，抓得实，坚持数载，效果显著，现将他们的做法摘要刊登，供各地参考。

绥化市豆腐供应充足质优价廉

1994年以来，绥化市政府坚持不懈抓豆腐产销工作，使豆腐产销出现了均衡上市，保证供应，物美价廉的可喜局面，受到了城镇市民的好评。他们的主要做法是：

一、加强领导，健全组织。为了做好豆腐产销工作，绥化市成立了由市政府领导同志挂帅，政府办、粮食、财政、商业等有关部门参加的豆腐产销领导机构，统一衔接豆腐产销计划，落实产销网点，检查产品质量和市场供求。主管理财贸的副市长李殿科同志，亲自动手抓豆腐，除主持召开会议，帮助解决实际问题外，还连续几年在清晨深入销售网点检查工作，听取消费者意见。

二、各方配合，积极扶持。粮食部门根据生产需要供应。

该文按语是对简报内容的评注。按语一般写在报头主体的间隔线之下，有说明性按语、提示性按语和指示性按语三类。不一定每篇简报皆配按语，是否需要可根据稿件的情况而定。

7.3.2.3　简报的报尾思维描述模型

设报尾为F，那么，F＝发送范围＋印发人数。发送范围在左，用“报”、“送”、“发”等词语注明；印发人数在右，用“共印××份”注明。

报：××××（上级部门）
发：××××（下级部门）
送：××××（平级或不相隶属部门）

（共印×××份）

7.3.2.4　简报的总体思维描述模型

表 7－3　简报的总体思维描述模型（R）

模型	R = 报头 + 报核 + 报尾 = P + Q + F						
		报核 Q = 标题 + 导语 + 主体 + 结尾 + 按语 = W + A + B + C + D					
模型结构	报头 P	W = 内容 + 主旨	A = 时间 + 地点 + 内容 + 意义	B = 主题句 + 内容阐释	C = 概括点题 / 希望 + 号召 + 建议	D = 提示/说明/评注	报尾 F = 范围 + 份数
模型件	报名、编号、期数、编发单位、印发日期、密级	引题 + 正题 / 正题 + 副题	时间、地点、中心、意义	主旨句、内容	希望、号召、建议		发送范围、印发份数
模型量			时间$_1$、地点$_1$、中心$_1$、意义$_1$	主旨句$_1$、内容$_n$	希望$_n$、号召$_n$、建议$_n$		
模型旨		标题现旨	开篇明旨	段首明旨	结尾现旨		
模型链			何时→何地→何人→做什么；发散思维；链环式；5W1H 法	做什么→怎么做；发散思维	做什么；设问思路		
模型语	说明	直陈	陈述	说明、叙述结合	说明		

7.3.3 例文点评

[例文]

××工作简报

第×期

××工作领导小组办公室编　　　　　　　　　　　　2007 年 6 月 20 日

2007 年全国科技活动周开幕

2007 年科技活动周于 5 月 19 日至 25 日在全国正式展开，本届科技活动周的主题是"携手建设创新型国家"。

根据纲要实施工作总体要求，今年的科技活动周主要突出以下五个方面的内容：

一是围绕弘扬科学精神的主旋律开展活动。通过举办报告会、推出宣传典型人物、开办讲座等多种形式，在全社会积极倡导追求真理、百折不挠的科学精神，营造勇于创新、宽容失败的社会氛围，让科学精神深入人心，为建设创新型国家提供强大的精神动力。

二是围绕宣传"节约能源资源、保护生态环境、保障安全健康"开展活动。针对公众生产生活中的实际需求，在全社会广泛传播节约能源、保护环境和安全健康的理念。将节约能源、保护环境、安全健康的有关知识作为提高城镇居民、广大农民、青少年、领导干部和公务员科学素质的重要内容。组织院士和专家、科普志愿者、教师等深入学校、社区、企业和农村举办各类专题讲座，开展咨询活动，提高公众的节约意识、环保意识和安全健康意识。

三是围绕推动科研机构和大学向社会公众开放开展活动。按照科技部、中宣部、中国科协等七部门《关于科研机构和大学向社会开放开展科普活动的若干意见》的有关要求，具备条件的科研机构和大学在科技活动周期间都面向公众开放。同时，鼓励和引导各类企业、高新技术开发区、农业科技示范园区等开展丰富多彩的科普活动。

四是围绕科技促进社会主义新农村建设，开展科技下乡惠农活动。通过科技列车、科技下乡、科技扶贫、科普大篷车、星火科技培训等多种形式，引导科技植入农村经济，培育农村新兴产业；加强农村社区科技推广，引领现代农村社区发展；重心下移，完善农村科技服务体系；不断提高农民科技素质，加大新型农民培养力度，增强科技为农业产业化和农村城镇化发展的支撑能力和广大农民的自我发展能力。

五是围绕提高未成年人科学素质开展科普活动。通过开展"大手拉小手科技传播行动"、科技专家进校园（社区、科普基地）、"走进科学殿堂"、"文明习惯带回家"、"科技馆活动进校园"、科技知识竞赛、环保体验等多种活动形式，加强对未成年人科学素质的培养，增强他们的创新意识，保护他们的创造精神，树立热爱科学、献身科学的远大志向。

本届科技活动周期间，全国科技活动周组委会还举办了一系列重大活动，包括"携手创新合作共赢"产学研高层论坛、"振兴老区、服务三农、科技列车大别山行"、香港"建设创新型国家"论坛，制作并播出 10 集专题片《引领科技创新的旗帜》。

各部门和地方根据各自的工作实际和各地特色，组织了上千项丰富多彩的科技活动。其中，20 多个中央、国务院部委组织了 200 多项活动，31 个省、自治区、直辖市全都参与了科技活动周的筹备，组织了 1000 多项各具特色的活动。

[点评]

这是一份全国范围的科技工作简报。标题的思维描述模型是：W = 全文内容/主旨（2007 年全国科技活动周开幕）。标题的模型链是：什么时间→什么→怎么样，设问思路思维描述模型。

导语部分简明扼要地叙述了工作的时间、范围和主题，给读者一个总的印象。

主体部分则是对导语内容的具体展开，其思维描述模型是主题句（谁→取得什么）+内容阐释（做什么→怎么样）。如其一主题句是“围绕弘扬科学精神的主旋律开展活动”，段首显旨（取得什么），对这一内容的阐释则是做什么（通过举办报告会，推出宣传典型人物、开办讲座等多种形式）及怎么样（在全社会积极倡导追求真理、百折不挠的科学精神，营造勇于创新、宽容失败的社会氛围，让科学精神深入人心，为建设创新型国家提供强大的精神动力）。这段文字采用综合—分析—综合的方式介绍了科技活动周中的一项工作要点。其余四项工作要点则采用分类思维模型法逐一介绍，内容丰富，眉目清楚。

结尾部分概括总结了活动周中的总体情况。

7.3.4　同步训练

1. 请运用思维描述模型的方法，点评下面这份简报。

节水工作简报

第 4 期（总第 91 期）

全国节约用水办公室　　　　　　　　　　　　2006 年 4 月 4 日

2006 中国节水用水先进技术设备展览会备受关注

全国节约用水办公室、水利部水资源管理中心主办的 2006 中国节水用水先进技术设备展览会于 3 月 23 日至 25 日在北京召开，受到社会各界的广泛关注。全国政协副主席李蒙、水利部副部长胡四一，水利部、国家发改委、建设部有关司局的领导和各省市节约用水办公室的代表出席了 23 日的开幕式。

展览会以“转变用水观念，创新发展模式”为主题，全面展示了我国近年来涌现的先进节水科技和设备，传播了科学的节水用水知识。来自全国各地的百余家节水技术产品生产商参加了展览会，展出三大领域的节水技术设备。农业领域主要包括微灌、喷灌、滴灌等节水用水技术设备；工业领域主要包括污水处理、水循环等节水用水技术设备；城镇生活领域主要包括智能水表、节水马桶等节水用水技术设备。展会同期，还举办了节水型社会建设展示，展出了各省市目前节水型社会建设的成效和经验。

展会期间，一批优秀企业展出的具有国际先进节水理念、具备自主知识产权的技术设备备受广大消费者和生产者的关注。海澳鑫索（北京）国际贸易有限公司展出的尿池维护系统，以生物环保技术为尿池维护提供节水方案，无需用水冲洗，就可达到卫生节约的目的，得到了澳大利亚驻华大使馆的积极协助推广。昆明立兴科技开发有限责任公司获得中国发明金奖的“具有向上喷水洗面功能的节水龙头”，在功能设计上采用涡流节水技术，向上产生一个喷泉，直接冲洗面部，不仅舒适方便，而且能节省80%的出水量。这些优秀节水用水产品成为展览会上的焦点。

展会吸引了广大关心节水的普通市民、大中小学生，有近30000多人参观了展览会，有力推动了节水技术产品在我国的普及和发展，为我国建设节水型社会创造了更加有利的环境。

2. 代拟广州市工商行政管理局办公室编发《工商动态》的简报报头。

3. 把以下这篇会议记录改写为会议简报。

××公司行政办公会议记录

时间：××××年××月×日

地点：××公司办公楼会议室

主持人：办公室刘礼斌主任

参加人：总经理张××、办公室副主任吴×、财务科科长孙××、人力资源部主任刘×、保安部部长隋××

会议议题：

1. 生产、销售、保安招聘方案。

2. 下一年度绩效工资调整方案。

3. 对违反劳动纪律人员的处理。

会议决定事项：

1. 招聘销售人员3名，其中有三年相关工作经验的至少1名；招聘生产工人10名；招聘保安2名，公司员工子弟、退伍军人优先考虑。

2. 下一年度绩效工资增加等级考核指标，即每月由主管部门考核员工，评定等级并上报人力资源部，其余做法不变。

3. 对宋志鹏、李达江、原柳等人旷工两天的行为，在全公司给予通报批评，并扣发当月工资的10%和当月奖金。

××公司办公室

记录人：

××年××月×日

7.4 调查报告

7.4.1 基础知识

7.4.1.1 调查报告的概念和特点

调查报告是调查人员根据特定的目的，运用科学的方法，对社会生活中某一问题或事件进行深入调查、研究，得出结论，从而写成的书面报告。

调查报告从形成过程看，一是调查，二是报告。所谓做调查，就是根据某种需要，采用各种认识手段，对调查对象进行有计划的系统考察。所谓报告，就是用书面形式向上级组织和广大群众说明调查的结果。

调查报告的特点有：

1. 针对性

调查报告具有鲜明的针对性，它总是和现实问题挂钩。调查报告要解决的课题，通常都是社会普遍关心的问题。调查报告写作者必须根据党和国家的方针、政策，从实际工作需要出发，有针对性地调查研究，总结经验，回答广大群众关心的问题，解决社会上迫切要求解决的问题。针对性是调查报告的灵魂，针对性越强，指导意义或参考价值就越大。

2. 典型性

调查报告的典型性是指被调查研究的对象本身具有典型意义，能体现出时代精神，能回答经济工作中具有代表性的问题，从而使调查报告所反映的问题具有普遍意义和指导作用。

3. 真实性

调查报告要用事实说话。人们总是通过事实来认识事物的，所以，无论是总结经验、研究新生事物，还是揭示一个事实真相，都必须以确凿的事实为根据，用事实去阐明道理，说明问题。可以说，真实性是调查报告的生命。使用虚假材料，是调查报告写作的大忌。

7.4.1.2　调查报告的作用

调查报告本身不是公务文书，不直接具有行政效力，但由于它是经过了认真的调查研究的，提供的资料翔实、可靠，提出的意见中肯、切实，因此，可为领导决策工作和处理问题提供依据。调查报告作用有如下几方面：

（1）为上级领导或有关部门制定决策提供依据。

（2）为介绍总结推广先进经验工作提供借鉴。

（3）揭露社会中各种各样的违反党纪国法的行为，揭露社会生活中的消极腐败现象，披露工作中的失误、缺点和错误，使其最终得到解决。

（4）全面完整地反映新生事物的发生、发展过程，揭示它的现实意义或社会价值，促进新生事物成长壮大。

7.4.1.3　调查报告的种类

按调查报告的内容和作用分类，调查报告可分为以下 4 种。

1. 反映情况的调查报告

又叫基础调查或综合调查。这种调查报告往往反映某一行业、某一部门、某项工作的开展状况，或针对社会工作中较为重大的及人民群众普遍关心的热点问题进行调查分析，其职能是为有关部门和人员提供决策工作、处理和研究问题的可靠依据。其显著特点和可贵价值在于“资料性”，但又不同于一般的资料汇总或资料综述。它是经过特殊加工的资料，它有调查报告“有情况”、“有分析”的共性，又不同于“经验调查”、“问题调查”的个性，它的分析不在于直接对事物作出褒贬，而在于对材料的选择、组织具有科学可靠性和实用性。

2. 总结典型经验的调查报告

该类报告主要是反映现实生活和工作中卓有成绩的先进个人或先进单位的典型经验。这些经验一般都具有代表性、指导性和启发性，所以其内容特别重视社会性、典型性。十分成功但没有普遍意义的材料可写成内部用的经验总结或事实材料，但不宜写成经验调查。为了传播经验，该类经验调查多从做法上进行总结，较少从体会入手。

3. 问题调查报告

问题调查报告主要是具有针对性的调查报告，其中也包括应当引起重视和值得研究的问题。揭露问题的调查须在已有线索的基础上展开。调查的目的是为了查清事实，获得足以说明问题性质、程度的材料。调查对象一般是暴露出问题和问题涉及到的有关单位和人员。它列举事实，指出问题，并分析事情的前因后果，深刻地揭示事件的真相，总结教训，引起有关部门或全社会的注意，从而达到解决问题、教育有关人员和广大群众的目的。

揭露问题的调查报告不仅可以用来澄清是非，辨明真伪，教育群众，还可直接用作对有关责任单位和责任人进行处理的重要依据。

4. 介绍新生事物的调查报告

该类调查报告是对社会生活和工作中出现的新生事物进行调查研究而写成的，重在具体介绍某一新生事物产生和发展的来龙去脉，分析其产生的原因、发展的客观条件以及存在的实际意义或负面影响。写这类调查报告的目的是为了扶植新生事物健康发展。

7.4.1.4 调查报告与总结的区别

1. 行文的目的、方式、作用不同

总结的目的是为了向上级汇报或为今后自身工作的提高，而调查报告是上级机关为了摸清、掌握情况使之利于领导工作；总结是自己写自己，而调查报告是由专人写某单位、某个人；总结的作用一般限于自身工作水平的提高或向本单位传播，而调查报告则是上级机关制订计划、政策的依据，或起到以点带面的指导作用。

2. 叙述人称不同

总结自始至终采用第一人称叙述，调查报告除交代调查人及建议的引语、结论外，主体部分采用第三人称。

7.4.1.5 调查研究的科学方法

搞好调查研究是写好调查报告的基础，只有采取科学的调查方法，才能得出科学的、符合实际情况的结论。调查有多种形式，常用的调查方法主要有典型调查法、普遍调查法和抽样调查法。

1. 典型调查法

典型调查法是指从有关范围内所有对象中选择几个有代表性的对象进行调查的方法。其具体方式有座谈会、个别访问、现场察访等。这种方法的优点是简便易行，便于对调查对象作定性分析；缺点是难以获得面上的全面信息，因而难以对事物做出系统、全面的量的分析。

2. 普遍调查法

普遍调查法是指对有关范围内的所有对象作全面调查的方法。其常用的方式有统计调查、网络调查等，它的优点是能获得较全面的信息，接近调查对象的真实情况，缺点是工作量大，需要耗费大量的人力、物力和时间。

3. 抽样调查法

抽样调查法是指对所有调查对象进行分类，从各种类型中任意选取若干对象做样本，然后对这些样本进行调查和统计，从而对所有调查对象做出全面的分析的方法。这种方法实际上是典型调查和普遍调查相结合的一种方法。常用的具体方式有问卷调查、个别访问、开调查会、统计调查等。抽样方法则有随机抽样、系统抽样、分层抽样、聚类抽样等。

在调查的基础上进行研究的方法主要有分析、综合和比较。经过这样的研究过程，我们才能把从调查材料中得到的感性认识，上升到理论的高度，从而找出客观事物固有的规律性的东西，得出科学的结论，更好地指导工作。

7.4.2　模型解析

7.4.2.1　调查报告的文题思维描述模型

1. 调查报告的文题定量思维描述模型

设文题为 W，那么，W = 调查对象 + 内容 + 文种。这是一种最常用的公文式标题。

[例 1]

开化农村务工回乡经济调查报告

根据模型，可获得本例文题的“件、量、旨、链、语”信息如下：

模型件：对象 + 内容 + 文种

模型量：$对象_1$ + $内容_1$ + $文种_1$

模型旨：标题现旨

模型链：谁→什么事→做什么；发散思维；链环式

模型语：直陈

2. 调查报告的文题变量思维描述模型

设调查报告文题的变量模型为 W_1，那么，W_1 = 调查对象 + 内容/文章中心。如：《浙江省餐饮、宾馆一次性用品消费状况调查》点明了对象和内容；《8000 元房子最受购房者欢迎》揭示了中心。这些都是文章式标题。

W_2 = 正题 + 副题 = 揭示主题 + 对正题以补充 = 主旨 + 调查的地点、对象、内容、范围。如：《打破壁垒，谋求发展——一份来自私企的经营调查报告》。

7.4.2.2　调查报告的正文思维描述模型

设调查报告正文为 S，那么，S = 前言 + 主体 + 结尾。

1. 前言

（1）设前言的定量思维描述模型为 A，那么，A = 时间 + 地点 + 对象 + 范围 + 目的 + 方法（说明式）。

[例 2]

涉农价格收费及农民负担情况的调查报告

为贯彻落实《中共中央、国务院关于做好 2001 年农业和农村工作的意见》（中发〔2001〕2 号）精神，切实减轻农民负担，根据国务院领导同志的指示精神，我委于三四月份组织了 6 个调查组，分赴安徽、黑龙江、山西、河南、河北、浙江、云南等省，采取不打招呼，直接进村入户的方式，明察暗访，走访了 30 多个乡镇、50 多个行政村、18 所中小学、百余户农家，对当地涉农价格收费和农民负担情况进行了认真调查，掌握了大量第一手材料。现将有关情况报告如下：

根据模型，可获得本例前言的“件、量、旨、链、语”信息如下：

模型件：根据 + 调查成员 + 时间 + 地点 + 事件 + 承启语

模型量：$根据_1$ + $调查成员_6$ + $时间_1$ + $地点_7$ + $事件_2$ + $承启语_1$

模型旨：开篇明旨

模型链：谁→什么时间→什么地点→什么事→做什么；5W1H法思维描述模型；目的根据式结构

模型语：介绍说明

调查报告的前言部分主要交代调查人、调查时间、调查对象、调查内容等基本情况。要开门见山，紧扣主题。

（2）设前言的变量思维描述模型为A_1，那么，A_1=简介全文主要内容/揭示主旨。

A_2=介绍调查结论（结论/意见）。

A_3=介绍概况（规模/背景+历史/现状+成绩/问题+事件）。

A_4=背景材料（介绍与主旨有关的科学/历史知识）。

[例3]

谁在暗算中国大豆

中国经济正面临“高通胀”风险。1～2月的国内消费价格指数（CPI）持续攀升，权重占30%的食品价格成为诱因，其中油脂价格30%～40%的涨幅显得格外触目。一场“新型国际战略性商战”已全面打响，工具就是这小小的大豆，中国老百姓正在为跨国垄断资本利益埋单，我们每一分多付出的钱，都变成了跨国粮食企业和国际投机资本口袋里的利润。

这篇调查报告的前言主要是介绍调查的背景及现状。作者以统计数据显示出当前经济状况的特点及其特殊背景，将矛头直指跨国垄断资本，揭示主旨。

2. 主体

设调查报告的主体模型为B，那么，B=情况+分析+建议（反映情况的调查报告）。

B_1=成果+做法+经验（总结经验的调查报告）。

B_2=问题+原因、意见/建议（揭露问题的调查报告）。

结构形式有三种：纵式结构，按事件发展的时间顺序。横式结构，并列、递进、因果、对比。纵横交叉式结构，以时间为经，以事件为纬，形成纵横交叉结构。

[例4]

“医疗收费明明白白”调查报告

为了解医疗收费中存在的问题，向有关部门反映患者的呼声，更好地依法履行消费者协会对商品和服务进行社会监督的职责，进一步规范医疗收费行为，促进医疗体制改革的稳步推进，中国消费者协会与北京市消费者协会于2000年8月，采用入户问卷调查方式在北京市城区联合开展了“医疗收费明明白白”调查，调查总样本量595份。调查主要针对有过多次就医体验的城镇居民。其结果如下：

一、八成半患者对医疗收费不满意，“看病贵”和“医疗收费缺乏透明度”是引起不满意的主要原因

调查表明，高达85.1%的患者对医疗收费“不满意”或“极不满意”，有七成患者认为“医疗收费缺乏透明度”。医疗收费缺乏透明度的表现多种多样，有“药品不明码标价，药方不逐条划价”、“化验、检查、治疗费用不明码标价”、“治疗费用具体内容不详”、“住院费用不列明细账目”、“医疗收费标准没在医院显著位置明示”等。另外，有81%的患者呼吁“在住院以前，希望院方能预先告知大概要花多少钱”。而对医疗收费表示“满意”的患者仅占1.3%，说明患者对医疗收费不满意已经是一种普遍现象，成为影

响医疗单位与患者关系、阻碍医疗制度改革的一大障碍。各医疗单位在增加医疗收费透明度的同时，更应该把目光放到医疗价格方面，千方百计把医疗收费降到一个合理的水平，增强患者对医疗市场的信心。

二、“药价高”、“检查费高”是造成看病贵的主要原因

调查中发现，在认为“看病贵”的患者中，有83.7%的人认为“药费高”，有61%的人认为“检查费高”，排在前两位，而认为“手术费高”和“挂号费高”的比例最低。说明患者对合理降低药费和检查费的呼声很高，同时对手术费、挂号费等由医生技术带来的收费，能够做出比较正确的认识。

三、“看病贵”成为阻碍百姓求医问药的一大障碍

调查表明：为了回避“看病贵”，有30.8%的患者选择“自己诊断，自己买药”，有28.9%的患者选择“到药店咨询并买药”，这些现象说明由于“看病贵”，造成近1/3的患者离开医院，而选择一种不安全的，甚至可以说比较危险的治病方式。另外，有1/3的患者选择了“托熟人找医生看病”和“在医院开药方，去药店买药”的解决方式，这说明在就医过程中存在着诸多不正常的现象。

四、不合理用药现象普遍存在，产生原因和解决途径尚需探讨

调查表明，高达76.7%的患者到医院看感冒，医生经常开消炎药。据医学权威资料介绍：“急性上呼吸道感染（俗称感冒）有70%～80%由病毒引起。如有细菌感染，可适当选用抗菌药物。病毒感染一般不需用抗菌药物。”这说明滥用抗生素等不合理用药现象普遍存在，这种现象是加重患者看病负担的一个重要因素。

五、患者对价格知识、政策了解不够，自我保护意识欠缺

调查显示：有88%的患者在看病时不清楚各项检查、化验和药品的价格；有81.9%的患者不知道《北京市统一医疗服务收费标准》的具体内容。造成这种现象的原因主要有三方面：一是医疗机构在公开相关价格和政策标准方面缺乏透明度；二是有关管理部门在宣传上缺乏力度和广度；三是部分患者就医时处于一种被动地位，缺乏自我保护意识。另外，当问及“您看病时被多收费，会采取哪些方式解决”时，有49.4%的患者表示“这种情况反正说不清楚，自己忍了”，而选择其他解决途径的比例均未超过1/3，表明广大患者在合法权益受到侵害时，缺乏寻求解决问题和自我保护的意识和能力。

值得欣喜的是，全国已经有许多医疗机构开始从“明明白白看病”入手，采取多种措施，满足患者提出的质量高、费用低、收费透明的就医需求。哈尔滨市卫生局推行限制单病种收费额度及单病种辅助检查项目的“双单制”，对常见病、多发病的住院患者收费实行最低和最高额度限制。北京中医药大学东直门医院和东方医院在京率先推出单病种最高限价，超出部分由医院负担。北京市第四医院明示药品的品牌和价位，赋予患者选择用药的权利。广西卫生厅已决定全区县以上医院从10月1日起，全部推行费用“一日清单”制度，真正做到让患者明明白白消费，化解医院同患者的矛盾。

根据模型，可获得本例正文的“件、量、旨、链、语”信息如下：

模型件：情况＋分析＋建议

模型量：情况$_5$＋分析$_5$＋建议$_2$

模型旨：汇总显旨

模型链：原因→结果；因果思路，正文因果结构；主体并列结构

模型语：说明，数字说明与议论结合

调查报告的主体是调查报告的核心部分，要将调查所得的典型材料组织成有机的文字，使人清楚地看到各方面的情况或经验、问题。写作时必须注意几个环节，一是梳理材料，二是提炼观点，三是安排布局。这是一篇反映情况的调查报告，主体部分按事物性质归类，并列地从几个侧面来组织材料，每一侧面又由情况、分析和建议组成。

3. 结尾

设调查报告的结尾模型为 C，那么，C = 总结全文/照应前言/展望前景/提出建议/发出号召。有的自然结尾，但问题调查的结尾则一定不能少，调查人应针对问题提出一些合理的解决建议来，建议不贵多，而贵在精辟可行。

7.4.2.3 调查报告的落款

设调查报告的落款为 F，那么，F = 作者名称 + 写作时间。如该内容已在标题下，此处可省略。

7.4.2.4 调查报告的总体思维描述模型

表 7－4 调查报告的总体思维描述模型（R）

模型	R = 文题 + 正文 + 落款 = W + S + F				
	文题 W	正文 S = 前言 + 主体 + 结尾 = A + B + C			落款 F
模型结构	W = 对象 + 内容 + 文种 W_1 = 对象 + 内容/中心 W_2 = 正题 + 副题 = 对象 + 地点 + 内容 + 范围	前言 A	主体 B	结尾 C	F = 作者名称 + 写作时间
模型件	对象、内容、文种	时间、地点、对象、范围、目的、方法	情况/成果/问题、分析/经验/原因、意见/建议	总结全文、照应前言/展望前景/	作者姓名 写作时间
模型量	对象$_1$、内容$_n$、文种$_1$、	时间$_1$、地点$_n$、对象$_n$、范围$_1$、目的$_n$、方法$_n$	情况/成果/问题$_n$、分析/经验/原因$_n$、意见/建议$_n$	提出建议/发出号召	
模型旨	标题现旨	开篇明旨	段首明旨/分题明旨		
模型链	谁→什么→做什么；发散思维；链环式	谁→什么时间→什么地点→什么事→做什么；5W1H 法；目的根据式结构	因→果分析；思维网络结构（横、纵交叉）	做什么；横向思路	
模型语	直陈	介绍、说明	说明、议论概述结合	说明	

7.4.3　例文点评

[例文]

打破壁垒，方能谋求发展

——一份来自甬企的经营调查报告

2005 年宁波市标准化研究院对全市经济状况调查发现，宁波作为一个外向度较高的城市，技术性贸易壁垒对宁波经济已产生了一定影响。从企业回收的 225 份有效问卷中，有四分之一的企业承认遭遇技术性贸易壁垒。据初步推算，2005 年技术壁垒共对我市出口造成约 1.7 亿美元的损失，其中直接损失约 7600 万美元，间接损失约 9400 万美元。

壁垒"垒"起出口障碍

我国加入世贸组织以来，配额、关税等传统贸易壁垒手段正逐步被削弱，涉及合格评定程序、标准和技术法规等的技术性贸易壁垒（WTO/TBT）开始取而代之。据悉，在遇到技术性壁垒的宁波企业中，约三分之一的企业因达不到产品技术标准要求、有毒有害物质限量要求、环保节能要求等标准和技术法规的要求而遭受损失。另有三成企业在合格评定程序中，受到检验和认证程序费用高、不透明、手续繁琐、额外信息要求多的影响。

从调查看，在遭受壁垒影响的企业受到的直接经济损失构成中，取消订单和新增额外费用是主因，两项分别占到直接经济损失总额的七成多和两成多。销毁货物所带来的直接损失仅占 2.09%。按损失额度看，日本造成我市企业直接损失最大，占总额的 36.4%，但受影响的企业较少，主要为农产品出口企业。其次是欧盟，造成直接损失占总额的 34.9%，但影响企业多，占四成多，主要为机电类出口企业，机电类产品因受欧盟 RoHS 指令和 WEEE 指令影响，需要新增不少额外检测项目。

企业尚未引起足够重视

WTO 各成员国在出台可能对贸易造成重要影响的技术法规、标准、合格评定程序方面的相关措施时，会通过 WTO 秘书处向各成员国散发有关信息的官方公告，各成员国可在一定期限内对相关内容做出评议。参加评议会，提出自己的异议和观点反馈给制订方，本是宁波企业跨越技术壁垒最为直接和有效的途径，但宁波企业并未将机会牢牢把握住。

2005 年，市标准化研究院先后就智利提出的玩具安全标准、美国提出的打火机安全标准等十余项新技术壁垒组织过多次专题评议，但每次响应的宁波企业总是寥寥无几。据调查，我市部分企业特别是小企业，对技术性贸易壁垒重视不足的原因，一方面是企业规模较小，转产频繁。一旦发现某种产品遇到技术壁垒，首先考虑放弃这个产品的市场；另一方面是因为小企业技术力量还很薄弱，没有足够的技术力量来跟踪、分析壁垒的动态信息及对本企业的影响，更不用提研发新技术、新工艺跨越技术壁垒了。

跨越壁垒需要共同努力

目前，许多企业尝试从互联网、客户等多个渠道去了解出口市场技术性贸易壁垒的动态信息，可是由于信息来源缺乏权威性，让企业无所适从。为此，宁波市标准化研究院开发了宁波市 WTO/TBT 通报预警系统（网址：略），收集并分类整理了较新和齐全的技术性贸易壁垒通报及相关信息。企业进入该系统就可以查询了。

专业人士指出，技术性贸易壁垒的特点在于技术性较强，目前我国的科研基础还较薄弱，当国内企业评议新通报时，很难以大量翔实的科研数据作为支撑驳斥对方的不合理要求，通过研发新技术、新工艺来跨越技术壁垒更非易事。专业人士同时指出，技术性贸易壁垒的应对工作是一项系统工程，需要包括多个部门的协调推进，但现实是，目前应对工作的许多宝贵资源仍然割裂在各个行政部门内，还无法真正实现相关信息快速流动和传递，这也给企业及时掌握国际上的动态信息造成了不便。

［点评］

这是一份揭露问题的调查报告。

这份调查报告标题的思维描述模型为：W＝正题＋副题＝揭示主题＋对正题以补充＝主旨＋调查的地点、对象、内容、范围。即正题“打破壁垒，方能谋求发展”揭示主旨，副题“一份来自甬企的经营调查报告”补充调查的地点、对象、内容等。

前言部分指出“技术性贸易壁垒对宁波经济已产生了一定影响”，其思维描述模型为：A＝介绍调查结论（结论/意见）。一针见血地揭示了目前宁波企业经营的问题所在。

主体部分以小标题的形式，按照存在的问题（壁垒“垒”起出口障碍）、产生的原因（企业尚未引起足够重视）、解决的建议（跨越壁垒需要共同努力）逐一展开说明或议论，由果溯因，层次分明，条理清楚。

7.4.4 同步训练

1. 请运用思维描述模型的方法，点评下面这份调查报告。

浙江省餐饮、宾馆一次性用品消费状况调查报告

随着生活水平的提高，生活节奏的加快，越来越多的消费者在宾馆、餐饮消费中选择使用方便的一次性用品。但由于一次性用品在质量、卫生、环保等方面的问题，也导致了许多消费纠纷。为进一步了解一次性用品的使用状况和消费者的意见，浙江省消费者权益保护委员会组织了这次调查活动。本次活动委托温州市消费者委员会进行调查，同时得到宁波、绍兴、台州、丽水等地消费者委员会（协会）的大力协助。

一、调查基本情况

本次调查共发出问卷7519份，收回有效问卷7479份（温州4135份、宁波800份、绍兴770份、台州806份、丽水968份），问卷回收率达99.4%。在开展问卷调查的同时，温州市消委还随机抽取了市区15家宾馆的小包装沐浴液、牙膏和牙刷，以及30家餐饮企业的一次性筷子、纸巾、食品盒（袋）等样品，并委托温州市技术监督检测院对相关指标进行检测，检测结果合格率为100%。另外，各市还对一次性用品的用量进行了专项调查。以温州市为例，调查范围选定市区及各县（市、区）商业繁荣地段和具备一定生产规模的企业，调查方式采用一对一上门统计法。至6月5日共调查经营户314家，其中宾馆100家、餐饮店214家；调查生产厂家4家；调查商贸市场1家。经调查统计，上述各类经济主体在2007年1月至4月共生产、使用一次性筷子164.7万双、纸巾196.2万包、食品袋（盒）107.1万个、小包装淋浴液47.9万瓶、小包装洗发液43.2万瓶、一次性牙膏96.1万支、一次性牙刷99.6万支，总价约648.87万元。被调查经营者仅占全市此类经营者的5%左右。

二、调查结果分析

（一）消费者经常使用一次性用品但并不喜欢。在消费者是否接受一次性用品调查时，有25.2%的消费者选择一般不用或拒绝使用；在使用过程中表示喜欢使用的占

21.9%，不喜欢、反对的占33.2%，这说明消费者在使用一次性用品时，处于被动状态，虽然不太喜欢，但往往因为贪图方便而选择了一次性用品。在选择使用一次性用品的理由中，方便、卫生、价格低廉的比例分别为49.4%、31.2%、15.0%。

（二）消费者的健康、环保消费意识逐步增强。在现代社会，消费已不仅仅是个人行为，还必须考虑到他人、社会，以及与大自然的和谐共处。在调查中，37.9%的消费者认为一次性用品对环保影响最大，其次是生态、节能和健康，分别占26.9%、19.2%和14.2%。这说明消费者已逐渐认识到使用一次性用品对环境的污染和对资源的浪费。但对当前很多城市推行的不提供一次性用品的做法，表示赞同的仅有31.3%，其余消费者表示无所谓或者不赞同。宾馆取消“六小件”，对住店客来说，确实有点不方便。但取消或减少宾馆一次性用品这个小变革，日积月累就能节约大量资源，减少环境污染，有益于社会，理应推广。

（三）消费者自我维权意识还需提高。在对一次性用品的专项调查中，我们发现有不少一次性用品缺乏应有的包装标识，很多是“三无”产品，既无卫生许可证号，包装和消毒也未达到要求。特别是一次性筷子，没有采用封闭式包装，容易造成二次污染。宾馆中的小包装沐浴液、洗发水的保质期、生产日期都模糊难以辨认或根本没有。而消费者对一次性用品的包装和保质期的重视度也不是很高，维权意识比较薄弱。调查显示，44.7%的消费者不会注意产品的外包装，46.3%的消费者没有注意保质期。在使用一次性用品时如遇到质量问题，有75.8%的被调查者会要求更换，还有7.7%的消费者选择继续使用。

（四）消费者对一次性用品的满意度不是很高。在大量使用一次性用品的同时，消费者对餐饮店、宾馆提供的一次性用品却不是很满意。调查中只有6.3%的消费者表示满意，有64.8%认为还可以，有28.9%的消费者直接表示不满意。而对质量的评价，有36.9%的消费者评价质量差或非常差。这说明虽然近几年各有关部门监管力度不断增强，一次性用品生产、销售、使用等逐步规范，取得了较为明显的成效，但消费者对一次性用品的质量、卫生状况还是非常担心。

（五）规范化生产企业少，家庭小作坊较多，产品卫生质量有提高但难以确保。温州市消委在一次性用品的产量或用量调查中发现，本市从事一次性用品生产的企业不多，规模较大或管理正规的企业则更少，如一次性筷子的生产企业全市只有4家。在山区林木集中地，木（竹）筷的家庭小作坊较多，这些小作坊虽然产量低，但砍伐树木不求合理化、科学性，随意性大，给当地环境造成了不同程度的损害。家庭作坊对产品质量要求低，卫生意识较差，一般都存在包装不规范、产品标识不明确等问题，而且产品大部分销售给街头巷尾的小吃店、路边流动摊商等，给消费者健康安全带来隐患。本次调查也发现，温州市区列入抽检的15家经营规模较大、档次较高的餐饮店、宾馆，使用的一次性用品75.5%来自广东和上海的知名企业，如上海美加净宾馆用品有限公司、上海白猫股份有限公司、深圳本斯柔巾纸业有限公司等，其产品质量和卫生指标基本符合要求。这说明管理较为规范的企业，其产品质量基本能得到保证。

（六）消费者缺乏强烈的社会责任感和使命感。目前，许多酒楼、饭店都在继续使用一次性用品，而且受到相当一部分消费者的欢迎。以一次性纸巾和筷子为例，一次性纸巾的成分通常为“100%原生木浆”或“100%天然木浆”，生产1吨纸一般需要17棵10年生树木，1～4月温州市314家经营户约消费纸巾200万包，即约需23棵10年生树木；

同期温州市314家经营户消费筷子约124.7万双，据专家测算，一棵20年生大树仅能制3000～4000双筷子，按此推算仅5～6年这三百多家餐饮店就可以消耗掉1万平方米的森林。在调查中有22.8%的消费者对餐饮店、宾馆不提供一次性用品的做法持反对态度，另有46.1%的消费者持无所谓的态度。他们赞同节能降耗、生态环保的消费意识，但与自己使用一次性用品所造成的后果却无法联系。由于宣传教育的力度不到位，许多消费者知悉全社会在开展环保、节能、创建绿色家园的行动，但对如何立足于其中并支持这一活动却是茫然的，处于有意识、无行动的状态，尤其是对制止资源巨大耗费、制造大量的垃圾、造成环境污染的消费行为缺乏社会责任感和使命感。因此，要在全社会树立责任、文明、绿色的消费观，还需继续加强引导与教育。

（七）政府虽然积极倡导环保节能，但缺少相关的政策措施予以保障。一次性消费品已深入到社会各个角落，它既是物质富足、方便快捷的象征，又充当着把资源变成垃圾的"加速器"。当前，各级政府部门都在积极倡导环保、生态、节能意识，引导社会成员创建绿色家园。调查显示，有85.8%的消费者认为一次性用品对环保、节能和生态造成影响，说明政府的倡导已被接受，消费新理念已渐入人心。但由于缺乏政府行之有效的措施或监督机制，一次性用品回收重复使用、替代品的探求与开发、良性循环模式等都无法确保施行，环保、节能等行为基本依靠消费者的自觉、经营者的自律来实现，所以成效并不明显。大多数消费者、经营者仍旧是在反对一次性用品的口号中麻木地消费着一次性用品。调查中，温州、宁波、台州等地消费者建议相关职能部门对一次性用品应加强监督管理，制止社会财富的大量浪费，防止污染人类赖以生存的环境，并建议尽快出台有利于建设节约型社会的政策或措施。

三、建议

一次性用品在给人们带来方便的同时，也造成了巨大的资源浪费和触目惊心的环境污染，与建设和谐社会背道而驰。如果任由一次性用品泛滥使用，将使我省的生态环境更加恶劣，不仅浪费大量的、珍贵的社会资源，还将对经济的可持续发展和社会的和谐发展造成不利影响，从而影响到我们及子孙后代的生活、生存环境。因此我们建议：

（一）政府部门尽快出台相应的政策措施，共同打造"绿色浙江"。对高耗能、高污染的一次性用品的生产和销售，政府应进行强制性规范，甚至明令禁止生产、销售和使用，并对违规行为进行规制。对于普通的一次性用品，政府部门要制订合理使用的长远规划和政策，包括回收再利用对策、鼓励替代模式、实施生产许可和责任制等，并鼓励和支持消费者使用重复、回收的产品；或者增加一次性用品生产、消费的税费，并将所得转化为一次性用品的回收处理费用，以提高一次性用品的成本，促进源头减量，并为替代产品提供公平的竞争条件，逐渐由经过市场和环境考验的替代产品来取代，最终实现以全新的绿色产品替代一次性用品。同时建议，林业、环保等有关主管部门应加强对生产企业原料来源、用量等的掌握和监督，减少企业对社会资源的损耗和生态环境的破坏，并加大这方面的宣传力度。

（二）加强对生产者、经营者的监督检查与教育。由于一次性用品包装简单，一般经营场所都是"免费赠用"，所以消费者在使用时常常忽略了对生产厂家、生产日期等的查看，而事实上许多一次性用品在外包装上对应该标明的事项往往是模糊不清、难以辨认或根本未予标注。因此，有关部门一要加强对生产厂家的监督管理和规范，定期或不定期地开展质量、卫生检查活动，从源头上扼制不合格产品流入市场，并对无生产许可证和产品备案凭证的单位坚决进行查处。二要强化超市、餐饮店、宾馆对一次性用品运输、储藏保管、拆件使用等环节的监督管理，杜绝一次性用品在流通渠道中的二次污染。三要积极开展从业人员的教育和培训，提高防范能力。开展有关法律、法规知识的宣传，对需要掌握的卫生知识应及时组织培训，不断增强经营者的商品索证意识，严把进货渠道关和质量验收关，坚决杜绝“无证产品”、伪劣产品入市。

（三）加强宣传教育，引导消费者树立责任、科学、环保的新消费观念。从调查情况看，消费者能理性消费，却不能科学、文明消费，能对卫生、环保等问题予以关注，但真正从自我做起，却是寥寥无几。因此需要通过各种途径和方法加强宣传与教育工作，让广大消费者真正明白一次性用品在提供便捷的同时，对社会、环境、生态所产生的影响甚至是危害，促进全社会树立理性、责任、文明的新消费观。媒体和舆论要善于引导和宣传理想、责任、文明的新消费观，让绿色消费观、科学发展观、可持续发展思想越来越深入人心，促使人们节约利用资源、保护生态环境的自觉性得以提高。

浙江省工商行政管理局

2007 年 07 月 10 日

2. 根据所给的调查数据资料，替 × × 调查组写一份调查报告前言。

（1）调查了 12 个城市，分别是北京、天津、上海、重庆、大连、青岛、厦门、深圳、杭州、武汉、成都和西安。

（2）64.2% 的消费者认为合理的房价在 2000 ～ 5000 元/平方米之间，其中选择合理价格是 3000 ～ 4000 元/平方米的消费者比例最高，为 24.1%；其次是 2000 ～ 3000 元/平方米，比例为 22.5%；第三位的是 4000 ～ 5000 元/平方米，比例为 17.6%。由于地区差别，不同城市消费者对合理住房价格的判断差别很大，总体来看，绝大多数远低于该城市住房实际销售（成交）价格水平。

（3）满意度指数为 0 ～ 100。50 以下为“非常不满”；50 ～ 60 为“不满”；60 ～ 70 为“一般”；70 ～ 80 为“满意”；80 以上为“非常满意”。

（4）据测算，12 个被调查城市中，消费者对房地产行业诚信状况的满意度指数为 59，在各项调查指标中处于最低水平。消费者对现住房屋的开发商广告宣传内容的诚信满意度指数为 62.50。

（5）调查结果显示，消费者对商品房投诉处理结果的评价情况为：很满意的比例为 11.6%；满意的比例为 23.2%；一般的比例为 27.1%；不满意的比例为 25.2%；很不满意的比例为 13.0%。

（6）从 12 个城市的具体情况来看，各城市消费者购房时所关注的因素差异较大。如北京、天津、上海、厦门、深圳的消费者购房时关注的第一位因素是价格，重庆、大连、青岛、武汉的消费者购房时关注的第一位因素是建筑质量，而杭州消费者购房时关注的第一位因素是地段，成都消费者购房时关注的第一位因素是环境。

3. 对本学院学生的消费情况进行调查，并写一份调查报告。

综合训练7

1. 填空题

(1) 计划的特点是具有__________、可行性、__________。

(2) 计划是计划类文书的统称。常见的计划有__________、__________、__________、__________、__________、__________、__________等。

(3) 总结正文的主体部分主要包括__________、__________、__________、__________等内容。

(4) 简报的特点有__________、__________、__________。

(5) 调查报告具有__________、__________、真实性的特点。

2. 选择题

(1) 适用于初步的、预备的、粗线条的、非正式的计划是（　　）。

A. 规划　B. 意见　C. 要点　D. 设想

(2) 总结的写作一般是用（　　）。

A. 第一人称　B. 第二人称　C. 第三人称　D. 三种人称互用

(3) 介绍某项工作的做法和体会，并把它上升到理论的高度来认识，以达到树立典型、推广经验、指导面上工作的目的的调查报告是（　　）。

A. 新生事物调查报告　B. 典型经验调查报告

C. 反映情况调查报告　D. 披露问题调查报告

3. 判断题

(1) 每一篇简报都要配写按语。(　　)

(2) 调查报告的标题可以是单标题，也可以是双标题。(　　)

(3) 写总结一定要按照完成工作的时间先后顺序来写。(　　)

4. 简答题

(1) 切实可行的计划一般包含哪些内容要素?

(2) 什么叫总结? 它有何作用?

(3) 简报的作用有哪些?

(4) 简报的格式构成。

(5) 调查研究时基本的调查方法有哪些? 具体的方式有哪些?

(6) 调查报告与工作总结的主要区别有哪些?

5. 下面是一篇病文，试指出其存在的毛病。

××县经委今后八个月工作计划

为了完成县委、县政府下达3.1亿工业总产值（力争3.5亿）的任务以及各项经济指标，我们计划在今后八个月主要抓好几方面工作：

（一）进一步深化企业改革。我们在全面推行厂长（经理）任期目标责任制的基础上，从实际出发，有针对性地分别实行租赁、承包、百元工资税利制和工资总额与企业经济效益包干等经营方式，把权、责、利全面落实到企业及其经营者身上，使企业真正成为相对独立的经济实体，成为自主经营、自负盈亏的社会主义商品生产者和经营者，较好地调动企业厂长职工的积极性，增强企业活力，促进生产发展，并使这一改革能够健康发展，深入持久地坚持下去，采取有效措施加以保证。

（二）加快新项目和技术改造项目的建设速度，确保这些项目预期投产，发挥效益。主要抓好苎麻纺织、印染工程等项目，并实行目标责任制管理，使这些项目预期投产，早日发挥效益。

（三）进一步加强企业管理，提高企业经济效益。我们坚持以改革为动力，促进企业的发展，加强管理，提高企业经济效益，把增产节约、增收节支的工作作为提高企业经济效益的重要工作来抓，要求企业产品总成本、企管费及车间经费都要下降。具体措施有：(1) 调整企业产品结构，大力增产适销对路产品，实现多产快销。(2) 加强企业管理，挖掘企业潜力，调整定额，向管理要效益。

（四）加强企业职工思想教育、技术培训，努力提高企业职工队伍思想、技术素质。为企业上等级和企业现代化管理打基础。(1) 全面进行思想、纪律、法律教育和坚持四项基本原则，反对资产阶级自由化的教育，全面提高工人思想觉悟。(2) 搞好技术培训和职工文化、技术学习，努力提高职工队伍技术素质。

6. 写作

(1) 按本章每一文种的文题思维模型，各拟制一份标题（内容自定）。

(2) 写一份本班在学校运动会上取得成绩的简报。

(3) 针对本班同学的学习现状进行一次调查，并结合调查的实际情况写一篇调查报告。

第8章　财经调研文书模型写作

8.1　市场调查报告

8.1.1　基础知识

8.1.1.1　市场调查报告的概念

市场调查报告是对市场进行深入调查研究之后，对市场调查获得的信息资料进行系统、科学和周密的整理，根据实际需要进行分析、归纳、综合后，撰写的书面报告。

市场调查有广义和狭义两种。狭义的市场调查是根据某一特定商品的需要，对与商品有关的市场情况进行的专项调查，研究消费者对该商品的意见和要求、购买习惯、欲望和动机等。广义的市场调查除了上述内容外，还包括商品销售环境、产品形象、社会需求量、价格战略、流通渠道、竞争结构等内容。

市场调查报告是调查报告的特殊形式，其特点、调查方法、注意事项基本相同，只是在调查目的、种类、作用、调查范围等方面有所不同。

8.1.1.2　市场调查报告的特点

1. 真实性

市场调查报告的调查目的主要是了解市场真实情况，为企业决策提供可靠的依据。因此，必须如实地、客观地反映市场情况，不夸大，不缩小，报告中所用的事实和数据都要真实、准确无误，这样才能增强市场调查报告的可信度与说服力。

2. 针对性

市场调查报告的写作要有明确的目的性和针对性，如有关产品的生产、需求情况，有关市场行情等急需解决的问题。目的是摸清市场行情，指导产、供、销。

针对性包括选题上的针对性和阅读对象的明确性两方面。首先，调查报告在选题上必须强调针对性，做到目的明确、有的放矢，围绕主题展开论述，这样才能发挥市场调查应有的作用。其次，调查报告还必须明确阅读对象。阅读对象不同，他们的要求和所关心的问题的侧重点也不同。如果调查报告的阅读者是公司的总经理，那么他主要关心的是调查的结论和建议部分。但如果阅读的对象是市场研究人员，他所需要了解的是这些结论是怎么得来的，是否科学、合理，那么，他更关心的是调查所采用的方式、方法，数据的来源等方面的问题。针对性是调查报告的灵魂，必须明确要解决什么问题，阅读对象是谁等。针对性不强的调查报告必定是盲目的和毫无意义的。

3. 时效性

市场调查的目的是反映市场变化，及时为企业决策提供信息。在经济活动中，市场信息瞬息万变，对任何一个企业来说，时间就是金钱和效益，任何过时的信息与报告，都会失去其应用的价值。所以，市场调查报告的写作必须讲求实效，调查要及时，报告要迅速。

4. 综合性

市场调查报告要经过认真的分析研究，从调查材料中找出规律性的东西，得出正确的结论，这就要求作者对调查对象的了解必须全面深入，要把握各种有关情况，并对调查的所有事实、现象进行全面的综合和深入的研究，作出简明扼要的分析和正确的判断。

5. 实践性

市场调查报告是应企业的生产与经营管理的需要而产生的，它不只是客观事实的叙述，更重要的是对事实的分析和概括，对事实的内在规律的探求，反映经济活动中出现的问题，使企业及时采取相应的举措，以提高经济效益，因此具有很强的指导意义和实用价值。

8.1.1.3　市场调查报告的作用

1. 及时地反映市场信息，为企业生产适销对路产品指示方向

市场调查报告是以消费需求作为调查的主要内容，使企业及时了解社会购买力及其资金投向，根据消费需要，研制和生产适销对路的产品，定出合理的产品价格，选择正确的销售渠道，拟定科学的市场营销战略。

2. 为决策者制订经营决策提供依据，促进企业生产发展

市场供求情况是决策者制订经营计划和管理决策的必要依据。市场供求受商品供应量和社会购买力的制约，通过市场调查，企业一方面可以及时掌握产品生产、商品库存、商品货源、商品进出口、财政拨款等情况，了解商品供求总量，另一方面又可以及时了解社会消费水平、消费结构、购买力及各种消费因素的构成情况。

3. 改善企业经营管理，增强企业竞争能力

在社会主义市场经济发展过程中，企业竞争十分激烈。这种竞争包括两方面，一是产品质量的竞争，二是价格的竞争。市场调查报告可以帮助企业及时了解产品的销售现状，了解同行业竞争对手的产品销售信息及经营管理经验，以便及时制订合理的营销策略。

8.1.1.4　市场调查报告的分类

在调查报告中，市场调查报告属于专业性调查报告，它的分类方式很多。依据调查的内容和作用，可分为以下4种。

1. 产品生产情况的调查报告

主要通过对消费者的调查，反映他们对产品（商品）的质量、价格、使用情况与技术服务等方面的评价、建议和要求，了解企业产品（商品）占领市场的情况，如产品的市场占有率及其走向；用户对产品（商品）的商标、包装及广告宣传等是否满意。

2. 市场销售情况的调查报告

着重介绍产品的市场分布、消费人口构成、销售规模、销售渠道、销售能力、仓储运输成本、广告费用及效果等。

3. 产品供应情况的调查报告

主要通过供应情况的调查，了解产品（商品）在市场上的供求比例、销售能力和影响销售的因素，了解销售渠道是否畅通，如何进一步提高供求效率，改善供应情况等。由于这类调查报告对企业的生产、经营决策有直接的影响，因而使用最为广泛，容量比前两种调查报告大。

4. 市场竞争情况的调查报告

以调查市场竞争情况为主，具体说明市场上同类产品在质量、价格、品种、交货期限、零配件供应、经营推销方式、服务特点等方面的情况。

8.1.1.5 市场调查的方法

市场调查的方法有很多，在实地现场调查中常用的调查方法有询问法、观察法和实验法。

1. 询问法

询问法是由调查人员以询问的方式进行调查，从被调查者的回答中获取所需的资料。按调查人员与被调查者之间的接触方式的不同，询问法可分为访谈调查、信函调查、电话调查和网上调查四种形式。

2. 观察法

观察法是调查人员用自己的眼睛或借助器材，在调查现场直接观察和记录被调查者的行动，以获取所需的资料。

采用观察法调查有多种形式，按调查人员在观察过程中是否暴露身份，可分为公开观察和隐蔽观察；按事先是否有目的、有计划、有安排，可分为结构性观察和非结构性观察；按是否借助器材，可分为用设备观察和人工观察等。不同形式的观察，对调查人员和被调查者的要求不同，其调查结果的真实性也会不同。应根据调查的内容和调查现场的情况，采取相应的观察形式。

3. 实验法

实验法是调查人员根据调查的目的，选择一两个实验因素，将它们置于一定的市场条件下进行小规模的实验，通过对实验结果的分析来获取调查资料。如选择对商品销售量有明显影响的价格和包装两个因素作为实验因素，在其他因素不变的情况下，进行销售实验，从销售量的变化中，可表明价格和包装对销售量的影响。像一些企业早已采用的商品试销、试用、展销等都属于实验法。

8.1.1.6 市场调查报告的注意事项

（1）实事求是。报告中引用的资料要翔实可靠，重要的数据要反复核实、测算，做到确凿无误。

（2）注意观点和材料的统一。调查报告不是材料的简单罗列，要做到观点统帅材料，材料说明观点。

（3）突出重点。一份市场调查报告要突出重点，有的放矢，切忌面面俱到。

（4）综合运用多种表达方式。即综合运用说明、记叙、议论等表达方式。

8.1.2 模型解析

8.1.2.1 市场调查报告的文题思维描述模型

1. 市场调查报告的文题定量思维描述模型

设文题为 W，那么，W = 对象 + 调查范围 + 内容 + 文种。如：《关于海尔牌电冰箱在广东市场销售情况的调查》。

2. 市场调查报告的文题变量思维描述模型

设文题为 W_1，那么，W_1 = 时间 + 范围 + 结论。如：《二〇〇三年湖南省零售市场活跃》。

设文题为 W_2，那么，W_2 = 内容 + 结果——范围 + 内容 + 文种。如：《传统商业走向现代商业的探索——北京市连锁商业调查》。

8.1.2.2　市场调查报告的正文思维描述模型

设正文思维描述模型为 S，那么，S = 前言 + 主体 + 结尾。

（1）设前言为 A，那么，A = 调查情况说明（缘起 + 时间 + 地点 + 目的 + 对象 + 范围 + 内容 + 方法 + 结论等）。

[例 1]

2004 年 6 月中旬，江西省东部连降暴雨，除部分灾区外，其他地区农业丰收。为了弄清丰收后的农村市场情况，我们到粮食丰收的玉山县及该县的四股桥乡进行了调查。通过调查，我们认为：农业丰收，农民收入增加，生产、生活资料消费会全面上升，旺季更旺，既好于上半年，又好于去年同期。

根据模型，获得本例前言的“件、量、旨、链、语”信息如下：

模型件：背景（时间 + 地点 + 事件） + 目的（对象 + 范围 + 内容） + 结论

模型量：背景$_1$（时间$_1$ + 地点$_1$ + 事件$_1$） + 目的$_1$（对象$_1$ + 范围$_2$ + 内容$_1$） + 结论$_3$

模型旨：开篇明旨

模型链：为什么→做什么→怎么样；链环式；设问思路

模型语：概叙、说明

（2）设主体部分为 B，那么，B = 情况 + 分析 + 建议 = 回顾历史、说明现状 + 分析事实、探究原因 + 提出建议和措施。

[例 2]

关于国产 VCD 机生产、竞争的调查

我国目前生产 VCD 机的企业已达到 400 家，年生产量由 1995 年的 60 万台，猛增到 1997 年的 1000 万台。VCD 行业的高速发展，进一步繁荣了我国的电子音响市场，也使许多企业在短期内取得了较好的经济效益。然而，由于许多人患上了投资“短视症”，死死盯住市场上一时热销的产品，不惜血本铺摊子，甚至许多不太景气的电视机生产厂家也纷纷转产 VCD，一哄而起，盲目上马，使 VCD 市场在极短的时间里进入了饱和状态，为此，许多有识之士疾呼：国产 VCD 不能再盲目发展了。

一、现状

VCD 生产在我国时间很短，但其发展速度之快着实让人吃惊，从 1994 年万燕公司投入巨资批量生产 VCD 机至今，在短短的三四年时间里，便一跃成为世界上生产量最大、品牌最多、购买力最强的生产国和消费国。根据市场调查，VCD 机作为家庭现代化消费的象征，很受人们的青睐，成为许多经济富裕的家庭投资消费的热点，在经济发达地区，有 20% 左右的家庭已拥有 VCD 机，有 15% ～ 20% 的家庭正准备购买 VCD 机。

VCD 作为电子行业中的新产品，成为全国各地投资的热点，但生产量的迅猛增加，供求关系的影响，使产品的产销矛盾突现出来，于是一场争夺市场的 VCD 商战硝烟四起。细心的消费者不难发现，无论是看电视、听广播，还是翻阅报纸杂志，耳闻目睹，无处不见 VCD 广告在唱主角，尤其是在中央电视台播出的《新闻联播》节目之后，在一分钟“黄金时段”广告中，竟有 8 个品牌的 VCD 机相继亮相，在屏幕上“展开厮杀”，拼命争夺消费者。

不少生产厂家除不惜重金进行广告宣传，在媒体上争夺消费者之余，还采取降价销售的惯常之法进行竞争。1995年底，国内市场VCD机的平均价格为2700元至3000元，到1996年底已降低到1500元左右，降幅近50%，到1997年夏秋，有些生产厂家为了压缩库存，加速资金回笼，不得不“忍痛再削价”，将VCD机价格大战再一次推向高潮，不少VCD机的价格仅有1200元，个别品牌的VCD机价格直逼1000元。据有关人士分析，国产VCD的销售价已大大超过了极限，不少生产厂家已陷入了产得越多、亏得越惨的困境。因为一台真正2.0版VCD机按其性能和功能，每台价格应在2000元以上，如今每台已降至1200元，对厂家来说已无利润可言。但时至今日，这场自相残杀的悲剧仍无法避免，甚至还会继续残杀下去。

二、原因

国产VCD机的局面如此严峻，缘于三四年前所患的“短视症”。1994年我国VCD生产刚刚起步，市场需求量较大，一时便成了投资的热门产业，于是，不少地方不切实际地购买VCD生产线，不惜代价上项目、铺摊子，在国内便产生了几乎隔几天便有一个VCD生产厂家诞生的速度效应，这种热门产品领域的“短视症”投资，貌似“众人拾柴火焰高”，在短期内便形成了较大的生产能力，但市场竞争的实力却十分脆弱，即使到目前，年产VCD达10万台的也仅仅只有十几家，多数企业仍然停留在年产1万台到几千台的作坊生产水平上，由于这些企业规模较小，无力开发新产品，更谈不上创立自己的名牌，因此，只具“窝里斗”的本事，而不具备参与国内和国际两个市场竞争的能力。

虽说我国的VCD机生产量在世界上最大，但绝大多数企业根本不具备生产全部部件的能力，其主要部件——机芯90%以上依赖国外进口，与其说是VCD机生产厂，不如说是VCD机组装车间，这种“组装企业”迟早会被市场淘汰。

三、建议

VCD机生产的警钟已经响起，百家竞争的态势已经形成，但价格竞争并不是规范的市场竞争，真正的经营战略的竞争，应是产品质量和服务质量的竞争。要使VCD产销能够尽快步入健康的发展轨道，消除“短视症”带来的危害，必须采取积极有效的措施，扶优限劣，调整结构，提高质量，加强服务，真正实现VCD产销的良性循环，努力提高企业的经济效益和社会效益。

措施一：加强联合，增添活力。VCD生产要摆脱“互相残杀”的局面，当务之急，必须要以市场为导向，对生产企业进行合理组合，推行大集团、大公司、大企业的发展战略，并积极引导中小企业为名牌产品、大企业提供精制的生产配件，逐步形成一批围绕主导产业、主导产品服务的“小而专、小而精、小而特”的明星企业，以高质量的名牌挤掉市场上的“杂牌”军、劣质货。同时，积极发展以VCD为主的先进产品，通过引进技术和先进的生产设备，迅速改变靠组装加工为主的生产格局，逐步走出一条发展我国电子工业的振兴之路。

措施二：扶优限劣，稳步发展。虽说我国的VCD生产厂家和生产数量在世界上已居首位，但谁都清楚，说企业多是因为摊子多、作坊式生产多，说生产量大，是因为组装的数量大，其实并不具备参与国际市场竞争的能力。因此，必须从实际出发，进行大力整顿，有计划、有重点地发展优势产品，真正使我国成为具有国际先进水平的VCD机生产大国。

根据模型，可获得本例主体的“件、量、旨、链、语”信息如下：

模型件：情况+原因+建议

模型量：$情况_3$+$原因_2$+$建议_2$

模型旨：汇总显旨

模型链：横向思维（背景分析、因果分析、比较分析、措施分析）；果→因→措施，是什么→为什么→怎么办？

模型语：述说

（3）设结尾为C，那么，C=归纳全文、深化主题/重申观点、加深认识。

有的市场调查报告可不写结尾，但作者观点必须在全文中体现出来。例2的观点在“建议”中已十分明确，故不再加一个结尾。

8.1.2.3　市场调查报告的总体思维描述模型（表8-1）

表8-1　市场调查报告的总体思维描述模型（R）

模型 \ 模型结构	R=文题+正文			
	文题W	正文S=前言+主体+结尾=A+B+C		
模型结构	W=范围+对象+内容+文种	前言A=缘起+时间+地点+目的+对象+范围+内容+方法+结论	主体B=情况+分析+建议	结尾C=归纳全文、深化主题/重建观点、加深认识
模型件	范围、对象、内容、文种	缘起、时间、地点、目的、对象、范围、内容、方法结论	回顾历史、说明现状，分析事实、探究原因，提出建议和措施	归纳总结
模型量	$范围_n$、$对象_n$、$内容_n$、$文种_1$	$缘起_1$、$时间_1$、$地点_n$、$目的_n$、$对象_n$、$范围_n$、$内容_n$、$方法_n$、$结论_n$	历史、$现状_n$、事实、$原因_n$、建议、$措施_n$	$归纳总结_n$
模型旨	标题现旨	开篇明旨	汇总显旨	汇总显旨
模型链	对什么→在哪里→做什么；定向链环式	为什么→做什么→怎么样；发散思维；链环式	是什么→为什么→怎么办；横向思维；背景、因果分析、比较分析、措施分析	因→果分析
模型语	直陈	概述、说明	概叙、说明结合	概叙

8.1.3 例文点评

[例文]

上海市单身公寓市场调查报告

近年来，随着上海市房地产市场的成熟与繁荣，其住宅产品的更新换代也在急剧加快，新潮设计层出不穷，其中，以小户型住宅产品尤为耀眼，已成为上海楼市中的新宠，楼盘一经推出便深受追捧。这种小户型住宅产品目前在上海的房地产行业中主要有以下三种物业形式：

(1) 单身公寓。它是近两年来上海房地产市场上供应量最大的小户型住宅，主要有世纪之门、蓝朝部落、青年汇、自由之宅、东渡名人大厦、奔腾新干线等。

(2) 产权式酒店式服务公寓。它是一种具有产权性质的酒店，集商住为一体的物业品种，一般房间内无煤气等居家生活所必备的配套设施。此类产品目前市场上供应较少，主要有汤臣金融中心、巴黎时韵、环球广场、金银汇等。

(3) 一般的小户型住宅。它是指分布于综合性住宅小区内的小房型住宅，它属于普通的商品住宅项目，与普通商品住宅具有等同的使用年限和物业服务。目前市场上供应较多，主要有瑞虹新城的乐富单元，中远两湾城三期缤纷时代的一户室，达安花园二期的一户室，上城 UPTOWN 的跃层式单身公寓等。

在本次针对小户型的专项市场调查中，我们主要以供应量相对较多的单身公寓作为切入点，进行了比较深入的调查，现将有关信息汇总如下。

一、单身公寓的（诞生）历史沿革

单身公寓又称白领公寓，是一种过渡型住宅产品，是小户型住宅的一种，平均面积为 25～45 平方米，总价在 30～40 万元之间，其结构上的最大特点是只有一间房间，一套厨卫。近年来根据市场的需求，有些开发商也推出了带厨房的功能更为健全的单身公寓楼盘，有的还建造起了跃层小房型公寓，这种房型不仅在建筑面积方面增大到 50～80 平方米，而且在房屋结构方面还增加了厨房、客厅、餐厅、阳台等。

在上海，单身公寓的诞生最早是从租赁市场中出现的。大约在两三年前，有业主将空置的整幢商品房经简单装修后推向房产租赁市场，面向中层收入的白领出租，一般每个人负担的费用每月在 500～1000 元之间，结果颇受各类白领的青睐。众多开发商从中发现商机，纷纷推出专案，至此这种被命名为“单身公寓”的住宅才风靡起来。其中，最早作为出售形态的单身公寓当数长寿路上的世纪之门名气最响，它把一个板状商住楼设计成中间走道，两边做小套房，其主力面积在 45～60 平方米之间，总价在 20～30 万元之间，直接吸引了工作时间不长，但希望在市区有房的年轻人前来抢购。

二、单身公寓设计定位的基本特点

单身公寓作为一种特殊的住宅产品形式，在设计定位上也存在一些突出的特点。纵观上海的单身公寓，我们不难发现，目前市场上推出的单身公寓具有以下一些基本特点：

1. 最大限度的控制面积

……

面积控制最大的效用在于有效地控制总价。除部分投资型高档项目外，大部分单身公寓的总价都在 40 万元/套以下，与此类过渡性住宅消费者的消费心态相吻合，小面积同时使得此类产品成为市场上的稀缺产品，因此推出之后即受到市场追捧。

由于居住面积与舒适程度成正比，因此单身公寓在追求面积精简的大前提下，不得不以牺牲居住舒适程度为代价，大部分单身公寓宽不超过 3.5 米，绝大多数没有阳台，受建筑规范限制，部分单身公寓并不具备设置厨房的空间，而且几乎每个单身公寓项目都有大量全朝北的单元。

2. 拥有地段优势的稀缺产品

目前一些单身公寓住宅大多享有地理优势，处于人口稠密、商业成熟、交通便利的地区。住宅门口有四通八达的交通线路，以及著名的商业街。黄金地段是目前单身公寓最明显的特征之一。如位于上海市中心静安区的蓝朝部落、江宁路的 MYCITY、南浦大桥桥脚的青年汇等，这些物业都占据着上海一些最好的路段，它们的价值也随着市中心区域土地的匮乏而弥加珍贵。由于产品的稀缺性，导致了价格的剧烈提升。据统计，在这些中心城区的单身公寓平均价格超过同类地区普通住宅平均单价的 20% 以上，在看似较低的总价下，却隐含着高额利润。

3. 完备的配套设施及酒店式服务增添了物业的附加值

理想的单身公寓必须是入住方便，居家生活的所有设施都应一应俱全，妥帖地照顾了青年住户的入住要求。在更大程度上满足年轻人对日常生活方便、快捷的需求，最大限度地体现全新的生活方式。

因此，设施和服务已经成为消费者选购单身公寓的重要因素之一，也是开发商作为吸引客源的重要营销手段之一，目前大部分单身公寓承诺提供的社区设施及服务主要包括以下几大类：（略）

4. 全装修成品房

全装修是单身公寓的标准型特征之一，从首个单身公寓 MYCITY 到金银汇等第二代小户型公寓，其产品不断进化的一个重要表现也体现在装修品质的不断提高、配套设施的不断完善上。最初的全装修只是配备简单的厨卫设备，到蓝朝部落、青年汇等项目，全装修概念得以深化，提供除家具之外的全套设施，如空调、热水器、煤气灶、脱排油烟机、电磁炉等家电设备。虽然入住的方便程度已远远超过毛坯房，但还未达到“提个皮箱就可入住”的宣传效果。到金银汇项目，全装修概念得以充分展现，大到空调、小到一个烟缸，所有生活设施一应俱全。据悉，目前单身公寓装修标准一般在 600 ～ 800 元/平方米之间。

5. 仅仅是一种过渡产品

单身公寓并不是简单的家庭居住的终极产品，而是一种市场细分之后的产物，仅仅是一种过渡产品。一旦其业主结婚成家，它就将“沦为偏房”。因此，其客户群体也比较单一，关于此我们将在下一部分进行详细分析。

三、单身公寓的客户群体

既然单身公寓具备以上一些诱人的特征，那么到底是哪些人在购买具有以上特定设计要求和突出的市场特点的单身公寓住宅产品呢？据有关资料表明，这类物业 40% 的买家是 20 ～ 30 岁年轻人，39% 的买家在 30 ～ 40 岁之间，这两者相加占到总购房者的 79%；另外在付款方式上，93% 的买家选择按揭贷款，仅 7% 的买家选择一次性付款。其中主要表现为以下几类消费者：

（1）喜独立居住的本市高学历青年。……

（2）外地来沪的知识型青年。……

（3）单亲家庭。……

（4）投资客。……

在以上四类客户中，其中前两类客户在某种意义上来讲，就是目前在全国上下都比较流行的所谓的“小资阶层”，即既不属于一般的工薪阶层又不属于具有产业的中产阶级的一个中性群体，这类人一般表现为学历较高，具有一定的文化素养，有不菲而且稳定的收入，喜欢讲究生活品质、生活情调。据了解，目前上海市区此类人约有40～50万，而且在近300万的流动人口中也有小部分属于“小资阶层”，他们对单身公寓的需求相对是比较迫切的。

四、上海市单身公寓的市场现状

1. 目前上海单身公寓的市场交易氛围

上海市小房型楼盘或者说单身公寓楼盘的出现最初基于两个因素，一个因素是烂尾楼盘的重新包装上市，如MYCITY、青年汇、金银汇、蓝朝部落等单身公寓楼盘都是原有烂尾住宅项目的重新包装推广；另外一个因素就是有一定量的市场需求，由于产品面积小适合单人或两人家庭居住，总价低又适合刚开始创业的青年，并且易于出租，有投资价值，很受一部分人的欢迎。从最初的“烂尾”身份的出现到现在，单身公寓已经在上海房地产市场中演绎得如火如荼，持续火爆热销，各个楼盘都表现不俗，基本销售告罄：……

2. 几个典型单身公寓的基本情况介绍

为了更细致地描述上海市单身公寓的市场现状，更直观地表现单身公寓的分布区域以及其他的诸如市场价格、销售情况、内部配套等必要的市场要素，在此我们选取了目前上海市的几个典型单身公寓楼盘（包括蓝朝部落、青年汇、奔腾新干线、东渡名人大厦、自由之宅、金银汇等）进行逐一介绍。（具体介绍附后）

五、单身公寓今后的发展前景

单身公寓作为近两年来的楼市黑马，一直被开发商和客户爆炒、议论，那么这种热闹现象究竟能持续多久？其市场前景又究竟如何呢？

我们认为，目前这种以小户型为基本特征的住宅之所以出现热销现象，关键是由供求关系决定的，由于目前可供所谓“小资阶层”的住宅太少，所以一旦有此类单身公寓上市就会出现如上所述的井喷现象。但是随着产品在近期内的急剧增多，其市场利润空间也就不再宽广如昔。而且因为，单身公寓这类住宅毕竟不是住宅开发的主流市场，只不过是一种市场细分的产物，随着近两年蓬勃的发展，在填补了原先的空白的同时也将使这一细分市场达到相对饱和，不会成为楼市的主流产品，其发展前景因此显得很有限。

我们可以从以下几个因素对此进行具体的分析：

（1）从市场需求量来看。单身公寓的市场发展潜力将在未来的一到两年内得到充分挖掘，市场前景也随之有限。

据不完全统计，上海小房型的需求量至少在6万套以上，然而去年全年的小房型住宅供应量仅为5000套左右，因此在近期内小房型住宅仍然是“奇货可居”，仍将傲立马年的申城楼市。但是随着一些具有实力的开发企业也相继投入到小房型住宅的开发，这块市场蛋糕也将越来越小。据悉，上海绿地集团不但将在大型综合社区“上海春天”中推出

1500 套小房型住宅，还将在新客站、延安路、番禺路等商业区附近推出千余套提供酒店式服务的小房型住宅。中远置业集团在中远两湾城三期开发中推出的小房型住宅，还瞄准了老年夫妇的购房需求。而投身浦江两岸开发的浙江省耀江集团，更是准备在位于昆山路吴淞路口的北外滩地区，推出相应的小房型酒店式公寓。因此在未来一到两年内单身公寓供不应求的局面将有望得到缓解。

(2) 从规划设计来看，单身公寓本身的建筑缺陷将极大程度地限制其今后的发展。

单身公寓因为要求最大限度地控制套内面积，这就不可避免地出现了整栋楼宇的边角结构增多、公摊面积增多、同层户数增多、房间朝向的不合理性增多、房内生活的不舒适性增多，影响了客户对此类住宅产品的高度认可。

如目前市场上的众多单身公寓均由 20 世纪 90 年代初遗留的烂尾工程改造而来，这些原本大多规划做办公、酒店等之用的工程在建筑设计上与住宅的设计要求大相径庭。即使原本设计为住宅产品，但经过 5 ～ 10 年的市场洗礼，原设计也与当今的住宅要求有了很大的出入。因此，在将其改造为单身公寓重新推向市场的过程中，要将其原本的大面积空间进行分割，增设厨卫空间及管道等，就不可避免的带来了许多问题，主要表现为：①一梯多户，电梯数量不足，私密性差。单身公寓每层大多分布有 10 ～ 20 户，有些甚至高达七八十户，平均 3 ～ 8 户享用一部电梯，大走廊式高密度的布局导致采光通风、安全性、私密性都较差。②房型不合理。主要是体现在厨卫的摆放上，如厨卫相对，卫生间对着厅或房，厨房对着厅或房，厨房置于厅或阳台上，等等。

这些问题都将导致客户的流失或导致客户失去对该类住宅足够的信任，因此，在其市场发展过程中终究会被消费者遗弃。

(3) 从配套要求来看，单身公寓对配套设施和物业服务的要求苛刻，而且要求楼案所在区域具有很大的优越性，这对开发商而言是一种考验。

就单身公寓而言，发展商在售房时要承诺“生活设施一应俱全，业主拎包即可入住”的物业服务，或者说是要承诺这类物业所描绘的生活方式。这是消费者购买此类物业的一个重要因素，购房者在购买了物业的同时也购买了物业背后的服务，购买了一种生活方式，那么开发商的承诺是否能够最终兑现就成为关系到单身公寓未来发展前景的重要问题。

六、结论

总之，经过本次针对单身公寓的市场调查，我们在初步了解了其市场情况的同时，也据此归纳出以下几点结论：

(1) 单身公寓在过去的一两年内以及未来的一两年内作为市场的一种稀缺产品，其成为楼市黑马并一路热销是合理的也是必然的。

(2) 单身公寓作为房地产市场的一种过渡性细分产品，其市场容量毕竟有限，一时的“稀缺”很快就将得到解决，并逐步趋于饱和。

(3) 开发商们对小户型住宅的开发一定要保持冷静的头脑，要适可而止、谨慎入市，因为这类物业毕竟不可能成为住宅开发的主流市场。

[点评]

该文是关于房地产市场的一个调查报告。文题 W = 范围（上海市） + 对象（单身公寓） + 文种（市场调查报告），运用的是标题现旨思维描述模型，让人对该调查报告的内容有清晰的概念。

正文的思维描述模型为S=前言+主体+结尾。

其中，前言=缘起+地点+对象+范围+目的+结论，以开篇明旨的思维描述模型让人对上海的小户型单身公寓有了强烈兴趣。

主体部分=情况+分析，共分成五个小标题，用分题明旨的思维描述模型来展开调查研究，该部分的模型件分别为"单身公寓的历史沿革"、"基本特点"、"客户群体"、"市场现状"、"发展前景"。如在"基本特点"这一部分，又从最大限度的控制面积、地段优势、配套设施及服务等五个方面来展开，采用的是发散思维操作模型，以精确的数据和准确的事实分别进行背景分析、因果分析、比较分析、措施分析。

结尾部分对全文进行归纳总结，深化认识。根据所调查的种种情况，得出三个结论，运用的是汇总显旨模型，模型链：因→果或果→因分析，链环式结构。将全文分散于各部分的数据及观点做进一步的归纳与汇总，使观点更加鲜明突出。

8.1.4 同步训练

1. 请根据本校实际，用询问法做一次大学生日常消费调查，并写出一份调查报告的思维描述模型。

2. 根据市场调查报告的思维描述模型，针对本地某一企业的产品做一次市场调查，并写一份市场调查报告。

3. 请对教材上"8.1.3 例文点评"的《上海市单身公寓市场调查报告》一文中的主体部分"二、单身公寓设计定位的基本特点"进行思维描述模型分析。

8.2 经济预测报告

8.2.1 基础知识

8.2.1.1 经济预测报告的概念

经济预测报告，是根据过去和现在的资料，预见、分析和推断未来一定时期内经济发展过程及其变化趋势的经济文书。经济预测报告以调查为前提，以科学的分析研究为依据，以正确的经济理论为指导，通过大量翔实的调查、统计数字，对未来一定时期内的经济活动的演变作出预计和推测。

经济预测报告和市场调查报告关系密切但又有明显的不同。市场调查报告重点在于反映市场的历史和现状，解决当前市场迫切需要解决的问题；经济预测报告则重点在于推知未来，明确未来经济发展的趋势。

8.2.1.2 经济预测报告的特点

1. 预见性

经济预测报告的最大特点是对事物未来的发展方向和特点做预测。这就要求市场预测必须通过充分的调查研究，运用有关的经济学理论和方法，正确地分析研究有关的数据资料，做出准确预测。

2. 科学性

客观的经济现象在各个发展阶段往往具有一定的内在联系。市场预测就是通过对经济现象的历史和现状的分析，掌握内在联系，揭示发展规律，并预测未来的发展趋势。市场预测不能只凭借实践经验来进行，更要依据科学的方法加以分析研究，力戒主观盲目，在占有详尽的信息资料的基础上，经过严密的推理和科学的运算，得出准确的结论，从而保证预测结果的科学性和精确度。

3. 时效性

“时间就是生命，效率就是金钱。”在瞬息万变的经济活动中，要使预测能为决策服务，为提高经济效益服务，就必须迅速、灵敏地记录和反映经济活动中的新变化、新动态，并以最快速度传递给决策部门和管理部门。时效性是经济预测报告的生命和力量所在。

8.2.1.3　经济预测报告的作用

经济预测报告不仅要及时提供市场目前的各种信息，而且要预测市场各种因素的发展趋势。企业的经营管理水平，从根本上说，就表现在市场预测的能力上。市场预测报告具有以下作用：

1. 为企业经营决策提供科学依据

正确的市场预测能使企业在竞争中掌握主动，这是企业成功的关键。对某些带有普遍性的经济问题的预测，如物价、消费结构等，能为企业提供科学的经济情报，对企业的经济活动进行正确的指导，使企业避免风险和危机，使经营决策更有效。

2. 是制定企业发展规划的基础

预测是生产的先导。企业的发展必须适应新经济形势的需要。市场预测对其他企业的有关情况及市场变化信息进行及时的掌握，对市场进行准确预测，对企业的经营和开展竞争具有决定性的作用。市场预测能够增加商品经营的自觉性，减少和防止商品经营的盲目性，是企业开展经济活动、不断改革创新的重要保证，是企业制订发展规划的基础。

3. 有利于企业经营管理

通过市场预测，能发现有发展潜力的企业和产品，以便及早予以扶持；对盲目发展及时予以控制；对可能出现的问题及时采取措施加以预防和解决；从而使企业的经营管理得到进一步的加强和改善，使企业健康发展。

8.2.1.4　经济预测报告的类型

1. 按范围划分，有宏观经济预测报告和微观经济预测报告

宏观经济预测报告是指对大系统的、总体的、综合的预测报告，一般用于对整个国民经济范围的预测，它要求描述整个国民经济活动的总图景以及相应的经济变量的全社会综合数值。

微观经济预测是指关于某经济单位的预测报告，是对局部或个别的经济问题所作的预测报告，如预测一个企业、一个城市或家庭、个人的经济活动。

2. 按期限划分，有长期、中期和短期经济预测报告

长期经济预测报告，一般是指对 5 ～ 10 的经济发展前景所写的预测报告。它是制订经济发展远景规划和规划经济长期发展任务的依据，如城市预测、环保预测等。

中期经济预测报告，是对 2 ～ 5 年内经济发展前景所写的预测报告。它是制订 2 ～ 5

年计划、规定这一时期内经济发展任务的依据，如预测国民经济发展速度、基本建设投资过程等。

短期经济预测报告，是对1年左右时间内经济发展前景所写的预测报告。如预测季度、年度计划的完成，财务收支的变动，价格变动等。

3. 按预测的空间分，有国际经济预测报告和国内经济预测报告

国际经济预测报告是对全球性、洲际性和地域性、行业性的经济预测。

国内经济预测报告是对全国性、某个行政区、某个经济区域的经济预测；在某个经济区域内还可进一步分为城市经济预测、农村经济预测等。

4. 按预测的方法分，有定性预测报告、定量预测报告

定性预测报告是指揭示目标性质的预测报告，又称社会调查预测报告。

定量预测报告是指对目标的数量进行分析，又称统计分析预测报告、数学分析预测报告。

5. 按预测的性质分，有专项预测报告和综合性预测报告

前者是指对经济活动中某一因素的分析预测，如市场预测报告、销售预测报告、生产预测报告、资源预测报告、成本预测报告等。后者是指对诸多因素的分析预测。

8.2.1.5　经济预测报告的写作要求

1. 系统性

进行经济预测，撰写经济预测报告，要对影响经济活动的各种因素进行全面的、系统的分析。

2. 预见性

经济预测报告的主要特点就在"预测"上，这是由这一文体的写作目的决定的。经济预测报告是在对过去和现在的有关资料的分析研究的基础上，专门对经济活动的未来趋势作出分析和判断的一种文体，预见性是其"灵魂"。

3. 时效性

经济预测报告跟市场调查报告一样，也具有时效性。应该为现实经济活动服务，为取得良好的经济效益提供切实的指导和帮助，不能是"马后炮"。

8.2.2　模型解析

8.2.2.1　经济预测报告的文题思维描述模型

1. 经济预测报告的文题定量思维描述模型

设经济预测报告文题为W，那么，W = 预测时限 + 范围 + 对象 + 文种。如：《2003年我国大城市粮食市场预测报告》。

2. 经济预测报告的文题变量思维描述模型

设经济预测报告文题为W_1，那么，W_1 = 对象 + 文种。如：《玉米市场预测》。

设经济预测报告文题为W_2，那么，W_2 = 对象→结果。如：《今冬煤炭市场旺中趋缓》（单标题），《今年家电市场发展趋向——讲究功能，追求装饰》（双标题）。

8.2.2.2　经济预测报告的正文思维描述模型

设经济预测报告正文思维描述模型为S，那么，S = 前言 + 主体。

（1）设前言为A，那么，A = 预测对象 + 历史背景 + 现实背景 + 未来趋势。

［例 1］

1988 年上海市洗衣粉需求量预测

金桂生　许学武
（上海第一商业局经济研究室）

洗衣粉是人民生活的必需品。近年来，随着人们穿着习惯的改变、洗涤工具的进步、人口数量的增多，洗衣粉的社会需求出现了迅速增长的现象。1986 年上海市洗衣粉的社会零售量为 29748 吨，比上年增长 26.6%，今年上半年，市场销售继续见好。那么 1988 年上海洗衣粉的社会需求量如何呢？

根据模型，可获得本例前言的“件、量、旨、链、语”信息如下：

模型件：预测对象 + 历史背景 + 现实背景 + 未来趋势

模型量：预测对象$_1$ + 历史背景$_1$ + 现实背景$_1$ + 未来趋势$_1$

模型旨：开篇明旨

模型链：（对象）→此时→怎样→彼时→会怎样；纵向思路；比较推测思维法

模型语：概叙、说明

在前言部分，主要是简明扼要地介绍预测的时间、地点、范围、对象、目的，也可说明预测的主旨和采用的方法，还可介绍全文的主要内容。这是进行分析的依据，也是对后文的铺垫。

（2）设主体为 B，那么，B = 历史 + 现状 + 分析 + 预测 + 结论与建议。

［例 2］

一、上海市洗衣粉产销回顾

工业生产：我国洗衣粉在 1959 年由上海合成洗涤剂厂首创生产，当年产量为 770 吨。该厂也是上海迄今产量最大的洗衣粉生产厂，1986 年上海地产洗衣粉 64252 吨，“五五”期间洗衣粉生产量平均每年递增 10.89%，“六五”期间平均每年递增 5.4%。

市场销售：1976 年上海洗衣粉销售量仅 5751 吨，1986 年已达 29748 吨，“五五”期间洗衣粉销售平均每年递增 8.69%，“六五”期间平均每年递增 21.98%。历年产销量详见表 1。

表 1　　吨

年份	生产量	社会零售量
1976	31738	5751
1977	34046	6168
1978	38773	7950
1979	40978	8647
1980	44639	7860
1981	47390	9100
1982	46301	11050
1983	50281	12741
1984	55130	17015
1985	58500	23496
1986	64252	29748

二、1987年上海洗衣粉社会零售量预计

上半年实绩，据上海市第一商业局统计，1987年上半年上海市洗衣粉社会零售量为13092吨，比去年同期增长14.4%。零售量虽然上升，但是，幅度趋缓，原因是由于投放市场的资源比去年同期减少和洗衣机销售量减少所致。

下半年预计，目前洗衣机的“购买热”已趋平稳，但是居民拥有量仍在上升。同时人口数量和化纤织物的消费量也趋上升，加上洗衣粉又是人们必不可少的日常生活用品，因此，下半年上海市洗衣粉需求呈增长的趋势是显而易见的。综观下半年与洗衣粉销售紧密相关的诸因素，结合当前洗衣粉的需求动态，若按可能的14%的增速推算，那么今年下半年社会零售量为20866吨。

这样，预计出1987年上海市洗衣粉的社会零售量约34000吨，比上年增长14.3%。

三、1988年上海市洗衣粉社会需求量预测

定性分析：

1. 洗衣粉的需求量，除了正常的消费外，还取决于以下一些相关因素：一是洗衣机拥有量的程度；二是人口数量的变化；三是化纤织物消费量的增减；四是肥皂需求的变化。经向市有关部门了解，1988年上海洗衣机的拥有量、人口的数量、化纤织物的零售量都将有不同程度的增长。此外，肥皂销售将进一步下降，洗衣粉取代部分肥皂需求的消费特点在明年会体现得更加明显。因此，可以预见，1988年上海洗衣粉的社会需求仍将有较大幅度的增长。

2. 根据轻工业部最近的计划，“七五”期间洗衣粉的产量，将从1985年的98.88万吨，发展到1990年的220万吨。“七五”期间洗衣粉的生产量平均每年递增15%。又从上海市日化工业部门了解到，明年上海合成洗涤剂厂的生产量连续有所增长，尤其是市场上紧俏的“佳美”、“白猫”等品牌洗衣粉的产量，将有大幅度增长。

由此可见，1988年上海市洗衣粉的需求呈增长趋势是必然的，为满足需求的扩大而提供的资源也是有相对保证的。

定量分析：

1. 数学模式的选择

影响市场商品供求变化的因素是多方面的。如果其中有一个因素是基本的，起决定作用的，而且它同商品供应或商品需求之间的数据分布呈线性趋势，那么就可以利用一元线性回归方程进行预测；如果有两个以上的因素同等重要，则可以拟合多元线性回归方程来预测。

从1976年至1986年上海市洗衣粉社会零售量来看，大致经历了三个阶段：1979年之前是缓慢增长期；1980年一度出现低潮；1981年开始也正是洗衣机拥有量迅速提高的时期。从两者上升的速度看，呈大体相同的幅度增长。事实上，洗衣粉的需求迅速增长是与洗衣机拥有量的迅速提高紧密相关的。据上海百货公司对居民的问卷调查，1985年有机户平均消费洗衣粉13.9千克，比1985年上海每户平均年消费洗衣粉6.86千克多108.8%。按此类推，1985年由于拥有63.6万台洗衣机，就增加消费洗衣粉4591吨。此外，历年人口的不断增长，也是洗衣粉需求扩大的一个比较相关的因素。为此，依据洗衣机拥有量提高、人口数量增多对洗衣粉需求量影响的相互关系，拟建立二元回归线性方程的数学模式，对1988年上海市洗衣粉社会需求量作定量预测。

2. 数学模式的应用

依据上述两个相关因素，建立二元回归线性方程为

$$Y = a + b_1x_1 + b_2x_2$$

式中，Y 为预测回归；x_1 为人口数量，x_2 为洗衣机拥有量；b_1、b_2 为回归系数。方程运算所需数据详见表 2。

表 2

年份	1985	1986	1987	$\sum$
洗衣粉销售量（吨）y	23496	29748	34000	87244
人口数量（百万）x_1	12.16	12.32	12.47	36.96
洗衣机拥有量（万台）x_2	63.6	95.4	120	279
x_1^2	147.9	151.8	155.5	455.2
x_2^2	4045	9101.2	14400	27558.2
x_1y	285711	365900	423980	1075591
x_2y	1494345	2837959	408000	8412304
x_1x_2	773.4	1175.3	1496.4	3445.1

说明：经市有关方面预测，1987 年上海市洗衣机拥有量约为 120 万台，1988 年为 150 万台；今年年底人口为 12.47 百万，1988 年为 12.62 百万。

将上面所列数据代入以下 3 个标准方程式可求得方程系数。

$$\sum y = na + b_1\sum x_1 + b_1\sum x_1 + b_2\sum x_2$$

$$\sum x_1y = a\sum x_1 + b_1\sum x_1^2 + b_2\sum x_1x_2$$

$$\sum x_2y = a\sum x_2 + b_1\sum x_1x_2 + b_2\sum x_2^2$$

将 1988 年人口数量 $x_1 = 12.62$，洗衣机拥有量 $x_2 = 150$ 万台代入方程，于是得

$$Y = 39696 \approx 39700 \text{（吨）}$$

故 1988 年上海市洗衣粉的社会需求量约为 39700 吨，比 1987 年增长 16.8%。

3. 对预测数据验证

为了验证 1988 年预测值的可靠程度，选择洗衣机拥有量、人口数量与洗衣粉需求之间的相关系数 r 来计算评判，其计算公式为

$$r = \sqrt{\frac{1 - Sy^2}{Dy^2}}$$

其中 $Sy^2 = \dfrac{\sum(y-\hat{y})^2}{n}$，$Dy^2 = \dfrac{\sum(y-\bar{y})^2}{n}$。

所需数据见表 3。

表3

年份	实测值 y	预测值 y
1983	12741	12045
1984	17015	15534
1985	23496	23609
1986	29748	29630
$\sum$	82999	80818

将历年有关的数据代入。其中1983年人口数量为11.94百万，洗衣机拥有量为12.4万台；1984年人口数量为12.05百万，洗衣机拥有量为25.6万台。

这样，求得 $r=0.992$。

我们知道，相关系数变动于0与1之间，即 $0\leqslant r\leqslant 1$，当 r 越接近1时表明相关关系越密切，使用相关关系方程模型进行预测也越可靠。上面计算结果表明，人口数量、洗衣机拥有量与洗衣粉的需求相关关系甚为密切（$r=0.992$）。

因此，按照定性和定量预测方法，预测上海1988年洗衣粉社会零售量3.97万吨，比上年增长16.8%，供有关部门参考。

根据模型，可获得本例主体的“件、量、旨、链、语”信息如下：

模型件：回顾历史+说明现状+分析+预测+结论

模型量：回顾历史$_2$（企业自身状况+产品供求状况）+说明现状$_2$（消费实绩+消费预绩）+分析$_2$（定性分析）+预测$_3$（定量分析）+结论$_1$

模型旨：分题明旨

模型链：历史怎样→现实怎样→未来怎样；纵向思维

模型语：说明

8.2.2.3 经济预测报告的总体思维描述模型（表8-2）

表8-2 经济预测报告的总体思维描述模型（R）

模型 \ 模型结构	R = 文题 + 正文 = W + S				
	文题 W	正文 S = 前言 + 主体 = A + B			
	W = 时限 + 范围 + 对象 + 文种	A 前言	B 主体 = 历史 + 现状 + 分析 + 预测 + 结论与建议		
模型件	时限、范围、对象、文种	A = 写作动因（范围、对象、内容、观点、数据）	回顾历史、说明现状	分析、计算	结论、建议
模型量	时限$_1$、范围$_n$、对象$_1$、文种$_1$	预测范围$_n$、对象$_1$、内容$_n$、观点$_n$、数据$_n$	回顾历史$_n$、说明现状$_n$	分析$_n$、计算$_n$	结论、建议$_n$

续表 8 - 2

<table>
<tr><td rowspan="3">模型
模型结构</td><td colspan="5">R = 文题 + 正文 = W + S</td></tr>
<tr><td>文题 W</td><td colspan="4">正文 S = 前言 + 主体 = A + B</td></tr>
<tr><td>W = 时限 + 范围 + 对象 + 文种</td><td>A 前言</td><td colspan="3">B 主体 = 历史 + 现状 + 分析 + 预测 + 结论与建议</td></tr>
<tr><td>模型旨</td><td>标题现旨</td><td>开篇明旨</td><td colspan="2">分题明旨</td><td>汇总显旨</td></tr>
<tr><td>模型链</td><td>何时→何地→何目的→做什么；发散思维；链环式</td><td>什么→此时→怎么样→彼时→会怎样；纵向比较、推测思维法</td><td>基本情况；定向思维；链环式；纵式结构</td><td>定量、定性横向分析</td><td>应该怎样（判断）</td></tr>
<tr><td>模型语</td><td>概叙</td><td colspan="4">说明</td></tr>
</table>

8.2.3　例文点评

［例文］

经济发展的国际环境将改善

（http：//finance. sina. com. cn 2002 年 12 月 09 日 10：23 上海证券报网络版）

当前，全球经济正在经历结构性调整，经济复苏的基础仍不稳固，面临着许多不确定因素。但从总体上看，2003 年我国经济发展的国际环境将比 2001 年和 2002 年有所改善，这将有利于明年我国经济的持续稳定增长。随着经济规模迅速扩大、经济改革不断深化，我国经济与世界经济的联系将更加密切和直接。

一、世界经济将温和复苏

新一轮世界经济增长的减速或衰退在程度上比一般的预测要深。世界经济在 2000 年达到高点之后下跌的首要原因是作为世界经济发展火车头的美国经济和另两大经济体欧元区和日本经济同时出现问题。最近一段时期以来，各大国际组织和研究机构纷纷调低了各自对 2002 年世界经济和贸易增长的预测。总体上看，世界经济的复苏将会延迟到 2003 年中期左右。

世界经济复苏在地区间存在差异。美国经济仍然是世界经济发展的火车头和风向标。2001 年一至三季度美国经济连续出现 3 个季度的负增长是导致当年世界经济和贸易增速放缓的直接诱因。欧元区经济发展的表现一直没能达到人们自欧元启动以来的乐观预期。尽管欧元区的利率一直保持在较低水平，财政状况稳定，通胀也基本保持在控制水平内，但是由于生产停滞不前、信心不强和支出增长乏力，特别是产业结构调整步伐缓慢使欧元区经济发展始终落后于美国。与此同时，作为三大经济体之一的日本经济自 20 世纪 90 年代以来一直在衰退的边缘苦苦挣扎。尽管目前出现了一些复苏迹象，但 2003 年实现正增长的预期仍需要做出巨大努力。

经济增长的格局也出现了一些局部性变化。首先是东亚发展中国家（地区）经济增长仍未恢复到 1997 年金融危机以前的水平。由于这些经济体的规模较小，长期以来所采取的依靠大量外资流入和出口导向型发展战略使其经济对发达国家的依赖程度较高，国内市场的相对狭小制约了经济增长的潜力。因此，东亚发展中国家能否在信息经济时代继续取得新的经济发展奇迹仍然值得关注。其次是转轨经济国家已经走出了新旧经济体制交替所导致的严重衰退时期，经济呈逐步加速增长趋势。

二、世界贸易恢复增长

2001 年世界贸易额增长率从 2000 年的 13% 迅速下降为 -4.5%，这是多年以来的第一个负增长。从各地区的进出口情况看，除转轨经济国家保持增长外，其他地区进出口均出现不同程度的下降，美国进出口分别下降 6% 和 7%，日本进出口下降达 8% 和 16%，受发达国家需求大幅度下降和高新技术产业发展减缓的影响，对外需依赖较强的东亚出口导向型经济体的进出口下降达 13%。

随着世界经济逐步走出谷底并将实现温和复苏，全球贸易将逐步恢复增长态势。美国今年第二季度的进口重新出现增长，极大促进了其他国家出口的复苏，最新数字显示，美国 9 月份的进口同比增长速度已经上升至 10.0%。另一方面，日本出口的恢复增长也对近来日本经济产生积极影响。在东亚出口导向型经济体当中，除新加坡对外贸易仍然比去年下降之外，其他各国进出口均已经出现明显增长。总体看来，受上半年国际贸易延续 2001 年趋势继续下滑的影响，2002 年世界贸易增长速度仍将较低。预计随着世界经济的逐步复苏，2003 年将可恢复到一个正常水平。

三、美国经济保持低速增长

2002 年初，美国经济大有起色，一季度 GDP 增长率高达 5.0%，是近两年来增长速度最快的一个季度。但企业假账丑闻、股市暴跌、美元走软以及国际油价飙升等因素给美国经济复苏蒙上了一层阴影，二季度 GDP 仅增长 1.3%，三季度经济增速有所回升，GDP 增长率升高到 4%。2002 年美国经济在消费需求、库存调整以及宏观经济政策等推动下，呈现出有起伏的温和增长态势，全年 GDP 将增长 2.6% 左右。

2003 年美国经济将保持低速增长，初步预计，GDP 将增长 3% 左右。首先，住房投资和居民消费仍保持较快增长。其次，美国出台新企业责任法案，加强公司治理的力度，将严厉惩治企业经营中的造假行为，有助于恢复投资者和消费者的信心。第三，历史性低利率有利于投资回升。第四，美联储的调控能力不可低估。

当然，2003 年美国经济增长中存在许多不确定因素。目前联邦基金利率已降低至 40 多年来的最低水平，货币政策左右为难；巨额财政赤字进一步加大了财政调控的难度；股市财富负效应逐步显现；巨额贸易逆差的连年上涨，外国直接投资流入锐减，房地产业可能孕育着新的泡沫；拉美经济金融动荡；对伊可能发动的战争将导致国际油价大幅波动；巨额军费开支使本已严重赤字的财政不堪重负。

美国经济走势对我国证券市场的影响日益增大。美国是我国第一大出口市场，美国经济的好坏影响着我国的出口，进而直接影响到我国产品出口企业和外贸类上市公司的业绩。

四、国际原油价格波动趋缓

进入 2002 年以来，原油需求有所回升，欧佩克继续实行限产保价政策，导致国际原油供给减少。国际原油供求关系的变化，尤其是中东危机加剧以及美国对伊战争威胁导致国际油价不断上扬，逐级攀升，到 10 月份，欧佩克原油价格从年初的每桶 17 美元一路上升到 28 美元，飙升约 65%。国际三大原油市场 WTI、Brent 和 Dubai 油价大幅反弹，其中

WTI 油价一度突破每桶 30 美元大关，达到一年半以来的最高点。

2003 年，全球经济复苏将进一步加快，根据 IMF 的预计，世界经济将增长 3.7%，增速同比加快 0.9 个百分点。因此，原油需求也将有所增加。据美国能源情报署预测，2003 年世界原油日均需求量为 7760 万桶，比 2002 年增加 130 万桶，同比增长 1.7%。

从供给能力来看，目前，欧佩克成员国尚有过剩产能约 500 万桶/日，可以及时根据需要增加生产；俄罗斯、挪威、墨西哥也在增产，使全球原油供给充裕。据美国能源情报署预测，2003 年世界原油供给量为 7800 万桶/日，比 2002 年增加 200 万桶/日，同比增长 2.6%。

在 2003 年国际原油市场上，中东冲突和恐怖威胁等不确定因素较多，当然，最大的不确定性是美国对伊拉克战争问题。

综合分析，假如美对伊开战，一方面会直接影响伊拉克原油生产，造成世界原油供给减少；另一方面，海湾局势紧张会导致人们对国际原油市场产生恐慌，导致国际油价短期内暴涨。如果战争局限在一定区域，只要沙特等邻国不卷入战争，石油设施不遭受严重破坏，世界原油供应就不会出现大问题，油价暴涨继而发生石油危机的可能性不大。但是，如果战争扩大到整个中东地区并长期化，很可能将出现灾难性后果。

总体来看，2003 年全球原油需求将平稳增长；原油供给较为充足，原油库存将略有上升，国际石油供求基本平衡。初步预计，欧佩克一揽子原油价格将保持在每桶 20～26 美元左右，国际原油价格呈稳中略降的走势，不会对 2003 年世界经济复苏构成较大威胁。

国际原油供求平衡表　　百万桶/日

年份	1999	2000	2001	2002	2003
OECD 需求量	47.7	47.9	47.7	47.7	48.5
非 OECD 需求量	27.3	28.1	28.3	28.6	29.1
世界需求总量	75.0	76.0	76.0	76.3	77.6
OPEC 供应量	29.3	30.9	30.1	28	29.2
非 OPEC 供应量	44.9	45.9	46.6	47.9	48.9
世界供应总量	74.2	76.8	76.7	75.9	78.1

五、国际市场商品价格将有所反弹

自 1996 年以来，以美元计算的国际市场除石油外产品价格持续下跌。至 2001 年底，制成品的国际市场价格下跌超过 20%，初级产品的价格更是下降 30% 以上。国际市场主要产品价格持续下跌主要有三方面原因：一是需求不旺，以及一些产品如办公及电子通讯器材生产能力过剩；二是美元持续坚挺；三是全球通胀压力减弱。

2002 年以来，由于全球贸易恢复增长和一些产品供应趋紧，国际市场商品价格一升再升，出现了明显的恢复和反弹。截至 2002 年 9 月，以美元计算的国际市场除石油外产品价格较 2001 年回升 8.7%。分产品看，除金属类商品价格略见疲软外，各类初级产品的价格普见回升，其中，农产品和基础原材料的价格分别上升 12.1% 和 17.2%；一些主要工业制成品的价格也有上升。

未来一段时期，伴随着世界贸易增长加快，国际商品市场需求将继续有所增长，国际市场产品价格将会终止逐年下滑的势头，但是由于供求关系的调整，以及国际市场竞争的压力，国际市场主要产品价格继续上升的空间不大。

六、全球主要股市将止跌回升

2002年在美国股市带动下全球主要股市大幅下挫，从3月份开始新一轮加速下跌行情。10月中旬以后，由于严重超跌出现了技术性反弹。在美国股市下跌的带动下，欧洲和日本股市也都出现了大幅度下跌。截至2002年10月底，美国道琼斯工业指数、日本日经225指数、英国金融时报100指数、德国DAX30指数和法国CAC40指数几乎都在10月9日前后达到了近年来的最低点，自年初开始分别下跌了27.7%、22.4%、29.6%、49.7%和42%。这次股市动荡是自1929年至1933年大萧条以来最大幅度的下跌。

一系列假账丑闻是全球股市暴跌的导火索，企业盈利水平下降和人们对经济复苏前景的担忧是股市下跌的主要原因，此外，国际油价飙升、战争威胁以及恐怖袭击等不确定性因素给股市带来了巨大冲击。

全球股市在经历了此次大跌后，2003年将慢慢恢复元气。首先，世界经济复苏进程加快，表明全球股市基本面将逐步转暖。其次，在股市连续下跌后，全球主要股指已经降到5年前的水平，日本股市甚至跌至19年来新低，市盈率下降到20倍以下，技术面上存在回升的要求。第三，企业经过裁员、技术革新、设备更新改造等结构调整，盈利水平有望提高。第四，各国大力推进企业治理结构改革和加强证券监管，投资者信心将得到一定程度的恢复。因此，2003年全球主要股市将止跌回升，但短期内不会恢复到20世纪90年代的水平。

七、主要货币汇率体系继续调整，美元地位下降

随着美国经济光环的逐渐褪色和世界经济增长减速，主要国家货币汇率体系正在发生新的调整。美元兑欧元汇率2002年7月19日曾跌至1欧元兑1.0156美元的低位，欧元正在实现其价值的回归。与此同时，美元兑日元汇率一度升至2月8日1美元兑134.77日元的高位。近期美元兑日元汇率有所下调，但是仍然处在较高水平。

决定货币汇率的基础是各国的经济实力及发展趋势。这次国际货币汇率体系调整的背景是与国际经济发展变化和全球股票市场的调整相一致的，也与国际资本的流动格局变化密切相关。维持近年来美元强势地位的经济基础和政策环境都已发生转变。美国联邦储备基金利率与欧元基准利率差已扩大为200个基点，不利于美元汇率上升，美元一股独大的格局正在发生变化。然而由于欧元区以及日本经济目前仍然困难重重，国际资本无法找到另一个更安全、投资收益更大的成熟市场，国际货币汇率体系动荡仍将继续。

国际货币汇率体系调整会对我国经济产生一系列的影响。美元走软有利于增强我国出口产品在国际市场的竞争力。良好的投资回报和巨大的发展潜力使国外投资者对在中国投资非常看好。如果美元汇率进一步下降，美元资产的投资回报率将会进一步降低，投资风险也将上升。而我国经济的迅速增长和巨大的国内市场将对国外投资者更加具有吸引力。当然，货币汇率的均衡与全球经济增长和结构调整之间存在密切的相关性。如果美国经济增长速度放慢或者再度出现衰退，美元汇率的较大幅度调整将不可避免，这将会对我国经济产生不利影响。

八、全球货币政策调整空间有限

由于信息技术的迅速发展和金融体系的不断完善，金融工具的传导效率显著提高，货币政策在各国抑制通货膨胀和刺激宏观经济增长中起到了举足轻重的作用。在格林斯潘时

代，货币政策几乎演化成一种全能的工具，使美联储成为调控社会总需求最得力的金融机构，保持了美国经济连续多年稳定增长的局面。“9·11”事件后，美联储连续4次下调利率达1.75个百分点，并通过公开市场操作、贴现窗口放贷、扩大与国外中央银行的合作等方式向金融体系注入大量资金，对防止金融体系崩溃，稳定市场信心起到了非常重要作用。

日本从1995年起进入零利率状态。经过连续12次下调，美国联邦基金利率降至1.25%，达到40多年来的低点；贴现率降至0.75%，已经非常接近零利率。欧元区基准利率为3.25%，处于历史相对低位；同时，由于经济增长预期悲观以及德法意等国财政赤字将超出《稳定与增长公约》规定目标，要求执行灵活的货币政策，因此欧洲央行降息压力很大。总体来看，目前全球将进入低利率时期。

与此同时，货币政策调整空间有限，对经济的影响弱化。目前，各国基准利率大都处于历史最低水平，进一步降息的空间很小，对宏观经济的影响逐渐弱化。首先，货币政策对于解决由于供给过剩导致的经济衰退效果并不明显。同时过分降低利率，容易使市场形成较强的通货膨胀预期，导致长期利率水平上升，反而会削弱货币政策的扩张作用。其次，在市场经济条件下，如果投资和消费意愿不强，降低利率可以起到刺激消费、扩大投资的作用。但是，目前的经济不景气主要是由于投资过度和收入预期下降造成的。因此，利率在刺激投资和消费方面的作用会大打折扣。另外，连续多次降息容易形成经济增长的悲观预期，而且有可能导致利率政策失去效力，陷入流动性陷阱的潜在危险。

九、全球经济发展受通货紧缩困扰

当前全球经济发展中面临的最为紧迫的问题，不是股市下滑，也不是经济的二次衰退，而是正在出现的遍及全球的通货紧缩。

当前，全球经济发展正在进入一个低通胀时期。1994年至2001年，发达国家和发展中国家的居民消费价格指数增长率年均为2.1%和15.7%，分别比1984年至1993年期间低2.1个和32.8个百分点。从近期看，在美国，因为经济复苏乏力，正在经历一个高失业时期。再加上股市萧条，消费者信心又进一步受到打击，2002年美国通胀率月同比增长最高仅为1.7%，增速大幅放缓。欧元区通胀率始终稳定在欧洲央行所设定的2%左右的调控目标范围内，其中一些主要国家，如德国、法国等低于整个欧元区的平均水平。而日本则在近10年的经济不景气中进入通货紧缩时期。通货紧缩在一些发展中国家和地区也表现得十分突出。目前亚洲不少国家和地区都出现通货紧缩问题，拉美国家因近年来经济受到美国经济复苏乏力的消极影响，也都出现了通货紧缩趋势。

对当前全球进入低通胀时期的一种解释是由于高科技的迅速普遍采用使劳动生产率提高、生产技术提高及市场竞争的结果。一般来说，通货紧缩是指由于社会有效需求严重不足引起的物价下降。当前全球性低通胀的直接原因一是由于经济不景气使部分产品，特别是半导体器材、电子通讯产品等生产能力出现过剩；二是部分发达国家消费和投资需求不旺；三是作为全球经济火车头的美国经济增长乏力；四是国际市场主要初级产品价格仍然在1997年金融危机后的谷底徘徊。

十、国际资本流动出现结构性调整

2002年以来，中国吸引外国直接投资（FDI）连续创出新高，前9个月中国FDI达到了创纪录的411亿美元，全年有望突破500亿美元大关。由于全球经济衰退以及股市不景气，跨国并购急剧减少，使得外国资本对美国直接投资急剧下降。根据联合国贸发会议的预计，美国2002年FDI将为440亿美元，同比下降66.4%。因此，2002年中国有望取代美国成为FDI最大流入国。

由于新兴市场风险在持续加大，在成熟的资本市场上，日本经济近期难有起色，欧元区经济亦不景气。因此，总体而言，全球范围内将不会有太多的新投资亮点，缺乏吸引国际资本从美国流出的动力。初步预计，2003年以美国为中心的国际资本流动格局不会发生根本性变化，外国直接投资仍将保持较低规模，国际债市比较活跃，从而吸收较多资本，全球股市投资将有所回升。

[**点评**]

这是上海证券报和国家信息中心联合发布的《2003年中国经济十大预测报告之十》，属于近期宏观经济预测报告。

该文文题思维描述模型W=对象（经济发展的国际环境）→怎么样（将改善），用单行标题直接标明结论，标题现旨，纵向链环式，模型语为直陈式。

前言部分简要地概括全文的内容，开篇明旨，模型件牵涉到范围、时间、对象和观点，模型语为陈述。

主体部分采取分题明旨模型，共分十个小标题，每条统领的小标题就是分论点，领起一部分内容的分析、论证并预测，纲举目张，使庞大、复杂的内容表述得条理清晰，一目了然。在该部分，总体上广泛运用发散思维，分别从世界经济将温和复苏、世界贸易恢复增长、美国经济低速增长、国际原油价格波动趋缓、国际市场商品价格将有所反弹、全球主要股市将止跌回升、资本流通的结构性调整等角度来展开，分别进行深入分析，用到了因果分析、比较分析、纵向分析、横向分析、定量分析、定性分析等不同的思维方法。其中，在各个不同的模型件中，又采用了不同的模型旨来进行具体操作，显得富有变化。如第一个小标题下面的内容就是运用段首明旨模型，而第四个小标题下则运用汇总显旨模型。

该文行文规范，观点鲜明，材料具体，运用了大量的调查数据，从宏观的角度进行科学的具体的分析，很好地体现了宏观市场预测报告的科学性、综合性与指导性。从而使“经济发展的国际环境将改善”这一预测结论具有十分强大的说服力和实际价值。

8.2.4 同步训练

1. 请运用思维描述模型分析下面经济预测报告中节选的正文。

2007年经济形势分析及
2008年经济发展趋势初步预测（节选）

（资料来源：http://www.cnforecast.com/mazshowdocyk.asp? aa=27536）

……

二、2008年经济走势初步判断

（一）2008年经济发展面临的国内外环境和不确定因素

2008年国际经济环境存在一些不确定因素。首要因素是美国次级债危机究竟会对美国和世界经济产生多大影响。目前主流观点认为对美国经济的影响不大。但由于经济危机都有一个逐渐传播的过程，历史经验表明人们在危机之初往往容易低估危机潜伏的风险。

如果美国次级债危机对美国和西方主要工业国家经济产生较大影响，那么难免会对我国出口产生较大影响，从而对我国经济增长产生一定影响。其次是国际油价上涨对世界经济的影响。由于近期国际油价出现较大幅度的上涨，突破每桶 80 美元后继续走高。如果美国经济在趋于减速的同时，又因高油价的影响而不能适当降低利率、放松银根，那么美国经济受到的影响会更大，并有可能涉及日本和欧洲国家。虽然俄罗斯等依赖石油输出的国家经济增长会较快，但由于我国对这些国家的出口与美国相比不在一个数量级上，石油价格过快上涨总体上是不利于我国经济和出口的增长。

2008 年世界经济的主要有利因素，一是 2007 年世界粮食有望获得丰收。根据国际粮农组织的初步预测，2007 年世界粮食产量增长 4.8%，2008 年世界粮价进一步上涨的空间不大，有可能出现高位趋稳甚至小幅回落的态势，这将有利于世界各国消费价格的稳定。二是新兴市场经济体增长强劲，不同于以往几次金融动荡，新兴市场经济体在次级债危机中没有受到明显波及，经济运行较为稳定。三是全球流动性不会出现匮乏。虽然次级债危机爆发后，市场上出现了暂时的流动性不足，但是在金融市场恐慌情绪消退后，流动性将会逐渐恢复。为了应对危机，美日欧中央银行向金融市场注入大量资金，这会增加市场上的流动性。

总体来看，虽然次级债危机的爆发增大了世界经济前景的不确定性，但 2008 年支撑世界经济增长的有利因素仍将强于不利因素，因此世界经济稳定较快增长的基本因素没有变。预计 2008 年世界经济增长率为 4.8%，与 2007 年大体持平，而美国、欧元区和日本的经济增长速度大约为 2.0%，2.4% 和 1.9%。预计 2008 年印度经济增长率在 8% 以上，俄罗斯经济增速在 6% 左右，新兴市场国家会继续为世界经济增长提供动力。世界贸易组织 WTO 预测 2007 年全球货物贸易量增长率将由 2006 年的 9% 下降到 7% 左右，2008 年世界贸易增速与 2007 年基本持平。2008 年我国经济发展面临的国际经济环境仍较为有利。

国内环境总体来看有利于经济保持较快增长。党的“十七大”将指导我国经济体制进一步朝着科学和谐发展的方向深化改革，经济增长的体制条件进一步优化。前期固定资产投资形成的生产能力 2008 年陆续投产，将大大增强我国经济增长的供给保障能力，社会总供给与总需求之间继续保持基本平衡状况。前期出台的宏观调控措施总体上有利于缓解国内经济运行中的突出矛盾和问题，有利于消除经济运行中的不稳定因素。连续几年经济和投资增长保持高位，2008 年经济将保持较快的增长惯性。我国经济存在的风险因素，一是粮食连续四年丰收增产后进一步增产难度加大，居民和企业对价格上涨形成一定预期，居民消费价格新涨价因素存在较大不确定性；二是证券市场已经积累了较大风险，如何在化解风险的同时减少对金融和经济稳定的不利影响将是严峻考验；三是出口减速可能造成部分行业产能过剩矛盾显性化，对新增就业、企业效益和财政收入都有不利影响。

……

2. 下面是某电脑公司销售新上市的 SUM 牌纯平 17 英寸显示器报表和对部分顾客调查询问的材料，请根据这些材料写一份短期市场预测报告。

（1）顾客调查询问材料

从 2000 年 1 月至 3 月，这 3 个月中，新上市的 SUM 牌纯平 17 英寸显示器销售情况良好，根据各销售点直接询问，汇总情况如下：

① 30% 的顾客认为纯平显示器效果好，适合显示游戏画面或看 VCD，但价格还是贵，

如果便宜20%，就可购买。

② 30%的顾客认为SUM牌纯平17英寸显示器的价格与同类产品相比，质量好且价格便宜8%，相对于平均价格为4000元的纯平17英寸显示器来说，其便宜了320元，所以愿意购买。

③ 30%的顾客认为SUM牌纯平17英寸显示器，在价格相对便宜的情况下，其功能在刷新频率范围上比其他品牌宽，所以愿意购买。

④ 10%的顾客认为SUM牌纯平17英寸显示器虽然不错，但与其同品牌的SUM牌超平17英寸显示器相比，价格高出了20%，还是贵了些，限于条件，所以购买超平显示器。

（2）有关销售情况统计表

时间	SUM牌纯平17英寸		SUM牌超平17英寸		APP牌超平17英寸		APP牌纯平17英寸	
	单价（元）	销售（台）	单价（元）	销售（台）	单价（元）	销售（台）	单价（元）	销售（台）
1月	3680	120	2944	200	3100	149	4000	80
2月	3680	140	2944	180	3100	130	4000	75
3月	3680	146	2944	160	3100	116	4000	61

（3）4月接到通知，SUM牌纯平17英寸显示器价格下调15%，SUM牌超平17英寸显示器价格下调20%，APP牌超平17英寸显示器价格下调18%，APP牌纯平17英寸显示器价格下调20%。

3. 管理系市场营销专业2006级学生的实训课是在校内举办一周的小型超市。请你对小型超市的经营方向、规模、品种、方式等进行调查与预测，并根据思维描述模型写一份市场预测报告。

8.3 可行性研究报告

8.3.1 基础知识

8.3.1.1 可行性研究报告的概念

可行性研究报告，又称可行性报告，或可行性分析报告，是一种适用于拟建项目最终决策研究的文书。即机关、企事业单位、团体或个人在制订某一建设或科研项目之前，在调查研究的基础上，对某经济建设项目或科研项目、某一科学实验进行全面经济分析和技术认证，从而确定项目可行性和有效性的书面报告。

撰写可行性研究报告的前提是进行可行性研究。可行性研究是随着经济管理科学的发展而兴起并日趋完善的一门综合性科学，大约于20世纪30年代由美国首先推行，我国20世纪70年代末开始在工程项目的技术经济分析中应用。80年代初，正式将可行性研究列入基建程序，明确规定，所有新建、扩建的大中型项目都要进行可行性研究，提出可行性研究报告作为审批项目设计任务书的依据。1982年2月，国家计划委员会（今为发改委）还制订了《关于建设项目进行可行性研究的试行管理办法》，对拟建项目的可行性研究报告的编制程序和内容等有关问题做了进一步的明确规定。后来可行性研究的范围进一步扩大，已进入政治、军事、经济、科学、文化等各个领域，成为各级领导机关决策前进行研究的必要环节。当前，经济管理、基本建设、外资引进、技术开发、承担国外工程建设任务等，编写可行性研究报告已作为一项制度规定下来。

8.3.1.2　可行性研究报告的作用

（1）为建设、科研实验或从国外引进成套设备，与国外合资经营等的决策和实施提供充分的科学依据。

（2）为有关主管部门提供决策依据。企业项目立项，只有进行可行性研究，向上级主管部门提交可行性分析报告，主管部门才能予以审批，下发企业审批设计任务书。

（3）为经济管理部门对企业投资、对投资进行科学管理和有效监督提供重要依据。企业对某一项目进行投资，必须编写可行性研究（分析）报告，上报经济主管部门审批。因此，可行性研究报告是企业决策与经济管理部门之间的中介。

8.3.1.3　可行性研究报告的特点

1. 论证性

论证性是可行性研究报告的基本特点。可行性研究报告要在项目实施前，从经济、技术、财务等方面，对其进行综合、分析、论证，并就法律、政策、环保、效益等作出科学的论证和评价。一份可行性研究报告质量的高低，在很大程度上取决于论证是否严密，提供的理论和事实依据是否有说服力。

论证是项目顺利实施的前提和重要保证。因此，必须坚持实事求是的原则，对立项的有利因素和可能存在的问题两个方面都要科学论证，数据指标必须经过认真深入的调查研究和严格的科学计算，以确保人力、物力和财力的合理有效利用，避免损失和浪费。

2. 综合性

可行性研究报告是涉及自然科学、社会科学的多学科、多部门、多行业、多层次的综合性研究报告。要把拟建项目的工程、技术、经济、环境、政治和社会等因素联系起来，进行多指标综合评价。

3. 预测性

可行性研究报告必须是在全面调查研究、充分掌握所需资料的基础上，运用各种定性和定量的预测方法，对未来作出科学的评价。只有这样，才能使风险降低到最低程度。

8.3.1.4　可行性研究报告的种类

1. 按内容划分，可分为政策可行性报告和建设项目可行性报告

（1）政策可行性报告。主要是对经济、技术的政策和措施的必要性、有效性和实施的可行性进行分析论证，为科学决策提供依据。如：《推广使用溶解乙炔的可行性研究报告》、《黄河口围海造湖的可行性研究报告》。

（2）建设项目可行性报告。主要是指国家计委制订的《关于建设项目进行可行性研究的试行管理办法》规定的项目，以及利用外资、技术改造、技术引进和进口设备等项目的可行性报告。包括自营项目、合营项目和引进项目。如：《××钢丝绳厂引进钢丝绳生产线的可行性研究报告》。

2. 按范围划分，可分为一般可行性报告和大中型项目可行性报告

（1）一般可行性报告。主要是指规模较小、投资较少的小型项目的可行性报告。包

括新建和扩建项目、常规性技术改造项目、某一方面经营管理改革和单项科学实验等。如:《××机器厂铸铁车间改造项目可行性研究报告》。

(2)大中型项目可行性报告。主要是指规模大、投资多、涉及面广的可行性报告,包括新建和扩建项目、工程浩大的技术革新项目、全局性的经营管理改革和重大科学实验等。这类可行性报告的写作一般应分阶段编写。

3. 按性质划分,可分为肯定性、否定性及选择性的可行性报告

(1)肯定性的可行性报告。即肯定项目实施的必要性和可行性,多数可行性报告都属于此类。

(2)否定性的可行性报告。即否定项目实施的必要性和可行性。

(3)选择性的可行性报告。一般写出两篇以上的可行性报告,供决策者选择。

8.3.1.5 可行性研究报告的内容

可行性研究报告的整体结构由封面和标题、正文、附件三部分组成。

大型项目的可行性研究报告要有封面,封面包括项目名称、编制单位名称和负责人姓名、成文时间等。小型项目和内容简单的可行性研究报告,这一部分可简化为标题,不专门设封面。

较长的可行性研究报告还有目录,起到内容提要、方便阅读和查找有关章节的作用。小型项目可行性研究报告可以不写目录。

可行性研究报告的内容,因项目、条件、规模的大小、复杂程度的不同而写法各异。《建设项目进行可行性研究的试行管理办法》中第十三条规定,工业项目的可行性研究,一般要求具备以下主要内容:

1. 总论

(1)项目提出的背景(改扩建项目要说明企业现有概况),投资的必要性和经济意义。

(2)研究工作的依据和范围。

2. 需求预测和拟建规模

(1)国内外需求情况的预测。

(2)国内现有工厂生产能力的估计。

(3)销售预测、价格分析、产品竞争能力,进入国际市场的前景。

(4)拟建项目的规模、产品方案和发展方向的技术经济比较和分析。

3. 资源、原材料、燃料及公用设施情况

(1)经过储量委员会正式批准的资源储量、品位、成分,以及开采、利用条件的评述。

(2)原料、辅助材料、燃料的种类、数量、来源和供应可能。

(3)所需公用设施的数量、供应方式和供应条件。

4. 建厂条件和厂址方案

(1)建厂的地理位置、气象、水文、地质、地形条件和社会经济现状。

(2)交通、运输及水、电、气的现状和发展趋势。

(3)厂址比较与选择意见。

5. 设计方案

（1）项目的构成范围（指包括的主要单项工程）、技术来源和生产方法、主要技术工艺和设备选型方案的比较，引进技术、设备的来源国别，设备的国内外分交或与外商合作制造的设想。改扩建项目要说明对原有固定资产的利用情况。

（2）全厂布置方案的初步选择和土建工程量估算。

（3）公用辅助设施和厂内外交通运输方式的比较和初步选择。

6. 环境保护

调查环境现状，预测项目对环境的影响，提出环境保护和三废治理的初步方案。

7. 企业组织、劳动定员和人员培训（估算数）

8. 实施进度的建议

9. 投资估算和资金筹措

（1）主体工程和协作配套工程所需的投资。

（2）生产流动资金的估算。

（3）资金来源、筹措方式及贷款的偿付方式。

10. 社会及经济效果评价

其他行业建设项目的可行性研究内容，可以参照工业项目的要求，结合行业特点，由主管部门具体制订。

8.3.1.6　可行性研究的步骤

联合国工业发展组织编写的《工业可行性研究手册》把规范阶段的可行性研究分为四个阶段，一般都参照执行。

（1）机会可行性研究，又叫“投资机会鉴定”，是可行性研究的最初阶段。重点是分析投资项目的可能性。一般在一个确定的地区或部门，就自然资源、原材料、市场需求、交通位置以及社会环境进行调查分析，研究某种需求趋势，寻求最有利的投资机会，提出项目投资建议。机会研究一般比较粗略，是一些以定性为主的大致估计，只是一种意向。

（2）初步可行性研究。这是在前一阶段的基础上进行较为系统的研究，要求提出较系统的设想方案。这要涉及很多具体项目，如市场、规模、选址、投资、风险、效益等，从而进一步判断该项目是否具有生命力，投资是否合算，还有哪些需要进一步研究。这是一个关键阶段，项目究竟进行与否，就在这一阶段定案。

（3）详细可行性研究，又叫“最终可行性研究”、“技术经济可行性研究”，这是确定项目是否可行的最后研究阶段。这一阶段要详细研究项目的各个方面，如产品选择、市场需求、原料来源、生产规模、工艺技术、设备选择、人员组织、建筑面积、投资总额、建设周期、风险分析等，对所有文题都要全面分析论证，提出完备的方案，作为项目最终决策和工程实施的依据。

（4）评估决策。经过上述三个阶段的研究，这一阶段重点是进行项目评估和投资决策。由编制可行性研究报告的单位根据上级主管部门或委托单位下达的任务，组织有技术、经济、管理专家和领导干部参加的专门工作班子，对该项目的各项内容从技术上、经济上、财务上等进行全面细致分析，得出明确结论，如认为可行，就订出方案，并且要写好项目评估报告，报请主管部门批准。

8.3.1.7 可行性研究报告的写作要求

（1）放宽眼界。进行可行性研究要善于把问题放到广阔的经济背景上去考察，同时在对拟建项目加以研究时，不但要着眼于现在，还要着眼于未来。

（2）实事求是。为能得出客观、正确的结论，进行可行性研究一定要从实际出发，以实事求是的态度研究问题、分析问题。

（3）讲求科学。进行可行性研究，必须掌握和运用各种科学的研究方法。

（4）论证有力。文中的论据要准确、翔实，要能有力地证明论点。在论证时，可运用列举归纳、逐层推进、对比分析等多种论证方法。

8.3.2 模型解析

8.3.2.1 可行性研究报告的文题思维描述模型

1. 可行性研究报告的文题定量思维描述模型

设文题为W，那么，W＝单位＋项目内容＋文种。如：《广西壮族自治区矿业开发公司1000吨电解铝项目可行性研究报告》。

2. 可行性研究报告的文题变量思维描述模型

设文题为W_1，那么，W_1＝项目＋文种——单位。如：《食用菌开发可行性研究报告——吉林省特种养殖股份有限公司》。该文题为双标题形式。

8.3.2.2 可行性研究报告的正文思维描述模型

设正文思维描述模型为S，那么，S＝前言＋主体＋结论＋附件。

（1）设前言为A，那么，A＝依据＋内容＋目的（范围/实施单位/承担者/结论或建议）＋承启语。

[例1]

关于引进××成套设备、技术的可行性研究报告（节选）

××信托咨询公司：

根据市三委下达的利用外资项目的通知精神，我厂××成套设备、技术的引进已纳入市级项目计划中。为便于同贵公司共同进行合资引进，现将××有关情况的可行性研究向贵公司汇报如下：

根据模型，可获得本例前言的“件、量、旨、链、语”信息如下：

模型件：根据＋内容＋目的＋承启语

模型量：根据$_1$＋内容$_1$＋目的$_1$＋承启语$_1$

模型旨：开篇明旨

模型链：依据什么→做什么→为什么；规约思维

模型语：说明

（2）设主体为B，那么，B＝需求预测和拟建规模＋资料、原材料、燃料及公共设施情况＋建厂条件和厂址方案＋设计方案＋环保＋企业组织、劳动定员和人员培训＋工程实施进度＋投资估算和资金筹措＋经济效益与社会效益。

[例2]

一、××建立钛白厂的基本条件（略）

二、钛白粉市场概况

我国钛白粉工业落后，仅占世界总产量的 13%，发展缓慢。（略）

钛白粉工业的落后严重地拖了我国涂料工业的后腿。（略）

按预测，1990 年需钛白粉 × 万吨，2000 年需 × 万吨。当前除镇江钛白粉厂年产 × 吨长石型钛白粉改造项目外，仍无别的长石型钛白粉新建项目。

20 世纪 70 年代资本主义国家经济不景气，加上苛刻的环保法，使欧洲一些大型硫酸法钛白工业关闭和限产，1982 年世界钛白粉生产能力下降到 237. 8 万吨。1983 年以美国经济回升为转机，需求量大增，造成世界性钛白粉短缺。1986 年需要量达 250 多万吨，供应能力利用率达 102%，利用率的上升促使价格上升。（略）

今后若干年内世界消费量平均增长率为 1. 5% ～2. 3%。预测 1990 年世界消费量将增至 286 万吨，2000 年将增至 310 万吨。而按 1982 年至 1989 年间的供应能力，年平均增长率只有 0. 94%。预计供应能力只有 256. 3 万吨，2000 年仅有 278. 5 万吨。

三、生产工艺的选择和技术设备的来源

生产工艺选择。（略）

技术设备的来源。（略）

主要设备名称。（略）

四、建设规模、物料及动力供应规划

建设规模的待定。（略）

物料及动力供应规划。（略）

五、厂址选择（略）

六、环境污染的防治（略）

七、生产组织形式和劳动力定义

投资概算。（略）

资金来源设想。（略）

八、经济分析

利润估算。（略）

净现值分析。（略）

基准投资收益率。（略）

盈亏平衡分析。（略）

敏感性分析。（略）

根据模型，可获得本例主体的“件、量、旨、链、语”信息如下：

模型件：概况 + 需求预测 + 生产工艺、技术设备 + 规模物料动力、厂址选择 + 环境污染和防治 + 企业组织和劳力定员 + 经济效益

模型量：概况$_n$ + 需求预测$_4$ + 生产工艺、技术设备$_n$ + 规模物料动力、厂址选择$_1$ + 环境污染和防治$_2$ + 企业组织和劳力定员$_2$ + 经济效益$_4$

模型旨：段首明旨

模型链：组合思路；功能分析；横向并列结构

模型语：说明

(3) 设结论为 C，那么，C = 综合性评价/结论/建议。

[例3]

九、结论

以上分析研究表明：为开发利用××丰富、易采、质优的钛、砂、矿，引进国外先进设备，以××化工二厂为基地建设年产×吨氯化法金红石型钛白粉是可行的，若不能引进国外先进设备，利用国内现有的技术设备在××化工厂的基地上建设年产×吨氯化法红石型钛白粉厂也是可行的。

根据模型，可获得本例结论的“件、量、旨、链、语”信息如下：

模型件：评价/结论

模型量：评价/结论$_2$

模型旨：汇总显旨

模型链：因→果分析

模型语：说明

8.3.2.3　可行性研究报告的总体思维描述模型（表8-4）

表8-4　可行性研究报告的总体思维描述模型（R）

<table>
<tr><td rowspan="3">模型
模型结构</td><td colspan="9">R = 文题 + 正文</td></tr>
<tr><td rowspan="2">文题 W</td><td colspan="8">S 正文 = 前言 + 主体 + 结论</td></tr>
<tr><td>前言 A</td><td colspan="6">主体 B</td><td>结论 C</td></tr>
<tr><td>模型件</td><td>单位、项目、文种</td><td>依据、内容、目的</td><td>需求预测</td><td>生产工艺技术设备</td><td>规模物料</td><td>动力厂址</td><td>企业组织、劳力定员</td><td>经济效益</td><td>结论/建议</td></tr>
<tr><td>模型量</td><td>单位$_1$、项目$_1$、文种$_1$</td><td>依据$_1$、内容$_1$、目的$_1$</td><td>需求预测$_n$</td><td>生产工艺$_n$、技术设备$_n$</td><td>规模$_1$、物料$_1$</td><td>动力$_1$、厂址$_1$</td><td>企业组织$_1$、劳力定员$_n$</td><td>经济、效益$_n$</td><td>结论$_n$、建议$_n$</td></tr>
<tr><td>模型旨</td><td>标题现旨</td><td>开篇明旨</td><td colspan="6">段首明旨</td><td>汇总显旨</td></tr>
<tr><td>模型链</td><td>谁→做什么；链环式</td><td>依据什么→什么目的→做什么；规约思维</td><td colspan="6">发散思维，横向结构；功能分析，结构分析</td><td>因→果</td></tr>
<tr><td>模型语</td><td>陈述</td><td>说明</td><td colspan="6">说明</td><td>说明</td></tr>
</table>

8.3.3　例文点评

[例文]

郑州商品交易所上市棉花期货的可行性研究报告

一、上市棉花期货的必要性

第一，上市棉花期货有助于进一步深化棉花流通体制改革。(略)

第二，上市棉花期货有助于提高国家宏观调控决策的科学性。(略)

第三，上市棉花期货有助于棉花生产、经营和消费企业回避市场风险。(略)

第四，上市棉花期货有助于调节市场供求，减缓现货市场价格波动。(略)

第五，上市棉花期货是与国际接轨的需要。(略)

二、上市棉花期货的可行性

第一，棉花现货市场的发展为推出棉花期货交易奠定了基础。(略)

第二，我国商品期货市场的发展为棉花期货交易提供了条件。(略)

第三，已上市期货品种的功能已初步发挥。(略)

第四，开展棉花期货有丰富的国际经验可供借鉴。(略)

三、郑商所上市棉花期货的有利条件

1. 郑州商品交易所作为我国第一家期货试点单位，在近 10 年的试点过程中，交易所始终坚持规范管理、加强服务的指导思想，建立了较完善的规章制度，积累了较丰富的管理经验。特别是在 1999 年之后，交易所贯彻中国证监会"扶大限小、发挥功能"的指导思想，主动调整品种结构，限制小品种的过度投机，努力活跃小麦等大品种的期货交易，取得了明显成效。小麦期货持仓量由 1999 年底的 5.6 万张上升到 2000 年 10 月的 30 万张，日均成交量由不到 1 万张上升到 8 万张，为棉花期货上市提供了较好的市场环境和条件。

2. 河南是我国第一人口大省，也是我国棉花主产区与主销区和国家重要的纺织基地。同时，郑州又是我国棉花集散地，毗邻其他棉花主产区和主销区，每年有大量的棉花通过郑州流向各地；此外，河南具有优良的棉花储存条件，气候常年干燥，雨水少，保管成本低，棉花保存期长，国家在河南郑州、商丘、驻马店等铁路沿线设立了棉花国家储备库。

[点评]

这是一篇对郑州商品交易所上市棉花期货可行性的研究报告。

该文文题模型为 W = 单位（郑州商品交易所） + 项目（上市棉花期货） + 文种（可行性研究报告），模型链是：谁→什么事→做什么，属于标题现旨模型，以直陈式让人对下文内容有明确认识。

正文模型为 S = 必要性 + 可行性 + 有利条件。该文略去了前言部分，直接在文章主体部分从三大方面分别对上市棉花期货的必要性、可行性和郑州商品交易所上市棉花期货的有利条件进行了全面系统的分析，每一部分都是以段首明旨模型展开，充分运用发散思维，横向对各种情况作出说明。其中第一部分主要通过四个"有助于……"和一个"需要"对上市棉花期货进行功能分析，使其必要性得到充分论证；第二部分从"棉花现货市场的发展为推出棉花期货交易奠定了基础"、"我国商品期货市场的发展为棉花期货交易提供了条件"、"已上市期货品种的功能已初步发挥"和"开展棉花期货有丰富的国际经验可供借鉴"这四个角度对其可行性进行了严密的论证；第三部分从有利条件的角度进行阐述，用确凿的数据来证明，为郑州商品交易所上市棉花期货提供了有力的科学依据。

8.3.4　同步训练

1. 根据可行性研究报告的模型构成，分析下文的优点和不足之处。

关于合作经营广州 × × 实业有限公司可行性研究报告

我公司属下玩具公司与香港 × × 实业有限公司按照我国对外合资法的有关规定，经过友好协商拟成立中外合作经营“广州××实业有限公司”，公司地址在广州市××路××号原玩具公司所属的××玩具厂，生产塑料、电动玩具。

现将合作各方基本情况及经济效益等可行性研究报告如下：

一、合作双方的基本情况

1. 中方：（我方）广州市××进出口分公司玩具公司。

地址：广州市××路××号。

××玩具公司系广州市××进出口分公司玩具公司之一，有法人地位，系直接对外经营进出口玩具为主的经济独立单位，年进出口任务为3000万～4000万美元。

2. 合作对方：香港××实业有限公司（由香港××实业有限公司出资25%，美国××公司出资75%组成），是我方××厂的合作伙伴，即由××公司与××厂签订来料加工合同，代其加工装配后出口。

一年多来由于双方合作良好，业务发展迅速，如1999年××厂纯加工费收入300万港元……经过较长时间的商讨，合作条件成熟，于××××年×月我方与对方已商定成立中外合作经营企业。

二、合作形式与条件（略）

三、生产规模、生产品种及市场销售情况（略）

四、合作时间（略）

五、经济可行性分析

合作公司的注册资本为1500万～3000万港元，资本由对方提供。主要资本为美国××公司出资，××公司是美国玩具大进口商之一。在设备上××公司已提供大部分，由我方提供的厂房（××玩具厂）现已达2 000多平方米，人员达700多人，××玩具厂与××公司合作1年，生产已上轨道，年产值已达5000万～6000万港元，净创汇已达500万～600万港元。因此今后5年内逐步扩展，我方每年收益逐步扩大至1000万～2000万港元完全有可能。……

综合各因素，合作公司不用我方投放较多的资金，生产周期不长，经济上我方不用承担较大的风险，经济效益不断扩大，总的来说可以达到投资少、见效快，效益好的目的。合营公司的性质又是外向型经济，每年可为国家创一笔可观的外汇收入。

2. 下面是一篇工业技改项目的可行性研究报告（纲要），现摘录了原文第二层次的小题，隐去了第一层次标题，读后请根据可行性研究报告内容表述的一般顺序予以复原，填写在括号内。

××省××市带钢厂冷轧生产线技术改造可行性研究报告

第一章（　　　　　　　　　　　　）

一、可行性研究工作的依据和范围

二、承办企业的概况

三、可行性研究报告的内容概要和结论

四、存在的问题和建议

第二章（　　　　　　　　　　　　）

一、市场调查和供需预测

二、产品方案

三、生产规模的确定
第三章（　　　　　　　　　　）
一、物料
二、外协条件
第四章（　　　　　　　　　　）
本项目从原厂基础上进行，故从略。
第五章（　　　　　　　　　　）
一、工艺技术方案
二、技改主要内容和措施
三、主要生产设备的选型
第六章（　　　　　　　　　　）
一、总图、仓储及运输
二、土建
三、供电
四、热力及通风、空调
五、计量检测……
第七章（　　　　　　　　　　）
一、环境保护
二、劳动卫生和安全
第八章（　　　　　　　　　　）
一、组织机构、劳动定员和来源
二、人员培训
第九章（　　　　　　　　　　）
一、项目实施进度表
二、新增设备投资估算表
三、固定资产投资估算表
第十章（　　　　　　　　　　）
一、投资估算
二、流动资金估算
三、资金筹措
第十一章（　　　　　　　　　　）
一、评价说明
二、基本数据
三、财务评价
四、不确定性分析

（按：该报告共涉及厂址的选择、公用工程、总说明、环境保护、经济效果评价、项目实施计划、工艺技术与设备、物料的供应和外协条件的保证等方面。）

3. 请考察、分析学校及其周边环境的实际情况，写一份关于发展校园商业街的可行性研究报告。

综合训练 8

1. 选择题

(1) 以下属于可行性研究报告主体部分的有（　　）。

A. 需求预测和拟建规模　　B. 设计方案

C. 项目的性质　　D. 环境保护

(2) 长期预测报告中的长期预测时间一般是（　　）。

A. 1 年以上　　B. 10 年以上　　C. 5 年以上　　D. 3 年以上

(3) 当企业在做出重大经济决策时要对相关问题作分析，这种分析属于（　　）。

A. 综合性经济活动分析　　B. 专题性经济活动分析

C. 简要的经济活动分析　　D. 定期经济活动分析

(4) 经济预测报告是以市场调查为基础的，但经济预测报告侧重于（　　）。

A. 未来分析

B. 过去和现在

C. 反映现实及未来

D. 预测未来

2. 填空题

(1) 经济预测报告以__________为前提，以__________为依据，以__________为指导，通过大量翔实的调查、统计数字，对__________一定时期内的经济活动的演变作出预计和推测。

(2) 市场调查报告的特点主要有________、________、________、________。

(3) 市场调查的方法很多，在实地现场调查中常用的调查方法可分为__________、__________和__________三类。

(4) 经济预测报告正文的主体部分通常包括________、________和________三大内容。

(5) 可行性研究报告的整体结构由封面和标题、__________、__________三大部分组成。其正文思维描述模型为 S = 前言 + __________ + __________ + 附件。

3. 简答题

(1) 简述经济预测报告的作用和特点。

(2) 简述写作经济预测报告时调查与预测的关系。

(3) 什么是可行性研究报告？它有什么特点？

(4) 什么是市场调查报告？它的作用和特点分别表现在哪些方面？

(5) 简述市场调查报告写作的注意事项。

4. 请运用思维描述模型分析下列文章。

中国孕婴童用品市场引爆“淘金潮”

2007 年 06 月 30 日 中财网

(http://www1.cfi.net.cn/newspage.aspx? id=20070630000475&AspxAutoDetectCookieSupport=1)

2007 年 7 月 24 日，第七届时尚育儿孕婴童产品博览会将在上海光大会展中心开幕，本次展会，保守预计参展商 300 余家，参展品牌 420 个，观众人数 50000 人，较 2006 年的参展规模增长约 40%。连续 6 年，从参展品牌数、展会面积、专业观众等数据考量，该参会已跃居亚洲规模最大的孕婴童用品展；更因其卓著展会效果，吸引了包括韩国、日本、欧美近 70 多个国家和地区的厂商汇聚一堂，逐鹿中国内地孕婴童用品市场。

中国孕婴童产业，是包括孕产妇、0～6 岁儿童衣、食、住、行、用、育、乐的庞大产业群。今年的新生儿人口将增加 2200 万。未来 5 年，中国又将迎来新一轮的婴儿潮，引爆孕婴童市场新一轮“淘金潮”。中国孕婴童市场到底有多大?

孕婴童市场可细分为孕妇（10 个月）、产妇（6 个月）、婴儿（0～1 岁）、幼童（1～3 岁）、小童（4～6 岁）、中童（7～12 岁）、大童（13～16 岁），本文所探讨的“孕婴童市场”仅限孕产期以及 0～6 岁年龄段的婴童消费市场。

我国 6 岁以下儿童约 1.71 亿，城镇儿童总数约 7700 万，零售市场数据显示儿童用品家庭月消费额 900 多元。城镇婴童用品市场年消费总额是 690 亿。加上农村儿童用品市场及高速发展的孕产妇用品市场，现阶段中国 0～6 岁孕婴童产业市场零售总额高达 1000 亿。

按现有的人口推算，中国的最高出生率大约出现在 2016 年，人口峰值为 2028 年，该时期我们也将迎来第五轮“婴儿潮”。换言之，中国孕婴童产业尚有 20 多年的牛市，市场容量逐步增至 2500 亿～3000 亿元的庞大规模。

中国孕婴童市场格局剖析：

自 2000 年，孕婴童产业进入快速成长期。同期中国年均 GDP 增长为 9%，而业界普遍认为产业增长率达 30%，企业在制订年度指标时，一般都将 30% 的增幅视为自然增长率，而相当部分的零售企业将下年度营业指标增长率锁定在 50%～200%。

驱动孕婴童市场迅猛发展的便是“80 后”父母的消费进取心。在零售终端与消费群体相互促动下，自 2002 年起，孕婴童市场格局衍生如下变动。

其一，全国范围内，产业资源逐渐向零售商手中集中。自 2002 年开始，各大城市孕婴童用品专店专营风起云涌，门店越开越大。行业内流行“小城市开大店，大城市多开店”，达成决胜终端的共识，“跑马圈地”盛行一时。零售门店离顾客最近，分享了市场上的“消费权力”，进而获得市场的主导权。

其二，各大城市形成“寡头市场”。由两三家规模较大的零售商共享了 50% 以上的市场份额，并攫取当地市场定价权，开始挤压弱势厂商的生存空间。

其三，市场进一步细分。0～3 岁婴幼儿市场仍是消费的主力，孕产市场从产品结构到市场零售网点，填补大量空白点；3～6 岁小童市场正逐步明确自身产品定位与专业销售通路。

其四，零售业态多元化。在实体门店强势的商境中，虚拟门店如目录销售、网络销售风气已成，不少零售商往往两者并举，相得益彰。其中佼佼者有红孩子、乐友、丽家宝贝、爱婴室等。实体店铺越加丰富多样，可分为三类：超市型、百货精品型、专卖店型。

专卖店型门店多见于服饰类品牌，以业内较知名的厂家品牌为主。百货精品型门店大多面积较大，借鉴了百货商场专柜陈列方式，品牌形象彰显。超市型门店的营业面积多在50～200平方米，发展迅速，是主流形态，盈利模式清晰而强势。除此之外，尚有大卖场以及新型主题店、概念店。

其五，孕婴童用品连锁经营来势汹涌。目前的连锁经营分为两类，一类是厂家品牌加盟店的拓展，另一类是地区市场零售商的直营连锁店。其成长性让人望而生畏，在短短四五年间，孕婴童市场涌现了若干家营业额过亿甚至2亿～3亿元的零售商。旁观者绝难想像仅在几年之前，它们的年营业额不过几百万元。

中国孕婴童市场的“淘金潮”

2007年至2008年，产业处于结构性变革的起始阶段。未来10年，孕婴童行业将面临“战国”时代，新的投资、市场重组、产业并购、渠道裂变、市场细分、创新商业模式，为企业和投资人带来丰沛的机遇。

有人说：“台湾的今天是我们的明天，欧美的今天是我们的后天。”概览全球孕婴童市场，中国同业会惊诧地发现两者差距以及未来巨大发展空间。法国Prental是该国最大的孕婴童专卖店，在欧洲有500多家连锁店，最大的面积达3000平方米；意大利Chicco品牌行销全球140余国家，年营业额160亿人民币；英国最大的孕婴童专门店Mothercare在全球有400多家；日本的西松屋拥有门店近600家，2006年营业额折合人民币66亿元；日本Akachanhonpo有60多家中大型卖场，年营收也达60多亿元人民币；全球最大的孕婴童用品零售企业Toy's rus（玩具反斗城），旗下拥有Toys'Rus、Kids'Rus、Babies'Rus、Imaginarium四个连锁店品牌，年销售额200多亿美元。

反观中国的孕婴童市场——全球人口最多、潜力最大的孕婴童用品市场，年营业额突破30亿元的未见一个；全国性孕婴童专业连锁店尚未有一家，且没有一家的营业额达到5亿元人民币。诸般数据比照显示，中国孕婴童市场仍然处于“婴儿期”，前景广阔，众多投资者瞄准了孕婴童市场。北京、上海等地的几家领先零售企业备受风险投资者的青睐，在风投的推力之下正跨市出省开展连锁经营，冲刺10亿元零售业绩。更加显著的变化体现在各城市零售网点的急剧增加，如果今天就去妇儿医院的附近逛逛，你会惊讶地发现，不知什么时候又多了几家孕婴童零售店！

正如每年“时尚育儿孕婴童产品博览会”上的滚滚人潮一样，商机汹涌的孕婴童市场吸引着一批批的潜在客户淘金孕婴童产业。尤为可喜的是，孕婴童市场迎来的不仅仅是阶段性的机会，而是跨越式大发展的时代。

5. 写作题

（1）对所在班级同学进行一次调查。了解他们到校时从家中带来的衣服和在本地购买服装的比例，写出反映大学生在服装需求方面的市场调查报告。

（2）深入当地的某个行业或市场，对其进行调查研究，写一篇经济预测报告。

第9章 财务活动分析文书模型写作

9.1 财务分析报告

9.1.1 基础知识

9.1.1.1 财务分析报告的概念

财务分析报告又叫财务状况说明书。它是财务独立的企事业单位，定期或不定期地向国家有关部门及各有关方面提供的对财务收支情况进行总结、分析后撰写的书面报告。其目的在于向领导和有关部门提供财务收支情况，检查企事业单位完成生产、经营、科研成果转化或购销任务的情况，及时反映各项经济技术指标完成的实绩，探讨、揭露和寻找问题和原因，并提出指导性的对策和建议，为加速资金周转、保障财务工作正常运转、提高经济效益提供可靠的依据。

财务分析报告的主要内容包括：生产经营情况，利润实现和分配情况，资金增减和周转情况，财务收支情况，税金缴纳情况，各项财产物资变动等情况，对本期或者下期财务状况发生重大影响的因素，资产负债表制出后至财务报告报出以前发生的对企业财务状况变动有重大影响的因素，以及需要说明的其他事项。

9.1.1.2 财务分析报告的作用

财务分析报告是对企事业单位财务状况和经营成果进行总结和评价的一种手段，是企事业单位财务管理的重要内容，其作用不可忽视。财务分析报告的作用主要有以下几点：

（1）评价企事业单位的财务状况和管理水平。它有利于评价企事业单位财务状况、盈利能力和偿债能力、资金利用效率，从而评价企业经营管理者的管理水平，为企业经营者、投资者、债权人等进行经营决策提供重要依据。

（2）揭露问题，改善管理。它有利于揭示企业财务活动中存在的问题，以便总结经验教训，采取积极措施，改善经营管理，提高财务管理水平。

（3）促进企业端正经营方向。它有利于检查企业在财务活动过程中执行国家财经法规、制度及政策的情况，以便维护投资者、债权人的合法权益。

9.1.1.3 财务分析报告的分类

1. 按内容范围的不同分类

（1）综合分析报告，又叫全面分析报告，是在一个季度、半年、年度结束后，根据单位的会计报表、财务分析表及经营活动和财务活动所提供的丰富、重要的信息及其内在联系，运用科学的分析方法，对资金、利润、费用、成本、盈亏等方面的情况进行综合分析，以检查和总结一个季度、半年或全年内企事业单位生产、经营、管理以及有关方针、政策、法律贯彻执行的情况。如：《×××公司2005年度财务分析报告》。

（2）专题分析报告，又叫单项分析报告，是根据企事业单位加强经营管理的需要，对某些重大政策性问题、经济措施或某些薄弱环节进行重点调查和分析，以便引起领导及相关业务部门的重视，及时解决问题，采取切实可行的措施，改进财务管理工作，提高管理水平。如：《对流动资金占用情况的专题分析报告》、《对银行贷款使用情况的专题分析报告》。

2. 按分析方法的不同分类

（1）简要分析报告。一般围绕企事业单位的主要经济指标或财务上的几个主要问题有重点地进行分析，以观察该单位财务活动的基本情况、发展趋势和财务管理的改进情况。月度和季度财务分析多采用这种类型。

（2）对比分析报告。业务主管部门对所属企事业单位的某些财务指标，采用分别对比的方式进行分析研究，以便找出各单位经营的差距、财务运行的不同，剖析造成差距的原因，使后进赶先进，先进更先进，推动劳动竞赛的开展。如：《移动与联合营销比较分析报告》。

（3）典型分析报告。对完成经济指标好的或差的典型单位，或对某些典型事例，采取“解剖麻雀”的方法，有针对性地进行分析和研究，探求先进或落后的主客观原因，以便以点带面，推动全盘工作；或从中吸取教训，防止继续出现同样情况的失误。

3. 按分析时间的不同分类

（1）定期分析报告。一般是由上级主管部门或企业内部规定的每隔一段相等的时间应予编制和上报的财务分析报告。如每一季度、每半年或每年度末编制的综合财务报表分析报告就属于定期分析报告。如：《×××公司2007年2季度财务预警分析报告》。

（2）不定期分析报告。从企业财务管理和业务经营的实际情况出发，不受时间规定的约束而编制的财务分析报告。

9.1.1.4　财务分析报告的特点

1. 指导性

财务分析报告要分析财务活动中的各种矛盾，总结经验教训，以便采取措施，加强财政管理，使本部门本单位财务活动自觉置于党和国家的方针政策引导之下、财政制度和财政监督之下、上级机关和本单位领导指导之下。所以，财务分析报告对经济部门和单位的发展方向、工作重点和计划的制订具有重要指导性。可以说，未来财务活动是以对过去财务活动的分析为基础的。

2. 综合性

财务分析报告主要运用各种会计、统计及有关业务资料，分析单位的财务情况，包括资金运用和效益情况、财务收支和指标完成情况等；然后在此基础上进行综合分析，预测发展前景，肯定成绩，提出建议。

3. 分析目的和作用的内向性

一个经济部门或企业单位进行财务分析，其根本目的是挖掘内部潜力，提高经济效益，改进和加强自身财务管理水平及自身生产经营管理水平。因此，财务分析报告主要作用于内部，具有内向性的特点。

9.1.1.5　财务分析的方法

1. 比较分析法

比较分析法是财务分析中最重要的一种分析方法，它是将企事业单位的财务指标数据同一定的标准数据比较，揭示其财务指标变动情况的一种方法。根据财务报告不同使用者的不同需求，对比的标准一般有以下几种：

（1）预定标准。一般以实际数与计划数或定额数进行比较，揭示实际数与计划数或定额数之间的差异，了解计划或定额的完成情况。

（2）历史标准。一般以本期数与其历史数，即上期数或历史最高水平等，进行比较，揭示不同时期有关财务指标的变动情况，以便了解企业经营状况及发展趋势。

（3）国内外先进标准。以国内同行业中先进企业或国际上同行业中先进企业为标准，通过财务指标的比较，找出本企业与先进企业之间的差距，改善经营管理，赶超先进水平。

运用比较分析法时，对标准的选择一定要注意可比性，否则比较分析就失去了意义。

2. 趋势分析法

趋势分析法是将企事业单位连续数期的财务报告中的相同项目的绝对金额或相对数进行对比，以揭示它们增减变化趋势的一种方法。这种分析方法可以揭示企事业单位的财务状况变化趋势，找出其变化的原因，并判断这种变化趋势对其发展的影响，以预测未来的发展前景。趋势分析法通常采用比较财务报表的方法。

3. 比率分析法

比率分析法是最常用、最基本的财务分析方法。比率分析法是在同一张财务报表的不同项目之间、不同类别之间，或在两张不同财务报表，如资产负债表和损益表的有关项目之间，用比率来反映它们之间的关系，以评价企事业单位财务状况和经营状况好坏的一种方法。它不是同一指标在不同时期的差异或变动趋势，也不是同一指标在不同公司的对比，而是相关联的不同项目、指标之间进行比较，以说明项目之间的关系，并解释和评价由此所反映的某方面的情况。采用比率分析法进行分析时，需要根据分析的内容和要求计算出有关的比率，然后进行分析。

9.1.1.6 财务分析报告的写作要求

（1）要有精确的数据和量化分析。财务分析报告不同于其他工作报告，它以财务数据为基础，并在各种财务数据的基础上，进一步进行统计、对比的量化分析；然后从中考察分析各种财务活动状况，各种经济指标完成的好坏等，从而得出科学的结论。各种财务数据要精确，其数据来源必须真实可靠，不可有虚假；计算要反复核实；数据既有旧的也有新的，应该以新的数据为主。

（2）要深入浅出，突出关键问题。财务分析的目的在于考察整个经济运转和经营管理的效果，归根到底，要分析到人的作用，要抓住主要矛盾，突出关键性的问题。其中，财务收支的分析可以说是企事业单位经营管理的晴雨表，应加以重视。

（3）分析判断的观点要鲜明，叙述文字要简要。财务分析报告要对各种项目的数据进行深入具体的分析。然而，分析要科学，不是为分析而分析，而是要从分析中提炼观点、判断是非，得出中肯、深刻的结论。一份财务分析报告要有鲜明的判断、观点。叙述文字要条理分明、简要、清晰。

9.1.2 模型解析

9.1.2.1 财务分析报告的文题思维描述模型

1. 财务分析报告的文题定量思维描述模型

设文题为W，那么，W=单位名称+时间+对象+文种。如：《×××公司2005年度财务分析报告》。

2. 财务分析报告的文题变量思维描述模型

设文题为W_1，那么，W_1=介词+内容+意见/建议。如：《关于加强现金管理的建议》、《关于迅速整顿实物奖金的意见》。

9.1.2.2 财务分析报告的正文思维描述模型

设正文思维描述模型为S，那么，S=主送单位+导语+主体+结尾=N+A+B+C。

（1）设主送单位模型为N，那么，N=上级单位（或国家有关部门）。

（2）设导语模型为A，那么，A=基本情况（成绩+问题+评价）。

[例1]

×××公司上半年财务分析报告

本公司上半年由于加强了管理，落实了岗位责任制，主要财务指标完成较好。商品销售额增加较快，费用水平大幅下降，流动资金周转加快，利润增多。但也存在一些不容忽视的问题，主要是商品损耗率普遍增高，费用开支有所浪费。财产损失比同期有所增加。

这是一篇单位的财务分析报告的导语部分。

根据模型，可获得本例导语的"件、量、旨、链、语"信息如下：

模型件：评价+成绩+问题

模型量：$评价_1$+$成绩_4$+$问题_3$

模型旨：开篇明旨

模型链：总分思路

模型语：概叙、说明

（3）设主体模型为B，那么，B=情况/成绩+措施+问题。

[例2]

一、主要财务指标完成情况

（一）商品销售额增加。本期商品销售额为385万元，比计划额增长14.34%，比上年同期增长26.2%。

（二）费用水平下降。本期费用水平为4.01%，比上年同期下降幅度为10.09%，相对节约费用额为1.73万元。

（三）全部流动资金周转加快。本期全部流动资金周转天数为10.4天，比上年同期加快0.7天，相对节约流动资金占用额1.12万元；其中商品资金周转天数为7.2天，比上年同期慢0.2天，相对平均多占用商品资金3200元。

（四）利润额增多。本期纯利润额为16.42万元，比上年同期增长47.61%；每百元销售额平均利润4.27元，比上年同期上升16.99%。

二、采取的主要措施

（一）广开进货销货门路。除在市内努力寻找货源、购进紧缺商品外，还向市外积极组织进货。并根据货源情况以及季节变化，积极开展销货业务。对货源充裕的商品，通过增设售货摊棚、延长营业时间、开早晚市以及打破班组商品经营范围等办法大力进行推销，从而增加了商品的销量，扩大了销售额。如牛肉销量上升了22%，羊肉上升了20%，鸡上升了23%，糖果上升了42%，糕点上升了32%，水果上升了91%。

（二）把财务指标与班组评比奖励挂钩。在“百分赛”的评比办法中，把商品销售额、销售利润、费用率、商品资金周转率、商品损耗率等财务指标的实际完成情况，作为班组每月评比奖励的主要依据。这样按劳付奖，多劳多得，调动了职工的积极性。

三、存在的问题

（一）有的班组商品资金占用不合理，以致全场商品资金周转减慢。出现这种情况是由于部分副食商品价格调高了，直接影响了商品资金占用加大，当然，这里有客观因素，不可避免。但有的班组商品资金占用的增长却大于销售额的上升幅度，这说明商品资金占用不够合理。如早晚服务部的销售额只增长15.79%，但商品资金占用额竟增长了26.98%。

（二）商品损耗率普遍增高。本期计耗的七个班组综合损耗率为0.06%，比上年同期的0.05%上升20%。究其原因，多属在进货验收、挑选整理、托运摆放以及保管等环节中不按规定的操作规程办事造成的。

（三）费用开支有浪费。本期修理费开支比上年同期增长44.32%，其原因主要是：①不善于使用和保养机器设备，从而造成故障多，修理随之增多；②修建工程设计不周密，盖了又拆，增加了拆改费用。

（四）财产损失加大。本期财产损失比上年同期增加3倍多，其中大部分是由当事人失职造成的。如放入冷库的25公斤对虾，由于保管人员粗心大意，忘记及时出售，放的时间太长，结果只能削价处理，损失严重。由此说明，我场有的员工对待工作存在责任心不强的问题。

四、改进意见

为进一步搞好经营管理，要完善各种必要的规章制度。当务之急是要尽快制订好商品采购工作责任制，把好进货关。商品资金占用不合理、商品损耗率增高及费用开支有浪费等问题，目前虽与班组定期评比奖励挂钩，已经引起了各班组的注意，但为了保证此类问题不再发生，还有必要进一步采取具体措施，加强管理，严格岗位责任制度，做到人人有专责，事事有人管，将管理工作落实到每个人身上，落实到每项工作中。例如，食品组应当把售货场与仓库的商品严格划分清楚，凡进货验收，销售上货，储存检查，都要有专人按规定手续负责办理，彻底解决商品管理上不够认真的问题。

××菜市场销售科

二〇〇五年七月十日

这是一篇单位的财务分析报告的主体与结尾部分。

根据模型，可获得本例主体的“件、量、旨、链、语”信息如下：

模型件：情况＋措施（原因）＋问题

模型量：情况$_4$＋措施（原因）$_2$＋问题$_4$

模型旨：段首明旨

模型链：横向思路；辐射式

模型语：分类说明、数字说明

该文的主体部分每一个模型件的每一段的开头都用了高度概括性的句子来归纳一段的中心内容，然后再用具体数据来加以说明。“怎么样→为什么”思维横向扩展，又向纵深挖掘，使整个主体部分形成一个总分式辐射性的逻辑严密的结构。

（4）设结尾模型为C，那么，C = 意见/建议。例2的结尾主要写了一个意见/建议，即如何完善工作责任制的问题。其思维操作模型为：做什么→怎么做。属于结尾明旨模型，采用陈述与举例说明的方法。

9.1.2.3　财务分析报告的落款思维描述模型

设落款思维描述模型为F，那么，F = 单位 + 时间。注意：落款要署在右下方。年月日最好用汉字的小写，将年、月、日写全。

9.1.2.4　财务分析报告的总体思维描述模型（表9－1）

表9－1　财务分析报告的总体思维描述模型（R）

模型 模型结构	R = 文题 + 正文 + 落款 = W + S + F				
	文题 W	正文 S = 主送单位 + 导语 + 主体 + 结尾 = N + A + B + C			落款 F
	W = 单位 + 时间 + 对象 + 文种 W$_1$ = 介词 + 内容 + 意见/建议	导语 A = 基本情况（成绩 + 问题 + 评价）	主体 B = 情况/成绩 + 措施 + 问题	结尾 C = 意见/建议	F = 单位 + 时间
模型件	单位、时间、对象、文种	成绩、问题、评价	情况/成绩、措施、问题	意见、建议	分析报告的单位、时间
模型量	单位$_1$、时间$_1$、对象$_1$、文种$_1$	成绩$_n$、问题$_n$、评价$_n$	情况/成绩$_n$、措施$_n$、问题$_n$	意见、建议$_n$	单位$_1$、时间$_1$
模型旨	标题现旨	开篇明旨	段首明旨		
模型链	谁→什么时间→什么事→做什么	判断→分析；链环式	横向思维；辐射式	横向思维；条款式	
模型语	直陈	概括、说明	分类说明、数字说明	说明	说明

9.1.3　**例文点评**

［**例文**］

××市商业局2003年度企业财务分析报告

省商业厅：

2003年度，我局所属企业在改革开放力度加大，全市经济持续稳步发展的形势下，坚持以提高效益为中心，以搞活经济强化管理为重点，深化企业内部改革，深入挖潜，调整经营结构，扩大经营规模，进一步完善了企业内部经营机制，努力开拓，奋力竞争。销售收入实现×××万元，比去年增加30%以上，并在取得较好经济效益的同时，取得了较好的社会效益。

（一）主要经济指标完成情况

本年度商品销售收入×××万元，比上年增加×××万元。其中，商品流通企业销售实现×××万元，比上年增加5.5%，商办工业产品销售×××万元，比上年减少10%，其他企业营业收入实现×××万元，比上年增加43%，全年毛利率达到14.82%，比去年提高0.52%。费用水平本年实际为7.7%，比上年升高0.63%。全年实现利润×××万元，比上年增长4.68%。其中：商业企业利润×××万元，比上年增长12.5%，商办企业利润×××万元，比上年下降28.87%。

销售利润本年为4.83%，比上年下降0.05%。其中商业企业为4.81%，上升0.3%。全部流动资金周转天数为128天，比去年的110天慢了18天，其中，商业企业周转天数为60天，比去年的53天慢了7天。

（二）主要财务情况分析

1. 销售收入情况

通过强化竞争意识，调整经营结构，增设经营网点，扩大销售范围，促进了销售收入的提高。如南一百货商店的销售收入比上年增加296.4万元；古都五交公司的销售收入比上年增加396.2万元。

2. 费用水平情况

全局商业的流通费用总额比去年增加144.8万元，费用水平上升0.82%。其中，①运杂费增加13.1万元；②保管费增加4.5万元；③工资总额增加53.1万元；④福利费增加6.7万元；⑤房屋租赁费增加50.2万元；⑥低值易耗品推销费增加5.2万元。

从变化因素看，主要是受政策因素影响：①调整了“三费”“一金”的比例，使费用绝对值增加了12.8万元；②调整了房屋租赁价格，使费用增加了50.2万元；③企业普调工资，使费用相对增加了80.9万元。

扣除这三种因素的影响，本期费用绝对额为905.6万元，比上年相对减少10.2万元。费用水平为6.7%，比上年下降0.4%。

3. 资金运用情况

年末，全部资金占用额为×××万元，比上年增加28.7%。其中，商业资金占用额×××万元，占全部流动资金的55%，比上年下降6.7%。结算资金的占用额为×××万元，占31.8%，比上年上升8.65%。其中，应收贷款和其他应收款比上年增加548.1万元。

从资金占用情况分析，各项资金占用比例严重不合理，应继续加强“三角债”的清理工作。

4. 利润情况

企业利润比上年增加×××万元，主要因素是：

（1）增加因素：①由于销售收入比上年增加804.3万元，使利润增加了41.8万元；②由于毛利率比上年增加0.52%，使利润增加了80万元；③由于其他收入比同期多收43万元，使利润增加了42.7万元；④由于支出额比上年少支6.1万元，使利润增加了6.1万元。

（2）减少因素：

①由于费用水平比上年提高0.82%，使利润减少了105.6万元；②由于税率比上年上浮0.04%，使利润减少了5万元；③由于财产损失比上年多16.8万元，使利润减少了16.8万元。

以上因素相抵后，本年度利润额多实现×××万元。

（三）存在的问题与建议

（1）资金占用增长过快，结算资金占用比重较大，比例失调。特别是其他应收款和销贷应收款大幅度上升，如不及时清理，对企业经营效益将产生很大影响。因此，建议各企业领导要引起重视，应收款较多的单位，要领导带头，抽出专人，成立清收小组，积极回收，也可将奖金、工资同回收货款挂钩，调动回收人员的积极性。同时，要求企业经理要严格控制赊销商品管理，严防新的三角债产生。

（2）经营性亏损单位有增无减，亏损不断增加。全局企业未弥补亏损额高达×××万元，比同期大幅度上升。建议各企业领导要加强对亏损企业的整顿、管理，做好扭亏转盈工作。

（3）各企业存在着程度不同的潜亏行为。全局待摊费用高达××万元，待处理流动资金损失为×××万元。建议各企业领导要真实地反映企业经营成果，该处理的处理，该核销的核销，以便真实地反映企业经营成果。

××市商业局

二〇〇三年十二月三十日

［点评］

此文是××市商业局向省商业厅汇报财务工作情况的年度财务分析报告。该文结构完整，文题、正文与落款三个部分齐备。

文题的思维描述模型是：W=单位（××市商业局）+时间（2003年度）+对象（企业财务）+文种（分析报告）；模型链是：谁→什么时间→什么事→做什么；模型语为直陈式；标题现旨模型。

正文模型为S=主送单位（省商业厅）+导语+主体+结尾。

正文的导语模型为A=基本情况（成绩+评价），用概括说明的方式介绍一年来的成绩和评价，并阐述“在取得较好经济效益的同时，取得了较好的社会效益”。

在正文的主体部分，其思维模型为主体模型B=情况+分析。采用分题明旨模型，用两个小标题从“主要经济指标完成情况”和“主要财务情况分析”两个方面入手进行分析。在“主要经济指标完成情况”中，采用分类对比的财务分析方法，用具体数据进行横向展开与叙述；在“主要财务情况分析”部分，运用有关数据进行运算推导和分析研究，从“销售收入情况”、“费用水平情况”、“资金运用情况”以及“利润情况”等方面进行分析，同时注意与上一年度作精确的比较。

结尾思维模型C=问题+建议。用并列的方法针对存在的三种不同问题提出相应的积极的改进建议。每一段都采用“问题+措施”的模型展开分析，逻辑严密、思路清晰。

落款F=单位+时间。

该文脉络清晰，数据充分、真实，结构完整。

9.1.4　同步训练

请仔细阅读下面这份财务分析报告，并完成后面的练习。

××供销社二○○×年第三季度财务分析

一、基本情况

今年我社认真贯彻国务院的一系列重要文件，扩大购销，节约费用，压缩库存，回笼货币，第三季度取得了较好的经济效果。

利润：61.8万元，其中县以上24.8万元，完成年度计划的24.1%，比去年同期下降4.76%；基层社37万元，完成年度计划的37%，比去年同期增长33.73%。

资金周转：69天，其中县以上79天，比年度计划慢1天，比去年同期快6天；基层社57天，比年度计划慢1天，与去年同期持平。

二、购销情况

县以上农资、废旧两公司购进差与去年同期相比，分别下降19.95%和11.74%，信托贸易公司增长29%。销售农资公司较去年同期下降4.41%，废旧、信托两公司分别增长14.97%和29.18%；基层社平均增长16.33%。

三、资金运用

与去年同期相比，全部流动资金占用情况如下：县以上绝对额减少88万元，下降15.04%，基层社绝对额增加28万元，增长7.58%。商品及材料所占比重，县以上、基层社均有所下降；非商品资金及结算资金所占比重，县以上、基层社亦均有所下降。总的情况是好的。

四、费用

县以上比年度计划、去年同期都有所下降，基层社低于年度计划，平去年同期；县以上绝对额较去年同期减少1.27万元，基层社增加3.69万元，但由于销售增长较多，费用水平没有上升。

五、利润

县以上较去年同期略有减少，基层社则增幅较大。县以上主要是农资公司，去年一季度盈利3.24万元，今年头两个月由于厘什竹等先进后销，费用支出多，连续亏损4.84万元，季度虽盈利0.3万元，但仅为去年同期利润的1/10。零售单位都有所增长，增长大的为土杂公司3个零售单位，一季度利润7.06万元，较去年同期增长30%。

六、存在问题

（1）季末销小存大的有问题商品价值37万元，其中信托贸易公司有不少是吃的商品，既要保管好，又要抓紧处理。

（2）结算资金占用金额过大，有碍于加速资金周转。应收款中的长期悬账悬案，要指定专人催收，防止变成坏账损失。

二○○×年九月十五日

（1）指出这份财务分析报告的不足之处。

（2）运用所学知识修改并重新撰写一份标准的财务分析报告。

（3）对写好的财务分析报告进行模型分析。

9.2 产销分析报告

9.2.1 基础知识

9.2.1.1 产销分析报告的概念与作用

产销分析报告是研究并反映工业生产和商业销售之间的关系，分析市场供应和需求形势的一种文体。

产销分析报告对于调整产销之间、供需之间的关系，指导生产和经营，具有不可忽视的作用。现代化的大生产和社会主义市场经济更是离不开产销分析，否则就会造成产销失调，既不利于发展生产，也不利于满足人民需求。

产销分析报告适用于工业、商业单位及其主管部门，尤其是工商管理部门。目前，我国已越来越注重产销分析，一些综合性的报刊，特别是经济报刊增设了专栏，定期刊登产销分析文章，备受欢迎。

9.2.1.2 产销分析报告的特点

1. 对市场形势的分析性

产销分析报告要对市场上某种或某类产品的供需关系作出反映，分析其市场畅销或滞销的原因，并找出对策。因此，“分析”是产销分析报告的基本特点。

2. 明确的目的性和强烈的针对性

写产销分析报告，通过对市场产品供需形势的分析，对生产企业和商业部门起到指导作用，使社会主义市场经济的管理实现科学化和现代化，生产企业可以按照所分析的市场形势去生产急需的畅销产品；商业部门也可按照分析的市场形势去组织货源，满足市场和人民的各种需求。

3. 尊重客观事实，凭事实说话

产销分析应以市场的客观事实为依据，通过具体的情况、数据，分析某种或某类产品的畅销或滞销原因，并指出如何解决这些问题，以求具有现实指导意义。

9.2.1.3 产销分析报告的类型

产销分析报告从时间上分，有总结性产销分析报告、现实性产销分析报告和预测性产销分析报告；从性质上分，有综合性产销分析报告、专题性产销分析报告；从范围上分，有国际市场产销分析报告、国内市场产销分析报告和地区（省、市、县和经济区域）产销分析报告；从行业上分，有机械、冶金、轻工、化工、电子、建材等产品的产销分析报告；从环节上分，有生产情况、购进情况、调运情况、销售情况等产销分析报告。

9.2.1.4 产销分析报告的写作要求

1. 要有明确的针对性

撰写产销分析报告一定要以市场为导向，有明确的针对性，即到底要解决什么问题（比如，是解决产品的适销对路问题，还是开发新产品、扩大市场占有率的问题？是解决商品的购销渠道问题还是解决商品实体使用价值的转移?）针对性越强，对生产企业、商业企业及主管部门的实际参考和指导意义就越大。

2. 在分析上下工夫

产销分析报告和市场调研报告都是对市场某种或某类产品的供需情况作如实的反映，但市场调研报告重在“情况”的报道，而产销分析报告虽然也离不开情况的介绍，但更侧重于“分析”。如果没有客观、中肯、科学的分析，产销分析报告也就名不副实。

3. 语言简明准确

产销分析报告以叙述和说明为主要表达方式，在对产销形势作出分析和评估时也用到议论，但强调精辟周密，只起画龙点睛的作用。语言以平实为基调，要求简洁明确、准确贴切，如实反映产品（商品）生产和销售的基本情况和产销的走势，杜绝不必要的描写和主观情感的抒发。

9.2.2　模型解析

产销分析报告由文题、正文和落款三部分组成。

9.2.2.1　产销分析报告的文题思维描述模型

1. 产销分析报告的文题定量思维描述模型

设产销分析报告的文题定量思维描述模型为 W，那么，W = 时间 + 内容 + 文种。如：《2004 年中国肉类禽蛋业产销营运分析报告》，《2007 年 1—11 月份汽车市场产销分析报告》。

2. 产销分析报告的文题变量思维描述模型

设产销分析报告的变量思维模型文题为 W_1，那么，W_1 = 内容 + 文种。如：《诺基亚 7260 手机产销分析报告》。

设产销分析报告的变量思维模型文题为 W_2，那么，W_2 = 正题 + 副题。如：《需求增长平缓，市场交易清淡——近期物资市场形势分析》。

9.2.2.2　产销分析报告的正文思维描述模型

设产销分析报告的正文思维描述模型为 S，那么，S = 前言 + 主体 + 结尾 = A + B + C。

1. 产销分析报告前言思维描述模型

设前言为 A，那么，A = 基本情况简介（阐明分析的背景、目的、要求或概述市场产销基本情况或存在的问题）。

[例 1]

2004 年中国肉类禽蛋业产销营运分析报告

2004 年中国肉类禽蛋业经历了一次新的考验，先期高致病禽流感疫情给禽业形成巨大冲击波，严重危及了养殖、加工及出口：后期饲料价上调和国家燃料动力产业结构性调整，引发了畜禽养殖成本增加，导致畜禽肉价格上涨，制品成本猛增，但销售价尚不能与市场同步，给优势企业带来承受过量消化上的梗阻。由于我国肉类禽蛋业已形成较大的产业基础，虽冲击使发展受到一定影响，但产销营运还是表现出良好态势。

我国已是世界肉类禽蛋生产和消费大国，其肉类产量占世界总产量 25750 万吨的 28.1%，其中猪肉、羊肉、禽蛋分别占世界 10039 万吨、1210 万吨、6277 万吨的 46.8%、32.9% 和 43.4%，均居第一位；禽肉占世界 7822 万吨的 17.3%，居第二位；牛肉占世界 6187 万吨的 10.9%，居第三位。按产品市场交易年均价计算，2004 年畜肉禽蛋类产品产值约9436亿元，占GDP的6.94%。

根据模型，可获得本例前言的“件、量、旨、链、语”信息如下：

模型件：背景+市场基本情况+成绩

模型量：背景$_2$+市场基本情况$_1$+成绩$_4$（产量$_3$+产值$_1$）

模型旨：开篇明旨

模型链：什么情况→怎么样；设问思路思维，情况原因开头式

模型语：概叙、说明

2. 产销分析报告的主体思维描述模型

设主体为B，那么，B=情况+分析。

[例2]

一、畜禽生产情况

据资料显示，2004年生猪存栏48189.1万头，比上年增量1587.4万头，增长3.4%，同比增升3.2个百分点；出栏61800.7万头，比上年增量2600.2万头，增长4.4%，出栏率达到128.2%，同比增升1个百分点。

牛存栏量13781.8万头，比上年增量314.6万头，增长2.3%；出栏5018.9万头，比上年同期增量315.9万头，增长6.7%，出栏率达到36.4%，同比增升1.5个百分点。

羊存栏36639.1万只，比上年同期增量2585.5万只，增长7.6%；出栏28343万只，比上年同期增量2384.7万只，增长9.2%，出栏率为77.3%，同比增升1个百分点。

家禽养殖存栏516187.9万只，比上年同期增量10375.8万只，增长2.05%，同比增幅下降4.8个百分点；出栏907021.8万只，比上年同期增量18434万只，增长2.1%，同比增幅减少4.5个百分点，出栏率为175.7%，同比持平。

二、肉类禽蛋产量情况

2004年全国肉类（猪、牛、羊、禽及杂畜肉）总产量7244.8万吨，比上年增量311.8万吨，增长4.5%。其中，猪肉产量4701.6万吨，占肉类总产量64.9%，比上年增量183万吨，增长4.0%；牛肉产量675.8万吨，占肉类总产量9.3%，比上年增量45.4万吨，增长7.2%；羊肉产量399.2万吨，占肉类总产量5.5%，比上年增量42.0万吨，增长11.8%；禽肉产量1351.4万吨，占肉类总产量18.7%，比上年增量39.3万吨，增长3.0%。禽蛋产量2723.6万吨，比上年增量116.9万吨，增长4.5%。禽肉和禽蛋产量增长速度低于上年水平。上述数据表明动物性食物源肉与蛋结构比近似7:3。在肉类中，猪肉、牛肉、羊肉、禽肉结构比为65:9:6:19。

肉类产量居前十位的省、市、区依次是鲁、豫、川、冀、湘、粤、苏、皖、辽、鄂，占全国肉类总产量的64%。其中，猪肉产量前十位是川、湘、豫、鲁、冀、鄂、粤、云、苏、皖，占66%；牛肉产量前十位是豫、冀、鲁、吉、辽、皖、黑、新、蒙、川，占74%；羊肉产量前十位是蒙、新、豫、鲁、吉、川、苏、皖、甘、湘，占75%；禽肉产量前十位是鲁、粤、苏、辽、冀、吉、豫、皖、川、湘，占73%。禽蛋产量前十位是冀、鲁、豫、辽、苏、川、皖、鄂、黑、吉，占79%。

三、肉类加工情况

全国肉类行业有3万多家畜禽定点屠宰企业，其肉类食品加工规模以上（指国有及年销售额500万元以上）企业22.32家。据统计，肉类行业排序50强企业虽然数量仅占

全国规模以上企业的2.9%，但2004年其资产规模约占工业总资产的67.3%；销售收入占全行业的67.5%，创利占行业总利润的97%，出口创汇占畜禽出口总额的58.1%。

据国家资料显示，2004年全国肉类食品行业（国有及规模企业）肉类加工业资产总额达到1014.43亿元，比上年增加164.27亿元，增长19.32%。其中，屠宰加工为408.13亿元，比上年增加144.2亿元，增长54.63%；肉类制品及副产品加工为560.29亿元，增加10.34亿元，增长1.88%；肉禽类罐头制造为46.01亿元，比上年增加9.74亿元，增长26.85%。数据表明，屠宰加工投资量快速增长，制品加工投资量明显放慢。全国肉类食品行业工业资产总额中前十位的省、市、区依次是鲁、豫、苏、蒙、吉、辽、川、冀、粤、京，占全国79%。

肉类加工业销售总收入达到1656.57亿元，比上年增加444.59亿元，增长36.68%。其中，屠宰加工为744.56亿元，增加325.38亿元，增长77.62%；肉类制品及副产品加工为876.04亿元，增加108.26亿元，增长14.2%；肉禽类罐头制造为35.99亿元，比上年增加10.99亿元，增长43.96%。数据表明，原料肉销售收入和增速大幅上升，肉制品加工销售增量和增速明显降低。在全国肉类食品行业中，肉类工业销售收入前十位的省、市、区依次是鲁、豫、川、辽、苏、冀、蒙、吉、黑、粤，占全国的83%。全国肉类工业资产与销售收入比达到1∶1.63，比上年增高0.21，应该是竞争比状态为良好。

肉类加工业总利润达到49.48亿元，比上年增加10.1亿元，增长25.64%。其中，屠宰加工为16.65亿元，增加5.37亿元，增长52.47%；肉类制品及副产品加工为32.02亿元，增加4.26亿元，增长15.34%；肉禽类罐头制造为0.8亿元，比上年增加0.11亿元，增长16.09%。全国行业销售利润率平均为2.99%，仍处于微利运作中。

四、肉类市场情况

据工商资料显示，2004年先期受高致病禽流感疫情影响及后期受粮价上涨影响，使肉禽蛋产品城乡市场交易量处于低增长中。由于上半年市场不振，价格低迷，尽管第四季度回升很快，但全年总和价格水平还是低于上年，总交易额下降。

肉类产品市场城乡交易总量为3852.1万吨，占肉类总产量的53.17%，较上年增销72.8万吨，增长1.9%；猪肉销售2079.9万吨，占总产量的44.24%，增销50.6万吨，增长2.5%；牛肉销售394.9万吨，占总产量的58.43%，增销7.6万吨，增长2%；羊肉销售238.8万吨，占总产量的59.82%，增销5.0万吨，上升2.14%；禽肉销售652.4万吨，占总产量的48.3%，增销12万吨，上升1.87%。禽蛋市场交易量1012.1万吨，占总产量的37.16%，增销20.5万吨，上升2.07%。肉禽蛋类产品市场交易总额4750.57亿元，较上年减少163.93亿元，下降3.3%。其中，猪肉交易额2237.03亿元，减少104.1亿元，下降4.45%；平均每吨价格为10755.39元，同比下降781.1元，其中，城市交易价平均每吨为11201.7元，农村为10396.9元。牛肉交易额514.0亿元，减少59.8亿元，下降10.4%；平均每吨价格为13015.94元，同比下降1799.45元，其中，城市交易价平均每吨为14434.15元，农村为11764.18元。羊肉交易额318.28亿元，增加4.48亿元，增长1.43%；平均每吨价格为13326.51元，同比下降95.22元，其中，城市平均每吨为14853.98元，农村为11972.32元。禽肉交易额671.62亿元，增加2.42亿元，增长0.36%；平均每吨价格为10295.3元，同比下降154.42元，其中，城市平均每吨价格为10969.27元，农村为9778.6元。禽蛋交易额547.03亿元，减少4.87亿元，下降

0.88%；平均每吨价格为5404.8元，同比下降160.95元，其中，城市平均每吨价格为5518.86元，农村为5311.34元。

五、畜禽肉类产品进出口贸易情况

2004年我国肉类出口形势是严峻的，进口的压力仍在增大。据中国海关资料显示，全年畜禽出口96.2万吨，较上年同比增长20.8%；贸易额为19.27亿美元，同比增长36.5%。其中活畜禽17.2万吨、3.3亿美元，较上年同比仅增长1.1%；畜肉类34.4万吨、5.56亿美元，同比增长74%；禽肉类12万吨、1.45亿美元，同比下降54.7%；肉类制品32.6万吨、8.9亿美元，同比增长100.9%。2004年鲜蛋和蛋制品出口9.7万吨，较上年下降9.85%；贸易额为6724万美元，同比增长32%。

我国出口形势严峻。首先，国外对我国肉类出口限制仍是制约我国肉类产品出口的最大障碍。目前，由于"禽流感"等原因，欧盟尚未解除对我国主要动物性食物源及禽类产品的进口禁令，日本、韩国等也没有恢复我国冻鸡等禽肉产品的进口，俄罗斯不仅继续对猪肉、牛肉和禽肉进口实施关税配额管理，而且在2004年9月又宣布禁止我国肉类产品输入，这些都限制和影响了我国肉类产品恢复和扩大出口。其次，2004年底以来，玉米、豆粕、预混饲料等原料价格大幅上涨，增加了肉类产品的出口成本，我国肉类产品的出口竞争力也受到一定影响。

进口的压力继续增大。2004年畜禽进口56.3万吨，较上年下降46.7%，贸易额为6.98亿元，同比下降3.08%，其中活畜禽2.4万吨、2.2亿美元，较上年同比增长87.5%；畜肉类35.2万吨、3.22亿美元，同比增长8.9%；禽肉类18.5万吨、1.54亿美元，同比下降66.7%；肉类制品0.04万吨、267万美元，同比下降98%。2004年鲜蛋和蛋制品进口仅9吨、7万美元，较上年下降81.7%。虽然进口波动较大，但显现增长苗头。一方面随着我国经济进一步持续高速增长，对肉类进口需求增加，特别是部分高档肉品和低档副产品类需求旺盛。另一方面，去年四季度以来，我国解除了对美国冻鸡的进口禁令。对智利、阿根廷、巴西、爱尔兰等国家也开放肉类产品进口，预期肉类产品的进口会进一步增加。

综上资料分析，2004年我国肉类产业运行表现了如下特点：

（一）显示出我国肉类产量十几年来已居世界之冠不可动摇的位置。

（二）我国肉类生产初具抗风险能力，虽然去年的"禽流感"和饲料价格上涨影响猪肉和禽肉出现生产和销售滞缓，但肉类总量还是增长的。

（三）我国肉类行业仍处在追求产量型模式，因而增加肉类生产和消费，提高肉品质量乃是行业发展的战略重点。

（四）肉类食品安全是世界共同关注的问题。动物疫病如"疯牛病"、"禽流感"、"口蹄疫"等仍经常性严重地威胁着许多国家，同时工业化污染使食品安全变得突出，我们不能不引起高度重视。由于我国正处于现代化建设的转型期，肉类行业中肉类资源配置地域性突出，活畜禽流动跨度过大，肉类业又是长链产业，涉及养殖、屠宰、制作、包装、冷藏、运输、流通，形成多环节性的不安全因素。如养殖中农残、药残、抗生素控制；加工过程的接触、交叉、媒介、投入品的控制；流通中的冷链的控制等。同时，其大规模的现代生产模式与传统的小生产方式并存，先进流通方式与落后流通方式并存，发达的城市市场与分散的农村市场并存，另外有一些为其服务的如包装、机械、添加剂企业还处于小规模的分散的制造、制作中，这种并存式的结构使肉类生产和肉类食品安全管理的难度必然增大、成本提高，矛盾突出。所以，优势企业的自律和对其的保护成为行业发展的重大课题。

（五）实践证明，行业发展必须坚持龙头企业联合优势中小企业主导市场，共同发展；大企业要以主业为主，相关服务配套经营，做强做大，中型企业要抓住主业，做精做优；没有优势的企业不可能有优势而持久的市场。

（六）中心城市企业为保障市场占有的份额，适时采取屠宰加工外移战略，在资源地寻找合作对象；一些优势品牌企业适时调整市场拓展战略，开展优势联盟组合。这些做法对于配置新的生产力无疑是正确选择，但要充分利用现有设施进行技术提升改造，防止重复建设。

（七）产业结构调整应以产品结构改革为基础。肉类行业到 2004 年已有 10 个企业 13 个品种评为中国名牌产品，极大地影响着肉类产品市场，如高温火腿肠 6 家名牌企业已占据市场 90% 的份额。在当今呼吁肉类食品安全的环境中，消费市场变得越来越理性，所以形成这样一个共识：在 20 世纪 80 年代，有产品就有市场；90 年代有广告就有市场；新世纪有信誉、有品牌才有市场。

根据模型结构，可获得本文主体的“件、量、旨、链、语”信息如下：

模型件：情况 + 分析

模型量：情况$_5$ + 分析$_n$

模型旨：分题明旨、段首明旨

模型链：横向思路思维描述模型；辐射式

模型语：说明（分类、数字）

产销分析报告的主体部分是对市场某种、某类产品或对整个市场的供需情况、形势的把握和具体分析。着重根据各种情况分析各项指标的实现及其主客观原因，要有情况，有分析，通常还会有措施和建议。该文就把这些因素结合得比较好，采用分条列项的方式，层次清楚，内容充分。

3．产销分析报告的结尾思维描述模型

设结尾为 C，那么，C = 意见/建议/措施。

结尾一般涉及意见/建议/措施，即针对产销分析报告中反映的问题提出改进意见、建议或措施。其思维操作模型为：“针对什么→怎么做”。一般来说，很多产销分析报告都没有结尾，而是把诸如意见、建议、措施等直接写在主体部分。例 2 就没有结尾。

9.2.2.3　产销分析报告的落款思维描述模型

设落款为 F，那么，F = 作者姓名 + 单位 + 时间。

落款要署在右下方。年月日最好用汉字的小写，且年月日要写全。

9.2.2.4　产销分析报告的总体思维描述模型（表 9－2）

表 9－2　产销分析报告的总体思维描述模型（R）

模型结构 \ 模型	R = 文题 + 正文 + 落款 = W + S + F				
	W = 时间 + 内容 + 文种 W_1 = 内容 + 文种 W_2 = 正题 + 副题	S = 前言 + 主体 + 结尾 = A + B + C			
		A = 产销基本情况（背景/目的/要求/成绩/问题/评价）	B = 情况（生产、销售等）+ 分析（因果、措施等）	C = 意见/建议/措施	落款 F = 作者姓名 + 单位 + 时间
模型件	时间、内容、文种或正题、副题	背景/目的/要求/成绩/问题/评价	情况、分析	意见/建议/措施	作者姓名、单位、时间
模型量	时间$_1$、内容$_1$、文种$_1$、或正题$_1$、副题$_1$	背景$_n$、目的$_n$、情况$_n$、成绩$_n$、问题$_n$、评价$_n$	情况$_n$、分析$_n$	意见/建议/措施$_n$	作者姓名$_1$、单位$_1$、时间$_1$
模型旨	标题现旨	开篇明旨	段首明旨、分题明旨	汇总显旨	
模型链	什么时间→什么事→做什么	什么情况→怎么样；设问思路	横向思维；辐射式	横向思维；辐射式	
模型语	直陈	概括、说明	说明（分类、数字、举例）	说明	说明

9.2.3　例文点评

[例文]

2007 年瑞昌市棉花产销形势分析报告

一、瑞昌市棉花种植基本情况

1. 种植面积

我市棉花种植面积持续扩大。棉花价格回升，在一定程度上刺激农民种棉积极性，2006 年棉花种植面积为 3.52 万亩，2007 年棉花种植面积 3.76 万亩，相对上年增加近 7% 的面积。

2007 年我市种植业发展的总体思路是以稳定粮油生产为基础，注重棉、麻等经济作物生产，重点扩大山药、早熟梨和猕猴桃等特色作物，以充分利用我市现有的各种资源，最大限度地满足市场需求，取得最佳经济效益为目标，通过示范点、片的带动，大力培植新的主导产业，为社会主义新农村建设作出更大的贡献。推广与扩大特色产业的发展是种植业发展的趋势，棉花作为我市种植业中传统的支柱产业之一，经济效益的高低直接决定了棉农对生产的投入。

2. 种植技术

棉花种植区域分布，以桂林、赛湖、白杨、武蛟、流庄、码头等北片乡镇为主。

2007 年棉花生产有关实用技术推广主要有：大力普及棉花等主要农作物杂交抗病品种；棉花高产栽培技术；棉花等主要农作物病虫害综合防治技术；测土配方施肥技术。

3. 品种

棉花重点推广优质高产杂交抗虫新品种，以湘杂棉 3 号、泗抗 3 号、赣棉杂一号、鄂杂棉 19 号等，积极示范推广高品质棉科棉 1 号、科棉 3 号，优良棉种覆盖率达 90%。

4. 自然灾害

今年 7 月中下旬连续出现暴风雨天气，部分区域出现冰雹，如赛湖、桂林等地大面积棉田被打伤，尽管棉农进行积极抢救，及时采取扶苗、追肥、防病等措施，但在受灾区棉株长势长相始终不如正常棉田。立秋前后，连雨天不利于棉花后期生长，同时造成蕾铃脱落、腐烂，直接影响了棉花产量。

5. 病虫害

棉花病虫害 2007 年相对去年减轻，今年棉田主要病虫害为斜纹夜蛾和红黄叶茎枯病，其次是棉铃虫、黄萎病等。

二、2007 年棉花产量分析

1. 测产方法

每亩产量 = 每亩株数 × 每株结桃数 × 百铃重 × 衣分/100

= 1400 × 32.5 × 439 × 40%/（100 * 1000）

= 79.9（公斤）

调查棉田：桂林、赛湖、武蛟、南义等乡镇棉田。

每亩株数、每株结桃数、百铃重：以上述棉田在 9 月 15 日至 22 日调查所得数据之平均数。

衣分：根据以往年份来看，瑞昌棉花衣分一般为 31% ～49%，故按中间值 40% 计算。

2. 总产量

总产量 = 总面积 × 每亩产量

= 37600 × 79.9

= 300.5×10^4（千克）

= 3005（吨）

= 601×10^4（担）

种植总面积：按 2007 年棉花种植总面积为 37600 亩计算。

三、2007 棉花价格形势分析

全球棉花产不足需，期末库存继续减少。根据国际棉花咨询委员会（ICAC）8 月预测，与上年度相比，2007—2008 年度全球棉花产量小幅度减少，消费小幅度增加，产需缺口扩大，期末库存大幅减少，贸易量增幅较大。预计 2007—2008 年度全棉棉花产量为 2515 万吨，较上年减少 2%；消费量 2687 万吨，增 2.5%；贸易量较上年度增加 9.9%，达 899 万吨；期末库存减少 14.2%，至 1041 万吨。国际棉花价格将从上年度的 59 美分/磅上升至 71 美分/磅，上升了 12 美分/磅。

国内价格涨势趋缓，国际价格回调整理。随着国内棉花资源减少，5 月中旬至 8 月初，棉价持续上涨，国家通过抛售国储棉，加之进口棉陆续到港以及新花即将上市等因素对市场的影响，8 月中旬以后，棉价止涨回落。

瑞昌市棉花价格由国内大市场决定。棉花收购价格由轧花厂根据市场导向来确定。棉花市场经过 2003 年高价，2004 年下跌，2005 年恢复过程，2006 年价格回升，预计 2007 年棉花价格将同 2006 年相近。目前市面收购价为籽棉 2.8 ～3.1 元/斤，折合皮棉价格约每吨 13000 ～

13500元，从国内国际市场分析，往后的收购价将维持在这一水平，或有小幅度波动。2006年不同等级棉花全年收购价在2.4～4.2元/斤，平均价格约为2.8元/斤，但在收花高峰期价格反而呈现下滑趋势，依此看，今年棉花价格总体上将略高于去年。

四、当前棉花产销过程中存在的问题

（1）棉花生产过程中：一是农业先进技术推广力度不够大，农业服务体系建设有待进一步加强；二是农业产业化工作有待加强；三是新型实用农业生产技术推广、农民新技能培训等工作要进一步加强。

（2）棉花销售过程中：现在棉花收购为“一口价”，也就是由棉花收购人员根据棉花的外观、质感等特性对棉花价格作出决定，不需经过繁琐的检验程序，这样不利于棉花按质论价、优质棉推广意义未能得以充分体现。近年来，在市场经济体制作用下，棉花收购摆脱以往“审定”的检验收花模式，也撤销了20世纪80年代前设置于各乡镇的收花点。目前市场上出现一些棉花小商贩，一方面激活市场，另一方面也在一定程度上影响了农户棉花的售价。棉花收购机构根据市场需求状态来确定价格，现在大多数棉花是农户直接向轧花厂销售，这也是当前一种普遍的销售模式，但是还有少部分棉花是通过中间小商贩从农户手中收购，然后销往轧花厂，对市场有一定的影响。

（3）品种总体上是以优质杂交抗虫棉为主，但是少数棉农识种意识不强，随着种子市场的开放，以及近年来抗虫棉、杂交棉新品种的推广应用，许多企业和个体经营者均在发挥自身的能力，从事棉种经营，在一定程度上加快了种子科技的转化和应用，但目前棉花种子市场还是比较混乱，一些商贩为获高额利润，将未经审定甚至试种的棉花品种以及质次假冒的种子进行销售，给棉农造成不必要的损失。

五、对策与建议

（1）科技兴农，通过培训等方式，提高棉农识种防假意识，大力普及棉花等主要农作物杂交抗病品种，推广棉花高产栽培技术，应用棉花病虫害综合防治技术，扩大测土配方施肥技术的应用。

（2）优良品种推广，棉花重点推广优质高产杂交抗虫新品种，以湘杂棉3号、泗抗3号、赣棉杂一号、鄂杂棉19号等，根据山地、水田选用合适品种。随着优质杂交抗虫棉的推广应用，棉花因种栽培技术也发生了较大的变化，主要表现在种植密度和施肥两个方面。选用杂交抗虫棉时要将播种密度下调40%～50%，氮肥施用量要增加20%～30%，同时要增施钾肥。选用杂交抗虫棉时，要特别注意对棉蚜、红蜘蛛等害虫的防治，同时要做好1～4代棉铃虫、红铃虫的防治工作。

（3）重点发展棉麻纺织加工龙头企业，稳定棉麻种植面积。

（4）科学规划各产业区域布局，棉花以武蛟、流庄、白杨、码头、赛湖、南阳、夏畈等北片乡镇为主，集中种植在传统高产优质棉区。

瑞昌市农业局办公室主任：××

××××年××月××日

［点评］

该文是一篇典型的地区性专题产销分析报告。《2007年瑞昌市棉花产销形势分析报告》标题显旨，点明了时间、范围、内容和文种。

该正文部分直截了当、开门见山地进入正题的阐述，将前言和主体合二为一。主体部分以四个小标题展开，以分题明旨思维描述模型分别从“棉花种植基本情况”、“产量分析”、“价格形势分析”和“产销过程中存在的问题”进行有条不紊的分析，将事实、数据紧密结合在一起，有理有据、内容充分、数据精确、层层深入、条理清楚、思路明晰。其中，“棉花种植基本情况”从面积、技术、品种、自然灾害及病虫害等几个方面加以分析，所采用的是辐射式的思维方式，周到全面地考虑了各种因素。对“产销过程中存在的问题”采用分条列项的方式，对生产与销售过程中所出现的问题进行了深入的分析，追问原因。

该文结尾部分是“对策与建议”，紧承“存在的问题”，亦采用段首明旨模型逐段提出，逻辑性强。

在文章结束后，落款处作者单位及姓名、写作时间一一具备，结构完整。

9.2.4　同步训练

1. 请运用思维描述模型为本节例 2 的主体部分“五、畜禽肉类产品进出口贸易情况”建模。

2. 以下是《2008 年全国茉莉花茶产业产销形势分析报告》的前言部分，请运用思维描述模型结构试分析之。

根据对全国主要茉莉花茶市场的调研，茉莉花茶仍是北方销区老百姓茶叶消费的当家品种，大部分茉莉花茶主销区的茉莉花茶销售比重仍占茶叶消费总量的 50% 以上。但是，由于茉莉花茶的价格一直维持在较低的水平，企业销售利润不高，而且难以形成消费热点，影响了茉莉花茶推广的积极性。加上受其他茶类冲击，茉莉花茶市场有萎缩趋势。2007 年全国花茶的销量大约在 8.8 万吨，比上年下降 2%，市场销售平均价格比上年上升 15% 左右。价格上涨的原因：一是花茶生产成本增加。2007 年不论是花茶原料，还是茉莉花的价格都有较大幅度的提高，导致花茶加工成本上升；二是花茶市场销售结构发生变化，高档花茶（市场销售在 100 元/市斤以上）在市场上销售比重呈上升趋势。在今年春节之前，一些高档茉莉花茶就开始出现断档的情况，而低档茉莉花茶到新茶上市之前，市场上还有一定的库存。

3. 请对当地（或家乡）某种特产进行适当的调查，写一份产销分析报告。

9.3　审计报告

9.3.1　基础知识

9.3.1.1　审计报告的含义

审计报告，又称审计报告书、查账报告或查账报告书。是在审计工作结束之后由审计人员根据国家有关政策、法规、财经纪律，对被审单位的财务收支审计任务的完成情况和审计结果，向审计授权单位或委托单位提出的书面报告。

审计报告是审计工作最后和最重要的环节。

9.3.1.2　审计报告的作用

1. 为国家审计机关和被审计单位主管部门监督处理审计事项提供依据

审计报告是审计机关依据工作底稿，对某一项目进行审计以后作出结论性评价，是审计机关以充分的证据和公正的立场，履行审计监督职能所形成的文件。国家审计机关和被审计单位主管部门可以根据审计报告的意见，对被审计单位的经济活动实施改进，提出改进措施和处理办法，提供监督执行的参考依据，从而促进被审计单位纠正错误，改进管理，作出决策，提高效益。

2. 是检查审计工作和衡量审计工作质量的手段

审计报告是审计任务完成后的书面总结。通过审计报告，可以检查审计工作的完成情况，反映审计人员的业务水平和工作质量，为评价审计工作成效，进一步成功开展审计工作提供依据。

3. 为财税部门和经济立法机关提供参考依据

通过审计报告，财政部门可以了解财政拨款的作用，税收部门可以了解企业的纳税情况，银行可以了解企业对贷款的使用和整个资金流动情况，经济立法机关可以监督了解企业对国家政策法规的执行情况，等等。因此，审计报告的有关资料，可以对企业经济活动起到监控管理的作用，有的还能作为执法的依据。

9.3.1.3 审计报告的特点

1. 合法性

审计报告的合法性是指审计报告的编制和出具必须符合《中华人民共和国注册会计师法》和独立审计准则的规定。审计组向审计机关提出审计报告，是按照《审计法》规定的审计程序，履行法定职责。审计报告中对被审计单位的经济活动进行评价，提出处理意见和改进建议，也是以党和国家的政策和财经法纪为准则的。

2. 客观性

审计报告是审计组通过直接审查被审计单位的会计凭证、会计账簿、会计报表，查阅与审计事项有关的文件、资料，检查现金、实物、有价证券，并向有关单位和个人调查，取得证明材料，认定事实后撰写的。因此，审计报告中，无论是列情况、摆事实，还是作评价、提建议，都必须以客观事实为根本，容不得半点虚假和夸张。

3. 公正性

审计报告的公正性可以从两个方面来理解：一是因为它的客观性而决定了它的公正性；二是因为审计报告初稿须征求被审计单位的意见，无论是相同意见还是不同意见，审计组都必须将其连同审计报告定稿一起上报审计机关。可见，审计报告的公正性是明显的。

4. 答复性

审计报告是递交给交办的上级部门或委办的企业的关于审计结果的书面答复。因此，在审计报告中，必须针对交办、委办单位指定的任务即具体的审计要求和目标，以国家法规为标准，对事实进行科学分析，说明审计的结果和结论性意见。评语要有充分的依据，要传达审计监督的决定和要求，为被审计单位提供执行和改进的依据。

9.3.1.4 审计报告的分类

1. 按审计的范围划分

（1）综合审计报告，也称全面审计报告，是对被审计单位财政收支、各项财务活动进行全面审查与评价后写成的书面材料。

（2）专项审计报告，也称专题审计报告，是以某一内容为范围，对审查的某一部门的财务工作或某一专题，或影响经济效益的个别指标、影响财经纪律遵守情况作出评价和审计结论后写出的书面材料。

2. 按审计的内容划分

（1）财政收支审计报告，是对各级人民政府财政收支以及会计资料等的真实性、准确性、错误率以及有无其他违法行为进行审核检查的报告。根据我国审计工作的规定，财政财务（财政收支）审计的实施应遵循“上审下”、“同级不审同级”的原则。财政收支审计的内容主要有：财政预算及其执行情况，财政决算、预算外资金收支情况，财政信贷资金的收支情况等。

2. 财务收支审计报告，是对企事业单位、机关团体以及其他国家资产的单位的财务收支活动进行审核检查。财务收支审计一般由国家审计机关或受委托的审计组织依法实施。我国的审计实务属于对企业的审计，审计的核心内容是财务收支活动。财务收支活动的主要内容有：资金占有和资金来源情况、生产费用和成本情况、销售情况、利润及分配情况等。财务收支审计报告应客观反映被审计单位的会计资料和财务收支活动是否真实、准确、合理、合法，以及有无违反财经法纪的情况等。

3. 财经法纪审计报告，是对被审计单位违反财经法纪的事实与行为提出的专案性审计报告。内容主要包括：弄虚作假、偷税漏税、以权谋私、投机倒把、贪污盗窃、行贿受贿和失职渎职。财经法纪审计报告主要反映并说明违纪事实、性质和所造成的危害，指出其违反法规之处并提出审计处理意见。

4. 经济效益审计报告，是对被审计单位的经济效益、利润进行审计后提交的审计报告，目的是核查企业单位的经济活动是否合理合法。内容包括：资金利用效果、投资效果、经营决策与方向的正确性、产品结构的合理性等。经济效益审计报告应着重分析投入与产出的关系，对被审计单位的管理水平作出评价，并提出挖掘潜力以提高经济效益和社会效益的建设性意见。

3. 按审计报告的行为形式（详略程度）分

可分为简式审计报告和详式审计报告。此处不详述。

9.3.1.5　审计报告的写作要求

（1）客观公正，实事求是。审计报告要客观公正，尊重事实；报告中提出的问题必须有经过验证的根据，并有充分可靠的材料佐证。事实材料既不夸大也不缩小，对于证据不足或尚未查明的事项可暂时搁置，不要轻率写入报告中，以免陷于被动。

（2）抓住重点，分析典型。审计工作中收集的材料不少，但撰写审计报告时不能面面俱到，要抓住重点，通过典型事例说明问题。

（3）准确定性，建议切实。审计报告不但要写明审计中发现的问题，而且要根据有关规定，确定问题的性质，提出审计决定。与此同时要写出切实可行的建议，以帮助被审计单位改进工作。

（4）语言准确，平实精炼。审计报告的语言必须准确、精炼、规范，数字要准确无误，结论性的意见、评价或观点要鲜明，措辞要恰当、严谨。

9.3.2　模型解析

审计报告在长期的使用过程中，形成了较为固定的格式，通常包括标题、主送单位、正文、附件和落款。

9.3.2.1　审计报告的文题思维描述模型

1. 审计报告的文题定量思维描述模型

设文题为 W，那么，W = 审计机关 + 被审计单位 + 审计内容 + 文种。

[例1]

《××市审计局关于××公司财务收支的审计报告》

根据模型，可获得本例的“件、量、旨、链、语”信息如下：

模型件：审计单位+被审计单位+审计内容+文种

模型量：审计单位$_1$+被审计单位$_1$+审计内容$_1$+文种$_1$

模型旨：文题现旨

模型链：谁→什么事情→做什么；设问思路；链环式

模型语：直陈

2. 审计报告的文题变量思维描述模型

设文题为W_1，那么，W_1=被审计单位+审计内容+文种。如：《关于对××开发公司经济效益的审计报告》。此种写法适用于两种情况：一是审计报告作为审计机关的文件发出，文头已标明“××审计机关文件”字样；二是将审计机关写在具名处。

9.3.2.2 主送单位

即审计报告的受文单位，写全称或规范化简称。如：×××市审计局、××进出口公司等。

9.3.2.3 审计报告的正文思维描述模型

设正文为S，那么，S=前言+被审计单位基本情况+审计中查出的问题+审计结论+审计建议=A+B+C+D+E。

(1) 设前言为A，那么，A=审计原因+依据+对象+时间+范围+内容+方式+人员组成。

[例2]

关于××省二十户商业大中型企业的审计报告

根据审计署抓好大中型企业审计的部署，为了摸清商业大中型企业在经济管理中存在的问题，分析原因，研究改进措施，促进改善经营管理和提高经济效益，今年3月以来，全省有9个市、县审计机关，对20户商业大中型企业2007年执行财经纪律、财政收支、经济效益的情况进行了审计，现将审计结果报告如下：

根据模型，可获得本例的“件、量、旨、链、语”信息如下：

模型件：根据+原因+时间+范围+对象+内容

模型量：根据$_1$+原因$_4$+时间$_1$+范围$_9$+对象$_{20}$+内容$_3$

模型旨：开篇明旨

模型链：根据什么→为什么→做什么；演绎推理；规约思维；目的根据开头式

模型语：说明

(2) 设被审计单位基本情况为B，那么，B=单位性质+规模+经营状况+内部管理+财务经济情况等。该部分在全面审计报告中一般比较详细，而在专项审计报告中有时也可省略。

[例3]

一、基本情况

××市日用杂品公司是××市供销社所属中型企业。19××年度与市供销社签订承包合同，实行利润递增包干。公司下属11个独立核算单位。

该公司于19××年×月由行政管理型公司变成了经济实体公司（由原日杂采购站和生活采购站合并而成）。现分为三个业务经营科室和八个行政职能科室。主营日用杂品、兼营五交化及家用电器、家具等。现有职工111人，固定资产103万元，自有流动资金39万元。全年销售额1972万元，实现利润总额67.4万元。

根据模型，可获得本例的“件、量、旨、链、语”信息如下：

模型件：单位性质+规模+内部管理+经营状况+财务经济情况

模型量：单位性质$_2$+规模$_1$+内部管理$_n$+经营状况$_4$+财务经济情况$_4$

模型旨：段首明旨

模型链：是什么→怎么样；组合思路；总分式结构

模型语：概述、说明

（3）设审计中查出的问题为C，那么，C=查实的问题+性质+原因+后果+责任人。

[例4]

二、发现的问题

1．弄虚作假套取资金给××路仓库发奖金8000元。19××年末，市日杂公司决定日杂站和生活站给××路仓库（都是公司所属独立核算单位）承担8000元劳动分红奖。该款应该在税后留利中支付，而两站采取弄虚作假的手段，在1998年1月份分别用转账支票从销售款中套出现金给仓库，分别用仓库开出的两张4000元“苫布”假发票列入费用，该仓库没有入账，直接给职工发奖金，严重违反了《国有企业成本管理条例》和《现金管理暂行条例》。

2．挪用流动资金22万元建造营业楼。该公司××日杂大楼属于用自筹资金搞的基建项目。由于专项贷款不足，19××年从日杂和生活两站借用流动资金24万元，扣除两站19××年×月末自有资金账面余额2万元，实际挪用22万元用于基本建设。

3．挪用流动资金22000元为职工买有奖储蓄。该公司动用现金和转账支票（流动资金），从农行买有奖储蓄22000元。其中，生活站19××年×月和×月共买11000元，日杂站19××年×月和19××年×月共买11000元。此款存期为1年，利息以中奖形式支付。现已全部还本。该储蓄应由职工个人承担，但公司一直挂在往来账上未扣回。收到的330元中奖款企业没有入账，直接给职工搞福利。

4．鞭炮回扣收入款未进决算，随匿利润80164.07元。该公司19××年末鞭炮回扣收入112704.28元挂账，未进当年决算。按年末鞭炮库存额813505.15元和厂方进货回扣率4%（最高）计算，库存应留回扣32540.21元，实际多留了80164.07元未进决算，影响了当年利润的真实性。

5．截留出租收入列账外3620元。该公司出租门前摊位一事，经查财会账目，没有反映有关租金收入。经多方查证和有关人员证实，租金由行政科收取。其中19××年×月到×月收入1105元、19××年×月至×月收入2515元，分别在保卫科和行政科有关人员手中。

根据模型，可以获得本例的“件、量、旨、链、语”信息如下：

模型件：查实的问题+性质+后果+责任人

模型量：查实的问题$_5$+性质$_2$+后果$_2$+责任人$_1$

模型旨：段首明旨

模型链：总分思路；横向结构

模型语：概叙、说明

（4）设审计结论为D，那么，D＝针对审计结果＋依据法律、法规＋处理意见/评语。该部分主要说明审计人员对审计结果提出的评语或意见。审计处理意见是针对存在的问题提出来的，如果结论是肯定的，则不必写处理意见。

［例5］

三、处理意见

1. 对该公司弄虚作假套取现金给××路仓库发放奖金8000元问题，根据《国务院关于违反财政法规处罚的暂行规定》第五条第一款和《现金管理暂行条例实施细则》第二十条第十款具体规定，应将违纪金额全部收缴，并处以50%罚款。合计应缴金额12000元。

2. 对挪用流动资金22万元建造营业楼问题，根据《国务院关于违反财政法规处罚的暂行规定》第五条第四款和第九条，应调整账目归还原资金渠道，并按违纪额的10%罚款22000元。

3. 对挪用流动资金22000元为职工买有奖储蓄的问题，根据《国务院关于违反财政法规处罚的暂行规定》第九条，按违纪额10%罚款2200元，中奖330元全额上缴，合计应缴金额2530元。

4. 对截留鞭炮回扣收入80164.07元，隐匿利润问题，根据《国务院关于违反财政法规处罚的暂行规定》第五条第四款和第六条，调整有关账目，并按违纪额的10%罚款8016.40元。

5. 对截留出租摊位收入列账外3620元问题，根据国务院有关文件规定，应全额上缴。

根据模型，可获得本例的“件、量、旨、链、语”信息如下：

模型件：审计结果＋法律＋法规依据＋处理意见

模型量：审计结果$_5$＋法律$_1$＋法规依据$_5$＋处理意见$_5$

模型旨：汇总显旨

模型链：针对什么问题→根据什么→怎么办；发散思维；链环式

模型语：说明

（5）设审计建议为E，那么，E＝建设性意见＋改进措施。

［例6］

四、建议

针对审计中发现的问题，提出以下建议：该公司有关领导及财会科，今后应严格执行会计法，遵守财经法规，实事求是地处理各项经济业务；合理使用资金，认真贯彻专款专用的原则，加强会计基础工作，提高财会人员的素质，按财务制度规定，正确摊提各项费用，如实、准确地反映企业财务成果。

附件：（略）

商粮贸审计处审计小组

组长：　　　（签名）

二〇〇　　年　　月　　日

根据模型，可获得本例的“件、量、旨、链、语”信息如下：

模型件：建设性意见＋改进措施

模型量：建设性意见$_3$＋改进措施$_7$

模型旨：段首明旨

模型链：什么问题→怎么做；设问思维；链环式；总分结构

模型语：说明

9.3.2.4　审计报告的附件

指有关依据的原件或复印件。写明附件的名称和份数。

9.3.2.5　审计报告的署名

指审计人员的签章。写明审计机构名称，审计人员姓名及审计报告的写作日期。

9.3.2.6　审计报告的总体思维描述模型

表 9－3　审计报告的总体思维描述模型（R）

模型 \ 模型结构	R＝文题＋主送单位＋正文＋附件＋署名								
	文题	主送单位	正文模型 S＝导言＋被审计单位情况＋审计中查出的问题＋审计结论＋审计建议＝A＋B＋C＋D＋E					附件	署名
模型件	文题 W＝审计机关＋被审计单位＋审计内容＋文种	受文单位全称或简称	导言 A＝原因＋依据＋对象＋时间＋范围＋内容＋方式	情况 B＝性质＋规模＋范围＋管理状况＋财务经济	问题 C＝查实问题＋性质＋原因＋后果＋责任人	结论 D＝审计结果＋依据法律法规＋处理意见或评价	建议 E＝建设性意见＋改正措施	有关证据原件或复印件	审计机构名称、审计人员姓名
模型量	机关$_1$、单位$_1$、内容$_1$、文种$_1$	主送单位$_1$	依据$_n$、原因$_n$、时间$_n$、范围$_n$、对象$_n$、内容$_n$、方式$_n$	性质$_n$、规模$_n$、管理$_n$、范围$_n$、经济$_n$	问题$_n$、性质$_n$、原因$_n$、后果$_n$、责任人$_n$	结果$_n$，法律/法规$_n$、处理意见或评价$_n$	意见$_n$措施$_n$	名称、份数	审计报告写作日期
模型旨	文题现旨		开篇明旨	段首明旨	段首明旨	汇总显旨	段首明旨		
模型链	谁→什么事→做什么？发散思维		根据什么→为什么→做什么？规约思维	是什么→怎么样？组合思路，总分结构	横向结构，总分思路	针对什么→根据什么→怎办，定向发散思维	什么问题→怎么做？设问思路，总分结构		
模型语	直陈		说明	概括、说明	概述、说明	说明	说明		

9.3.3 例文点评

［例文］

关于对××县罐头厂全面审计的报告

××市审计局：

根据省市审计会议的部署精神，县审计局于2006年××月××日至××日，对本县唯一亏损户××县罐头厂2006年1月至10月的全部会计凭证、账表进行了全面审计。查实的主要问题和处理意见如下：

一、审计结果

该厂1～10月份经营管理状况不好，损失浪费433862.78元，“两清”损失多报62089.66元，不合理占用资金14600元。在管理岗位上责任制不落实，对车间、科室签订的合同不兑现等，没有摆脱“吃大锅饭”的局面。

二、情况说明

（一）浪费损失严重（略）

（二）“两清”时包装物掉库损失（略）

（三）不合理占用资金（略）

（四）样品费用开支过多（略）

（五）漏计税款（略）

（六）做厂服占用资金（略）

（七）手续制度不健全（略）

（八）经济责任制不落实（略）

三、对该厂问题的处理意见

1. 该厂的浪费损失主要是经营管理不善造成的，问题严重。为达到教育权限的目的，促进各行各业加强经营管理，减少或避免损失，请政府批转这份报告，通报全县。

2. 建议其主管公司派专人对该厂领导班子进行整顿，摆问题，查原因，落实领导责任制，端正经营思想。

3. 对“两清”损失要重新认真清理，其中多报的掉库损失要做调账处理。

4. 健全资金管理制度，应收销货款294807元，要逐笔落实清回；如果清不回的呆账损失，要报告主管局、财政和税务研究处理。

5. 加强基本建设的计划管理，今后要杜绝基建超支，对现在已超支的部分要提出处理意见，报主管局、财政和税务研究处理。

6. 少提税款1624.36元，12月份补交。

7. 做厂服占用的资金，要根据县政府规定办理。

8. 严格控制样品费用，必须发出的样品要及时反映在账上，不能搞账外管理样品。

9. 加强物资管理和财务管理。物资要按月清点，严格出入库手续，建立严密的物资管理制度。财务要全面核算，包装物的押金账要分户记载，专人管理，逐户清理以前的包装物押金账，清不回来的要说明原因，报告主管局和财税部门，如实反映，制止有数无实的做法。

××县审计局××审计小组
审计员：×××（章）
×××（章）
××××年××月××日

[点评]

这是一篇综合审计报告。标题是公文式的，其模型件由被审计单位、内容及文种组成，标题显旨，一目了然。

正文由导言、审计结果、审计中查出的问题、审计处理意见四个部分构成。

导言部分为概述式，简要说明了审计依据（根据省市审计会议的部署精神）、审计者（县审计局）、被审计单位（本县唯一亏损户××县罐头厂）及审计时间（2006 年××月××日至××日）、业务范围（2006 年 1 月至 10 月的全部会计凭证、账表进行全面审计）等，以开篇明旨的方式使人对该审计报告有一个总体的了解，并用承启语（查实的主要问题和处理意见如下）承上启下，引出主体部分的内容。

审计结果和情况说明、处理意见从整体上来看采用的是分题明旨模型，而在情况说明部分采用分条列项且段首明旨模型，显得有条不紊、思路清晰、观点明确。

审计结果部分语言简练、内容简要，对审计出的问题作了数量和性质的评价（定量和定性分析）；情况说明紧承审计结果进一步对结果进行详细具体的说明，观点和材料和谐统一；处理意见是完全针对审计过程中所发现的具体问题提出具体的解决、处理办法及意见的，运用定向思维方法（“什么问题→怎么做?”）兼顾了针对性和可行性。

总的来说，该文主旨明确，语言平实，层次清楚、思路清晰，是一篇较好的审计报告。

9.3.4　同步训练

1. 以下是一个专项审计报告参考样式，请根据所学知识为它“建模”。

审计报告

（企业名称）：

我们接受委托，审计了贵公司××××年××月至××××年××月“科技型中小企业创新基金（以下简称创新基金）”的收支使用情况以及“科技型中小企业技术创新基金无偿资助（或贷款贴息、资本金注入）项目合同”（以下简称合同）中“经济指标”的执行情况。贵公司的责任是提供真实、合法、完整的审计资料，我们的责任是对创新基金的收支使用情况及合同经济指标的执行情况发表审计意见。我们的审计是依据《中国注册会计师独立审计准则》与《科技型中小企业技术创新基金无偿资助（或贷款贴息、资本金注入）项目合同》进行的。在审计过程中，我们结合贵公司的实际情况，实施了包括抽查会计记录等我们认为必要的审计程序，现将审计情况报告如下：

一、企业及项目基本情况

××××××××××公司系××××年××月××日注册成立的有限责任公司（或

有限公司)，由××××工商行政管理局颁发企业法人营业执照，注册号××××××××××；注册资本：人民币×××××万元；法定代表人：×××××；公司住所：××××××××××；公司经营范围：××××

项目基本情况：(简述项目基本情况)

二、基金合同有关规定

(一) 贵公司于××××年××月××日申报“××××××××××××××××”项目，并与科技部科技型中小企业技术创新基金管理中心于××××年××月××日签订了《科技型中小企业技术创新基金无偿资助（或贷款贴息、资本金注入）项目合同》，立项代码：××××××××××××××××，取得创新基金总额为××万元人民币的无偿资助（或贷款贴息、资本金注入），用于“××××××××××××××××”项目的投入。

(二) 项目投资总额为×××万元，在创新基金合同签订时，已完成投资额××万元，计划新增投资××××万元，其中创新基金资助××万元（先行拨付××万元，剩余的×××万元将视项目进展及验收情况再予拨付)。

(三) 创新基金用途规定：创新基金必须用于购置生产用配套仪器设备、新产品的开发及研制等。

(四) 项目执行阶段的经济指标：

合同规定，××××年应实现年销售收入　　××××万元

年交税总额　　××××万元

年利润总额　　××××万元

三、创新基金合同中各项经济指标的执行情况

经审计，合同执行情况如下：

(一) 项目投资到位情况：

我们根据银行存款账、进账单及银行对账单，确认项目投资到位情况如下：

截止到××××年××月××日已到位的总投资额为××××××××万元，其中立项时已完成投资×××万元，新增投资×××万元，其中：

创新基金　　×××万元

企业自筹资金　　×××万元

(二) 项目资金支出情况：

我们根据相关账簿及凭证，确认项目资金支出情况如下：

截止××××年××月××日，本项目实际支出资金×××××万元（开发费用中××万元为合同签订时已投入的资金），其中：

项目产品开发及试制　　×××万元

其中：购置仪器、设备　　×××万元

购置生产设备　　×××万元

流动资金　　×××万元

销售费用　　×××万元

基建　　×××万元

其他　　×××万元

合　计　　　　　　　　　　　　　　　　×××万元

（三）经济指标完成情况：

截止××××年××月××日，贵公司各项经济指标完成情况如下：

1．项目实现收入

经审计贵公司提供的创新基金资助项目“××××××××××××××××××”的收入明细清单等资料，项目实现收入为贵公司“××××××××××项目”的销售收入，项目实现收入总额为××××××××××元，其中：

项目收入	××年×月—××年×月	××年×月—××年×月	××年×月—××年×月	累计
项目销售收入				
技术服务收入				
合计				

2．项目成本

根据贵公司提供的销售成本总账、明细账及相关资料，确认项目成本总额为××××××××××××××元，其中：

项目成本	××年×月—××年×月	××年×月—××年×月	××年×月—××年×月	累计
项目销售成本				

3．项目税金

根据项目应计缴的税金—增值税、营业税及其附加、企业所得税等，确认贵公司在项目执行期间共应计缴税金的总额为××××××××××元，税项及对应税额明细如下：

税　种	××年×月—××年×月	××年×月—××年×月	××年×月—××年×月	累计
增值税				
营业税				
城建税				
教育费附加				
企业所得税				
合　计				

4．项目应承担的期间费用

贵公司生产、销售的产品（不）仅为基金资助项目包含的产品。根据贵公司提供的费用总账、明细账及凭证确认，项目执行期间共发生期间费用合计××××××××××元，其中（基金资助项目产品所发生的期间费用分摊为×××××××元）：

项　目	××年×月—××年×月	××年×月—××年×月	××年×月—××年×月	累计
管理费用				

续上表

项　目	××年×月—××年×月	××年×月—××年×月	××年×月—××年×月	累计
销售费用				
财务费用				
合计				

5. 项目实现利润

项目执行期间累计实现利润总额×××××××××××元，其中：

项　目	××年×月—××年×月	××年×月—××年×月	××年×月—××年×月	累计
利润总额				
净利润				

本报告仅供“科技型中小企业技术创新基金无偿资助（或贷款贴息、资本金注入）项目合同”验收使用。

附送：创新基金申请项目财务报告附注（略）

北京××××××会计师事务所　　　　中国注册会计师（签名、盖章）：

中国·北京

××××年××月××日　　　　中国注册会计师（签名、盖章）：

2. 下面是某审计单位对某化学品厂财务状况的审计报告，请仔细阅读所给的素材，然后完成题目。

____

今年三季度，我们对××化学品厂上半年的财务情况进行了检查。通过查账，初步发现少结算利润856735.40元，应补交所得税471204.47元，调节税257020.62元；在财务管理方面也存在不少问题，归纳起来有以下三个方面：

第一，______________________。在化妆品生产中，包装材料所占比重很大，但该厂对包装材料没有严格的进厂验收和保管制度，生产耗用倒轧计算，忽高忽低，心中无数。如今年2月份生产的一批高档银耳珍珠蜜，实际完成产量9900多瓶，但耗用瓶子竟达20000多只，耗用瓶盖亦达14000多只。在材料明细账上，经常出现红字。如一笔包装“大众护肤品”的盒子，生产实际耗用13450只，由于在材料支出账上多写了个“0”字，不仅账面出现了红字，而且虚增生产成本23116.04元。据今年1-6月统计，该厂包装材料原因不明的盘亏和报废，未经领导批准就自行转账列入成本的金额共有32万元之多。

第二，______________________。该厂目前外加工协作单位有80多个，委外加工材料比较贵重，如把珍珠加工成珍珠粉，人参加工成人参露等。据自算，一年委外加工的材料价值和费用合计约1000万元。对这样大的金额进出，却没有一套严格的管理制度。不少加工业务中存在着无加工合同、无消耗定额、无质量标准、无工缴审核和无对账制度的“五无”情况。不少加工单位任意浪费加工材料而不承担经济责任，如委托外地某制盒厂加工高级化妆品礼盒，发出丝缎1562.5米，回厂产品实际上用料不到500米，耗损率高达68%。但由于没有相应的制度而无法追究，还有一些单位把多余的材料出售作为自己的收入。我们检查了一家工厂，发现××化学品厂委托他们加工洗发精塑料瓶的下脚就有这种情况，后经我们提出，追回1万余元。

第三，＿＿＿＿＿＿＿＿＿＿。该厂的账册设置没有正式总账，采取以表代账；核算成本的表格和转账凭证填写草率马虎，难以审核检查；材料核算尤为混乱，收料单上数据金额可以随意涂改。另外，该厂又不按国家会计制度的核算规定计算材料成本差异，仅此一项，就发现少算利润605300.22元。同时，该厂的销售成本计算也存在问题，如质量不好的产品退货，用红字发票冲减了销售收入，却不同时冲减销售成本，造成一些退货变成了账外物资，这次检查中就有58300.10元。

以上检查中发现的问题，我们已经向企业领导汇报，并与有关科室交换意见，提出加强财务管理的建议，企业领导比较重视，表示要把我们的建议列入企业整顿的内容。希你公司督促该厂及时纠正结算错误，落实改进措施。

(1) 给该审计报告拟写标题。

(2) 请对该审计报告的审计问题部分进行概括、提炼，将该文空白处补充完整。

(3) 利用所学知识，指出该审计报告在结构上存在的不足。

综合训练9

1. 填空题

(1) 财务分析报告又叫＿＿＿＿。它是财务独立的企事业单位，定期或不定期地向国家有关部门及各有关方面提供的对＿＿＿＿进行总结、分析后撰写的书面报告。

(2) 产销分析报告具有＿＿＿＿、＿＿＿＿和＿＿＿＿三个特点。

(3) 审计报告按照内容可分为＿＿＿＿、＿＿＿＿、＿＿＿＿、＿＿＿＿和＿＿＿＿。

(4)《国家审计文书处理试行办法（草案）》第八条规定："审计文书一般由＿＿＿＿、＿＿＿＿、＿＿＿＿、＿＿＿＿、＿＿＿＿、＿＿＿＿、＿＿＿＿、＿＿＿＿、附件、印章、发文时间、抄送单位、附注等部分组成。"

(5) 审计是依法对被审计单位的＿＿＿＿、经营成果及＿＿＿＿等方面所进行的监督活动。

2. 不定项选择题

(1) 审计报告属于下列何种类型的财经文书(　　)。

A. 提案类　　B. 宣传类　　C. 签约类　　D. 报告类

(2) 下面各项属于审计报告的主体的有(　　)。

A. 报表说明　　B. 附件　　C. 审计结果　　D. 审计建议

(3) 产销分析报告的特点有(　　)。

A. 真实性　　B. 分析性　　C. 针对性　　D. 期复性

(4) "利润额增多。本期纯利润额为16.42万元，比上年同期增长47.61%；每百元销售额平均利润4.27元，比上年同期上升16.99%。"该段文字所运用的是(　　)思维描述模型，它所用到的分析方法有(　　)。

A. 段首显旨　　B. 汇总显旨　　C. 比较法　　D. 数字说明法

3. 简答题

（1）财务分析报告有什么作用？

（2）财务分析的方法有哪些？

（3）撰写财务分析报告有何要求？

（4）什么是产销分析报告？它有哪些类型？

（5）产销分析报告的标题拟制有哪些形式？请分别举例说明。

（6）什么是经济效应审计报告？

4. 请根据模型结构，分析下面审计报告的前言部分。

我们接受委托，审计了贵公司2007年12月31日资产负债表及2007年度的利润表和现金流量表。这些会计报表由贵公司负责，我们的责任是对这些会计报表发表审计意见。我们的审计是根据《中国注册会计师独立审计准则》进行的，在审计过程中，我们结合贵公司的审计情况，实施了包括抽查会计记录等我们认为必要的审计程序。

5. 写作题

（1）请写一份某上市公司的财务分析报告。

（2）如果你在进行某种商业活动，请就你所了解的情况写一份产销分析报告。

第 10 章　财经契约文书模型写作

10.1　条据

10.1.1　基础知识

10.1.1.1　条据的概念

条据是便条与单据的总称。"条"指便条，"据"指单据，它们是人们在日常工作、学习和生活中，彼此间为某种事物或处理财务事项写给对方的，有所说明或作为某种凭据的文书。

10.1.1.2　条据的种类

条据按内容与性质分为两类：凭证性条据和说明性条据。凭证性条据包括借条、收条、领条和欠条。凡使用单位特制的、具有固定格式的条据叫"据"，如收据、借据等。人们自己书写的条据叫"条"，如收条、借条等。说明性条据是日常生活中有事情要告诉别人，或者委托别人办什么事情，在不能直接面谈的情况下，就使用便条进行联系。包括便条、留言条、请假条和托事条等。本节只研究凭证性条据。

10.1.1.3　凭证性条据的作用及特点

人们在领到、收到、暂借到别人或单位东西及钱款时，给对方立下的字据。它起到证据的作用。其特点是内容简明扼要，篇幅短小，条理清楚。

10.1.1.4　凭证性条据写作的注意事项

（1）篇幅短小，语言通俗明白。

（2）涉及钱、物的数字须用汉字大写。

（3）文面整洁清晰，不得涂改。

（4）签名须手写，文字工整。

（5）钱、物当面点清。

（6）若出具条据的一方为单位，还必须署上经手人的姓名。

10.1.2　模型解析

10.1.2.1　条据的文题思维描述模型

设条据的文题为 W，那么，W = 条据性质(借、收、领、欠) + 条据种类(条、据)。如"借条(据)"、"收条(据)"、"领条"、"欠条"。文题居于正文上方正中。

10.1.2.2　条据的正文思维描述模型

设正文模型为 S，那么，S = 时间("今") + 借(收、领、欠) + 谁 + 钱(物) + 数量。

[例1]

今借到张三人民币伍万元整。

[例 2]

今收到李四人民币拾贰万叁仟捌佰玖拾壹元整。

[例 3]

今领到学院发放的白粉笔陆拾盒，稿纸肆拾本。

[例 4]

今欠王五三号玉米种子拾柒千克。

根据模型，可获得上述例子的“件、量、旨、链、语”信息如下：

模型件：时间 + 借(收、领、欠) + 谁 + 钱 (物) + 数量

模型量：时间$_1$ + 借$_1$(收$_1$、领$_1$、欠$_1$) + 谁$_1$ + 钱$_1$(物$_1$) + 数量$_1$

模型旨：开篇明旨

模型链：何时→向谁→做何事

模型语：叙述

10.1.2.3 凭证性条据的尾部思维描述模型

设条据尾部为 H，那么，H = 签名 + 日期。签名在正文下两行居右，须用正式有法律效力的真实姓名。日期签在姓名下一行靠右，年月日须齐全。

10.1.2.4 凭证性条据的总体思维描述模型

表 10－1 凭证性条据的总体思维描述模型 (R)

模型结构 \ 模型	R = 文题 + 正文 + 尾部		
	文题 W	正文 S = 时间(“今”) + 借(收、领、欠) + 谁 + 钱(物) + 数量	H = 尾部
模型件	条据性质、条据种类	时间（“今”)、借（收、领、欠)、谁、钱(物)、数量	签名、时间
模型量	条据性质$_1$、条据种类$_1$	时间$_1$（“今”)、借$_1$（收$_1$、领$_1$、欠$_1$)、谁$_1$、钱$_1$（物$_1$)、数量$_1$	
模型链		何时→向谁→做何事；设问思路	
模型旨		开篇明旨	
模型语	说明	叙述	

10.1.3 例文点评

[例文]

借　条

今因生意周转困难，向张三借到人民币伍万元整，定于 2008 年 12 月 31 日前还清。

李四

2008 年 11 月 11 日

[点评]

这份借条格式规范，要素齐全，不仅交代了借款的原因、时间、贷款人、数目，还约定了归还的期限。其正文模型构成为：S（正文）=时间+原因+贷款人+币种+数量+归还期限；其模型链为：何时→谁→何因→借什么→多少→何时归还；设问思路。

10.1.4　同步训练

1. 分析下列欠条，指出其毛病并改正。

欠　条

今欠高爱米水稻种子100斤，明年收成后还清。

李大毛

10月8日

2. 时值教师节，学院为每一位教师发放校服一套。你所在的基础部共有53位教师，其中男教师30人，女教师23人。现你经手去院总务处领取53套校服，请写一份领条。

3. 分析下列收条的思维描述模型。

收　条

今收到章大为律师代理费人民币伍仟元整。

何忠

2008年12月9日

10.2　经济合同

10.2.1　基础知识

10.2.1.1　经济合同的概念

合同，通常也叫合约或契约。它是一种两方或几方在办理某项事宜、从事某种经济活动时，为了确定各自的权利和义务而订立的共同遵守的、具有法律效力的条文。

《中华人民共和国合同法》（以下简称《合同法》）第二条明文规定："合同是平等主体的自然人、法人、其他组织之间设立、变更、终止民事权利义务关系的协议。"由此可见，合同是签订合同的双方当事人为实现一定目的，经充分协商，对所确认的权利和义务达成的一种文字协议。而经济合同则是双方或多方当事人为了实现一定的经济目的，通过平等协商，明确相互的权利和义务而共同订立的一种具有经济关系的协议，是当事人表示见解一致的法律行为。

10.2.1.2　经济合同的作用

随着我国经济体制改革的逐步深入，经济合同在我国社会主义建设中的重要作用越来越得到人们的重视。其作用主要有以下3方面：

（1）有利于当事人实现经济目的。当事人签订经济合同，都是为了实现特定的经济目的，为了保证某一项经济活动的顺利完成，取得一定的经济效益。合同所规定的内容，反映着双方当事人的需要，是为双方当事人的经济目的实现服务的，合同履行的过程，也就是经济目的得以实现的过程。

（2）有利于保护当事人的合法权益。经济合同依法成立，即具有法律约束力。如果当事人之间发生纠纷，为维护各自的合法权益，可把合同作为依据，对照条款进行交涉，甚至诉诸法律。

（3）有利于维护社会经济秩序。经济合同制度的实施及有关法规的颁布，是促进社会主义市场经济的繁荣、维护社会经济秩序的重要措施，有助于社会各部门、行业、组织及各生产经营环节紧密衔接起来，突破种种限制，使经济活动在客观经济规律的引导下，有秩序地进行。

10.2.1.3 经济合同的特点

《合同法》明确规定了经济活动中的5项基本原则，即“平等原则”、“自愿原则”、“公平原则”、“诚实信用原则”和“遵守法律、法规和尊重社会公德原则”。与此相应的，经济合同有以下5个主要特点。

1. 合法性

合同的撰写要严格遵守《合同法》的规定。经济合同是具有法律效力的文书，其作用的发挥要以合法为前提，内容不合法，就被视为无效合同。另外，对经济合同的订立和履行、变更和解除、违约责任等，国家都以法规的形式作了规定，从合同的签署、履行到纠纷的调解、仲裁，都必须依法进行。

2. 平等互利性

经济合同的平等性，首先表现在签订合同的双方或多方的法律地位是平等的，当事人之间应是平等互利的合作关系，没有上下从属之分。其次，合同是协商协作的产物，合同条款中，权利和义务是相互的、对等的，不能将其建立在损害对方或他方的利益之上，合同内容也应是等价有偿的。

3. 公平性

经济合同的公平性是指合同的订立和履行以及纠纷的解决都应当公平合理，要求当事人订立合同的机会均等，要公平竞争，反对垄断和“霸王条约”，不允许以大压小、以强凌弱，任何一方均不得把自己的意志强加给对方。显失公平的合同、乘人之危情况下签订的合同、以胁迫手段签订的合同，都存在着被撤销的可能。

4. 诚信性

在签订合同时，当事人双方均应当诚实地表达自己的意思、实事求是；在履行合同时，均应当信守自己的承诺。隐瞒真相、背离约定、制造销售假冒伪劣产品、拖欠供货或货款等，都是违背合同的诚信性原则的。

5. 规范性

为了保证合同的合法性、公平性、完备性，撰写合同应当符合规范化的要求。《合同法》明文规定：“法律、行政法规规定采用书面形式的，应当采用书面形式。当事人约定采用书面形式的，应当采用书面形式。”合同的书面形式是较为统一、固定的，即内容的构成、先后顺序都有一定的要求。在语言方面，也要求使用规范的表达方式，要准确、严谨，措辞力求精当，不可模棱两可、含混不清。为规范合同的体式，国务院曾于1990年3月20日批准在全国推行合同统一文本格式。原国家工商行政管理局编制的《中国合同范本》为各类合同的正确制作提供了依据。

10.2.1.4　经济合同的种类

经济合同的分类方式很多，不同的划分标准有不同的分类方法。

按时间划分，有长期合同、中期合同和短期合同。

按地域分，可分为国内合同和涉外合同。

按双方权利和义务关系分，有双务合同（双方都享有权利并承担义务，如买卖合同）和单务合同（仅对一方发生权利、对他方只发生义务，如信贷合同）。

按形式划分，有条款式合同、表格式合同和条款表格结合式合同。

按业务性质和内容的不同，可分为 15 种：买卖合同，供用电、水、气、热力合同，赠与合同，借款合同，租赁合同，融资租赁合同，承揽合同，建设工程合同，运输合同，技术合同，保管合同，仓储合同，委托合同，行纪合同，居间合同。

1. 买卖合同

买卖合同是出卖人转移标的物的所有权于买受人，买受人支付价款的合同。即当事人将财产交给另一方当事人所有，另一方当事人接收财产，并按约定支付价款而达成的协议。其内容包括：当事人的名称或姓名和住所，标的，数量，质量，价款，履行期限、地点和方式，包装方式，检验标准，检验方法，结算方式，合同使用的文字，违约责任，解决争议的方法等。

2. 供用电、水、气、热力合同

供用电、水、气、热力合同是供电人、供水人、供气人、供热力人，在一定期限内供给一定种类、品质和数量的电、水、气、热力予使用人，而使用人向供方支付费用的合同。其内容包括供电、供水、供气、供热力的方式、质量、时间、容量、地址、计量方式、价格、费用的结算方式，以及设施的维护责任等条款。

3. 赠与合同

赠与合同是赠与人将自己的财产无偿给予受赠人，受赠人表示接受赠与的合同。赠与合同是单方、无偿合同，其最大特征是无偿给予。法律也允许附义务的赠与。赠与附义务的，受赠人应当按照约定履行义务。

4. 借款合同

借款合同是借款人向贷款人借款，到期返还借款并支付利息的合同。借款合同的内容包括借款种类、币种、用途、数额、利率、期限和还款方式等条款。订立借款合同，贷款人可以要求借款人提供担保。

5. 租赁合同

租赁合同是出租人将租赁物交付承租人使用、收益，承租人支付租金的合同。其内容包括租赁物的名称、数量、用途、租赁期限、租金及其支付期限和方式、租赁物维修等条款。租赁期限不得超过 20 年。超过 20 年的，超过部分无效。租赁期间届满，当事人可以续订租赁合同，但约定的租赁期限自续订之日起不得超过 20 年。租赁期限超过 6 个月的，应当采用书面形式。当事人未采取书面形式的，视为不定期租赁。

6. 融资租赁合同

融资租赁合同是出租人根据承租人对出卖人、租赁物的选择，向出卖人购买租赁物，提供给承租人使用，承租人支付租金的合同。其内容包括租赁物名称、数量、规格、技术性能、检验方法、租赁期限、租金构成及其支付期限和方式、币种、租赁期间届满租赁物的归属等条款。融资租赁合同应当采取书面形式。

7. 承揽合同

承揽合同是承揽人按照定做人的要求完成工作，交付工作成果，定做人给付报酬的合同。承揽包括加工、定作、修理、复制、测试、检验等工作。承揽合同的内容包括承揽的标的、数量、质量、报酬、承揽方式、材料的提供、履行期限、验收标准和方法等条款。

8. 建设工程合同

建设工程合同是承包人进行工程建设、发包人支付价款的合同。建设工程合同的标的是特定的工程项目，它关系到广大人民的生命财产安全，因而对合同的订立和履行有严格的规定。建设工程合同包括工程勘察、设计、施工合同。建设工程合同应当采用书面形式。

9. 运输合同

运输合同是承运人将旅客或货物从起运地点运输到约定地点，旅客、托运人或收货人支付票款或运输费用的合同。包括客运、货运和多式联运合同，还可分为公路、水运、铁路、航空运输合同，各类合同有各自不同的要求。其中货运合同托运人应当向承运人准确表明收货人的名称或姓名或凭指示的收货人、货物的名称、性质、重量、数量、收货地点等有关货物运输的必要情况。

10. 技术合同

技术合同是当事人就技术开发、转让、咨询或服务的订立确立相互之间的权利和义务的合同。技术合同的内容一般包括以下条款：项目名称，标的的内容、范围和要求，履行的计划、进度、期限、地点、地域和方式，技术情报和资料的保密，风险责任的承担，技术成果的归属和收益的分成办法，验收标准和方法，价款、报酬或使用费及其支付方式，违约金或者损失赔偿的计算方法，解决争议的方法，名词和术语的解释。

11. 保管合同

保管合同是保管人保管寄存人交付的保管物，并返还该物的合同。保管可以有偿，也可以无偿，保管合同自保管物交付时成立。寄存人向保管人交付保管物的，保管人应当给付保管凭证。保管人不得将保管物转交第三人保管，不得使用或许可第三人使用保管物（与当事人另有约定的除外）。

12. 仓储合同

仓储合同是保管人储存存货人交付的仓储物，存货人支付仓储费的合同。仓储合同是有偿合同，保管人应妥善保管仓储物并认真履行入库、出库手续。

13. 委托合同

委托合同是委托人和受托人约定，由受托人处理委托人事务的合同。委托合同可以是有偿的，也可以是无偿的。法人之间的委托是有偿的，公民之间的委托多是无偿的。委托合同要注意做到明确委托的权限、费用与报酬，以及损失赔偿。受托人应当按照委托人的指示亲自处理委托事务。

14. 行纪合同

行纪合同是行纪人以自己的名义为委托人从事贸易活动，委托人支付报酬的合同。行纪合同又称信托合同。行纪人处理委托事务的费用，由行纪人负担，但与当事人另有约定的除外。行纪人与第三人订立合同的，行纪人对该合同直接享有权利，承担义务。

15. 居间合同

居间合同是居间人向委托人报告订立合同的机会或者提供订立合同的媒介服务，委托人支付报酬的合同。居间人未促成合同成立的，不得要求支付报酬，但可以要求委托人支付从事居间活动支出的必要费用。

10.2.1.5　经济合同的写作格式

凡是合同，无论是条款式，还是表格式，它们的写法都有固定的格式，一般包括首部、主部和尾部。

1. 首部

（1）标题，即经济合同的名称。要明确写明是什么性质的合同。如“供应合同”、“建筑、安装合同”、“租赁合同”等。

（2）当事人的名称和地址。写明立合同者的单位名称，代表人姓名。为了行文方便，规定某方为“甲方”，另一方为“乙方”。如有第三方，可简称为“丙方”。在合同中不能用“我方”、“你方”、“他方”这样的简称，以免引起混乱。

（3）合同编号。部分合同没有编号。

（4）签订时间与地点。也可放在尾部。

2. 主部

这是合同的正文部分，也是合同的实质内容所在。它包括引言和具体条款。其中引言部分主要写双方签订合同的依据、目的、范围和经过，体现合同是遵照法定程序并具有法律效力的（表格式的合同有的没有引言）。条款部分用条款或表格写出双方的合同内容。条款式合同必须写明双方所议定的事项，写明甲乙双方所承担的义务和应享受的权利。表格式合同则要按照表中所列项目，协商填写。

根据《中华人民共和国经济合同法》规定，经济合同的条款主要包括如下 5 项内容：

（1）标的。标的就是合同双方当事人权利义务共同指向的对象。如购销合同中的货物、建设工程承包合同中的工程项目、借款合同中的货币等。

（2）数量和质量。

（3）价款和酬金，即取得标的一方所给付对方的代价。

（4）履行的期限、地点和方式。

（5）违约责任。

根据法律规定的或按经济合同性质必须具备的条款，以及当事人一方要求必须规定的条款，也是经济合同的主要条款。

这些条款据合同的性质、目的的不同而有所区别。如：在建筑、安装工程合同中，应明确规定工程范围、建设工期、中间交工时间、工程开竣工时间、工程质量、工程造价、技术资料交付时间、材料和设备供应责任、拨款和结算、交工验收、双方互相协作等条款。在仓储保管合同中，应明确规定储存货物的品名、规格、数量、保管方法、验收项目和验收方法、入库和出库手续、损耗标准和损耗的处理、费用负担和结算方法、违约责任等条款。在财产租赁合同中，应明确规定租赁财产的名称、数量、用途、租赁期限，租金和租金交纳期限，租赁期间财产维修保养的责任、违约责任等条款。在借款合同中，应明确规定贷款的数额、用途、期限、利率、结算办法和违约责任等。

3. 尾部

一般要写明本合同一式几份，由谁保管。注明合同的附件、合同的有效期限。最后是订立合同的双方签名盖章，并填写上签订日期。如有工商行政管理部门或双方主管部门作鉴证的，也应签署单位名称、代表人姓名等。

10.2.1.6 经济合同的注意事项

（1）要熟悉有关法律法规和方针政策。

（2）要精通业务，全面了解情况。在签订合同之前，双方应充分了解对方的设备、资金、技术力量和经营管理能力等，以免因对方无力履行合同而受到损失。

（3）在平等协商、取得一致意见的基础上确定各项条款。条款、品名、规格、质量、数量、金额、交货地点和办法等，均应逐一写清。

（4）认真书写，不得随意涂改。文字不可模棱两可产生歧义。金额数字要采用大写，标点要正确。要用钢笔或毛笔等书写（不能用铅笔），以便长久保存。如确需修改时，应将双方同意的修改意见作为附件附上。如在原件上修改，应加盖双方印章。为了防止伪造条款或添减页数，可在一式几份的合同上做一个相同的记号。

10.2.2 模型解析

10.2.2.1 经济合同的首部思维描述模型

1. 经济合同的首部定量思维描述模型

设首部的模型为Q，那么，Q = 标题 + 当事人名称、地址 + 合同编号 + 签订时间和地点。

[例1]

工矿产品买卖合同

合同编号：×××××

出卖人（甲方）：××××

买受人（乙方）：×××××

签订地点：××××

签订时间：××××年××月××日

2. 经济合同的首部变量思维描述模型

设首部的模型为Q_1，那么，Q_1 = 标题 + 当事人名称、地址。

（1）设标题为W，那么，W = 性质 + 文种。如：《供销合同》、《仓储保管合同》、《科技合作合同》。

（2）设当事人的名称、地址为O，那么，O = 甲方 + 乙方。

[例2]

商品买卖合同

甲方（买方）：×××

乙方（卖方）：×××

10.2.2.2 经济合同的主部思维描述模型

设合同的主部思维描述模型为S，那么，S = 引言 + 主要条款 + 其他条款。

（1）设引言为A，那么，A = 目的 + 依据 + 承启语。

[例3]

为了搞活经济，保证人民生活需要，经双方协议，签订2006年至2007年蔬菜产销合同。双方应遵守下列条款：

(2) 设主要条款为B，那么，B = 标的 + 数量和质量 + 价款或报酬 + 合同履行期限、地点和方式 + 违约责任。

① 标的 = 有形物/无形财产/经济行为。

有形物：自然财富、人类劳动的产品、货币、有价证券。如买卖合同的标的是某项产品；借款合同的标的是货币和有价证券；商品货物的标的包括商品名称、规格、型号或代号、牌号、商标等。

无形财产：指人类智力劳动成果。如技术合同中的技术成果。

经济行为：指合同主体为达到一定经济目的所进行的活动，包括完成一定的工作、提供一定的劳务等。如运输合同中提供的一定劳务；承揽合同的标的是完成一定的工作。

② 数量和质量。数量指衡量的指标，如重量、体积、长度、面积、个数量计量单位。质量指标的产品或劳务的优劣程度，是内在质量和外观质量的综合指标。

③ 价款或报酬。指取得对方产品或劳务成果所支付的代价。价款在买卖合同中指产品的价格款；在租赁合同中指租金；在借款合同中指利息；价款或报酬均以货币数量来表示。

④ 合同履行期限、地点和方式。

合同履行期限：指履行合同的时间要求，是享有标的一方要求对方对履行合同义务的时间规定。在买卖合同中指交付货物的时间；在工程建筑合同中指完工时间。

地点：指履行合同的具体地点，即交付提取标的地点。

方式：指采取什么样的方式来实现合同所规定的当事人双方的权利和义务。

⑤ 违约责任。指当事人不按合同规定的时间、地点、数量、质量和方式履行合同义务的行为所应承担的法律责任。一般以违约金或赔偿金的方式写入合同条款中。

[例4]（条款式合同）

产销合同

立合同单位：

××县蔬菜公司（以下简称甲方）

××县双溪农场（以下简称乙方）

为了搞活经济，保证人民生活需要，经双方协议，签订2006年至2007年蔬菜产销合同。双方应共同遵守下列条款：

一、根据历年产销情况，甲方向乙方每年定购鲜菜660万吨。品种、数量、规格、质量如附表。

二、乙方必须确保各品种上市量，上下幅度不超过12%。不遇特大自然灾害，如一上市量短缺，乙方应向甲方赔偿其短缺部分5%的损失。乙方未完成合同自行出售，影响市场供应，甲方应向乙方追究责任，对自行出售部分罚款5%。乙方如果增产丰收，上市量超出10%的，经双方协商，甲方可以高于或低于合同价格收购，乙方也可以自行出售。

三、乙方在生产中，因种子失效、冰雹、洪水、涝渍、病虫害等原因，引起合同中某种或几种品种无收成而需要改变合同数量时，乙方必须事前提出，经双方协商取得一致意见后，可以修改合同，或改换其他品种。

四、为了均衡上市，防止浪费脱销，乙方上市的最高限量不能超过甲方提出的最高日限量（见后附“日限量”明细表）。某些易于老化的鲜菜品种（如豆类、西红柿等），乙方如已做到天天上市，但因增产丰收而又不能推延上市，需要突破日上市最高限量，可由双方协商收购。如果乙方为了追求产量拖延收获时间，不顾质量地盲目集中上市，甲方可以根据“日限量”收购。其多余部分，由乙方自行处理。

五、乙方在交菜之前，根据蔬菜各品种特点，做到田头整装，分级交售。甲方应按合同规定按质定级，优质优价，劣质劣价，乙方也不准抬级抬价。为了解决验级中的争议，乙方应指派送菜代表就地解决。再有分歧，则提交有关的上级单位协商解决。

六、甲方事前向乙方提供鲜菜品种分期价格表，不管以后行情如何变化，甲方必须保证乙方按期交售鲜菜数量正常收益。

七、交菜时间：4～10月份，除土豆、洋葱、萝卜、冬瓜、南瓜、笋瓜之外，其他鲜菜必须在每天上午11时前送交菜场，过时停收。11月份至第二年3月份，每天下午收购。在正当的时间内，甲方借故不收购所造成的损失，概由甲方赔偿。

八、为了开展正常的业务工作，乙方向甲方派出质量检验员一人，甲方门市部派出联络员一人，共同协商工作，计划上市。

九、甲方应付乙方的收购款，应做到日清月结。每月结账一次，结算后及时交给乙方，最迟不得拖延到下月7日。过期按银行贷款的利率罚款。

十、合同有效时间：2006年4月1日至2007年3月31日。

本合同除甲方、乙方各执一份正本之外，同时将副本报送县商业局、物价局、工商行政管理局、人民银行县支行、城关镇工商管理所等鉴证单位。

甲方代表（盖章）　　　　　　乙方代表（盖章）

鉴证单位（盖章）

2006年4月1日

［后附蔬菜品种、质量要求、价格、数量、交货日期、日限量等明细表（略）］

根据模型，可以获得本例主部的“件、量、旨、链、语”信息如下：

模型件：标的+数量+质量+价款+期限+地点+方式+违约责任

模型量：标的$_1$+数量$_1$+质量$_n$+价款$_1$+期限$_1$+地点$_1$+方式$_2$+违约责任$_2$

模型旨：汇总显旨

模型链：横向思路

模型语：分类说明

（3）设其他条款为C，那么，C=不可抗力条款（洪水、地震等）+解决争议的方法。

根据模型，可获得本例其他条款的“件、量、旨、链、语”信息如下：

模型件：不可抗力因素+解决争议的方法

模型量：不可抗力因素$_5$+解决争议的方法$_1$

模型旨：汇总显旨

模型链：因果分析思路

模型语：说明

10.2.2.3　经济合同的尾部思维描述模型

设尾部模型为 D，那么，D = 结尾 + 落款 = 合同的有效期限和文本保存 + 落款（当事人名称、签章、地址、法人代表、签约日期、地点、附件等）。

10.2.2.4　经济合同的总体思维描述模型

表 10－5　经济合同的总体思维描述模型（R）

<table>
<tr><td rowspan="2">模型</td><td colspan="11">R = 首部 + 主部 + 尾部 = Q + S + F</td></tr>
<tr><td colspan="2">Q = 标题 + 当事人 = W + O</td><td colspan="8">S = 引言 + 主要条款 + 其他条款 = A + B + C</td><td>D = 结尾 + 落款</td></tr>
<tr><td>模型结构</td><td>W = 性质 + 文种</td><td>O = 甲方 + 乙方</td><td>A = 目的 + 依据</td><td colspan="6">B = 标的 + 数量质量 + 价款酬金 + 期限 + 地点方式 + 违约责任</td><td>C = 不可抗力因素 + 解决争议的方法</td><td rowspan="2">结尾 = 有效期限 + 文本保存</td></tr>
<tr><td>模型件</td><td>性质、文种</td><td>甲方、乙方</td><td>目的、依据</td><td>标的</td><td>数量、质量</td><td>价款、酬金</td><td>地点、方式</td><td>违约、责任</td><td>期限</td><td>不可抗力、解决争议方法</td></tr>
<tr><td>模型量</td><td>性质$_1$、文种$_1$</td><td>甲方$_1$、乙方$_1$</td><td>目的$_n$、依据$_n$</td><td>标的$_1$</td><td>数量$_n$、质量$_n$</td><td>货币$_n$</td><td>地点$_n$</td><td>违约、责任$_n$</td><td>期限$_n$</td><td>不可抗力、解决争议方法</td><td rowspan="4">落款 = 当事人名称 + 签章 + 地址 + 法人代表 + 签约日期 + 地点 + 附件</td></tr>
<tr><td>模型旨</td><td colspan="2">标题现旨</td><td>篇首显旨</td><td colspan="7">汇总显旨</td></tr>
<tr><td>模型链</td><td>什么→做什么</td><td>谁</td><td>目的、依据开头式</td><td>什么</td><td>多少→怎么样</td><td>多少</td><td>哪里</td><td>怎么样</td><td>时限</td><td>因果</td></tr>
<tr><td>模型语</td><td>直陈</td><td>说明</td><td>说明</td><td colspan="7"></td></tr>
</table>

10.2.3　例文点评

［例文］

房屋租赁合同

本合同双方当事人：

出租方（以下简称甲方）：＿＿＿＿＿＿

（本人）（法定代表人）姓名：＿＿＿＿＿＿国籍：＿＿＿＿＿＿

（身份证）（护照）（营业执照号码）：＿＿＿＿＿＿

地址：＿＿＿＿＿＿＿＿＿＿＿＿＿＿＿＿＿＿＿＿＿＿＿＿＿＿＿＿＿＿

邮政编码：＿＿＿＿＿＿联系电话：＿＿＿＿＿＿

委托代理人：＿＿＿＿＿＿国籍：＿＿＿＿＿＿电话：＿＿＿＿＿＿

地址：＿＿＿＿＿＿邮政编码：＿＿＿＿＿＿

承租方（以下简称乙方）：__________

（本人）（法定代表人）姓名：__________国籍：__________

（身份证）（护照）（营业执照号码）：__________

地址：____

邮政编码：__________联系电话：__________

委托代理人：__________国籍：__________电话：__________

地址：__________邮政编码：__________

甲、乙双方就下列房屋的租赁达成如下协议：

第一条　房屋基本情况。

甲方房屋（以下简称该房屋）坐落于__________；位于第__________层，共__________（套）（间），房屋结构为__________，建筑面积__________平方米（其中实际建筑面积__________平方米，公共部位与公用房屋分摊建筑面积__________平方米）；该房屋所占的土地使用权以（出让）（划拨）方式取得；该房屋平面图见本合同附件一，该房屋附着设施见附件二；（房屋所有权证号、土地使用权证号、房地产权证号）为__________。

第二条　房屋用途。

该房屋用途为__________。除双方另有约定外，乙方不得任意改变房屋用途。

第三条　租赁期限。

租赁期限自_____年_____月_____日至_____年_____月_____日止。

第四条　租金。

该房屋月租金为（_____币）_____亿_____千_____百_____拾_____万_____千_____百_____拾_____元整。租赁期间，如遇到国家有关政策调整，则按新政策规定调整租金标准；除此之外，出租方不得以任何理由任意调整租金。

第五条　付款方式。

乙方应于本合同生效之日向甲方支付定金（_____币）_____亿_____千_____百_____拾_____万_____千_____百_____拾_____元整。租金按（月）（季）（年）结算，由乙方于每（月）（季）（年）的第_____个月的_____日交付给甲方。

第六条　交付房屋期限。

甲方应于本合同生效之日起_____日内，将该房屋交付给乙方。

第七条　甲方对房屋产权的承诺。

甲方保证在交易时该房屋没有产权纠纷；除补充协议另有约定外，有关按揭、抵押债务、税项及租金等，甲方均在交付房屋前办妥。交易后如有上述未清事项，由甲方承担全部责任，由此给乙方造成经济损失的，由甲方负责赔偿。

第八条　维修养护责任。

租赁期间，甲方对房屋及其附着设施每隔_____（月）（年）检查、修缮一次，乙方应予积极协助，不得阻挠施工。正常的房屋大修理费用由（甲）（乙）承担；日常的房屋维修费用由（甲）（乙）承担。

因乙方管理使用不善造成房屋及其相连设备的损失和维修费用，由乙方承担并负责赔偿损失。

租赁期间，防火安全，门前三包，综合治理及安全、保卫等工作，乙方应执行当地有关部门规定并承担全部责任和服从甲方监督检查。

第九条 关于装修和改变房屋结构的约定。

乙方不得随意损坏房屋设施，如需改变房屋的内部结构和装修或设置对房屋结构影响的设备，需先征得甲方书面同意，投资由乙方自理。退租时，除另有约定外，甲方有权要求乙方按原状恢复或向甲方交纳恢复工程所需费用。

第十条 关于房屋租赁期间的有关费用。

在房屋租赁期间，以下费用由乙方支付，并由乙方承担延期付款的违约责任：

1. 水、电费；
2. 煤气费；
3. 供暖费；
4. 物业管理费；
5. ____；
6. ____。

在租赁期，如果发生政府有关部门征收本合同未列出项目但与使用该房屋有关的费用，均由乙方支付。

第十一条 租赁期满。

租赁期满后，本合同即终止，届时乙方须将房屋退还甲方。如乙方要求继续租赁，则须提前______个月书面向甲方提出，甲方在合同期满前______个月内向乙方正式书面答复，如同意继续租赁，则续签租赁合同。

第十二条 因乙方责任终止合同的约定。

乙方有下列情形之一的，甲方可终止合同并收回房屋，造成甲方损失，由乙方负责赔偿。

1. 擅自将承租的房屋转租的；
2. 擅自将承租的房屋转让、转借他人或擅自调换使用的；
3. 擅自拆改承租房屋结构或改变承租房屋用途的；
4. 拖欠租金累计达______个月；
5. 无正当理由闲置达______个月；
6. 利用承租房屋进行违法活动的；
7. 故意损坏承租房屋的；
8. ____；
9. ____；
10. ____。

第十三条 提前终止合同。

租赁期间，任何一方提出终止合同，需提前半年书面通知对方，经双方协商后签订终止合同书，在终止合同书签订前，本合同仍有效。

如因国家建设、不可抗力因素或出现本合同第十条规定的情形，甲方必须终止合同时，一般应提前三个月书面通知乙方。乙方的经济损失甲方不予补偿。

第十四条 登记备案的约定。

自本合同生效之日起______日内，甲、乙双方持本合同及有关证明文件向

_________申请登记备案。

第十五条　违约责任。

租赁期间双方必须信守合同，任何一方违反本合同的规定，按年度须向对方交纳年度租金的_____%作为违约金。乙方逾期未交付租金的，每逾期一日，甲方有权按月租金的_____%向乙方加收滞纳金。

第十六条　因不可抗力原因导致该房屋毁损和造成损失的，双方互不承担责任。

第十七条　本合同未尽事项，由甲、乙双方另行议定，并签订补充协议。补充协议与本合同不一致的，以补充协议为准。

第十八条　本合同之附件均为本合同不可分割之一部分。本合同及其附件内，空格部分填写的文字与印刷文字具有同等效力。

本合同及其附件和补充协议中未规定的事项，均遵照中华人民共和国有关法律、法规和政策执行。

第十九条　甲、乙一方或双方为境外组织或个人的，本合同应经该房屋所在地公证机关公证。

第二十条　本合同在履行中发生争议，由甲、乙双方协商解决。协商不成时，甲、乙双方同意由_________仲裁委员会仲裁。（甲、乙双方不在本合同中约定仲裁机构，事后又没有达成书面仲裁协议的，可向人民法院起诉。）

第二十一条　本合同连同附表共_________页，一式_________份，甲、乙双方各执一份，均具有同等效力。

甲方（签章）：_________　　　　乙方（签章）：_________

甲方代理人（签章）：_________　　　　乙方代理人（签章）：_________

____年____月____日于____　　　　____年____月____日于____

附件一：房屋平面图（略）

附件二：房屋附着设施（略）

[点评]

这是一个详细的房屋租赁合同，该合同结构完整，标题、立约双方、正文、结尾几个部分齐备，符合经济合同的写作要求。

首部思维描述模型Q＝标题（性质＋文种）＋当事人情况。其中标题现旨，简单明了地阐明了合同的性质及内容。对立约双方不但明确写清楚了当事人，还留下有效证件情况、详细地址及联系方式，而且有委托代理人的相关情况，显得非常慎重。

主部的思维描述模型S＝引言＋合同条款。引言“甲、乙双方就下列房屋的租赁达成如下协议”，非常简明扼要，不浪费笔墨，直接进入各项条款的说明。

该合同的条款清晰，一目了然，详尽而完备。条款的模型件有“房屋基本情况”、“房屋用途”、“租赁期限”、“租金”、“付款方式”、“违约责任”、“解决纠纷的方式”等21项，考虑到了房屋租赁过程中方方面面的因素。各条款的内容明确细致。如在“房屋基本情况”这一模型件中，就涉及到坐落、层数、套数、结构、建筑面积、实际面积、分摊面积、使用权取得方式、房屋平面图等11个模型量，其模型旨为分题明旨模型，模型链为横向展开的发散思维，模型语是说明。又如对“违约责任”、“因不可抗力原因导致该房屋毁损和造成损失”的责任等，则运用因果思路思维描述模型来操作。

至于该合同的尾部，将甲乙双方及其代理人姓名均列出，并要求签字盖章。另外与房屋相关的平面图及附着设施都一一附上，非常完备而且必要，可有效避免因各种问题而导致纠纷。

10.2.4　同步训练

1. 请根据下列材料，运用合同思维描述模型写一份买卖合同。

大丰果品商店的代表杜云光，于 2007 年 3 月 16 日与光明园艺场的代表肖鹏飞订了一份合同。双方在协商中提到：大丰果品商店购买光明园艺场出产的水蜜桃 8000 千克，鸭梨 10000 千克和红富士苹果 15000 千克。要求每种水果在八成熟采摘后，一星期内分三批交货，由光明园艺场负责以柳筐包装并及时运到大丰果品商店；其包装筐费和运输费均由大丰果品商店负担。各类水果的价格视质量好坏，按国家规定当地收购牌价折算，货款在每批水果交货当日通过银行托付。如因突发的自然灾害不能如数交货，光明园艺场应及时通知大丰果品商店，并互相协商修订合同。在正常情况下，如果大丰果品商店拒绝收货，应处以拒收部分价款 20% 的违约金；光明园艺场交货量不足，应处以不足部分价款 30% 的违约金。这份合同一式四份，双方各执一份，各自的上级单位备案一份。

2. 根据下面的材料写一份购销合同，并对其进行思维描述模型分析。

华盛茶叶公司法人代表王志勇和红叶茶场法人代表蔡德熙于 2007 年 3 月 10 日签订了一份茶叶购销合同，具体货物是红叶特级绿茶，数量为 500 千克，每千克价格为 64 元，2007 年 6 月 20 日之前由茶场直接运往公司，运费由茶场负责，检验合格后，公司于收货 10 天以内通过银行托付货款。茶叶必须用大塑料外包，纸袋内装，外用纸箱或麻包袋装。包装费仍由茶场负责。茶场地址：××省常清县城北区；开户银行：常清县农业银行；银行账号：0354；电话：2749883。茶叶公司地址：海口市××路××号；开户银行：海口市工商银行；账号：667806；电话：××××，合同签订后，如双方不履行，在正常情况下拒不交货或拒付款都须处以货款 20% 的罚金，迟交货或迟付款，则每天罚万分之三的滞纳金，数量不足，按不足部分的货款计赔，仍按 20% 的比例赔偿。质量不合格，则重新酌价。如遇特殊情况，则应提前 20 天通知对方，并赔偿损失费 10%，本合同由常清县工商行政管理所鉴证。

3. 指出下面合同的不足之处并修改。

交换写字楼合同

甲方：××贸易总公司

乙方：××市广告集团公司

甲乙双方为了便于在穗深两地联系业务，需交换写字楼作为各自的办事处。现本着友好合作的精神制订如下协议：

一、甲方在广州市隆兴路 168 号大楼中为乙方提供一单元住宅（三房一厅，实用面积不得小于 80 平方米）作为乙方驻穗的办事处用房。

二、乙方在深圳市为甲方提供同样的一单元住宅，规格同上，作为甲方驻深办事处用房。

三、双方分别负责为对方上述办事处供水、供电及安装电话，以确保日常业务活动的正常开展。

四、本合同有效期为五年，是否延期届时根据需要商定。

五、本合同自双方同时履约之日起生效。

六、未尽事宜，由双方另行商定。

甲方代表签字	乙方代表签字
甲方公章	乙方公章
年　月　日	年　月　日

10.3　意向书

10.3.1　基础知识

10.3.1.1　意向书的概念与作用

意向书是国家、单位、企业以及经济实体、个人之间，对某项事务在正式签订条约、达成协议之前，由一方向另一方表明基本态度或提出初步设想的一种具有协商性、原则性、意愿性和趋向性的应用文书。

意向书的主要作用是传达“意向”，提请对方注意或供参考，可以约束双方的行动，保证双方的利益；意向书能反映业务工作上的关系，能保证业务朝着健康有利的方向发展；意向书可为正式签订协议或合同打下基础。

10.3.1.2　意向书的特点

1. 协商性

写意向书多用商量的语气，不带任何强制性。有时还用假设、询问的语气。

2. 灵活性

意向书的灵活性主要在两个方面：一是可以随时改变自己的主张。意向书发出后，对方如有更好的意见，可以直接采纳，部分改变或全盘改变都是可能的。二是在同一份意向书里可以提出多种方案供对方选择，或者对其中的某项某款同时提出几种意见或调查，让对方比较和选择。

3. 临时性

意向书是协商过程中各方基本观点的记录，一旦达成正式协议，便完成了意向书的使命。意向书不像协议、合同那样具有法律效力。

10.3.1.3　意向书写作的注意事项

（1）坚持平等互利的原则。国家不分大小、单位不论资本多少，都应一视同仁，平等对待；既不能迁就对方，也不能把自己的要求无原则地强加给对方。

（2）是非要分明，态度要诚恳，做到不卑不亢，礼貌客气。

（3）内容要明确，条款要具体，用词要准确，不能含混不清，模棱两可。

10.3.2　模型解析

意向书的结构包括首部、主部和尾部。首部包括标题和立协议双方名称。主部是意向书的主体和核心部分，写明双方达成协议的各种事项，如合作的项目、方式、程序和双方的义务等，包括引言与主体。尾部包括签署和日期。

10.3.2.1　意向书的首部思维描述模型

设首部为 Q，那么，Q = 标题 + 当事人名称 = W + O。

1. 标题

意向书的标题有以下 4 种写法。

（1）双方单位名称 + 事由 + 文种，如：《中华人民共和国和美利坚合众国关于和平利用核技术合作的意向性协议》。

（2）事由 + 文种，如：《开展多方面技术经济合作意向书》。

（3）双方单位名称 + 文种，如：《××公司与××公司意向书》。

（4）直接标明“意向书”。

2. 当事人名称

写明双方全称，为叙述方便，可分别确定为“甲方”、“乙方”。

10.3.2.2　意向书的主部思维描述模型。

设主部为 S，那么，S = 引言 + 主体（主要条款和其他条款）。

（1）设引言为 A，那么，A = 目的（原因）+ 双方 + 依据 + 事项 + 过渡语。

[例 1]

为了搞活经济，保证人民生活需要，保护环境，经双方协商，根据《合同法》，现就双方共同开发秸秆事宜，达成如下意向：

（2）设主体为 B，那么，B = 主要条款（合作的项目 + 方式 + 程序 + 双方义务）+ 其他条款（意向书的份数 + 备查）。

[例 2]

一、甲方对乙方在××建设项目给予资金支持。

二、具体支持形式：银行项目贷款，支持额度由甲方根据乙方项目进度需求和乙方信用等级评定及授信结果决定。

三、甲方将本着“竭诚为客户服务”的工作宗旨为乙方提供优质高效的服务。

四、本意向书具体贷款事宜根据××银行项目贷款合同由甲乙双方另行签订。

五、本意向书一式两份。作为备忘录，各执一份备查。

根据模型，可以获得本例的“件、量、旨、链、语”信息如下：

模型件：合作项目（标的）+ 合作方式 + 程序 + 义务 + 另行签订事宜 + 意向书的份数 + 备查

模型量：合作项目（标的）$_1$ + 合作方式$_1$ + 程序$_1$ + 义务$_1$ + 另行签订事宜$_1$ + 意向书的份数$_1$ + 备查$_1$

模型旨：开篇明旨

模型链：横向思路

模型语：分类说明

10.3.2.3　意向书的尾部思维描述模型

设尾部为 F，那么，F = 落款（双方签名）+ 日期。

10.3.2.4　意向书的总体思维描述模型（R）（见表10－3）

表10－3　意向书的总体思维描述模型（R）

模型结构＼模型	R＝首部＋主部＋尾部＝Q＋S＋F								
	Q＝标题＋当事人＝W＋O		S＝引言＋主要条款＋其他条款＝A＋B＋C						F＝结尾＋落款
	W＝双方名称＋事由＋文种	O＝甲方＋乙方	A＝目的（原因）＋双方＋依据＋事项＋过渡语		B＝合作的项目＋方式＋程序＋双方义务			C＝其他条款（意向书的份数＋备查）	结尾＝落款＋日期
模型件	双方名称、事由、文种	甲方、乙方	目的、依据、事项、过渡语	标的	方式	程序	双方义务	意向书的份数、备查	
模型量	性质$_1$、文种$_1$	甲方$_1$、乙方$_1$	目的$_n$、依据$_n$、事项$_1$、过渡语$_1$	标的$_1$	方式$_n$	程序$_n$	双方义务$_n$	意向书的份数$_1$、备查$_1$	
模型旨	标题现旨		篇首显旨	汇总显旨					落款＝当事人名称＋签章＋地址＋法人代表
模型链	谁→就何事→做何事	谁	目的、依据开头式	什么	采用何种方式	经何程序	双方有何义务	因果	
模型语	直陈	说明	分类说明						

10.3.3　例文评点

［**例文**］

××厂、××公司合作意向书

××厂（甲方）　　　　　　××公司（乙方）

为扩大投资，增强效益，甲乙双方根据相关法律规定，于××××年×月×日在×地，对建立合资企业事宜进行了初步协商，达成意向如下：

一、甲、乙两方愿以合资或合作的形式建立合资企业，暂定名为××有限公司。建设期为×年，即从××××年—××××年全部建成。双方意向书签订后，即向各方有关上级申请批准，批准的时限为×个月，即××××年××月××日—××××年××月××日完成。然后由××厂办理合资企业开业申请。

二、总投资××××万（人民币），折××××万（美元）。××部分投资××××

万（折××美万）；××部分投资××万（折××美万）。

甲方投资××万（以工厂现有厂房、水电设施、现有设备等折款投入）；

乙方投资××万（以折美元投入，购买设备）。

三、利润分配：各方按投资比例或协商比例分配。

四、合资企业生产能力：（略）。

五、合资企业自营出口或委托有关进出口公司代理出口，价格由合资企业定。

六、合资年限为××年，即××××年××月—××××年××月。

七、合资企业其他事宜按《中外合资企业经营法》有关规定执行。

八、双方将在各自上级批准后，再行具体协商有关合资事宜。

本意向书一式两份。作为备忘录，各执一份备查。

××厂（甲方）	××公司（乙方）
代表：	代表：
××年××月××日	××年××月××日
甲方：（章）	乙方：（章）
法定代表人（委托代理人）：	法定代表人（委托代理人）：
法人住所地：	法人住所地：
电话号码：	电话号码：
邮政编码：	邮政编码：

[点评]

这是一份内容较详细的意向书，该意向书结构完整，标题、立约双方、正文、结尾几个部分齐备，符合意向书的写作要求。

首部思维描述模型Q=标题（双方名称+事由+文种）。

主部的思维描述模型S=引言+主体（主要条款和其他条款）。

引言交代了双方立约目的、过程、标的及根据，非常简明扼要。

该意向书的条款清晰，一目了然，详尽而完备。包括合作形式、总投资额、利润分配方案、生产能力、出口事宜、合作期限等，考虑到了合作过程中方方面面的因素。各条款的内容明确细致。如在“投资额”这一条，思路是先总后分，模型语是分类说明。在其他条款中，交代“其他事宜”、“具体事宜”及“份数、备查”，为后面正式签约打下良好基础。

至于该意向书的尾部，将甲乙双方及其代表人姓名均列出（签字盖章），并将相关信息一一明示，非常完备而且必要。

10.3.4 同步训练

1. 请分析以下意向书的思维描述模型。

项目合作意向书

甲方： 乙方：

甲乙双方经友好协商，同意以“××公司”作为产业化基地，进行“移动通信3G网络塔顶放大器”的产业化实施，具体条款如下：

一、甲乙双方同意将该项目技术作价人民币捌佰万元；由甲方及参与研发人员提供技术服务，乙方负责产品化及市场营销的实施。

二、乙方每支付技术费人民币捌万元给甲方，将取得该项目的1%股权。乙方具体出资金额及控股比例，双方另行沟通并签订合作合同书。本合作意向以甲乙双方的合作合同书签订后同时生效。

三、若乙方支付的技术费高于人民币肆佰万元，即乙方对该项目的控股比例高于51%，甲方不得对项目剩余作价比例进行再转让等处理；若乙方支付的技术费低于人民币壹佰陆拾万元，即乙方对该项目的控股比例低于20%，甲方有权独自继续对项目剩余作价比例进行再转让等处理。

四、在合作意向书生效后，该项目所有知识产权属甲乙双方共同所有。甲方不得再对该项目的扩充版、升级版、变形版单独转让，且对该项目的核心及相关技术负有保密的义务，违约将追究法律责任。

五、甲乙双方将根据具体情况签署阶段性实施计划书。

六、未尽事宜，双方将友好协商解决。

甲方：	乙方：
代表签字：	代表签字：
年 月 日	年 月 日

2. 结合《合同法》的有关规定，根据下面的材料写一份意向书（有关条款可自拟）。××公司与××大学经协商，现决定合作研究、开发太阳能技术。

3. 填空题

（1）意向书的首部包括__________和__________。

（2）意向书的特点有：__________、__________、__________。

（3）写作意向书时要注意：第一、____________________；第二、____________________；第三、____________________。

10.4 招标书

招标是国际上广泛运用的一种经济手段，主要是用于兴建工程及大宗的商品交易活动。招标是指招标单位借助一定的方式或手段，提出标准和要求，招人承包或承购的一种行为。招标形式一般分为公开招标和有限招标两种。

10.4.1 基础知识

10.4.1.1 招标书的概念和作用

招标书又称招标通知、招标公告、招标启事，是一种通过招标的方式来招人承包或承购的告示性文书，其主要内容是对招标的有关事项作出解释、说明。一般正式招标书都采用广告、通知、公告等形式发布。

招标书的作用是在招标过程中提供全面情况，以便竞标方根据招标方所提出的条件提前做好准备。同时在招标过程当中，它起到了统领全局的作用，指导招标工作按照一定的步骤有序展开。对招标方来讲，能利用投标者之间的竞争优先选择出投标人。

10.4.1.2 招标书的特点

1. 公开性

招标书是一种告知性文种，它借助大众传播手段进行公开，从而利用和吸收全国各地及至各国的优势于一家，以达到提高经济效益的目的。

2. 竞争性

招标书充分利用了竞争机制，它以竞标的方式吸引投标者加入，通过激烈的竞争以实现优胜劣汰，从而实现招标方优选的目的。

3. 时间性

招标书要求在短时间内获得结果，因此具有时间的紧迫性。

10.4.1.3　招标书的分类

招标书按时间划分有长期招标书和短期招标书；按内容划分有企业承包招标书、工程招标书和大宗商品招标书；按招标的范围划分，有国际招标书和国内招标书。

10.4.1.4　招标书写作的注意事项

（1）坚持平等互利的原则。不分国家大小、单位大小和资本多少，都应一视同仁，平等对待；既不能迁就对方，也不能把自己的要求无原则地强加给对方。

（2）是非要分明，态度要诚恳，做到不卑不亢，礼貌客气。招标书涉及的是交易贸易活动，要遵守平等、诚信的原则。要求措辞诚恳、语气平和，尽量避免带有个人主观色彩。

（3）招标书的写作要求周密严谨。它不但是一种“广告”，而且也是有一定的法律效应的文件。因此在从事这一文体写作时，内容要具备较强的逻辑性，要有条有理，有依有据。条款的罗列要明确、具体，用词要准确，不能含混不清，模棱两可。措辞要严谨周密，标点要准确。

（4）突出重点。招标书一般内容比较丰富，但在写作时，切忌长篇大论。只要把所要讲的内容简要介绍、突出重点即可。

10.4.2　模型解析

10.4.2.1　招标书的文题思维描述模型

1. 招标书的文题定量思维描述模型

设文题为 W，那么，W = 招标单位名称 + 招标项目 + 文种，如：《××学院计算机实验室设备招标公告》。（谁→就何事→做何事；设问思路）

2. 招标书的文题变量思维描述模型

W_1 = 招标单位名称 + 文种，如：《××大学招标公告》。（谁→做何事；设问思路）

W_2 = 招标项目 + 文种，如：《工程材料设备招标公告》。（就何事→做何事；设问思路）

W_3 = 单独标明文种，如：《招标书》、《招标公告》。（做何事；设问思路）

W_4 = 广告性标题，如：《谁来承包××大桥工程施工》。（谁→做何事；设问思路）

标题一般写在第一行的中间。标题下面，往往还写明该招标书的编号，以利于日后存档或查阅。

10.4.2.2　招标书的主部思维描述模型

设招标书的主部思维描述模型为 S，那么，S = 前言 + 主体 = A + B。

（1）设前言为 A，那么，A = 招标目的 + 招标依据 + 招标单位 + 招标项目 + 招标范围（方式）+ 招标。

[例 1]

为了提高建筑安装工程的建设速度，提高经济效益，经上级部门批准，我单位对一建筑安装工程的全部工程进行公开招标。

根据模型，可以获得本例的“件、量、旨、链、语”信息如下：

模型件：招标目的 + 依据 + 招标单位 + 招标项目 + 招标范围

模型量：招标目的$_2$ + 依据$_1$ + 招标单位$_1$ + 招标项目$_1$ + 招标方式$_1$

模型旨：开篇显旨

模型链：目的依据式思路描述模型

模型语：说明

（2）设主体为B，那么，B = 招标方式（公开招标、内部招标、要求招标） + 招标项目概况 + 质量要求 + 竣工日期 + 承包方式 + 对投标者的要求（准入条件） + 招标文件的领取（标书购买地点、应交费用） + 递交投标文件的要求（如投标申请截止日期等） + 其他应知事项。

[例2]

1. 招标工程的准备条件。

（1）本工程已列入国家年度计划；

（2）已有经国家批准的设计单位编制的施工图与概算；

（3）建筑用地已经征用，障碍物已全部拆迁；现场施工的水、电、路和通信条件已经落实。

2. 工程内容、范围、工程量、工期勘察单位和工程设计单位见附表。（略）

3. 工程质量等级、技术要求、对工程材料和投标单位的特殊要求、工程验收标准。

4. 工程供料方式和材料价格，工程价格结算办法。

5. 组织投标单位进行工程现场勘察，说明招标文件交底的时间、地点。

6. 报名、投标日期、招标文件发放方式。

报名日期：______年______月______日

招标期限：______年______月______日起至______年______月______日止。

招标文件发送方式：邮箱。

7. 开标、评标时间及方式，中标依据和通知。

开标时间：______年______月______日

评标结束时间：______年______月______日。

开标、评标方式：建设单位邀请建设主管部门、建设银行和公证处参加公开开标、审查证书，采取集体评议方式进行评标、定标。

中标依据及通知：依据是工程质量优良、工期适当、标价合理、社会信誉好。最低标价的投标单位不一定中标。评定结束后五日内邮寄中标通知书给出中标单位，并与中标单位在一个月内签订工程承包合同。

8. 其他

本招标方承诺，本招标书一经发出，不得改动招标文件内容，否则，将赔偿由此给投标单位造成的损失。投标单位自费参加投标准备工作和投标，标函应按规定的格式填写，字迹必须清楚，须加盖单位和代表人印鉴。标函必须密封，不得逾期寄达。标函一经寄出，不得以任何理由要求收回或更改。

在招标过程中发生争议，如双方自行协商不成，由负责招标管理工作的部门调解或仲裁，对仲裁不服，可诉诸法院。

根据模型，可以获得本例主体的“件、量、旨、链、语”信息如下：

模型件：招标项目概况 + 要求（质量、技术、材料、投标单位、验收）+ 供料方式 + 价格 + 结算办法 + 报名 + 投标日期 + 招标文件发放方式 + 开标 + 评标时间 + 评标方式 + 中标依据 + 中标通知 + 其他事项

模型量：招标项目概况$_2$ + 要求$_5$（质量、技术、材料、投标单位）+ 供料方式$_1$ + 价格$_1$ + 结算办法$_1$ + 报名$_1$ + 投标日期$_1$ + 招标文件发放方式$_1$ + 开标$_1$ + 评标时间$_1$ + 评标方式$_1$ + 中标依据$_1$ + 中标通知$_1$ + 其他事项$_2$

模型旨：分题明旨

模型链：横向思路

模型语：分类说明

10.4.2.3　招标书的尾部思维描述模型

结尾是招标书重要的组成部分，要详细而具体地写清楚招标单位名称、通讯地址、邮政编码、电话号码、电传号码、电报挂号、联系人等，以便投标者参与。

设招标书尾部思维描述模型为 F，那么，F = 招标单位名称 + 通讯地址 + 邮政编码 + 电传号码 + 传真号码 + 电报挂号 + 联系人 + 日期。

10.4.2.4　招标书的总体思维描述模型（R）（见表 10－4）

表 10－4　招标书的总体思维描述模型（R）

<table>
<tr><td rowspan="3">模型 / 模型结构</td><td colspan="4">R = 文题 + 主部 + 尾部 = W + S + F</td></tr>
<tr><td>文题 W</td><td colspan="2">S = 前言 + 主体 = A + B</td><td>F = 落款 + 日期</td></tr>
<tr><td>W = 招标单位名称 + 招标项目 + 文种</td><td>A = 招标目的 + 招标依据 + 招标单位 + 招标项目 + 招标范围（方式）+ 招标</td><td>B = 招标方式（公开招标、内部招标、要求招标）+ 招标项目概况 + 质量要求 + 竣工日期 + 承包方式 + 对投标者的要求（准入条件）+ 招标文件的领取（标书购买地点、应交费用）+ 递交投标文件的要求（如投标申请截止日期等）+ 其他应知事项</td><td rowspan="6">F = 招标单位名称 + 通讯地址 + 邮政编码 + 电传号码 + 传真号码 + 电报挂号 + 联系人 + 日期</td></tr>
<tr><td>模型件</td><td>招标单位名称、招标项目、文种</td><td>招标目的、招标依据、招标单位、招标项目、招标范围（方式）、招标</td><td></td></tr>
<tr><td>模型量</td><td>招标单位名称$_1$、招标项目$_1$、文种$_1$</td><td>招标目的$_n$、招标依据$_n$、招标单位$_1$、招标项目$_1$、招标范围（方式$_1$）、招标$_1$</td><td></td></tr>
<tr><td>模型旨</td><td>标题现旨</td><td>开篇明旨</td><td>分题明旨</td></tr>
<tr><td>模型链</td><td>谁→就何事→做何事；设问思路</td><td>谁→就何项目→为何目的→根据什么→在何范围内招标；目的、依据开头式</td><td>项目怎么样→准入条件→如何进行；横向思路</td></tr>
<tr><td>模型语</td><td>直陈</td><td>直陈、说明</td><td>分类说明</td></tr>
</table>

10.4.3 例文点评

[例文]

××学校招标公告

××学校经上级主管部门批准，拟修建一座宿舍楼，2000年2月1日起进行建筑招标。具体事宜告知如下：

1. 工程名称：××学校宿舍楼
2. 建筑面积：××平方米
3. 施工地址：××市××街××号
4. 设计及要求：见附件
5. 材料中钢材、木材、水泥由招标单位供应，其余由投标人自行解决。所需材料详见附表。
6. 交工日期：2001年12月凡愿投标的国营、集体建筑企业，只要有主管部门和开户行认可有相应的建筑施工能力者可投标。

投标人可来函来人索取招标说明书、建设银行经济咨询表、投标单及其他材料。

投标人请将报价单、施工能力说明书、原材料来源说明书以及上级主管部门的有关签证等密封投寄或派人直接送我校基建处招标办公室。

招标至2000年3月1日止（信寄以邮戳为准），3月10日于我校办公楼小会议室在××市公证处公证下启开封标。

××学校基建处（公章）
二〇〇〇年一月二十日

[点评]

这是一份以公告形式发布的工程建设招标书，文题的模型由“招标单位+文种（招标书）”组成。前言交代了招标依据、招标的项目、招标起始时间。主体部分则将招标有关事项一一分类说明，具体包括：工程名称、建筑面积、施工地址、设计要求、材料要求、交工日期，以及投标单位的资质、需领取的材料、相关材料寄送方式和招标截止日期。所用的思维路向是横向思路。

10.4.4 同步训练

1. 简答题

(1) 招标书的作用有哪些？

(2) 招标书有什么特点？

(3) 写作招标书要注意什么？

2. 请分析以下招标书的思维描述模型。

××行政学院宿舍区网络工程招标书

××行政学院为适应现代教育的发展需要，决定启动家属宿舍区网络工程建设。凡有意参加我校该项工程建设的厂商，请遵照如下说明参加我校的招标、投标工作。

学院网络概况

××行政学院校园网已经先后完成了两期工程，已经形成覆盖教学楼、办公楼二层、1号学生公寓的计算机网络，校园网采用千兆以太网解决方案（基于光纤），百兆交换到桌面，星型拓扑结构。网络中心地处教学楼七楼，网络主交换机为CISCO2948。本期工程需要完成将家属宿舍连入校园网。

网络工程需求

1. 需要联网的有 1#、2#、3#、4#家属宿舍楼，分别为 5 层四个单元每个单元 3 户、5 层五个单元每个单元 2 户、6 层五个单元每个单元 2 户、6 层 2 个单元每个单元 2 户，共三栋半。从网络中心核心交换机千兆光纤接入每栋宿舍楼，保证 100 兆到桌面。光纤走线示意图见附件。

2. 总体应具有一定的可升级性和前瞻性，保证网上多路视频信号传输流畅，系统工作稳定可靠。

3. 交换机为国际、国内知名品牌。布线系统产品需采用经过信息产业部测试的国际、国内知名品牌，需提供厂家产品合格证书、厂家的质量保证授权和系统工程师证明。布线系统原则上质保 15 年，质保证明由厂家出具。

4. 设备的各项要求（品牌、型号、配置）应与中标单位签订合同中条款为准，不得擅自更改。所有的设备到达现场应有完整的包装，随机技术、服务性资料和软件齐全。

招标说明

1. 按照宿舍区网络工程招标书的要求，将制作的投标文件于 2004 年 7 月 8 日上午 9:00 前送交，必须出示合法企业的资格证明，购买标书时间为 6 月 30 日至 7 月 8 日（周六、日休息）上午 9:00 前，以缴纳购买标书费时间为准，过期不再受理，标书售价 150 元。投标文件由投标人密封，一式三份。标书购买地点：河北行政学院网络室（教学楼七楼）。联系人：×××、×××；咨询电话：×××××××××××

2. 7 月 8 日上午 9:30 河北行政学院（以下简称甲方）将组织开标。由评标专家组负责评审，从中确定 2 至 3 家拟中标厂商，再进行议标、决标，最终结果另行通知。

3. 投标的厂商在投标时需按投标价的 5% 缴纳履约保证金，现金和支票均可。未中标的单位当场退回保证金。最终中标单位保证金不退，作为该项目的质保金记入总合同金额，按照合同约定支付。

4. 该项工程建设分设备选购、综合布线、系统集成三个方面，这三个方面工作均由乙方统一完成。

5. 工程开工前，甲方按照有关网络产品技术指标对乙方购买产品进行抽样测试，如交换机、网线、信息点模块等。

6. 投标文件要求出示投标单位营业执照、产品厂家相关证明、单位业绩证明（加盖用户单位公章）、设计方案、整个项目详细报价。须注明产品生产厂家、型号、数量、价格。投标文件也须加盖投标单位公章。

投标说明

1. 投标厂商应是已在工商部门注册的合法企业或厂商。投标时应出具合法厂商的资格证明。投标厂商应是具有一定规模，有一定经济和技术实力，并单独承接过本市一个楼宇网络工程的公司。

2. 投标文件包括：投标报价表、综合布线施工方案、资格证明文件以及有关说明文件。投标文件应采用已规范的中文术语，字迹要清楚、工整。

3. 投标文件应密封，封面标明：河北行政学院宿舍区网络工程投标书；投标单位全称、地址、邮编、联系电话、联系人，并加盖公章。

4. 投标文件请于规定时间前送交指定地点，过期不受理。

其他要求

1. 安装及调试

乙方负责设备的采购、安装、调试、与现有网络的集成和培训甲方人员，乙方应在甲方指定开工的25日内完成工程。

2. 售后服务

中标单位负责交换机以及其他网络产品的一年包换或免费维修；在接到系统故障通知后，应在2小时内响应。硬件故障如不能当场解决应及时提供同类产品替代使用直至故障排除。

开标与评标

1. 开标

招标会时间定在2004年7月8日上午9:00进行，现场开标为7月8日上午9:30，开标地点在河北行政学院办公楼一楼。参加开标的投标代表应签名报到，证明其出席。正式开标前未签名出席，视为废标。开标时由招标领导小组领导宣布开标程序和办法，并当场认定投标文件的封签并拆封。

2. 评标

由评标专家组进行，安排一定时间的厂商答疑。评标主要是比较各投标文件所提供设备的质量、性能、价格和厂商的服务、信誉、实力，综合选定中标厂商。我们本着性能价格比最优的原则，不保证最低价中标，投标厂商不出席评标过程，由评标专家组当场宣布并书面通知拟中标厂商。

××行政学院

2004年6月24日

3. 根据下面的材料写一份招标书。

××大学经上级主管部门批准，拟修建一座游泳池，从2008年8月8日起开始招标。游泳池的建筑面积：30米×50米。材料、施工都由投标人负责。交工日期必须在2009年3月18日前。

凡有投标意向的，具备法人资格且具有一、二级施工资质执照的企业，并有其主管部门和开户银行的认可，均可投标。投标人请将报价单、施工能力说明书、原材料来源说明书以及上级主管部门的有关签证等密封投寄到我校基建处招标工作室。

投标截止时间：2008年9月1日。9月5日在我校办公楼会议室，在××市公证处公证下开标。

附件包括：游泳池设计及要求。地址、电话、联系人等略。

10.5 投标书

10.5.1 基础知识

10.5.1.1 投标书的概念

投标是与招标相对应的。投标书是投标人按招标人的要求具体向招标人提出订立合同的建议，是提供给招标人的备选方案。

10.5.1.2 投标书的种类

投标书分为生产经营性投标书和技术投标书。生产经营性投标书有工程投标书、承包投标书、产品销售投标书、劳务投标书；技术投标书包括科研课题投标书、技术引进或技术转让投标书。

10.5.1.3　投标书的写作注意事项

（1）陈述己方情况必须实事求是。

（2）计划实现指标的措施必须具体清晰。

（3）内容准确、具体、完整，力求论证严密、层次清晰、文字简练。

（4）投递及时。

10.5.2　模型解析

10.5.2.1　投标书的文题思维描述模型

设投标书的文题为 W，那么，W = 投标书。W_1 = 投标申请书。W_2 = 投标答辩书。

投标书标题居于正文上方正中写明。

10.5.2.2　投标书的主部思维描述模型

设投标书的主部为 S，那么，S = A + B = 前言 + 主体。

（1）设前言为 A，那么，A = 投标单位名称 + 投标依据 + 指导思想（依据什么→遵照什么指导思想；目的依据式开头）。

（2）设主体为 B，那么，B = 经营思想 + 经营方针 + 经营目标 + 经营措施 + 要求 + 外部条件 + 其他（横向思路，分类说明）。

10.5.2.3　投标书的尾部思维描述模型

设投标书的尾部为 F，那么，F = 投标单位（或个人）的名称 + 投标日期 + 其他信息（单位地址、法定代表人、（签字、盖章）、邮政编码、电话、传真、开户银行名称、银行账号、开户行地址、电话等）。

10.5.2.4　投标书的总体思维描述模型（R）（见表 10 - 5）

表 10 - 5　投标书的总体思维描述模型（R）

模型 \ 模型结构	R = 文题 + 主部 + 尾部			
	文题 W	主部 S = 前言 + 主体 = A + B		F = 尾部
	W = 性质 + 文种	前言 A = 投标单位名称 + 投标依据 + 指导思想	B = 经营思想 + 经营方针 + 经营目标 + 经营措施 + 要求 + 外部条件 + 其他	投标单位（或个人）的名称、投标日期、其他信息（单位地址、法定代表人、（签字、盖章）、邮政编码、电话、传真、开户银行名称、银行账号、开户行地址、电话等）
模型件	性质、文种	投标单位名称、投标依据、指导思想	经营思想、经营方针、经营目标、经营措施、要求、外部条件、其他	
模型量	性质$_1$、文种$_1$	投标单位名称$_1$、投标依据$_n$、指导思想$_n$	经营思想$_n$、经营方针$_n$、经营目标$_n$、经营措施$_n$、要求$_n$、外部条件$_n$、其他$_n$	
模型链		依据什么→遵循什么知道事项→做什么；规约思维	有什么优势→有什么承诺→准备怎么做；横向思路	
模型旨	结尾现旨	分题明旨	汇总显旨	
模型语	说明	说明	分类说明	

10.5.3 例文评点

投标书

建设单位：__________________

1. 根据已收到的招标编号为______的________工程的招标文件，遵照《工程施工招标投标管理办法》的规定，我单位经考察现场和研究上述工程招标文件的投标须知、合同条件、技术规范、图纸、工程量清单和其他有关文件后，我方愿以人民币_________元的总价，按上述合同条件、技术规范、图纸、工程量清单的条件承包上述工程的施工、竣工和保修。

2. 一旦我方中标，我方保证在____年____月____日开工，____年____月____日竣工，即____天（日历日）内竣工并移交整个工程。

3. 如果我方中标，我方将按照规定提交上述总价5%的银行保函或上述总价10%的由具有独立法人资格的经济实体企业出具的履约担保书，作为履约保证金，共同地和分别地承担责任。

4. 我方同意所递交的投标文件在“投标须知”第11条规定的投标有效期有效，在此期间内我方的投标有可能中标，我方将受此约束。

5. 除非另外达成协议并生效，你方的中标通知书和本投标文件将构成约束我们双方的合同。

6. 我方金额为人民币________________元的投标保证金与本投标书同时递交。

投标单位：（盖章）
单位地址：
法定代表人：（签字、盖章）
邮政编码：
电　　话：
传　　真：
开户银行名称：
银行账号：
开户行地址：
电　　话：

日　　期：___年___月___日

［**点评**］

这份投标书文题直接由文种组成。主体部分先标明投标单位，然后采用分条列项的方式将投标的承诺一一列出：投标的总价、竣工日期、担保事项、投标有效期、双方合同构成材料以及保证金。思路是横向思路，表达方式是分类说明。

10.5.4 同步训练

1. 简答题

（1）投标书有哪些种类？

（2）写作投标书要注意哪些事项？

2. 参见10.4.4同步训练的第3题，写一份投标书。

综合训练 10

1. 填空题

(1) 招标书的标题通常由____________、____________和____________三部分组成。

(2) 合同主要条款应包括：____________、____________、____________、____________、____________、____________。

2. 选择题

(1) 意向书具有（　　）的特点。

A. 协商性　　B. 灵活性　　C. 契约性　　D. 临时性

(2) 合同按照格式和写法分，可分为（　　）。

A. 条款式合同　　B. 文字记叙式合同

C. 表格式合同　　D. 条款和表格结合式合同

3. 判断题

(1) 意向书是签订合同的基础和依据，具有法律效力。(　　)

(2) 写作条据涉及数字须大写。(　　)

(3) 合同语言须准确周密。(　　)

4. 根据下列材料，写一份合同，相关条款、内容可自拟。

王先生最近买了一套新房，要装修，与星海装修公司达成一份房屋装修合同。

5. 根据下列材料以培英大学基建处的名义写一份建筑招标书公告（相关内容可虚拟）。

培英大学经上级主管部门批准，拟修建一座六层的学生活动中心。建筑面积 30000 平方米，建筑地点××市××路××号。工程实施时间 2008 年 11 月至 2009 年 2 月止，凡欲投标的国内建筑企业，须有建筑施工企业资质，并在近三年有过大型建筑工程项目的成功业绩。招标人将采用资格预审的方式确定合格投标人，有意者请于 2008 年 9 月 10 日前到培英大学基建处领取招标预审文件。

第 11 章　经济纠纷诉讼文书模型写作

经济纠纷诉讼文书是指经济活动当事人因处理经济纠纷向人民法院递交的各类诉状的总称，包括经济纠纷起诉状、上诉状、申诉状和答辩状等。市场经济的发展过程中，不可避免地会出现许多经济纠纷，而随着我国法制建设的加强，人们的法制观念日益提高，参与经济活动的当事人因经济纠纷而诉诸法律，寻求法律裁判和救济也越来越频繁。如何提高诉讼文书的质量，已引起人们的普遍重视。本章着重介绍各类诉状的写作基础知识，发掘其内在的思维流程，运用思维描述模型来解读各类诉状的写作规律，以期达到“授人以渔”的效果，使读者迅速掌握各类诉状的写作要领。

11.1　经济纠纷起诉状

11.1.1　基础知识

11.1.1.1　经济纠纷起诉状的概念

经济纠纷起诉状是民事起诉状的一种，是公民、法人或其他组织之间由于经济纠纷，一方为维护自己的合法权益，向人民法院提起诉讼，请求人民法院审理、裁决所制作的诉讼文书。

11.1.1.2　起诉必须符合的条件

根据《中华人民共和国民事诉讼法》第一百零八条的规定，起诉必须符合下列条件：

（1）原告是与本案有直接利害关系的公民、法人或其他组织；

（2）有明确的被告；

（3）有具体的诉讼请求和事实、理由；

（4）属于人民法院受理民事诉讼的范围和受诉人民法院的管辖。

11.1.1.3　起诉状的作用

（1）当事人提交起诉状是其行使起诉权的表现，是其维护自身合法权益，请求国家司法救济的途径，有利于其实体权利依法得到应有保护。

（2）起诉状是人民法院受理民事案件，予以立案、受理的必需材料。

（3）起诉状是法院进行审理或调解的基础。通过起诉状可以使法院了解原告的诉讼请求，为公正、合理地解决纠纷打下基础。

（4）起诉状是被告进行答辩的依据。原告为维护其合法权益而向法院递交起诉状，被告在法定期限内可向法院提供答辩状以反驳原告。被告的答辩针对原告的起诉状，可就原告的主体资格、提出的诉讼请求、陈述的事实、依据的法律规定、提供的证据等方面进行反驳。

11.1.2　模型解析

11.1.2.1　起诉状的写作格式

起诉状的写作格式由首部、主部和尾部三部分组成。

1. 首部

包括文题、当事人及其相关人员的基本情况。

（1）文题由“起诉所属的范围”+“起诉状”构成，如“民事起诉状”、“经济纠纷起诉状”等，文题在首页第一行居中书写。

（2）当事人包括原告、被告及其相关人员，其格式如下：

原告：写清姓名、性别、年龄、民族、籍贯、工作单位、住址、公民身份证号码、联系电话等信息。

被告：写清姓名、性别、年龄、民族、籍贯、工作单位、住址、公民身份证号码、联系电话等信息。

若原、被告是法人或其他组织，则分别写明其全称、地址、法定代表人或负责人姓名、职务、电话等内容。

如果原告、被告是无民事行为能力人，则在其后写清其法定代理人的情况，包括姓名、性别、与原告（被告）的关系。

如果当事人委托了诉讼代理人的，则注明代理人的情况，包括姓名、工作单位或律师事务所名称、职业。

写作首部时应注意：

① 当事人分原告、被告依次写明，如果有数个原告、被告，则依据他们在案件中的地位和作用，分别依次排列，若系外国人，则应注明其国籍。

② 被告的基本情况原则上应与原告基本情况所列事项一样，但由于案件具体情况不同，原告并不一定都能完全知悉被告的情况，因而允许原告知道多少写多少，但姓名、性别、住址一定要清楚。

③ 关于住址和地址的确定：公民的住址一般指户籍所在地的地址，如其户籍所在地与经常居住地不一致，则可写经常居住地的地址。法人或其他组织的地址则指其住所地，即主要营业地或主要办事机构所在地的地址。

2. 主部

包括诉讼请求、事实和理由、证据三部分。

（1）诉讼请求：诉讼请求指的是原告通过起诉所要达到的目的和要求。这部分的写作注意两点：第一，明确具体。例如，经济纠纷案件，应具体写明支付违约金的数目、赔偿损失的项目及具体数目，总计的数目，而不能简单写“要求赔偿”。第二，合理合法。所提诉讼请求于法有据，合乎情理。

（2）事实和理由：这是起诉状的核心部分，是请求法院裁决当事人之间权益纠纷和争议的重要依据。首先，应针对诉讼请求，全面、客观、详细地说明当事人双方争议的事实或被告侵权的事实。主要写清当事人之间的法律关系，双方纠纷的发生和发展情况，当事人之间争执的主要焦点和双方对民事权益争执的具体内容，与案件有直接关联的客观情况和实质性分歧意见。然后，依据事实，分析出双方纠纷的性质、被告所应承担的责任；根据有关法律规定阐明理由，分清是非责任，以论证其诉讼请求的合情、合理、合法。

阐明事实和理由时，应注意：第一，事实、理由的陈述要与诉讼请求一致，不能相互矛盾，也不可脱离诉讼请求无目的地讲事实；第二，事实的叙述应具体、清晰、层次分明、详略得当，交代清楚与争议有关的关键情节，以便使法院迅速了解双方争议焦点所在，明确调查、审理的重点；第三，叙述事实应实事求是，不可脱离实际任意歪曲事实；第四，阐明理由时，应以事实为依据，以法律为准绳，针对所述事实阐明理由，并以法律规定为依据，证明其诉讼请求的合理性和合法性，从事实和法律上有力地支持其诉讼请求，切不可胡编乱造，强词夺理；第五，案情简单的，事实和理由可以合写，边叙述事实边阐述理由。

（3）证据：按照“谁主张，谁举证”的原则，经济纠纷诉讼中，原告必须对提起诉讼的案件负举证责任。因此，在这一部分，必须提供充分的证据证明事实的真实性。在民事诉讼中，常用的证据有：书证、物证、视听资料、证人证言、当事人的陈述、鉴定结论、勘验笔录等。书证应当提交原件，物证应提交原物。提交原件或原物确有困难的，可以提交复制品、照片、副本、节录本。证据是认定事实、作出审判的客观依据，对诉讼成败起着举足轻重的作用，因而列举的证据要真实、具体、充分，满足证据的“合法性、真实性、有效性”的要求。这一部分，通常采用序码一一列出举证材料的名称、证据来源、证人姓名和住所。

3. 尾部

包括致送法院、原告签名、日期、附项说明。

（1）致送法院：主部写完之后，另起一行写致送法院名称。先空两格写“此致”，再另起一行顶格写要致送的人民法院的全称。

（2）原告签名：起诉人是公民个人的，手写署上姓名；是法人或其他组织的，还须加盖公章。

（3）日期：年月日须齐全。

（4）附项说明：写明起诉状副本及有关证据材料。

11.1.2.2　经济纠纷起诉状的思维描述模型

1. 经济纠纷起诉状的首部思维描述模型

设首部为Q，那么，Q＝文题＋基本情况＝诉状名称（性质＋文种）＋原被告身份事项（姓名、性别、年龄、民族、籍贯、职业、工作单位、住址、电话号码、邮政编码等）。

［例1］

经济纠纷起诉状

原告：××市××综合贸易中心，地址：××市平安西街104号。

法定代表人：王××，性别：男，年龄：52岁，职务：经理，住址××市春风路56号。

诉讼代理人：丁××，性别：男，年龄：40岁，职务：供销科长，住址：××市春风路56号。

被告：××市××贸易公司，地址：××市民主东街23号。

根据模型，可获得本例首部的“件、量、旨、链、语”信息如下：

模型件：诉状名称＋原告身份事项＋被告身份事项

模型量：诉状名称$_1$＋原告身份事项$_n$＋被告身份事项$_2$

模型旨：标题现旨

模型链：案件何性质→原告何身份→被告何身份

模型语：说明

2. 经济纠纷起诉状的主部思维描述模型

设主部模型为 S，那么，S = 诉讼请求（全文主旨） + 事实与理由 + 证据 = A + B + C。

（1）A = 诉讼标的（请求履行合同 + 偿还债务 + 赔偿损失等）。

（2）B = 事实（纠纷的由来 + 发生 + 发展的经过） + 理由（分析纠纷性质 + 危害 + 责任及法律依据）。

（3）C = 证据（书证、物证、视听资料、证人证言等）。在正文叙述中，涉及证据、证人则加注说明，如“见附件×项”。

[例 2]

诉讼请求

请求人民法院根据《中华人民共和国经济合同法》有关规定，追回××市××贸易公司欠我贸易中心货款 14.5 万元，赔偿所欠货款利息及有关损失，依法维护我贸易中心的合法权益。

事实和理由

1998 年 4 月 23 日、5 月 6 日，我贸易中心采购员王××，先后两次与××市××贸易公司副经理李××签订购销合同。第一份合同系购买各种规格的圆钉共 50 吨，每吨单价 0.22 万元，合计人民币 11 万元。第二份合同系购买镀锌 8 号线 200 吨，每吨单价 0.165 万元，合计人民币 33 万元。我贸易中心严格按合同规定办事，合同签订后一个星期内，分别将两笔货款汇至××市××贸易公司的账号上，共计人民币 44 万元，分文不差。

但是，××市××贸易公司却不按合同规定办事。我贸易中心第一批货款 11 万元汇出后一个月，才首次发出圆钉 20 吨，其余 30 吨，再无音讯。第二批货款 33 万元汇出后，亦未见将镀锌 8 号线发出。我贸易中心多次发出函电催货，他们都不予理会。7 月份以来，我贸易中心两次派人专程去××市，找××贸易公司副经理李××面商，并主动提出，如无货物，可以退款。李××多方推脱责任、继续拖延。至今既未将货物发出，又不给我贸易中心退回货款。

两份合同都有规定：供方在货款到后 10 日内未将货物发出，处以货款 10% 的罚款。××市××贸易公司收到我贸易中心的货款已经有 85 天，仍未把货物发齐，实属严重违反合同规定。为此，我贸易中心经营活动受到了严重影响，直接经济损失估计近 10 万元。

为维护我贸易中心的合法权益，请求人民法院依法予以处理。

诉讼请求模型：

根据模型，可以获得本例诉讼请求的“件、量、旨、链、语”信息如下：

模型件：依据 + 请求

模型量：依据$_1$ + 请求$_2$

模型旨：分题明旨

模型链：依据什么→请求什么；规约思维

模型语：陈述、说明

事实与理由模型：

根据模型，可获得本例事实与理由的“件、量、旨、链、语”信息如下：

模型件：事实 + 理由（性质 + 危害 + 责任 + 法律依据） + 请求

模型量：事实$_1$ + 理由（性质$_1$ + 危害$_3$ + 责任$_1$ + 法律依据$_2$ + 请求$_1$）

模型旨：汇总显旨

模型链：因→果；依据→目的

模型语：陈述、议论

证据模型：

书证$_n$ + 物证$_n$ + 视听资料$_n$ + 证人证言$_n$

3. 经济纠纷起诉状的尾部思维描述模型

设尾部为 F，那么，F = 致送法院 + 附件 + 具状人签名 + 日期。

[例 3]

此致

××市××人民法院

起诉人：××市××综合贸易中心（盖章）

2007 年 8 月 20 日

附：1. 本状副本 4 份

2. 书证 8 份

3. 物证 3 件

11.1.2.3 经济纠纷起诉状的总体思维描述模型（见表 11－1）

表 11－1 经济纠纷起诉状的总体思维描述模型（R）

模型 \ 模型结构	R = 首部 + 主部 + 尾部				
		S 主部 = 诉讼请求 + 事实与理由 + 证据 = A + B + C			F = 尾部
	Q 首部 = 文题 + 基本情况	诉讼请求 A	事实与理由 B	证据 C	
模型件	诉状名称、原告身份事项、被告身份事项	案由（根据）、请求	事实（纠纷由来、发生发展经过）、理由（性质、危害、责任、法律依据）、请求	书证、物证、视听资料、证人证言等	F：致送法院、具状人签名、日期、附件
模型量	诉状名称$_1$、原告身份事项$_n$、被告身份事项$_n$	案由$_1$、请求$_n$	事实$_n$、理由$_n$		
模型旨	标题现旨	分题明旨（全文主旨，分项说明）	汇总显旨（结尾）		
模型链	案件何性质→原告何身份→被告何身份	依据什么→请求什么	依据→目的；因→果		
模型语	说明	陈述、说明	陈述、夹叙夹议、议论		

11.1.3　例文点评

[例文]

民事起诉状

原告：曾×，男，19××年×月×日出生，汉族，四川成都人，住成都市××区××路×号××花园×栋×单元×号，身份证号××××××××××××××××××，联系电话139××××××××。

被告：成都××发展有限公司

住所：成都××区标准厂房（实际办公地点：成都市××区××路×号××花园物业楼三楼）

法定代表人：黄××，董事长　　　联系电话：8×××××××

诉讼请求

判令被告成都××发展有限公司赔偿因违约给原告造成的损失160994.30元；

本案诉讼费用由被告成都××发展有限公司承担。

事实与理由

被告成都××发展有限公司系成都"××花园"项目的开发商。2006年12月7日，原告与被告签订商品房买卖合同，约定购买"××花园"二区第8幢6楼B室房屋一套，建筑面积为161.87m^2，购房单价为4074元，价款总额为659458元（实际房产证面积为158.07m^2，价款总额为643977元）。在签订购房合同前，被告向包括原告在内的消费者所作的房屋销售广告以及出示的宣传资料均明确具体地载明了"××花园"的小区容积率、花园绿化面积等重要指标，其中被告承诺的小区容积率为1.24（小区土地总面积129673m^2，小区建筑总面积160239m^2）、花园绿化面积为72388m^2。被告的这一宣传与承诺对原告认可被告所定的房价以及最终与被告订立购房合同产生了重大影响。

按照被告承诺的1.24的容积率，原告所购房屋应获得使用权的土地面积应为127.48m^2。然而，被告在履行合同的过程中，却未经包括原告在内的业主同意擅自变更"××花园"的规划设计，大量增加小区内的建筑面积（增加了5万多平方米），并占用绿地面积修建商业用房等，将部分低层楼房变为高层电梯楼房，且故意对原告等业主隐瞒真实情况并继续对外作不实的广告宣传。2007年9月，被告为部分业主办理第一批土地使用权证时，原告发现土地证上的土地使用权面积仅为95.86m^2，与应得面积相比被缩减31.62 m^2（即25%），也就是说，"××花园"的小区容积率实际达到了1.65以上。此时，原告才发现被告擅自增加小区内建筑面积的事实。同时，由于被告还占用原规划中的部分绿地面积修建商业用房等，导致小区内绿地面积减少，无法达到被告承诺的花园绿化面积。

被告的上述行为已构成严重违约，且直接造成了原告应得的土地使用权面积的减少、土地增值利益的损失以及小区内居住环境质量的下降，这几项损失至少占购房价款的25%以上（即160994.30元以上），而被告因其增加用于销售的建筑面积尤其是商业用房面积，反而从这一违约行为中获取了巨额不当利益。

原告认为，被告的违约行为严重损害了原告依据合同和法律应当享有的权利和利益，直接造成了原告较大的损失，依法应当予以赔偿。为了维护自身权益，根据《中华人民共和国合同法》、《中华人民共和国民法通则》等相关法律规定，特依法向人民法院提起诉讼，请求人民法院支持原告的诉讼请求。

证据、证据来源，证人姓名和住所

证据1　原告与被告签订的购房合同

证据2　被告所作的房屋销售广告

证据3　被告发放的房屋销售宣传资料

证据4　××花园小区全景照片

证据5　原告所购房屋的土地使用权证

此致

成都市××区人民法院

起诉人（签名）：曾×

2007年12月14日

附：本状副本1份

[点评]

这是一份格式规范的民事起诉状。标题明确了起诉的性质为“民事”。当事人的基本情况写得齐全，原告的信息还附上了公民身份证号码及联系电话。诉讼请求写清了要求赔偿的具体数目。“事实与理由”部分，先写事实，再写理由。根据模型结构，这一部分思维描述模型的“件、量、旨、链、语”信息如下：

模型件：事实+理由（性质、危害、责任、法律依据）

模型量：事实$_3$+理由（性质$_1$+危害$_3$+责任$_1$+法律依据$_2$）

模型旨：汇总显旨

模型链：因→果；依据→目的

模型语：陈述、议论

其推理过程简述如下：原、被告签订购房合同（事实一，陈述）；被告出示房屋销售广告和宣传资料，致合同签订（事实二，陈述；前提条件：小区容积率、绿化面积满足原告要求）；被告违约，致小区容积率增加、绿化面积减少、土地使用权面积减少（事实三，陈述）。此三个事实基本按照事情发生的时间顺序叙述，条理清楚，事情的来龙去脉非常清晰（过程分析与综合）。紧接着，对被告的行为加以定性（“严重违约”，议论），并说明其产生的危害（即对原告的损害结果，共3项，相应的经济损失共160994.30元），与“事实”部分又构成因果分析与综合。

最后一段，属“理由”部分。基于前述事实，对全文进行小结：分别阐述清楚被告行为的性质（“严重违约”）以及损害结果（“较大损失”），应承担的责任（“应予以赔偿”），要求赔偿的法律依据（《合同法》、《民法通则》），最后点明全文主旨，提出诉讼请求。

综合分析这一部分，“事实”为因，“理由”（法律）为依据，“请求”为“果”。推理方式为分析—综合，写法是先分后总。

“证据”部分，用分条列项的方式，依次列举证据，表达方式是说明。

尾部所列事项齐全，格式规范。

11.1.4　同步训练

1. 分析下列起诉状的思维描述模型。

民事起诉状

原告：新西兰 THE ATRELIGHT LTD.

地址：6 ROWE STREET，P. O. BOX 13-159 ONEHUNGA AUCKLAND NEW ZEALAND

电话：64－9－6221187　　传真：64－9－6365803

法定代表人：REX GILFILLAN　　职务：董事长

被告：珠海××灯光音响设计安装有限公司

地址：珠海市××路××号××大厦五楼

电话：0756－33××××××

法定代表人：×××　　职务：董事长

被告：珠海××科技有限公司

地址：珠海市××路××号××大厦六楼

法定代表人：×××　　职务：董事长

诉讼请求

1. 判令被告一、被告二变更公司名称，立即停止使用“泰立”名称及不正当竞争行为。

2. 判令被告一、被告二立即停止侵犯泰立调光设备有限公司的“TL”注册商标及不正当竞争行为。

3. 判令被告一、被告二立即删除“泰立灯光”（www. tllighting. com）网站上的不实宣传及不正当竞争行为。

4. 判令被告一、被告二公开赔礼道歉、消除影响并在“泰立灯光”（www. tllighting. com）网站及其各自公司网站的主页、“音响世界企业信息网”（http：//pro163. com/）及《珠海特区报》上登载致歉声明。

本案诉讼费由被告承担。

事实及理由

原告与中方股东珠海中粤新通讯技术有限公司（以下简称中粤新公司）于 1994 年合作成立中外合作企业——珠海泰立调光设备有限公司（以下简称合作公司），地址为珠海市吉大石花西路协和大厦六楼。1997 年 8 月 14 日，合作公司取得注册“TL”商标。合作公司主要生产、销售调光台、数字化硅箱（柜）、周边设备、灯具等调光设备及其配套件产品，兼营影视、舞台、场馆工程的设计安装，先后承建了深圳大剧院灯光系统改造工程、辽宁艺术中心、天津大剧院、珠海电视中心、珠海市报业大厦、辽宁艺术中心等工程。经过多年的苦心经营，合作公司在舞台灯光设计、安装领域取得了良好的商誉。

被告一是合作公司总经理×××与其儿媳×××投资设立的以舞台灯光、音响工程设计为主的有限责任公司，被告二是合作公司的总经理×××之子×××投资设立从事调光设备、舞台灯具的研发、生产和销售，从事影视、舞台场馆的灯光系统设计安装的外商独资企业。被告一、被告二的经营范围均与合作公司相近似，但被告一、被告二却在未经合作公司允许的情况下，擅用合作公司——珠海泰立调光设备有限公司的名称“泰立”，将企业分别命名为“珠海泰立灯光音响设计安装有限公司”、“珠海泰立科技有限公司”。根据《中华人民共和国民法通则》第九十九条第二款“法人、个体工商户、个人合伙享有名称权……”的规定，被告一、被告二的上述行为分别侵犯了合作公司的名称权。

不仅如此，被告一、被告二在 www. tllighting. com 网站上还进行了其他的大量不实宣传，如在介绍“泰立灯光”的历史时，完全盗用合作公司的历史，声称通过 ISO 9000 认证，并将原本由合作公司承建完成的深圳大剧院灯光系统改造工程、辽宁艺术中心、天津大剧院、珠海电视中心、珠海市报业大厦、辽宁艺术中心等工程称为“泰立灯光”的业绩。网站上公布的“泰立灯光”的地址亦是合作公司地址：珠海市吉大石花西路协和大厦六楼。

原告认为被告一、被告二使用与合作公司相同的名称、地址，并在对外宣传中冒用合作公司的注册商标、公司历史、冒用合作公司 ISO 9000 认证标志的种种行为，已经足以使消费者将被告一与被告二销售的产品和提供的服务与合作公司的产品和服务相混淆。故根据《中华人民共和国反不正当竞争法》第五条的规定，被告一、被告二的行为亦构成不正当竞争，严重损害了合作公司多年来所取得的良好商誉。

对于被告一、被告二侵犯合作公司合法权益的上述行为，本应以合作公司名义起诉。但因合作公司的总经理——合作公司中方股东中粤新公司董事长×××同时担任被告一的股东、董事长，亦为被告二的股东×××的父亲；加之合作公司的中外合作双方于2002年11月发生纠纷，自此，合作公司完全被中粤新公司控制，无法召开正常的董事会、股东会，合作公章亦由中粤新公司掌管。因此，合作公司目前不可能对被告一、被告二提起诉讼。故原告以合作公司股东身份提起股东代表诉讼，请法院根据《中华人民共和国民法通则》第一百一十八条、一百二十条第二款的规定，支持原告的诉讼请求。

证据、证据来源，证人姓名和住址

证据1：××××××

证据2：××××××

证据3：××××××

此致

珠海市中级人民法院

具状人：新西兰 THE ATRELIGHT LTD.

200×年11月5日

附：本状副本2份

2. 张××和李××是一对夫妻，现因感情不和，张××提出离婚。他们婚后育有一子，8岁。现有的共同财产包括存款100000元，房屋1套，价值250000元。根据上述材料，为张××编写一份起诉状的诉讼请求。

3. 根据下面××有限公司负责人的口述材料，写一份起诉状。

××有限公司负责人的口述材料：今年3月6日，我单位与××科技有限公司签订了安装单位内局域网的合同。所需的60台计算机和1台服务器，以及安装网线、调试运行均由该公司负责，总计设备费680000元，工程费60000元，合计740000元。3月12日，××科技有限公司来安装，3月21日完工。4月1日我公司按合同付款。安装后，自4月中，设备就经常出问题，开始打电话，××科技有限公司还来修理、调整，后来干脆不来，让我们自己解决。可合同规定得很清楚，“设备硬件保修一年，在一年内无偿更换”，可他们根本不履行合同有关规定。我们找了几个计算机专业人员，大家都认为是元件质量太差，所以，我们要求退货，但该公司不肯。我们觉得损失太大，所以起诉它，不但要退货，还得赔偿我们损失。

11.2　经济纠纷上诉状

11.2.1　基础知识

11.2.1.1　经济纠纷上诉状的概念

经济纠纷上诉状是指，经济纠纷案件当事人及其法定代理人因不服人民法院一审未生效判决、裁定，在法定上诉期限内向原审法院或其上一级法院提交的，请求上一级法院重新审理本案，撤销或变更一审判决、裁定的诉讼文书。

11.2.1.2　上诉状的作用

（1）上诉状是当事人维护自己合法权益的有力工具。上诉是当事人重要的诉讼权利，若认为一审裁决不符合事实和法律，或者违反法定程序，便可具状上诉，通过二审裁决主持公道，避免错判，以维护自己的合法权益。《民事诉讼法》第一百五十三条规定：“第二审人民法院对上诉案件，经过审理，按照下列情形，分别处理：（一）原判决认定事实清楚，适用法律正确的，判决驳回上诉，维持原判；（二）原判决适用法律错误的，依法改判；（三）原判决认定事实错误，或者原判决认定事实不清，证据不足，裁定撤销原判决，发回原审人民法院重审，或者查清事实后改判；（四）原判决违反法定程序，可能影响案件正确审判的，裁定撤销原判决，发回原审人民法院重审。”当事人对重审的案件的判决、裁定，可以上诉。

（2）上诉状是二审人民法院审理案件的依据。上诉状的作用主要在于引起第二审程序的发生，是针对一审法院的裁判而写的。它是二审人民法院受理案件的依据。通过上诉状，二审法院得以了解上诉人不服一审裁判的理由和二审诉讼请求。这有助于二审法院全面了解案情，明辨是非，维护法律的公正与威严，保证审判的质量。

11.2.1.3　提交上诉状应符合的条件

《民事诉讼法》规定，当事人提交上诉状，应符合以下条件：

（1）提交上诉状的主体必须适格。一审中的原告、被告、共同诉讼人、第三人、诉讼代表人依法享有上诉权；当事人的法定代理人、法定代表人及经过特别授权的委托代理人有权行使上诉权。

（2）提起上诉的对象必须是依法允许上诉的判决、裁定，即地方各级人民法院适用普通程序和简易程序作出的一审未生效判决以及管辖权异议、不予受理、驳回起诉的未生效裁定。

（3）上诉状必须在法定期限内提交。当事人对判决不服应在收到判决书后 15 日内提交上诉状，对裁定不服，应在收到裁定 10 日内提交上诉状。

（4）上诉状应向作出一审未生效判决、裁定的人民法院或其上一级人民法院提交。

11.2.2 模型解析

11.2.2.1 上诉状的写作格式

上诉状的写作格式包括首部、主部和尾部三部分。

1. 首部

包括文题、当事人及其相关人员的基本情况。

（1）文题：注明文书名称，如“民事上诉状”、“经济纠纷上诉状”等，或直接写“上诉状”，在第一行居中书写。

（2）当事人的基本情况：当事人包括上诉人、被上诉人及其相关人员。

上诉人：写清姓名、性别、年龄、民族、籍贯、工作单位、住址、公民身份证号码、联系电话等信息。并在“上诉人”后注明其在第一审中的诉讼地位，如“原审被告”。

被上诉人：写清姓名、性别、年龄、民族、籍贯、工作单位、住址、公民身份证号码、联系电话等信息。并在“被上诉人”后注明其在第一审中的诉讼地位，如“原审原告”。

若上诉人、被上诉人是法人或其他组织，则分别写明其全称、地址、法定代表人或负责人姓名、职务、电话等内容。

如果上诉人、被上诉人是无民事行为能力人，则在其后写清其法定代理人的情况，包括姓名，性别、与原告的关系。

如果当事人委托了诉讼代理人的，则注明代理人的情况，包括姓名、工作单位或律师事务所名称、职业。

2. 主部

包括案由、上诉请求和上诉理由。

（1）案由：写明上诉人提出上诉的判决、裁定的案件名称、制作法院、制作时间及判决、裁定的编号，并表明上诉的态度，用格式化的语言：“上诉人因______一案，不服______人民法院______年______月______日（　）字第______号______，现提出上诉。”

（2）上诉请求：这是上诉的目的所在，要写得明确、具体、完备。首先写明上诉人对原审裁判是全部不服还是部分不服，然后针对原审裁判的不当，提出具体的诉讼请求，如撤销或变更一审裁判，请求重新审理。上诉请求有多项的，应用序码，分项列述。

（3）上诉理由：这是上诉状的核心部分，是上诉成败的关键所在，应根据事实和法律，针对原判决、裁定中的不当之处，以驳论的形式展开，可以从以下几个方面去考虑：

① 从认定事实方面。如果原审裁判在认定事实上有错误，包括事实不实、不清、不准，上诉人就要有针对性地反驳错误的认定，陈述正确的事实，举出相关的证据，提出上诉的理由。

② 从适用法律方面。如果原审裁判在适用法律上有错误，上诉人就应从法律理论上论证并援引具体的法律根据，指明其不当之处，提出应适用的法律依据。

③ 从程序方面。如果原审裁判存在违反诉讼程序的错误，包括是否应当回避，审判方式是否应当公开，审判组织是否合法等方面的问题，则援引国家有关法律规定，指明原审违反诉讼程序方面的错误。

④ 从定性和处分尺度方面。如果原审裁判在案件定性和处分尺度方面有错误或不当的，应明确指出其定性不当、处分尺度不准的原因所在，表明应该如何定性，如何处分。

写作上诉理由时应注意：

① 要有针对性。上诉状是针对原判的，要据理反驳，摆事实、讲道理；援引法律时，应紧紧围绕上诉人所不服的原判中的问题，讲求事理剖析，不能漫无目的或不着边际地叙述无关紧要的事情。

② 要有说理性。对原审错误部分充分加以辩驳，要有理有据，有事有证，依法分析，以理服人，观点和材料要相互支持，相互印证，两者缺一不可。同时为增加说服力，要援引相应的法律条文作为依据。

③ 要有逻辑性。上诉状要求所论事理要符合客观事物的规律和逻辑的基本规律。

在写法上可采用分条列项、先分后总的方式，最后小结，写明所依据的法律规定和上诉目的。

3. 尾部

包括致送法院、上诉人签名、日期、附项说明。

(1) 致送法院：主部写完之后，另起一行写致送法院名称。先空两格写“此致”，再另起一行顶格写要致送的人民法院的全称。

(2) 上诉人签名：上诉人是公民个人的，手写署上姓名；是法人或其他组织的，还须加盖公章。

(3) 日期：年月日须齐全。

(4) 附项说明：写明上诉状副本及有关证据材料。

11.2.2.2　经济纠纷上诉状的思维描述模型

1. 经济纠纷上诉状的首部思维描述模型

设首部为Q，那么，Q=文题+基本情况=诉状名称（性质+文种）+上诉人与被上诉人身份事项（姓名、性别、年龄、民族、籍贯、职业、单位、住址、电话号码、邮政编码等）。

[例1]

上诉状

上诉人：刘××，男，33岁，汉族，××市人，××市×厂工人，住××市××街××号

被上诉人：王××，男，41岁，汉族，××市人，个体户，住××市××街××号

经济纠纷上诉状首部的思维描述模型与经济纠纷起诉状首部的思维描述模型相同，故此处省略。

2. 经济纠纷上诉状的主部思维描述模型

设主部模型为S，那么，S=提起上诉案由+上诉请求+上诉理由=A+B+C。

(1) A（提起上诉案由）=上诉人因何案+不服人民法院于何时作出的何字号（×字第×号）判决（裁定）+提出上诉。

(2) B（上诉请求）（全文主旨所在）=上诉目的（撤销或变更原审判决（裁定）的全部或几项+具体主张）。

(3) C（上诉理由）=认定事实+适用法律+运用程序。

[例2]

上诉人因王××诉刘××赔偿经济损失一案，不服××市××区人民法院××××年×月×日××经字第38号判决，现提出上诉。恳请××市中级人民法院依照《中华人民共和国民事诉讼法》第五十三条之规定，予以改判。

上诉的事实和理由：

（一）原判决认定我是共同被告人是无事实和法律依据的。根据《民事诉讼法》第五十三条第一款之规定“当事人一方或者双方为二人以上，其诉讼标的是共同的，或者诉讼标的是同一种类，人民法院认为可以合并审理并经当事人同意的，为共同诉讼”。而在王××与张××的合同纠纷中，我并不是当事人。因为，王、张两人订立成衣供销合同时，我并未参加，只是他们订立合同后，张因时间紧迫，怕到期拿不出成衣，才叫我帮忙为他做100件成衣。而我当时也是当着王、张两人的面声称，只是帮王一个忙而已。这些，王、张两人也承认，只要审阅我递交给××法院的答辩状及有关证明材料就一目了然。因此，我认为，原审人民法院将我列为被告是不符合事实的。

（二）原判决我赔偿王××经济损失500元也是不符合事实和没有法律根据的。第一，我没有参与合同的订立，不是合同的当事人；第二，我当初答应帮忙，帮助张做成衣100件，15天交货，第11天我就将100件成衣交给了张，我履行了我自己的义务。原审人民法院却忽视了这一点，判我赔偿王经济损失是违背事实和法律的。

（三）原审程序不合法。原审的合议庭组成人员之一，审判员李×是王××的妻弟，属于民诉法第二十三条第二项规定的情况，李×本应提出回避，但李没有。审理前，我多次提出申请要李×回避，但没有被合议庭采纳。这明显地违反了《民事诉讼法》的规定，影响了案件的公正处理。

综上所述，原判决在认定事实、适用法律、程序上均有不当之处，因此，特上诉你院，请求依法办事，撤销原判，给予公正判决，以维护上诉人的合法权益。

提起上诉案由模型：

根据模型，可获得本例提起上诉案由的“件、量、旨、链、语”信息如下：

模型件：上诉人+因何案+不服何法院+何时+何字号判决+提出上诉

模型量：上诉人$_1$+何案$_1$+何法院$_1$+何时$_1$+何字号$_1$+上诉$_1$

模型旨：开篇明旨

模型链：谁→因为什么→做什么

模型语：说明

上诉请求模型：

根据模型，可获得本例上诉请求的“件、量、旨、链、语”信息如下：

模型件：请××法院+依照××法律+撤销原判

模型量：请××法院$_1$+依照××法律$_1$+改判$_1$

模型旨：分题明旨

模型链：恳请谁→依据什么→撤销什么

模型语：说明

上诉理由模型：

根据模型，可获得本例上诉理由的“件、量、旨、链、语”信息如下：

模型件：认定事实 + 适用法律 + 运用程序

模型量：认定事实$_2$ + 适用法律$_2$ + 运用程序$_1$

模型旨：汇总显旨

模型链：主旨句（观点）→根据什么→事例（分析、反驳）→不当、错误（结论）

模型语：议论、叙述（以破为立）

3. 经济纠纷上诉状的尾部思维描述模型

设尾部为 F，那么，F = 致送法院 + 上诉人签名 + 日期 + 附项说明。

[例 3]

此致

× × 市中级人民法院

具上诉状人：刘 × ×

× × × × 年 × × 月 × × 日

附：本上诉状副本 2 份。

11.2.2.3　经济纠纷上诉状的总体思维描述模型（见表 11 - 2）

表 11 - 2　经济纠纷上诉状的总体思维描述模型（R）

<table>
<tr><td rowspan="3">模型
模型结构</td><td colspan="5">R = 首部 Q + 主部 S + 尾部 F</td></tr>
<tr><td rowspan="2">首部 Q = 文题 + 基本情况</td><td colspan="3">主部 S = 提起上诉案由 + 上诉请求 + 上诉理由 = A + B + C</td><td rowspan="2">尾部 F</td></tr>
<tr><td>提起上诉案由 A</td><td>上诉请求 B</td><td>上诉理由 C</td></tr>
<tr><td>模型件</td><td>诉状名称、上诉人身份事项、被上诉人身份事项</td><td>上诉人、因何案、不服何法院、于何时、何字号判决、上诉</td><td>上诉目的（撤销或变更原判决全部或几项 + 具体主张）</td><td>认定事实、适用法律、运用程序</td><td rowspan="5">致送法院、上诉人签名、日期、附件</td></tr>
<tr><td>模型量</td><td>诉状名称$_1$、上诉人身份事项$_n$、被上诉人身份事项$_n$</td><td>上诉人因何案$_1$、不服何法院$_1$、于何时$_1$、何字号判决$_1$、上诉$_1$</td><td>改判$_n$、变更$_n$</td><td>认定事实$_n$、适用法律$_n$、运用程序$_n$</td></tr>
<tr><td>模型链</td><td>案件何性质→上诉人何身份→被上诉人何身份</td><td>谁→因为什么→做什么</td><td>恳请谁→依据什么→改判（变更）什么</td><td>观点→根据→分析反驳→结论</td></tr>
<tr><td>模型旨</td><td></td><td>全文主旨</td><td>汇总显旨</td><td></td></tr>
<tr><td>模型语</td><td>说明</td><td>说明、陈述</td><td>说明、陈述</td><td>议论、陈述（以破为立）</td></tr>
</table>

11.2.3 例文点评

[例文]

民事上诉状

上诉人：××县××农村信用合作社。住所地：××县××镇××村。

法定代表人：马××，主任。

被上诉人：××县××镇×××村民委员会。

法定代表人：戴××，村党支部书记兼村委会主任。

被上诉人：牛××，男，195×年9月28日出生，汉族，农民，住××县××镇×××村。

被上诉人：王××，男，196×年12月22日出生，汉族，农民，住××县××镇×××村。

被上诉人：戴××，男，196×年3月6日出生，汉族，农民，住××县××镇×××村。

被上诉人：刘××，男，194×年8月22日出生，汉族，农民，住××县××镇×××村。

被上诉人：马广×，男，195×年12月18日出生，汉族，农民，住××县××镇×××村。

被上诉人：温×，男，195×年12月5日出生，汉族，农民，住××县××镇×××村。

被上诉人：马××，男，194×年12月30日出生，汉族，农民，住××县××镇×××村。

上诉人不服××县人民法院（2004）×民初字第165号民事判决书，现提起上诉。

上诉请求

1. 依法撤销（2004）×民初字第165号民事判决书。

2. 依法改判或者发回××县人民法院重新审理。

本案一切诉讼费用由八被上诉人承担。

上诉理由

一、一审法院判决认定事实错误

牛松定等七被上诉人辩称，其只是证明人，而非担保人，但其七人在借款合同上保证人处签章，这一事实已足以认定七人为本案担保人。在无证据支持和信用社不予认可的情况下，仅仅凭七人陈述，就做出以贷还贷的认定，与民事证据规则并不符合。

一审法院引用债权人与债务人串通骗取保证人保证的条款，本案的事实是，牛松定等七被上诉人均属时任和现任村干部，信用社假如要与村委会串通，势必要通过村干部也即牛松定等七被上诉人进行，即使本案属于以贷还贷，七人亲自参与合同签订，不可能对所谓的借款用途不知，不存在所谓的信用社欺诈！

二、一审判决判决理由错误且与判决结果互相矛盾

一审法院通过所谓的以贷还贷认定，从而得出双方签订的借款合同属于“以合法形式掩盖非法目的”的无效民事行为！对于以贷还贷行为，从最高人民法院、河南省高级

人民法院到×××市中级人民法院，从司法解释、最高法院和省高院及其他法院众多判例，均不认定以贷还贷违法，不知道××县人民法院从何处得出“以合法形式掩盖非法目的”的结论！一审法院在认定合同无效的情况下，作出的判决结果却也与合同有效时的判决结果毫无二致，令人百思不得其解。

三、一审法院判决适用法律错误

由于一审法院认定事实错误，判决理由错误且与判决结果互相矛盾，从而很自然地适用法律错误！

综上所述，一审法院判决认定事实错误、判决理由错误且与判决结果互相矛盾、适用法律错误，依法应当予以撤销！

此致

××市中级人民法院

上诉人：××县××农村信用合作社

200×年×月×日

[点评]

这是一份民事上诉状，标题显示了诉状的性质（“民事”）和文种（“上诉状”），上诉人、被上诉人身份事项一一标明清楚。“案由”部分，写清了上诉人不服的判决书的名称（包括制作法院、字号），并表明上诉态度。“上诉请求”分条说明，所用法律术语准确。下面重点分析“上诉理由”部分：

根据模型，可获得本例上诉理由的“件、量、旨、链、语”信息如下：

模型件：认定事实 + 适用法律

模型量：认定事实$_2$ + 适用法律$_1$

模型旨：汇总显旨

模型链：主旨句（观点）→根据什么→事例（分析、反驳）→不当、错误（结论）

模型语：议论、叙述（以破为立）

这一部分的上诉理由共 3 条，分别从认定事实、判决理由、适用法律等方面一一反驳，最后小结，汇总显旨，提出上诉请求，可谓水到渠成。写法上，先分后总，推理方式是分析—综合，由因到果（一审判决的错误为“因”，上诉请求——撤销原判决为“果”）。表达方式分别采用了叙述、说明、议论。

综合分析“诉讼请求”与“上诉理由”，其内在逻辑关系是“果—因”。

11.2.4　同步训练

1. 根据下列材料，写一份诉讼文书。

王申住江苏省甲市东区，李全住甲市西区，两人系同一工厂工人。两人于 2007 年 2 月 18 日在甲市南区发生口角，并相互扭打，李全将王申打成轻伤，王申住医院治疗花去医药费 4500 元。经本厂领导调解，两人达成如下协议：“李全于 2007 年 3 月底前赔偿王申医药费 3000 元整，并在本厂当众公开向王申赔礼道歉。如因履行本协议发生争议，双方协商解决，或者提交北区（双方工厂所在地）王桥居民委员会调解解决，或者提交江苏省内的仲裁委员会进行仲裁。”事后，李全下岗，失去工资收入，未能按期履行赔偿义务，也未公开赔礼道歉。王申以伤害赔偿为由，于2007年5月向甲市西区人民法院提起诉讼，要求李全赔偿医药费3000元，并公开赔礼道歉。法院受理了本案。李全认为本案打架地点在南区，两人所在工厂在北区，同时双方已订立仲裁协议，西区人民法院无权受理，故提出管辖异议。西区人民法院认为李全的管辖异议成立，以［西民］初字（2007）第87号民事裁定书驳回起诉，王申对此裁定表示不服。

如果你是王申的代理律师，请代写一份行使诉讼权利的诉讼文书。

2. 分析下列上诉状的思维描述模型。

民事上诉状

上诉人：××市种子公司经营部。住址：××市市中区五一路×号。

法定代表人：罗××，男，52岁，××市种子公司经营部经理。

诉讼代理人：王××，女，××市市中区法律顾问处律师。

被上诉人（原审被告）：××县种子公司。

上诉人因不服××县人民法院19××年12月24日（初）法经判字第六号判决，现依法提起上诉。

诉讼请求

1. ××县种子公司立即给付我方货款及包装、运输费共1335808元。

2. ××县种子公司按每日3%（自1997年8月20日起，至付款之日止）偿付延期付款的赔偿金。

3. ××车站的罚款由××县种子公司承担。

4. 一、二审诉讼费用以及由于诉讼而引起我方支出的费用，由××县种子公司承担。

事实和理由

一、原判决认定事实部分失实

原判决称："××年9月10日被告接到××火车站提货通知单后，即派杨××到××车站提货，因货物未附植物检疫证书和种子合格证而未提货，并电告了原告。"这段话认定了两个事实：第一、被告未提货的原因是因为原告没有提供植物检疫证书和种子合格证；第二、被告当时就把未提货的上述原因告诉了原告。然而，事实并非如此，为了澄清事实不得不赘述纠纷过程。

××县种子公司（原审被告）于1997年7月7日电报邀请我方签订2500千克的大葱种子购销合同，同年8月1日被告派杨××来与我方正式签订2500千克大葱种子购销合同。合同各项具体规定请见附件。1997年8月15日我方如约发运大葱种子2025千克，9月5日到达××车站，次日车站向被告发了领取货物的通知书。9月16日我方通过银行向被告托收货款及包装、运输费13258.98元。时过半月，××县农业银行以被告"要求退货，希望双方协商解决"为由，拒绝托收货款，退回了托收凭证。9月17日，我方再次要求××农行托收，由于被告仍然拒付，农行又退回了托收凭证。与此同时杨××于9月3日、8日、10日三次分别来电、来函，要求终止合同、退货。杨称"由于今年我订的承包任务重，购的货太多，领导要求我停止执行合同、停止进货，请贵部谅解为盼"。杨当时所有的函件中从未提到检疫和种子合格证问题。由于货物已发出，我方不同意退货，要求继续履行合同。在这种情况下，在我方发出托收凭证后的第39天，即9月25日，××县农行才发出通知，告诉我方，被告拒付的理由是："检疫证明和种子合格证均无。"但是令人费解的是，农行发出的拒收理由通知的次日，被告才申报了拒绝付款申请书（××农行寄来的凭证可以证明）。

由此可见，原判认定的第一点事实是错误的。被告并非因为“没有植物检疫证书和种子合格证书”而不提货，而是因为被告的代理人杨××盲目订合同，购货过剩，不得不终止合同，退掉订货。在我方不接受其无理要求的情况下，时过 39 天，杨才找出这样一条逃避法律、推卸责任、转嫁经济损失的脱身之计。原判决认定的第二点也是失实的。9 月 10 日杨××并未将“没有检疫证明和种子合格证”这一点电告我方，而是来电请求终止合同，并请求我方“谅解”他的过错。

二、双方签订的订购大葱种子合同是合法有效合同

原判决称：根据《经济合同法》第七条规定，原告与被告所订立的购销合同是无效合同。对照《经济合同法》第七条，我方认为我们并未违反四项规定中的任何一项。唯一可能涉嫌的大约是“违反国家利益和社会公共利益”一项。因为我方提供的大葱种子没有进行检疫。然而，我方走访了种子检疫部门，查阅了有关文件。根据我国农牧渔业部制定的全国农业植物检疫对象名单所列，大葱种子并非必须检疫的对象，是可以免检的种子。所以以我方提供的种子没有检疫为由来否定原合同是不妥当的。原合同是合法有效合同，对合同双方均具有法律约束力。也正是因为大葱种子可以免检，铁路方面承运了这批种子。有关这个问题的详细材料请见附件和原审中我方提供的代理词。

三、原判决对双方的裁决是不公正的

大葱种子至今在××车站库房存放了三个多月，造成了葱种的变质。由于被上诉人长期不提货，××车站库房根据有关规定，处以正常罚款的三倍予以重罚。这两项经济损失，不言自明，是由于被上诉人的违约过错导致的。但是，原判决称“原告已发到××的 2025 千克大葱种子由原告自行处理。并承担××车站库房罚款总额的 50%”，“其他损失各自负担”。上诉人认为，这样的判决是极不公正的。原判没有弄清事实真相，因而不能分清当事人双方的是非和责任，又错误地适用法律，把一个合法有效的合同判为无效合同，从而使被告的违法行为得不到制裁，我方的合法利益得不到保护，反而要我方承担因被告违法行为造成的经济损失。这种不公正的判决，我方不能接受。

综上所述，恳请××地区中级人民法院根据《中华人民共和国经济合同法》第六条、第三十二条、第三十五条、第三十八条第二款第二项，《植物检疫条例》第四条、第九条、第十条，农牧渔业部制订的全国农业植物检疫对象分布名单，及《中国人民银行结算办法》第六条、第七条有关承付和延期付款的规定另行公正判决。

此致

××地区中级人民法院

上诉人：××市种子公司经营部

××××年×月××日

附：1. 本状副本 2 份；

2. 代理词（打印件）2 份。

3. 参看 11.1.3 的例文，假设原告败诉，打算上诉，要写一份上诉状。请写出标题、案由和上诉请求。

11.3 经济纠纷申诉状

11.3.1 基础知识

11.3.1.1 经济纠纷申诉状的概念

经济纠纷申诉状是申诉状的一种，指的是经济纠纷案件的当事人及其法定代理人或其近亲属，不服已生效的判决或裁定，向人民法院提出的要求重新审理案件的诉讼文书。

11.3.1.2 申诉状的作用

（1）申诉状是维护当事人合法权益的重要工具。

（2）申诉状是人民法院对已生效裁判的一个案件提起再审的依据。

（3）申诉状是人民法院发现错案的重要途径。

11.3.1.3 申诉状的特点

（1）有权提起申诉的主体是已经发生法律效力的判决、裁定的当事人及其法定代理人、近亲属。

（2）申诉状适用于审判监督程序。

（3）申诉人提出申诉，是申诉人对已生效判决、裁定不服，或认为其确有错误。

（4）申诉人提出的申诉机关是原审人民法院或者上一级人民法院或者人民检察院。

（5）申诉人的申诉并不能产生原判决、裁定停止执行的效力。

11.3.1.4 申诉状与上诉状的区别

申诉状与上诉状有相似之处，都是认为原裁判有错误而要求依法重新处理的诉讼文书，但两者也有区别。第一，针对对象不同。申诉是针对已经发生法律效力的判决或裁定，包括二审终结的甚至已经执行完毕的判决、裁定；上诉只限于对尚未发生法律效力的第一审判决或裁定。第二，案件管辖法院不同。接受申诉的可以是原审法院或上级法院；而接受上诉的只能是作出第一审判决或裁定的上级人民法院。第三，受理与否不同。申诉状是否引起审判监督程序的发生，要视原裁判在认定事实或适用法律上是否确有错误来决定；而上诉状必然会引起上诉审判程序。第四，受理期限不同。申诉除申请再审（两年内）外，一般不受时间限制；而上诉应在法定期限内提出，无正当理由耽误期限的，逾期不能上诉。

11.3.2 模型解析

11.3.2.1 申诉状的写作格式

申诉状的写作格式包括首部、主部和尾部三部分。

1. 首部

包括标题、当事人及其相关人员的基本情况。

（1）申诉状的标题由“申诉的性质” + “申诉状”构成，如“民事申诉状”、“经济纠纷申诉状”等，也可直接写“申诉状”，标题在首页第一行居中书写。

（2）当事人包括申诉人、被申诉人及其相关人员。

申诉人：写清姓名、性别、年龄、民族、籍贯、工作单位、住址、公民身份证号码、联系电话等信息。

被申诉人：写清姓名、性别、年龄、民族、籍贯、工作单位、住址、公民身份证号码、联系电话等信息。

若申诉人、被申诉人是法人或其他组织，则分别写明其全称、地址、法定代表人或负责人姓名、职务、电话等内容。

如果申诉人、被申诉人是无民事行为能力人，则在其后写清其法定代理人的情况，包括姓名，性别、与原告的关系。

如果当事人委托了诉讼代理人的，则注明代理人的情况，包括姓名、工作单位或律师事务所名称、职业。

2. 主部

包括案由、申诉请求、事实与理由。

（1）案由：写明申诉人提出申诉的判决、裁定的案件名称、制作法院、制作时间及判决、裁定的编号，并表明申诉的态度，用格式化的语言："申诉人不服______人民法院（　　）字第______号______，现提出申诉。"

（2）申诉请求：应明确提出再审申请或申诉要解决的问题，请求事项可分条列项，或请求撤销某判决、裁定，或请求依法重新作出判决、裁定，或请求确认当事人的某种权利，或请求赔偿当事人的经济损失。

（3）事实与理由：这是申诉状的核心部分，可先概括写明原判决或裁定认定的事实和裁判的内容，然后针对原审判决、裁定的错误或不当，有理有据地提出申辩：或指出原判决、裁定所认定的事实不实、不准、不清；或举出足以推翻原判决、裁定的新的证据；或指出原判决、裁定适用法律不当；或指出原审法院违反法定程序，影响了案件正确判决、裁定；或揭露审判人员在审理案件时有贪污受贿、徇私舞弊、枉法裁判行为。在写法上，用分条列项的形式，先分后总，最后小结，写明请求再审的法律依据和申诉的要求。这一部分要注意事实要确凿，证据、理由要充分，言辞要恳切。

3. 尾部

包括致送法院（检察院）、申诉人签名、日期、附项说明。

（1）致送法院（检察院）：主部写完之后，另起一行写致送法院（检察院）名称。先空两格写"此致"，再另起一行顶格写要致送的人民法院（检察院）的全称。

（2）申诉人签名：申诉人是公民个人的，手写署上姓名；是法人或其他组织的，还须加盖公章。

（3）日期：年月日须齐全。

（4）附项说明：写明申诉状副本及有关证据材料。

11.3.2.2　经济纠纷申诉状的思维描述模型

1. 经济纠纷申诉状的首部思维描述模型

设首部为 Q，那么，Q = 文题 + 基本情况 = 申诉状名称（性质 + 文种）+ 申诉人与被申诉人身份事项（姓名、性别、年龄、民族、籍贯、职业、单位、位址、电话号码、邮政编码等）。

［例 1］

申诉状

申诉人：李××，女，23 岁，汉族，××市人，××市×厂工人，住××市××街××号

被申诉人：汤××，男，41岁，汉族，××市人，××市××公司职员，住××市××街××号

经济纠纷申诉状的首部思维描述模型与经济纠纷起诉状的首部思维描述模型相同，故此处省略。

2. 经济纠纷申诉状的主部思维描述模型

设主部模型为S，那么，S＝申诉案由＋申诉请求＋申诉理由＝A＋B＋C。

（1）A（申诉案由）＝申诉人＋不服何人民法院何字号（×字第×号）判决（裁定）＋提出申诉。

（2）B（申诉请求）（全文主旨所在）＝申诉目的（撤销或变更原审判决/裁定的全部或几项）＋具体主张（重新审理、重新作出判决、裁定等）。

（3）C（申诉理由）＝认定事实＋适用法律＋运用程序。

[例2]

申诉人李××不服××市中级人民法院（2007）民上字第34号民事判决，提出申诉，请求省高级人民法院按审判监督程序，重新审理，理由如下：

1. 申诉人与被申诉人之子汤××婚姻关系存续期间所买的房子，房款为申诉人独自筹措的，事后也是申诉人独自承担偿还的，有债权人臧××、冯××等人的证明。

2. 买房子时，被申诉人（申诉人之故夫的父亲）汤××公开表态，不与申诉人共买此房，并请沈××代写了不愿与申诉人共买房子的声明，声明的内容见代写人沈××的书面证明。

3. 夫妻关系存续期间所得的财产，包括双方或一方的劳动所得。如属这样的性质，其产权应为夫妻共同所有。申诉人所买之房虽在夫妻关系存续期间，但买房用款并非劳动所得，而是申诉人独自借债支付。还债又是在申诉人之夫汤××死后。一、二审判决引用法律根据时，只片面引用《婚姻法》第十三条的前半段，即“夫妻婚姻存续期间所得的财产，归夫妻共同所有，双方另有约定的除外”。而申诉人所买的房子，正属于双方另有约定的。因此，申诉人认为一、二审的判决把上述房产作为我们夫妻共同的财产判给被申诉人是没有法律依据的。

综上所述，请省高级人民法院按审判监督程序，调卷再审，以维护法律，保护公民的合法权利。

申诉案由模型：

根据模型，可获得本例申诉案由的“件、量、旨、链、语”信息如下：

模型件：申诉人＋不服何法院＋何字号判决＋提出申诉

模型量：申诉人$_1$＋何法院$_1$＋何字号$_1$＋申诉$_1$

模型旨：开篇明旨

模型链：谁→因为什么→做什么

模型语：说明

申诉请求模型：

根据模型，可获得本例申诉请求的“件、量、旨、链、语”信息如下：

模型件：请××法院＋依照××法律＋撤销原判

模型量：请××法院$_1$＋依照××法律$_1$＋撤销原判$_1$

模型旨：分题明旨

模型链：恳请谁→依据什么→撤销什么

模型语：说明

申诉理由模型：

根据模型，可获得本例申诉理由的“件、量、旨、链、语”信息如下：

模型件：认定事实 + 适用法律 + 运用程序

模型量：认定事实$_3$ + 适用法律$_1$ + 运用程序$_1$

模型旨：汇总显旨

模型链：主旨句（观点）→根据什么→事例（分析、反驳）→不当、错误（结论）

模型语：议论、叙述（以破为立）

3. 经济纠纷上诉状的尾部思维描述模型

设尾部为 F，那么，F = 致送法院 + 上诉人签名 + 日期 + 附项说明。

[例 3]

此致

××市高级人民法院

具申诉状人：刘××

××××年××月××日

附：本上诉状副本 2 份。

11.3.2.3　经济纠纷申诉状的总体思维描述模型（见表 11－3）

表 11－3　经济纠纷申诉状的总体思维描述模型（R）

<table>
<tr><td rowspan="3">模型
模型结构</td><td colspan="5">R = 首部 Q + 主部 S + 尾部 F</td></tr>
<tr><td rowspan="2">首部 Q = 文题 + 基本情况</td><td colspan="3">主部 S = 提起申诉案由 + 申诉请求 + 申诉理由 = A + B + C</td><td rowspan="2">尾部 F</td></tr>
<tr><td>提起申诉案由 A</td><td>申诉请求 B</td><td>申诉理由 C</td></tr>
<tr><td>模型件</td><td>诉状名称、申诉人身份事项、被申诉人身份事项</td><td>申诉人、因何案不服何法院、于何时、何字号判决、申诉</td><td>申诉目的（撤销或变更原判决全部或几项 + 具体方法）</td><td>认定事实、适用法律、运用程序</td><td rowspan="5">提交法院名称、申诉人签名、附件</td></tr>
<tr><td>模型量</td><td>诉状名称$_1$、申诉人身份事项$_n$、被申诉人身份事项$_n$</td><td>申诉人$_1$、因何案$_1$、不服何法院$_1$、于何时$_1$、何字号判决$_1$、申诉$_1$</td><td>撤销$_n$、变更$_n$</td><td>认定事实$_n$、适用法律$_n$、运用程序$_n$</td></tr>
<tr><td>模型旨</td><td>标题现旨</td><td>开篇明旨</td><td>全文主旨</td><td>汇总显旨</td></tr>
<tr><td>模型链</td><td>案件何性质→申诉人何身份→被申诉人何身份</td><td>谁→因为什么→做什么</td><td>恳请谁→依据什么→撤销（变更）什么</td><td>观点→根据→分析反驳→结论</td></tr>
<tr><td>模型语</td><td>说明</td><td>说明、陈述</td><td>议论、陈述（以破为立）</td><td></td></tr>
</table>

11.3.3 例文点评

[例文]

民事申诉状

申诉人：江阴市××纱厂

地址：江苏省江阴市祝塘镇人民路××号

法定代表人：×××厂长

被申诉人：中山市××球服饰有限公司

地址：广东省中山市沙溪镇××工业区之12号1～3楼

法定代表人：×××董事长

申诉人因与中山市××球服饰有限公司买卖合同纠纷一案，对无锡市中级人民法院2005年9月2日（2005）锡民二终字第221号判决不服，现提出申诉。

申诉请求

撤销（2005）锡民二终字第221号判决，请求法院再审并予以改判。

事实和理由

一、二审法院认定事实有误，判决依据不足

二审判决认为申诉人的经办人杨超向公安机关报案称其出具的凭据是受被申诉人胁迫所写，但未有相应处理结果及其他证据印证，不能否认该证据的真实性，进而认定申诉人该批纱线有质量问题。从本案实际情况看，申诉人认为二审的判决中存在以下明显的漏洞和错误：

其一，二审法院对申诉人申请一审法院调取的证据，即证人程建云在公安机关的调查笔录内容未作认定，导致案件真相的歪曲。程建云与舒工平系申诉人委托的承运人即无锡物流配载公司派遣的驾驶员。从程建云的笔录反映，被申诉人有扣押车和货物的行为，并证实了经办人杨超逃走的事实，进一步佐证了杨超在人身自由受限的情况下，所表达的意思是不真实的。另调查笔录上也反映了被申诉人在未付款情况下强行卸货的事实。该调查笔录系民诉证据中的证人证言，而该证人系物流公司派遣的，其与申诉人无直接劳动合同关系也无其他利害关系，从证据形式和内容上都是合法的，具有证据和证明效力，与杨超的证人证言相互印证，法院应予采信。二审法院无视于此，对申诉人提出该凭据系受胁迫的情形下作出的主张，二审法院认为除报案记录外，无其他证据相印证，很显然，认定事实存在明显漏洞和严重错误。

其二，二审法院认为杨超虽向公安机关报案，但公安机关未有处理结果，进而确认该凭据的真实性。申诉人认为，刑事侦察的结果并不构成民事诉讼证据认定的前提，二审法院混淆了刑事证据与民事证据之间的关系。两者在证明对象和证明标准上都是有很大差异的。公安机关的询问笔录完全可以作为证人证言使用，刑事侦察结论的作出与否，与民事案件事实的认定是不互相排斥的。无论该案侦察结果如何，都不应该成为法院排斥使用证人证言认定事实的理由，其与民事证据效力的认定不存在因果关系。何况，公安机关向一审法院谈及该案为何不移送时，阐明理由是有一证人无法联系，尚未对其询问，并表示将对本案适时移送处理。况且，公安机关尚未有处理结果，不能必然推断出申诉人认为该证据存在瑕疵的观点就是不可信的。一言以概之，二审法院对该存在严重瑕疵的关键证据予以采信，难以让人信服。

其三，申诉人在回函中对棉纱受潮发霉的假设，不能视作对质量异议的认可。在回函中申诉人仅是作了一种可能原因的猜测，不能构成对事实的认可。申诉人认为二审法院以此作为认定案件事实的依据是不合常理，也是荒唐可笑的。申诉人猜想的内容如被法院视为对该瑕疵证据内容的自认，那是对证据规则相关条文真实含义的曲解和玩弄。

其四，由于被申诉人擅自卸货以后，将所谓存在质量异议的棉纱进行加工，依法应视为该批棉纱无质量问题。退一步来讲，纵使棉纱有质量问题，也应按照合同法对质量问题争议解决的程序处理，二审法院却忽视了法律的相关规定，导致其对本案事实进一步错误的认定。

其五，二审法院对被申诉人所结欠的货款，在判决中丝毫没有提及，对这一事实的未予认定，也必将导致申诉人进行不必要的诉累。

二、二审法院由于认定事实不当，导致适用法律错误，也必将导致本案处理结果的错误

其一，二审法院对买卖合同尚未交付部分的处理，认为申诉人未按约定期限交付，致使被申诉人无法实现合同目的，要求申诉人承担按比例适用定金罚责的责任。申诉人认为由于被申诉人在第三批次履行过程中未按照合同第十条约定的付款方式即称重合格后先付款后卸货。被申诉人强行卸货却不依约付款，已构成违约，其理应承担定金罚责的担保责任，申诉人也因此享有同时履行抗辩权，即申诉人在被申诉人未为对待给付之前，有拒绝自己的履行的权利。申诉人未按约定期限交付货物于法有据。再者，申诉人在按约履行合同过程中，被诉人违法扣人扣车以及胁迫行为，足以表明其无继续履行合同的诚意，根据合同法的规定，在合同履行期限届满前，被诉人以自己的行为表明将不履行合同义务，已构成预期违约，从被诉人在 8 月 2 日发函提出单方面解除合同也证明了这一点，二审法院无视这些情节，对被诉人违约事实不予以认定，擅自割裂合同履行的前后联系，孤立地要求申诉人承担逾期交货的违约责任纯属是对对方的有意偏袒和枉判。

其二，二审法院在判定一、二审案件的受理费用承担时，要求申诉人承担一、二审全部的诉讼费用。这也是有悖于相关法律对诉讼费相关规定的。由于被申诉人在起诉时擅自提高诉讼标的，纵使二审法院改判，但导致诉讼费用支出的增加，对此被申诉人对增加的部分也应该承担。

综上所述，由于二审法院对案件基本事实认定错误，适用法律不当，导致原判决错误，请求人民检察院行使抗诉权，对本案提起再审，并建议撤销原判决，以维护申诉人合法权益。

此致

江阴市人民检察院

无锡市人民法院

申诉人：江阴市××纱厂

200×年×月××日

［**点评**］

这是一份二审申诉状。文题表明诉状的性质和文种，相关当事人身份事项一一写清，包括申诉人、被申诉人单位名称、地址、法定代表人姓名及职务。“案由”部分用格式化

语言，“请求”部分有三项内容：撤销原判决、再审、改判。下面重点分析“申诉理由”部分。

根据模型，可获得本例申诉理由的“件、量、旨、链、语”信息如下：

模型件：认定事实 + 适用法律

模型量：认定事实$_5$ + 适用法律$_2$

模型旨：汇总显旨

模型链：主旨句（观点）→根据什么→事例（分析、反驳）→不当、错误（结论）

模型语：议论、叙述（以破为立）

本部分具体推理程序如下：原判认定事实有误（五个事实），适用法律不当（两部法律），导致原判决错误，故根据法律规定，申请再审，并提出自己的主张：撤销原判。写法上是先分后总，推理方式分析—综合，最后小结，提出自己的申诉请求。主要表达方式是叙述、说明。善于用事实说话，并运用证据，援引相关法律规定，术语准确，表达到位，是一份很规范的申诉状。

11.3.4 同步训练

1. 分析下列申诉状的总体思维描述模型。

申诉状

申诉人：郑宝山，男，住朝阳县孙家湾乡十五家子村。

被申诉人：郑广雨，男，住朝阳县孙家湾乡十五家子村。

申诉人不服朝阳县人民法院（2005）朝民权初字第968号民事判决，因其认定事实错误，适用法律错误，请求人民检察院依法提出抗诉。

事实与理由如下：

一、朝阳县人民法院（2005）朝民权初字第968号民事判决认定事实错误

朝阳县人民法院（2005）朝民权初字第968号民事判决认为：“被告（申诉人）于2005年8月4日毁坏原告（被申诉人）堆砌的沙坝，致使2005年8月16日发的洪水将原告两道铁丝石坝部分冲毁、433棵树木及林地冲毁，对此造成的损害被告应负赔偿责任。”对这一事实的认定明显是错误的。

首先，虽然申诉人的确曾将被诉人“堆砌”的沙坝扒开过一个小口，但被申诉人所谓自己“堆砌”的沙坝并不是其合法财产，不应该受到法律的保护。尽管那条沙坝的确是被申诉人“堆砌”的，但并不能说明那就是被申诉人的合法财产。《中华人民共和国民法通则》第七十二条规定：“财产所有权的取得，不得违反法律规定。”《中华人民共和国河道管理条例》第二十四条规定：“在河道管理范围内，禁止修建围堤、阻水渠道、阻水道路；种植高秆农作物、芦苇、杞柳、荻柴和树木（堤防防护林除外）；设置拦河渔具；弃置矿渣、石碴、煤灰、泥土、垃圾等。”根据这条规定，任何人都不能随意在河道范围内修筑阻水的堤坝，这是法律强制性规定。也就是说，就算有人在河道范围内修筑了阻水的堤坝，也不会受到法律的保护，任何人都可以将之毁掉而不必承担责任。因为法律并不保护非法财产。试想，如果有谁在国家所有的河道上划一个圈，说圈里边都是我自己的，谁动就要承担法律责任，这样是不是很可笑？因为古老的圈地运动早就失去了它存在的法律基础！本案的这条沙坝就是这种情况。

其次，被冲毁的两道铁丝石坝、433 棵树木及林地也不是被申诉人的合法财产。一审法院在判决中说明被申诉人与村委会有承包合同，约定承包林地四至之一就是东至河套，想以此说明上述财产是被申诉人合法取得的。根据合同约定，承包林地的确东至河套，但这并不能说明河道也在承包范围之内。一来河道并不是村委会财产，村委会无权处理；二来四至为东至河套根本就不包括河道，只是河边的林地而已。所以，那些被冲毁的所谓林地并不是被申诉人的合法财产。至于两道铁丝石坝、433 棵树木就更是非法财产了。因为这正好违反了《中华人民共和国河道管理条例》第二十四条的强制性规定。

根据法律规定以及被申诉人与十五家子村委会的合同约定，“原告堆砌的沙坝”、“原告两道铁丝石坝、433 棵树木及林地”并不是被申诉人的合法财产，不应该受到法律的保护。而一审法院却错误地认定这是被申诉人的合法财产，从而导致错误地判决申诉人承担赔偿责任。

二、朝阳县人民法院（2005）朝民权初字第 968 号民事判决适用法律错误

由于一审法院错误地认定了本案的事实，也就是将被申诉人的非法财产认定为合法财产，从而适用《中华人民共和国民法通则》第一百一十七条规定，判决申诉人承担复原及赔偿责任。《中华人民共和国民法通则》第七十五条规定：“公民的合法财产受法律保护。”也就是说，只有合法取得的财产才能受到法律的保护，而本案被申诉人的前述财产的取得既没有合同的约定，也违反了法律的强制性规定，根本不应该得到法律的保护。那么一审法院适用《中华人民共和国民法通则》第一百一十七条规定作出本案的一审判决，显然是适用法律错误。

综上所述，申诉人认为，被冲毁的沙坝、部分铁丝石坝、433 棵树木及林地根本不是被申诉人的合法财产，不应该受到法律保护。而朝阳县人民法院（2005）朝民权初字第 968 号民事判决却无视事实，错误地适用民法通则第一百一十七条，判决申诉人承担赔偿责任，致使申诉人的合法权益受到了极大的损害。为了维护申诉人的合法权益，特请求贵院根据本案的事实及证据，依法抗诉，以使本案得以重新审判。

此致

朝阳县人民检察院

申诉人：×××

2005 年 12 月 27 日

2. 参看 11.1.4 同步训练的第 1 题，假设原告败诉，原审原告提起申诉，自拟理由，代其写一份申诉状。

3. 参看 11.2.3 的例文，假设被上诉人败诉，而且判决已生效，其中一被上诉人欲提起申诉，请写出申诉状的标题、申诉人、被申诉人身份事项、案由和申诉请求。

11.4　经济纠纷答辩状

11.4.1　基础知识

11.4.1.1　答辩状的概念

答辩状指的是被告对原告的起诉或被上诉人对上诉人的上诉所提出的答复和辩解的诉

讼文书。

11.4.1.2　答辩状的种类

按诉讼程序可分为一审答辩状、二审答辩状和再审答辩状。

按案件性质可分为民事答辩状、刑事答辩状和行政答辩状。

11.4.1.3　答辩状的作用

（1）有利于法院全面了解诉讼双方的意见、要求，以达到全面、公正审理案件的目的。

（2）有利于维护被告、被上诉人的合法权益。

（3）充分体现了诉讼当事人权利平等的原则。

11.4.1.4　答辩状的特点

1. 具状人的特定性

只有一审的被告和二审的被上诉人才可以在法定期限内使用答辩状进行诉讼活动。

2. 回应的辩驳性

答辩状的主要任务，是对对方当事人在起诉状和上诉状中所涉及的问题进行回答和辩驳，否定对方的指控和诉讼请求，从而维护答辩人的合法权益。

3. 行文的客观性

答辩应尊重客观事实，所述事实应由相应证据材料予以证明。

11.4.2　模型解析

11.4.2.1　答辩状的写作格式

答辩状的写作格式包括首部、主部和尾部三部分。

1. 首部

包括文题、答辩人的基本情况。

（1）文题：注明文书名称，如“民事答辩状”、“经济纠纷答辩状”等，或直接在第一行居中写“答辩状”。

（2）答辩人的基本情况：答辩人是公民个人的，写明姓名、性别、年龄、民族、籍贯、职业、地址等。答辩人是法人或其他组织的，则写明全称、地址、法定代表人姓名、职务、电话等。答辩人委托了诉讼代理人的，则注明委托代理人的姓名、所在单位名称及其职务。

2. 主部

包括案由、答辩理由和答辩请求。

（1）案由：写明答辩人因何案提出答辩，一般用固定格式：“因×××（原起诉状原告名）诉×××（原起诉状被告名）××××××（案由：如合同纠纷）一案，提出答辩如下。”

（2）答辩理由：这是答辩状的主体部分，其内容应针对起诉状或上诉状中的有关诉讼主体资格、诉讼时效、诉讼程序、诉讼请求、事实、理由、被告或被上诉人的行为与损害结果的因果关系、证据等内容进行答复和辩解。重点对对方提出的“事实”是否真实予以认定，提出自己认为符合客观真实的事实；针对理由和法律适用进行答辩，依据事实反驳对方的理由，并对其法律适用提出不同意见；对对方的诉讼请求的合法性、合理性及有无相关证据支持提出答复和辩解；针对对方所提供的证据进行答辩，包括对证据的真实性、有效性、合法性及证据之间的关系（如自相矛盾、证据不能形成有效的链条）提出对己方有利的辩解。

在写法上可采用分条列项、先分后总的方式，最后根据所述事实进行小结，结合有关法律规定，写明所依据的法律规定和答辩请求，阐明答辩人对本案的意见和主张。

3. 尾部

包括致送法院、答辩人签名、日期、附项说明。

（1）致送法院：正文结束后下一行空两格写“此致”，再下一行顶格写要致送的人民法院的全称。

（2）答辩人签名：答辩人是公民个人的，手写署上姓名；是法人或其他组织的，还须加盖公章。

（3）日期：年月日须齐全。

（4）附项说明：写明答辩状副本及有关证据材料。

11.4.2.2　经济纠纷答辩状的思维描述模型

1. 经济纠纷答辩状的首部思维描述模型

设首部为 Q，那么，Q = 文题 + 答辩人基本情况 = 答辩状名称 + 答辩人身份事项。

[例 1]

答辩状

答辩人：××省百货公司

法定代表人：李××，男，百货公司经理

答辩人：××省纺织品公司

法定代表人：郑××，男，纺织品公司经理

委托代理人：邓××，男，××市第二经济律师事务所律师

经济纠纷答辩状的首部思维描述模型与经济纠纷起诉状的首部思维描述模型相同，故此处省略。

2. 经济纠纷答辩状的主部思维描述模型

设主部模型为 S，那么，S = 答辩案由 + 答辩事实和理由 + 意见 = A + B + C。

（1）A（答辩案由）= 答辩人因何案 + 进行答辩。

[例 2]

因原告××市××科技开发公司起诉我方在履行建筑工程承包合同的过程中“有弄虚作假、转包渔利等违法行为”，进而要求我方退还预付工程款 50 万元及利息一案，现依法答辩如下：

根据模型，可获得本例答辩案由的“件、量、旨、链、语”信息如下：

模型件：答辩人 + 因何案 + 答辩

模型量：$答辩人_1$ + $何案_1$ + $答辩_1$

模型旨：开篇明旨

模型链：谁→因为什么→做什么

模型语：说明

（2）B（答辩的事实和理由）= 针对性的分析论证、批驳对方错误 + 说明自身正确 =

树靶子+批驳。

答辩的事实和理由部分要依据事实和法律，针对起诉状或上诉状在事实、证据、适用法律方面的错误，加以分析论证，逐一批驳，指出对方的诉讼请求全部或部分错误，说明自身的正确、合法，请求法院正确裁判。

一审答辩状应针对原告的起诉状所列事实、证据和理由，逐条批驳、答辩。二审答辩状应针对上诉状所列各点逐一答辩。

[**例**3]

一、起诉状所谓“被诉方采用欺诈手段签订此合同应属无效”纯属诬告。我方曾于19××年××月至××月担负了××餐厅3600平方米的建筑工程，××科技开发公司作为该餐厅的股东，其领导人亲眼看到了我公司的施工力量、速度和质量水平，因而主动要求我方承建××科技开发公司2号楼。我公司无论是技术力量还是设备力量（见设备清单）都是完全胜任的。可是，原告竟诬告我公司“故意制造自己技术力量如何雄厚、设备如何先进齐全的假象，隐瞒掩盖了它技术力量薄弱、基本上没有什么设备的真相”。其实，这种不实之词纯粹是原告方为达到单方撕毁协议的目的而编造出来的一种借口。

二、起诉状称我方在履行合同的过程中“转包渔利……”云云，这也是自欺欺人之谈。其实原告对这样一个事实十分清楚：即原告只发包给我公司3536平方米的一座六层楼的工程项目。可是，这座六层楼的工程项目发包后不久，原告却更改图纸，增加了地下室工程；而且不与我方协商，便单方撕毁协议，擅自更换了新的施工队。在这种情况下，原告非但未能及时向我方作出解释，反而制造谎言，混淆视听，诬陷我方将此项工程转包他方，以求“从中渔利”。原告妄图以上述自欺欺人之谈作为确认合同无效的事实依据，哪里还有实事求是的态度！

三、原告在起诉状中还无端地指责我方“签订此协议未按章办事，违反法律程序”。其证据是“我方与被告方签订的施工协议，被告方未报其主管业务部门、工商行政管理机关和经办银行备案，这说明了被告方本身就没有真正的履约能力，只能从中渔利”。原告把是否备案和有无履约能力这样两个毫不相干的问题硬拉扯在一起，无非是想论证“此合同也无法成立”。然而事实并非如此。众所周知，合同签订后，按规定交有关部门备案，必须材料齐全。但就本案涉及的这份合同而言，由于原告中途更改资料，致使我方未能按规定及时备案。这也许就是原告所谓“未按章办事”的实际内容。且不说这“未按章办事”与“违反法律程序”毫不相干；即使两者相干，“违反了法律程序”，“未按章办事”，但这责任也不在我方。因为造成“未按章办事”的直接原因在于原告“材料不全”，致使合同未能按规定备案。因此，这“违反法律程序”、“未按章办事”的法律责任理应由原告来承担。由此不难看出，原告指责我方“未按章办事”，不但不能说明我公司“没有真正的履约能力，只想从中渔利”；相反，这恰恰说明原告在合同签订后毫无履行合同的诚意。事实上，原告在签订合同不久即改弦更张，擅自更改图纸，增加建筑面积，且于19××年××月底再一次酝酿2号楼工程招标事宜。这一切只能说明原告确实是为撕毁协议在做积极准备。

四、原告在起诉状中又称“协议基本没有主要条款，根本无法执行”，这更是无稽之谈。事实是，原协议不仅工程项目、施工准备、工程质量、建筑材料和设备的供应、工程价款的支付与结算等主要条款一应俱全（见原协议复印件）；而且原协议中未来得及规定的条款，后来在协商明确后都作了补充（见补充协议复印件）。比如竣工时间，在补充协议中即清楚地写明“于19××年××月××日竣工验收”。而且这个日期完全是按照原告××市××科技开发公司×基字［19××］×号函中的意见确定的。然而原告却不顾上述客观事实，指责协议“基本没有主要条款”，实在是信口胡说！

根据模型，可获得本例答辩的事实和理由的“件、量、旨、链、语”信息如下：

模型件：靶子+批驳（事实、理由）

模型量：靶子$_4$+批驳$_4$

模型旨：段首明旨

模型链：错误观点是什么→根据什么→为什么

模型语：批驳论证（事实—法律—程序），层层批驳

（3）C（答辩状的意见）=根据有关法律说明自己答辩理由的正确性、合理性+对方起诉或上诉的不合理性+请求法律正确裁决。

［例4］

原告在起诉状中连篇累牍地编造了大量谎言，其终极目的是要把协议打成“无效合同”，以便为原告单方面撕毁协议开脱责任。但事实证明，协议的签订是合法的。原告单方面撕毁协议，应当承担毁约责任。原告毁约的非法行为已经给我公司造成了重大经济损失。答辩人为维护自己的合法权益，在作此答辩的同时还提出了反诉，请求贵院依法裁决原告因单方撕毁协议给我公司造成的直接经济损失（详见损失清单）。

根据模型，可获得本例意见的“件、量、旨、链、语”信息如下：

模型件：答辩理由正确+对方起诉（上诉）不合理+请求正确裁决

模型量：答辩理由正确$_1$+对方起诉（上诉）错误$_1$+ 请求正确裁决$_1$

模型旨：汇总显旨

模型链：根据什么→要求什么

模型语：议论、说明

11.4.2.3　经济纠纷答辩状的尾部思维描述模型

设尾部为F，那么，F=致送法院名称+附项（副本份数、证据材料）+答辩人签名+具状时间。

［例5］

此致

××市中级人民法院

答辩人：××市××建筑工程公司（印章）

法定代表人：×××（签章）

二〇〇×年×月×日

附：1. 本答辩状副本3份

2. 证据材料5份

3. 反诉证据材料2份

11.4.2.4 经济纠纷答辩状的总体思维描述模型（见表 11－4）

表 11－4 经济纠纷答辩状的总体思维描述模型（R）

模型 模型结构	R = 首部 Q + 主部 S + 尾部 F				
	首部 Q = 文题 + 基本情况	主部 S = 答辩案由 + 答辩的事实和理由 + 意见 = A + B + C			尾部 F
		答辩案由 A	答辩的事实和理由 B	意见 C	
模型件	答辩状名称、答辩人身份事项	答辩人、何案、答辩	靶子（观点）、批驳（事实、理由）	答辩理由（正确）对方起诉或上诉（错误）请求裁决	提交法院名称、答辩人签名、具状时间、附件
模型量	答辩状名称$_1$、答辩人身份事项$_n$	答辩人$_1$、何案$_1$、答辩$_1$	靶子（观点）$_n$、批驳（事实、理由）$_n$	理由$_n$、起诉或上诉$_n$、请求裁决$_n$	
模型旨	标题现旨	开篇明旨	段首明旨	汇总显旨	
模型链	案件什么性质→答辩人什么身份	谁→因为什么→做什么	是什么→根据什么→为什么	根据什么→要求什么	
模型语	说明	说明	批驳、论证	议论、说明	

11.4.3 例文点评

［例文］

答辩状

答辩人：武汉市宏桥医院

住址：武汉市胜利路七号

法定代表人：王胜堂院长

因李天桥要求武汉市宏桥医院人身损害赔偿一案，现提出答辩意见如下：

1. 答辩人与李天桥之间不存在直接的合同关系。答辩人2007 年6 月10 日与咸宁第二建筑安装工程公司订立了一份口头合同，由第二建筑安装工程公司负责把答辩人的一个高压电表柜拆除，李天桥是受咸宁第二建筑安装工程公司的委托来拆除高压电表柜的，与答辩人之间不存在直接合同关系。

2. 李天桥的伤害赔偿应由咸宁第二建筑安装工程公司负责。其一，根据我国法律和有关司法解释规定，咸宁第二建筑安装工程公司对其职工在履行合同的范围内所受到伤害应负责任，李天桥的伤害并不是由于合同客体以外的事物造成的。其二，受咸宁第二建筑安装工程公司委托的李天桥在拆除高压电表柜的过程中，存在着严重违反操作程序的行为，未尽一个电工应尽的注意。

3. 答辩人对李天桥伤害赔偿不应承担责任。根据我国《民法通则》的规定，从事高度危险作业的人致他人损害的，应负赔偿责任。而本案中答辩人与咸宁第二建筑安装工程公司订有合同，高度危险来源已通过合同合法地转移给咸宁第二建筑安装工程公司。咸宁第二建筑安装工程公司成为该危险作业物的主体，李天桥在操作过程中受到伤害，这是咸宁第二建筑安装工程公司在履行合同过程中，合同客体造成自己员工的伤害行为，与答辩人无关。

综上所述，武汉市宏桥医院为不适格被告，请贵院依法驳回原告起诉。

此致

武汉市中级人民法院

答辩人：武汉市宏桥医院

2007 年 9 月 20 日

附：本状副本 1 份

证人证言 1 份

书证 1 份

[**点评**]

这是一份人身损害赔偿纠纷答辩状。标题直接表明“答辩状”。答辩人基本情况则写明了单位全称、住址、法定代表人的姓名及职务，格式规范。案由部分采用格式语言，为过渡语。

答辩状的正文部分可分为两个层次，即“理由”与“请求”。

第一层：理由，共三条。第一条理由是肯定己方与对方不存在直接合同关系，使对方的立论（要求赔偿）失去根基。其思维描述模型是：A（依据）＝理由 1，演绎推理方式是综合—分析—综合，模型语是叙述，概述事实主要经过，要言不烦。第二条理由进一步推导，得出承担赔偿责任的主体是咸宁第二建筑安装工程公司，因为他们之间存在合同关系。其思维描述模型是：A（依据）＝理由 2，演绎推理方式是综合—分析，模型语是说明，分别援引相关法律规定，以及要求赔偿方本身存在的过错。第三条理由与第二条理由对应，从正面肯定己方不承担责任。先引用法律规定，作为己方的理论基础，再说明有关事实，即己方的高度危险来源已通过合同合法地转移给咸宁第二建筑安装工程公司。接着又详细说明要求赔偿方与咸宁第二建筑安装工程公司在这一人身损害赔偿案中的关系，否定自己是赔偿责任主体。其思维描述模型是：A（依据）＝理由 3，演绎推理方式是综合—分析—综合，模型语是说明，抓住案件核心，说明答辩一方不是承担责任的主体。综合来看，三条理由之间存在有机的递进推导关系：存在直接合同关系的义务主体才应承担责任（大前提）—咸宁第二建筑安装工程公司与要求赔偿方存在直接合同关系、答辩人与之无直接合同关系（小前提）—咸宁第二建筑安装工程公司才是赔偿主体、答辩人不是赔偿主体（结论）。

第二层：请求，驳回原告起诉。其思维描述模型是：A＝理由（答辩方不是适格的被告）意见（驳回起诉），其思维类型是原因—结果，模型语是说明。

综合分析“理由”与“请求”，其思维描述模型是 $A＝理由_n＋请求_n$，推理方式是分析—综合。

11.4.4 同步训练

1. 下面是一份答辩状，请指出存在的问题。

民事答辩状

答辩人：肖鹏，住广州市。

答辩人因原告肖亮诉我遗产继承纠纷一案，现根据事实和法律答辩如下：

一、原告肖亮已丧失了继承权。理由是：原告肖亮和被告肖鹏之父肖明为第一顺序继承人，但2002年肖立被宣告死亡后，被告肖鹏之父与被告肖鹏表示继承遗产古画5幅、存款23万元、120平方米房屋一套，而原告肖亮未表示接受继承。实际该遗产已由肖明继承，自此算起原告明知其权利受侵犯之日到2004年6月已超过两年的诉讼时效。因此原告肖亮已丧失了继承权，请求法院驳回原告的诉讼请求。

二、被告肖鹏所继承的财产是父亲肖明所应继承的财产。肖立被宣告死亡后，父亲肖明已继承了肖立的遗产古画5幅、存款23万元、120平方米房屋一套，肖明于2003年在一次车祸中死亡，被告肖鹏作为肖明合法的继承人，继承了肖明所继承的肖立的遗产，不属于代位继承。

三、肖立所立的两份遗嘱合法有效，对第二份遗嘱，古画2幅、存款5万元可以由肖哲继承。因为被告肖哲自2004年6月才得知有该份遗嘱，从其主张继承的权利至提出继承权止未超过两个月的时间。

综上所述，被告肖鹏认为，原告已丧失了继承权，应驳回原告的诉讼请求，而被告肖哲可继承古画2幅和存款5万元。

此致

越秀区人民法院

附：1. 本答辩状副本__________份。

2. 证据复印件__________份。

答辩人：肖鹏

200×年3月2日

2. 分析上述答辩状改正后的总体思维描述模型。

3. 针对11.1.3的例文，自己拟写理由，写一份答辩状。

综合训练11

1. 简答题

（1）在诉讼程序中，起诉状有何作用？

（2）起诉状由哪几部分构成？各部分的写作要点是什么？

（3）上诉状中的上诉理由可以从哪些方面去考虑？

（4）写作答辩状时，可以从哪些方面去考虑答辩理由？

（5）上诉状与申诉状的区别是什么？

2. 填空题

（1）财经法律诉讼文书主要包括____________、____________、____________、

＿＿＿＿＿＿等。

（2）在写作起诉状的“诉讼请求”时，应注意的是：第一、＿＿＿＿＿＿；第二、＿＿＿＿＿＿。

（3）提交上诉状的主体包括＿＿＿＿＿＿、＿＿＿＿＿＿、＿＿＿＿＿＿、＿＿＿＿＿＿、＿＿＿＿＿＿。

（4）申诉人提出申诉的机关是＿＿＿＿＿＿或者＿＿＿＿＿＿或者＿＿＿＿＿＿。

（5）提出答辩的主体有＿＿＿＿＿＿和＿＿＿＿＿＿。

3. 写作题

（1）某体育器材用品厂按照合同规定，如数如期将一批价值 800008 元的体育用品发货给了某学院，合同规定的现验货期已过，付款期也过，经多次催讨，该学院均未支付货款。假设你是该体育用品厂聘请的律师，请代该厂写一份起诉状，要回这笔货款。

（2）根据第（1）题内容，假设被告败诉，请代其写一份上诉状，上诉理由可自编。

（3）红星纸制品厂与宏达印刷厂于 2008 年 3 月口头约定由红星纸制品厂为宏达印刷厂加工各种规格的毕业录，宏达印刷厂提供不同规格原料白板纸 8000 大张。在红星纸制品厂为宏达印刷厂加工期间，2008 年 4 月 5 日天降暴雨，使红星纸制品厂生产受到影响，故停止为其加工。在此之前，宏达印刷厂已取走加工成品毕业录 53936 张，余下原料 3800 张白板纸已损失。停止加工后，宏达印刷厂要求其赔偿余料损失，遭到拒绝。宏达印刷厂起诉至法院，要求红星纸制品厂承担因停止加工而给宏达印刷厂造成的损失，赔偿宏达印刷厂余料款 9000 元。红星纸制品厂接到法院传票以及起诉状副本后，以“天降暴雨属自然灾害，印刷厂因没买保险，其损失应自负”为由，作出答辩。

根据以上材料，为红星纸制品厂写一份答辩状。要求格式规范，答辩请求明确，答辩理由充分。

第 12 章　财经论文模型写作

12.1　概论

12.1.1　基础知识

12.1.1.1　财经论文的含义

财经论文是对财经领域的某些现象或问题进行研究，以探讨其本质特征及其发展规律的一种文章样式。在社会主义市场经济大潮中，财经领域从理论到实践，从宏观到微观，都涌现出了许许多多问题需要我们去探索、去研究。财经论文就是在对大量材料调查分析和论证研究的基础上得出科学结论的成果，因此，它能揭示经济现象的本质规律，并对社会财经实践具有现实指导意义。

12.1.1.2　财经论文的作用

1. 促进财经理论研究

研究财经现象，探讨经济发展规律，这是财经论文的首要功能。财经关系到国家大计和民生疾苦，随着我国经济的不断发展和改革，一些新矛盾、新问题和新现象不断涌现出来，亟待我们去研究、探索和解决。财经论文作为进行学术交流和发展经济理论的载体，作为财经研究的一种重要手段和有力工具，对财经理论的研究无疑是有很大的促进作用的。

2. 指导财经工作开展

财经论文同时也是传播经济信息，推广科研成果和交流经济建设经验的载体。财经论文研究的主要目的是为了指导财经工作的开展。一方面，它有利于制订、执行正确的经济政策，从宏观上对国民经济发展战略进行调控；另一方面，它有利于某些地区和部门经济工作的顺利进行，从微观上加以指导。

3. 造就财经专业人才

财经论文的写作者一方面要钻研财经业务，使自己具备一定的业务素养和学术水平；另一方面，又要掌握有关财经论文的写作知识和技能技巧。所以财经论文成为业务考核的重要依据，同时也是财经智力开发、人才培养的有效途径。特别是对财经类学生而言，它是培养和造就财经专业人才的重要途径。

12.1.1.3　财经论文的特点

1. 科学性

财经论文的科学性主要体现在以下两点：一是正确反映社会经济发展的客观规律，如生产关系适应生产力发展的规律、市场运行规律、价值规律等社会主义基本经济规律；二是财经写作遵循实事求是的原则。它从文章的构思、立意、选材直至论证、修改，都始终遵循实事求是的基本原则。

2. 学术性

财经论文的学术性表现为其写作目的与建设、发展经济学科紧密联系；表现为其理论思考能对经济事实作出理性升华，能够丰富其原有理论体系，乃至建立新的理论体系。因此，财经论文的学术性不只表现为它的经济价值，而且还要表现出理论价值。

3. 理论性

所谓理论，即人们由实践概括出来的关于自然科学和社会科学知识的有系统的结论。财经论文的理论性，包括研究过程的理论性、论证过程的理论性和结论的理论性三个方面的内容。

4. 独创性

创造性是财经论文的生命。当然，这种创造性只在有无，不在大小，只要有独特的发现，新颖的创见，不论宏观、微观，都是独创性的体现，都可以写成财经论文。为此，它要求写作者站在理论和实践的前沿，捕捉有价值的课题，并从中发现问题，提出富有创见的观点或看法。

12.1.1.4　财经论文的种类

财经论文从不同的角度、按不同的标准可以分为不同的类型。如按学科来分，有财政、金融、会计、税务、保险、经济法、工商管理、投资经济等论文；按照课题研究所涉及的范围和性质来分，有专题性论文和综合性论文；按照经济理论体系的层次来分，有宏观财经论文和微观财经论文；按照作者的身份来分，有调研论文、学级论文和学位论文；等等。以下就其中常用的几个类型做一简要介绍。

1. 专题性论文

专题性论文是指对某一学术问题或它的某一方面进行集中分析研究之后，得出明确结论的财经论文。

2. 综合性论文

综合性论文是对某一学术问题或它的某一侧面，或对某些学术问题的研究结论加以综合归纳，提出问题，以引起研究者重视或社会关注，从而促进对这些问题的深入探讨研究。这类论文一般有两种形式，一是研究综述或述评；二是笔会文章。

3. 调研论文

调研论文是指作者就某种社会经济现象或学术、业务工作中存在的问题等，进行深入的调查研究，或实地考察，或对历史的、现阶段的资料数据等进行分析论证，然后将分析得出的情况或结论写成文字材料。这种论文一般也有两种形式，即理论研究论文和实践调查报告。

12.1.2　写作准备

12.1.2.1　财经论文的选题

选题就是在对客观问题和资料研究的基础上，选择并确定学术研究的方向和目标，这是学术研究的第一步。好的选题是成功的一半。选题有两项基本原则。

1. 客观性原则

财经论文选题的客观性原则，主要指选题应在客观上有科学价值或现实意义的需要。凡是能正确反映一定历史时期经济发展的规律，为社会主义现代化建设服务的课题，无论是直接的，还是间接的，都具有科学价值。主要有：①经济生活中亟待解决的问题；②前人尚未探讨的课题；③纠正通说与补充前说；④有学术价值的题目等。

2. 主观性原则

财经论文的选题，在首先考虑选择有科学价值和现实意义的同时，还必须考虑写作者自身的主观条件。为此，所选择的论题要具备以下主观条件：①自己有浓厚兴趣的题目；②能够充分发挥自己的业务专长；③占有比较丰富的资料；④题目的难易、大小适中。

总之，选题要根据自己的专业基础、理论水平、研究能力和占有材料的多寡而定，以选择经过努力可以完成的课题为宜。

12.1.2.2 财经论文的写作程序

论题选定以后，就要围绕论题搜集材料，整理材料，这是科学研究和论文写作的基础工作。

1. 搜集资料

资料是写作的基础。要写好财经论文，只有占有充分、扎实的材料，才能为论证提供有力的论据，才能在比较和鉴别中开阔思路，顺利地进入写作过程。经济资料的种类繁多，但归纳起来主要有以下3类：

（1）直接从实践经验中获得的资料；

（2）从文献记载中获得的资料，即从书籍、报纸、杂志、专著等各种文献资料中查阅获得的资料；

（3）发展性资料，它源于人们逻辑思维的推理之中，是人们运用上面两种资料进行分析研究、独立思考后升华出来的新资料。

2. 整理材料

整理材料就是对材料的分类、分析、比较和综合的过程。随着材料的整理，经济活动的规律也逐渐显露出来，论点也就逐渐明朗了。

3. 确立论点

确立论点是写作论文十分关键的一步。论点是文章的统帅，所以论点的确立务求正确、鲜明。论点正确是指论点要能揭示客观事物的本质和发展规律，要能经得住实践的检验。论点鲜明则是指作者所持的看法或主张要旗帜鲜明，赞成什么，反对什么，肯定什么，否定什么，态度明朗，毫不含糊。正确而鲜明的论点的形成应是对材料进行科学分析研究的必然结果。

4. 拟定提纲

写作提纲是写作者整理思路，并使思路定型化、书面化和视觉化的重要步骤。它具有帮助思考，指导写作的效用。

一份完整、正规的写作提纲应由标题、观点句和内容纲要等构成。

（1）标题，即论文题目，它是财经论文内容的高度概括。成功的论文，大都具有特点鲜明、引人注目的标题，且能提挈全文的内容要点。

（2）观点句，也叫论点句或主旨句，即概括文章基本观点的语句。在提纲中写出文章的中心论点，有利于观点的进一步明确化，并能有效地防止写作中的"跑题"现象。

（3）内容纲要，就是把全文内容分成几个部分。可以先按引论、本论和结论分成三大块，再在每一大块中列出它所包含的项目。每个项目不管大小，最好能用一句话概括出它所包含的内容。同时，进一步考虑它们各自在全文中特别是在表现主旨或基本观点中的作用和地位，最后根据它们的作用、地位和彼此之间的关系，妥善安排它们在文中的次序和位置。

12.2　财经论文的思维描述模型

12.2.1　财经论文的内容

财经论文的内容，主要包括标题、作者署名、内容摘要、关键词、正文、注释与参考文献等。

1. 标题

财经论文的标题形式很多，但主要有以下两种：一是揭示论点的标题。它要求用概括、精炼的文字，揭示论文的基本论点。二是揭示课题的标题。这类标题揭示的是论文研究的内容或所论及的范围。财经论文的标题要求确切、简明和醒目。所谓确切，就是标题所概括的内容与论文的实际内容要相吻合；所谓简明，是指文字的简练与内容的概括要统一；而醒目，则指的是表现形式要新颖独到。

2. 作者署名

作者姓名署在标题正下方。如果是几个人合作完成的，就按研究贡献大小先后署名；如果是单位集体完成的，就标上单位或课题组名称。

3. 内容摘要

内容摘要又称内容提要，一般是一篇 100 ～ 300 字的短文。写内容摘要的目的在于帮助读者在阅读论文之前把握论文的主要内容，同时也为以后文摘刊物的编写提供方便。内容摘要主要概述论文研究的目的、范围、基本观点、论证方法和结论意见等。

4. 关键词

关键词又称主题词，是为了检索的需要而从论文中选出最能代表论文中心内容特征的几个名词或名词性词组，一般是 3 ～ 5 个。

5. 正文

财经论文结构的基本型为绪论、本论和结论三个部分。

（1）绪论，又叫序论或引论，其作用是引出论证或论争，并统领全文。对于阐发论证型论文，一般是从揭示中心论题开始。对于论辩争鸣型论文，一般在开头就概括出对方的中心论点或争辩的主要观点，并鲜明地表示自己的看法。绪论的内容一般包括：论题研究的目的和意义；提出将要论证、辨析的问题；揭示探讨的范围；简述文章的大概，摆出研究的结论；历史回顾；等等。

（2）本论。本论是财经论文的主体部分，通常采用以下两种结构方式：①横式结构，又称并列分论式结构，即各个分论点从不同方面、不同角度去论证中心论点，它们之间是一种并列横向的关系。②纵式结构，又称直线推论式结构，即分论点之间是一种论证接力，它们不断按照延伸的逻辑线索朝纵深推进，直至最后完成对中心论点的论证。

（3）结论。结论是论文的收尾部分。结论的内容一般是：明确回答引论提出的问题；归纳总结全文的内容，以强调主旨；简要展望课题的研究前景。好的论文结论，不仅能帮助读者把握全文的精神实质，而且还可以促进论证的深化，给读者以新的启迪。

6. 注释

在论文正文之外标示的解释就是注释。论文中的注释按其功能可分为两类：一类是补充内容的注释；另一类是注明资料出处的注释。按其形式可分为夹注、脚注和尾注三种，其中较为常见的是尾注。尾注注释的项目及顺序一般是：作（著）者、篇（书）名、期刊或报纸名称（出版单位）、期刊期号或报纸日期（出版时间）、页次等。

7. 参考文献

参考文献一般是在正文后面列出在论文拟定过程中所参考的正式出版的著作或公开发表的文章。所列项目与注释大同小异，设置参考文献项目的主要目的是反映论文的科学依据，尊重他人的研究成果和知识产权，并能为读者提供有关的科研信息。

12.2.2 模型解析

12.2.2.1 财经论文的首部思维描述模型

设首部为Q，那么，Q=封面+目录+摘要+关键词=A+B+C+D。

（1）设封面为A，那么，A=标题+署名+日期。

（2）设目录为B，那么，B=篇、章、条、附录、题录的序号+页码（长篇论文应用目录页，短文无需目录页）。

（3）设摘要为C，那么，C=包含论文的等量主要信息（研究目的、观点、主要内容、方法、结论、学术地位、使用价值等）。

（4）设关键词为D，那么，D=表达论文主题内容+属性类别的词或词组。

［例1］

浅析“一卡通”对高校财务管理的影响

［**摘要**］随着信息技术的发展与推广，高等学校的管理模式正在朝信息化方向改革，以校园网络技术和IC卡技术为平台的高科技产品——校园一卡通在高校的建设逐步得到重视。校园一卡通的电子钱包功能使其与高校财务管理直接相关联。本文着重分析了校园一卡通对高校财务管理的影响，使高校财务管理一体化、信息化系统逐步得到完善。

［**关键词**］校园一卡通；高校；财务管理

根据模型，可获得本例摘要的“件、量、旨、链、语”信息如下：

模型件：一卡通现状+对财务管理的影响+研究内容

模型量：现状$_2$+影响$_2$+内容$_2$

模型旨：开篇明旨

模型链：是什么→为什么→怎么样

模型语：说明

例1的关键词：“校园一卡通”是一个偏正词组；“高校”是一紧缩合成词，位于中间；“财务管理”也是一个偏正词组，位于末尾，巧妙地表达了本文的主要信息和“一卡通”在高校与财务管理的关系。

12.2.2.2 财经论文的主体思维描述模型

设主体为S，那么，S=绪论+本论+结论=A+B+C。

（1）设绪论为A，那么，A=背景+观点+缘由+意义+研究方法+范围。

[例 2]

在当今科学技术快速发展的时代，财务技术决定财务服务。管理与创新就是基于技术和技术创新而言的，高校财务管理水平的提高实际上是利用技术和人的智慧来创造方便、快捷的财务服务，在提供所需信息的同时，计划和监控资金的有效使用，以促进高校各项事业的发展。关于实施校园一卡通工程，采用先进的管理手段，国内外已有先例值得借鉴。

根据模型，可获得本例绪论的“件、量、旨、链、语”信息如下：

模型件：观点 + 意义 + 背景

模型量：观点$_1$ + 意义$_1$ + 背景$_1$

模型旨：段首明旨

模型链：是什么→为什么→怎么样；提出问题

模型语：说明、议论

(2) 设本论为 B，那么，B = 分析问题 + 证明观点 + 表述研究成果。

[例 3]

一、美、英、中三国有关高校实施校园一卡通的概况

美国 Florida 大学于 1996 年夏天首先推出校园智能卡，同时也是首所通过校园卡为学生发放奖学金、贷款和助学金的学校，该卡可用于查阅资料，购买图书，在娱乐厅、洗衣房、游泳池、快餐厅等收费场所消费，信息反馈显示，不仅教职工和学生对新卡的功能非常满意，而且明显提高了管理效率。英国各院校也对“一卡通”表现出浓厚的兴趣，并积极筹备实施。Thames Valley 大学于 1997 年 9 月最先实施，Exter 大学和 York 大学在 Modex 公司的技术支持下，开始试运行“一卡通系统”。这时的校园卡被赋予新的内涵，卡上包含学生的姓名、照片、学号，可用作图书证、门禁检验、选举卡、消费卡。持 Modex 卡的学生家长还可通过电话为其子女的卡上加款。随着校园卡功能全球化、社会化，未来的校园卡不再随着学生生涯的结束被注销，而将伴随使用者一生，其内涵与外延的拓展更是意义深远。

在我国，随着科学技术的发展与推广，“一卡通”也开始在许多领域得到应用，尤其在高校，校园一卡通的建设逐步得到重视。目前，北京大学、中国科技大学、首都师范大学、北京第二外国语大学、北京广播大学、上海交通大学、湖南湘潭大学等高校近年来均已推出特色各异的“一卡通”。中山大学于 2002 年 9 月在中山大学本部推出“牡丹——中山大学联名卡”为学生省却了许多麻烦，其功能从银行、邮局到自助转账圈存和财务结算；从餐厅、超市、小卖部到上机上网、图书借阅和医院就诊；从通道、门禁出入到宿舍考勤和保安巡逻，共涉及 12 个分系统，是目前国内“一卡通”应用项目最多的系统。

二、校园一卡通系统的技术特点与功能

目前，IC 卡应用系统的日渐成熟为校园一卡通系统的建立提供了技术保障，校园内实现一卡通管理已成为校园管理发展的必然趋势。然而，由于技术更新速度加快，市场上存在着多种规格与技术的管理卡。学校内各部门根据自己的需求，分别建立本系统的管理卡应用系统，由于其采取的技术与规格不统一，造成了各种校园卡应用系统无法兼容的问题，为学校的统一管理带来了很大困难。为此需要从系统的角度对校园一卡通进行整体设计。

校园一卡通信息管理系统是针对各类学校的综合管理而设计开发的。该系统综合先进

的IC卡技术及网络通信技术，使一卡通管理得以实现，从而满足学校不同管理层次的需求，解决各种规格管理卡的兼容问题。

校园IC卡一卡通信息管理系统的特点是利用高科技产品——非接触式IC卡作为载体，结合电子技术、非接触IC卡技术、单片机技术、计算机网络技术及数据库技术等诸多高新科技，在校园网中起着通行桥梁的作用，通过与其他各个管理系统模块的信息连接，将整个校园网有机、高效地带动起来，使得校园各个方面的工作因IC卡的高效、简便而更加顺利。

校园IC卡管理系统的基本职能包括身份验证、代币和信息管理等，各个职能的实现建立在办公自动化和校园管理系统、图书馆管理系统、学籍注册管理系统、财务管理系统等的基础之上。IC卡的身份验证职能建立在教师、学生档案的基础上；代币职能建立在财务管理及其相关系统的基础上；信息管理的职能建立在校园管理系统、图书馆管理系统、教务系统、物资管理系统的基础上。由上述各个系统提供基础数据和内容，然后形成对某个人的全方位综合信息的了解。根据一般高校的特点，校园卡设计为人像证卡、条码卡、IC卡“三合一”的组合卡，卡基材料选用PVC材料，美观、大方、耐用。该校园卡可代替学校目前使用的学生证、工作证、身份证、借书证、医疗证、会员证、餐卡、存折、体育设施使用卡、计算机房上机卡、信道出入证件等，教师、学生只要带一张卡即可在校内食堂、娱乐厅、洗浴中心、洗衣房、游泳池、商店等收费场所消费，可去图书馆查阅资料、借阅书籍，可去机房上机，去校医院看病，去复印室复印资料，去总务处领用财物等，从根本上实现“一卡在手，走遍校园”的设想。同时，校园IC卡还可带动校内各单位、各部门的电脑化管理，通过校园信息网，逐步将各处的电脑联成一个比较大的数据网，实现全校各类数据的统一性和规范性，从而提高学校的现代化管理水平和学生学习的积极性、主动性。

三、校园一卡通对高校财务管理的影响

学校财务管理涉及全校日常活动的各个环节，与广大教职员工和学生的切身利益息息相关，校园卡的广泛使用，必然也会给高校的财务管理工作带来新的变化。校园卡对财务工作的影响主要体现在财务信息的输入、财务信息内部处理、财务信息的输出以及闲散资金管理这几个方面。

1. 规范信息来源的格式，提高信息录入的质量，使财务核算与其他部门联系更紧密，所需要的各种数据的获取更及时。例如，学费管理系统、学生奖贷助系统需要由教务处、研究生院、成教学院等部门提供学生基本信息；工资管理系统需要由人事、水电、房产等部门提供职工的各种信息。使用校园卡后，各个部门的管理系统的数据编码都会遵循统一的格式，使信息能够共享，部门之间的数据交换也会变得更加容易。

2. 改进财务管理方式，提高财务管理效率。一卡通包括金融卡部分，每个校园卡的用户都将拥有自己的个人银行账户，学费的收缴就可以方便地由传统的学生交现金方式转变为银行代扣的方式。银行代扣即由银行按照每个学生的应交金额从其个人账户扣交学费，划入学校指定的账户，然后将已扣交学费的学生信息通知学校财务处，这种方式提高了学费收取的效率。职工工资的发放、学生奖学金、贷款、助学金等的发放也可以直接划入个人账户，免除了发放现金的烦琐。校园卡中的电子钱包方便了学生交纳重修费，补交学费等小额的零星交费，减少了现金的流动。以上事例表明，就财务信息的内部处理而言，校园卡的使用将改变财务处某些事务的处理方式，提高财务管理的效率。

3. 促进财务信息化建设，改善财务服务的质量。校园卡的使用对财务信息化建设影响较大，为满足校园卡应用的需求，需要对已有的财务信息的输入、输出以及内部的数据格式做必要的修改，以方便与其他单位的管理信息系统进行数据交换，如学费管理系统和学籍管理系统的数据交换等。财务信息具有高度的机密性，仅靠输入用户代码和口令来确认用户的合法性是不够的。校园卡的身份认证和在校园卡中保存的相关财务信息，可以为用户提供一种可靠的身份、权限范围的认证，从而大大提高财务信息查询系统的安全性，为全面建设和实施“基于校园网的财务信息综合查询系统”提供了新的安全保障，促进了查询系统的建设，而该系统的使用，可以大大改善财务服务的质量。

4. 规范全校收费管理工作，杜绝小金库。校园卡的电子支付功能，使校园内的现金流量大大减少，校内的一些有偿服务机构不再收取现金，而是将所得收入直接划转到相应的财务账户之中。这样，在规范了校内收费管理的同时，还减少了经办人员挪用公款的行为，也使各个服务机构的收入全部透明，杜绝了收不入账、账外循环的部门“小金库”现象。校园卡带来的校园消费的变化，可以将所有提供有偿服务机构的账户资金集中起来，有利于学校调度这些闲散资金，改善学校资金运作能力，提高资金使用收益。

5. 缓解恶意拖欠学宿费问题，及时收回资金。学宿费难以收回是部分高校目前面临的问题之一。随着高校近年来的扩招，在校人数高达数万，难免有部分学生钻空子，恶意不交学宿费，或者无人催交就干脆不交。通过严格的学生基本情况调查（对贫困生和临时特殊原因不能按时交费的学生可以减免或缓交，不属于“恶意”范围）以及校园卡的网络信息功能，针对恶意不交学宿费的学生，控制好该卡每学年投入使用的第一关，不交学宿费的就无法进行学籍注册、成绩登录以及其他活动。通过“被动方式”提高学生的主动性，确保学校能够及时收回资金，减轻高校经费不足的压力。

当然，我们应该学会用辩证的观点看问题，任何新事物的产生都可能带来正反两个方面的影响，校园一卡通也不例外。使用一卡通对财务管理来说，主要产生两方面的问题：一是一卡通在操作上高度电子化，不论是资金的流入还是流出，只需在相关的电子设备上刷卡输入数据即可完成，因而不能留下字面财务证据。二是输入信息一旦有误，则更改手续很复杂，可能会牵涉到校内很多部门甚至是外部银行。最小化这两个方面的问题，对高校的财会人员提出了高要求：具备一丝不苟、认真负责的工作态度，有一定的计算机操作能力及专业素质强。

总的来说，校园一卡通的不利影响可以克服，而其对财务管理带来的正面影响更是我们所关注的。“一卡通”对理顺高校财务关系，强化财务管理，实现高校财务管理现代化、财务信息实时化，实现服务的高效率和优质化，有效解决办事手续繁杂和效率低下的局面所提供的支持是不言而喻的，规范化的管理、优质的服务，推进高校财务管理一体化系统逐步完善，从而使高校财务管理水平跨上新台阶。

四、建设校园一卡通可能产生的问题及对策

任何新生事物的出现都不是一帆风顺的，在国内电子信息系统尚不健全的情况下，校园一卡通的推行之路并不平坦。校园一卡通的推行有赖于学校与银行、电信部门之间的合作，而且利益如何分配，尚无定论。同时，它必然会导致学校内部旧有的储蓄所等部门面临“下课”，人员的安置成为不容忽视的问题。为此需普及相关知识，防范可能出现的新问题。

1. 高校筹备实施校园一卡通，应与银行合作。一卡通是电子货币的一种，与国家金融有着密切联系，金融人才在实践中已积累了一定的经验，对校园一卡通的筹建，可起指导作用。

2. 应注意安全和保密。校园一卡通由于是采用电子信息管理，不可能排除一些高技术人员进入用户的账号，窃取用户的密码。因此，安全问题不容忽略。当然，校园一卡通的推行还有赖于电子信息系统的健全和安全网的建立。

3. 推广校园一卡通是一项复杂的系统工程，需进行全面的论证和周密的设计。高频次使用的卡与低频次使用的卡混为一谈，在技术路线上很难做到最优化。通常，学生使用最频繁的卡是就餐卡，平均每餐要用一到三次，一天要用五次以上，一年超过千次。而借书证平均一年用五次左右，医疗证平均一年使用两次以上，学籍注册和选课则是每学期一次。所以，它们之间的使用频次和使用的环境都相差悬殊，在技术上合为一张卡虽可做到，但不合理，非最优化设计。而且校园卡在校园内的使用往往针对不同的管理部门，尤其是后勤社会化之后，还会面对不同的法人单位。

4. 现有的财务信息系统面临挑战，财务信息化建设需加强。校园卡的使用对财务信息建设影响较大，为满足校园卡应用的要求，需要对已有的财务信息的输入、输出以及内部的数据格式做必要的修改，以方便与其他单位的管理信息系统进行数据交换，如学费管理系统和学籍管理系统的数据交换等。

根据模型，可获得本例本论的“件、量、旨、链、语”信息如下：

模型件：概况 + 功能特点 + 影响 + 对策

模型量：$概况_3$ + $功能特点_3$ + $影响_5$ + $对策_4$

模型旨：分题明旨

模型链：概况（纵向思维、程度分析）→功能特点（横向思维、功能分析）→影响（横向思维、对比分析）→对策（横向思维、因果分析）；什么样→什么问题→怎么办

模型语：介绍说明、议论

（3）设结论为 C，那么，C = 总体性看法 + 指明研究方向。

[例 4]

概言之，校园一卡通是信息时代高校的必然产物，尤其是在网络技术迅猛发展之时，这种有着良好的经济效益和社会效益的电子信息产品必将迎来更为广阔的发展前景。应当相信，随着我国信用机制的逐步建立，电子信息系统日趋健全和电子科技的迅猛发展，校园一卡通所面临的问题将迎刃而解，其安全性能也必然会大大增强。对于扩招导致的学生人数大幅增长，以及对学校原有管理模式提出的挑战，高校率先使用校园一卡通是提高工作效率、降低管理成本、提高管理水平的明智选择。

根据模型，可获得本例结论的“件、量、旨、链、语”信息如下：

模型件：前景广阔 + 问题解决 + 明智选择

模型量：$前景_1$ + $问题_2$ + $选择_3$

模型旨：汇总显旨

模型链：分→总；谁→怎么样

模型语：说明、论述

12.2.2.3　财经论文的尾部思维描述模型

设尾部为 F，那么，F = 致谢 + 参考文献 + 注释。

（1）致谢：在论文撰写中，得到导师或其他人员的指导帮助表示谢意。

（2）参考文献：按国家标准 GB 7714—1987 规定执行。著录格式有 3 个要求：著者、题目、出版事项。出版事项专著依次为出版地、出版社、出版年，连续出版物（报刊）依次为出版物名称、出版日期和期数，起止页码。格式参见例 5。

（3）注释：它是文章中引文出处、语汇、内容等所作的说明。注释的形式和方法：脚注、篇末注、夹注。

［例 5］

［参考文献］

［1］康莉．校园一卡通系统设计方案［J］．科技情报开发与经济，2002（2）．

［2］袁新辉．校园卡对高校财务管理的影响浅析［J］．事业财会，2002（7）．

［3］上海泽宇，校园 IC 卡一卡通系统．

［4］长春致远科技，致远校园一卡通系统概述．

［5］谭永生，张力．校园一卡通离我们有多远．

［6］朱智璇，徐晓铁．校园一卡通对高校财务管理的作用探析［J］．合肥工业大学学报（社会科学版），2003（10）．

12.2.2.4　财经论文的总体思维描述模型（见表 12 – 1）

表 12 – 1　财经论文的总体思维描述模型（R）

模型 / 模型结构	R = 首部 + 主体 + 尾部 = Q + S + F							
	首部 Q = 封面 + 目录 + 摘要 + 关键词 = A + B + C + D				主体 S = 绪论 + 本论 + 结论 = A + B + C			
	封面 A	目录 B	摘要 C	关键词 D	绪论 A	本论 B	结论 C	
模型件	标题、署名	篇章序号 + 页码	目的、观点、内容、方法、结论	主要内容的词或词组	背景、观点、缘由、意义、方法	分析问题、证明观点、表述成果	总体看法、指明方向	
模型量	略	略	略	略	背景$_n$、观点$_n$、缘由$_n$、意义$_n$、方法$_n$	分析问题$_n$、证明观点$_n$、表述成果$_n$	总体看法$_n$、指明方向$_n$	尾部 F = 致谢 + 参考文献 + 注释
模型旨	略	略	开篇明旨	略	段首明旨	分题明旨	汇总显旨	
模型链	略	略	是什么→为什么→怎么样	略	是什么→为什么→怎么样；演绎推理思维模型	概况→功能特点→影响→对策；横向或纵向思维模型	谁→怎么样；分→总；定向思维，辐射式	
模型语	略	略	略	说明	说明、议论	介绍、说明、议论	说明、议论	

12.3 财经毕业论文

12.3.1 基础知识

12.3.1.1 财经毕业论文的含义

毕业论文是学术论文的一种，它具有一般学术论文的特点。撰写毕业论文是高等院校毕业生在校学习阶段的最后一个学习环节，旨在通过综合运用所学的理论、知识和方法对所选的课题进行研究，独立地把研究成果通过毕业论文显示出来。

12.3.1.2 财经毕业论文的特点

财经毕业论文属于尝试性的财经论文，它与一般的财经论文相比除具有经济论文的学术性、揭示经济规律性和独创性以外，还具有以下特征：

（1）它是应届大学毕业生必须独立完成的总结性作业，是对学生在学校多年学习质量和水平的综合性检验。

（2）大学生毕业论文应该在教师的指导下完成。教师的指导包括帮助学生确定题目提供参考文献和有关书目，指导学生制订研究计划，指导研究方法，审定论文提纲，解答疑难问题，审阅并提出修改意见等，直到最后评定论文成绩。

（3）毕业论文必须是大学生自己所学经济专业领域里的某一课题。

12.3.1.3 财经毕业论文的种类

1. 学士论文

这是由大学本科生撰写的毕业论文，经评定论文成绩及格、答辩合格及其他成绩合格者，可授予学士学位。

2. 硕士论文

这是由攻读硕士学位的研究生撰写的毕业论文。其学术水平比学士论文要高，它要求对所研究的课题有较多的独创性，作者的知识积累有一定的广度和深度，能充分反映出作者独立从事科学研究的能力。经评定论文成绩及格、答辩合格及其他成绩合格者，可授予硕士学位。

3. 博士论文

这是由攻读博士学位的研究生所撰写的毕业论文。它要求作者研究的课题是某一学科的前沿问题，对问题的研究有明显的创新性，在学科领域起到开拓作用。经评定论文成绩及格、答辩合格及其他成绩合格者，可授予博士学位。

12.3.2 财经毕业论文的写作

财经毕业论文的写作，包括选题、收集材料、拟写提纲、撰写初稿、修改、定稿等几个环节。

1. 精心选题

选题是财经毕业论文写作重要的第一步。财经类高等院校毕业论文的选题方式主要有3种：一是从老师命题的题目中去选；二是从自己接触的财经问题中去选；三是在老师的引导下去选题。其中，第一种选题方式有较大的挑选自由，因为老师根据学生所学专业与社会财经工作实际，往往拟就了几十乃至百余个题目备学生挑选，既可避免“撞车”，又可扬长避短，所以大多数学生采用这种选题方式。第二种选题方式则更有利于发挥学生自身的学识和才智，所以毕业生中的佼佼者往往采用这种选题方式。第三种选题方式对少数学习成绩一般、科研能力不强的学生适用。在老师的引导下，学生根据自己的实际情况确定一个难度适宜的题目，从而为后面的写作奠定了一个比较好的基础，具体写作时也就不会有太大的问题了。

2. 收集材料

材料是文章的基础，是形成文章不可缺少的要素之一。财经毕业论文的写作也应从积累材料入手，在详细占有材料上多下工夫。财经毕业论文收集材料的途径一般有两条：一是深入调查研究，掌握第一手材料。可以结合毕业实习，以论文选题为中心，深入实习单位及有关财经部门进行调查研究，掌握毕业论文所需要的第一手材料。二是阅读书报文献资料，掌握第二手材料。阅读的内容，应包括与论题有关的经典著作、重要文献、理论专著、学术论文、有关文件、动态信息以及各类工具书。然后，就是对这些通过调查研究、阅读书报文献收集来的大量第一手材料和第二手材料进行科学分析、深入探讨和悉心研究，从而为下一步形成论文的主要观点和结构框架做准备。

3. 拟定提纲

提纲是财经毕业论文的写作框架和设计蓝图。拟定提纲，可以明确论文的基本层次和论述要点，确定每一部分在整篇论文中所占的地位，明确论文各部分、各层次的主次关系。财经毕业论文提纲包括的项目主要有：

（1）标题。一般揭示论点，或规定论述的范围等。

（2）基本论点。即全文的中心论点，一般要用论点句准确、鲜明地表达出来。

（3）内容纲要。内容纲要在一定程度上就是全文的基本框架。一般要先考虑从几个方面、按什么顺序来阐述基本观点，为全文的逻辑构成打下坚实的基础；然后逐个考虑它们的下位观点，最好能安排到段一级，并写出段中主句（或叫段首撮要句），分配好各个项目所用的材料。财经毕业论文提纲，实质上是由序码和文字组成的一种逻辑图表；写作之前有了这个逻辑图表，论文结构就变得简明了，层次和重点也变得明确了。

4. 撰写初稿

财经毕业论文提纲拟好以后，就应该进入初稿的写作阶段。撰写财经毕业论文的初稿，应注意以下几方面的问题。

（1）合理安排结构

专题型的财经毕业论文要严格按照绪论、本论和结论的“三段论式”结构方式撰写。绪论部分主要说明课题研究的背景、目的、方法和预期达到的目标等。本论部分对论文提出的问题从各个角度、不同方面进行分析、论证和阐释，并从这些问题的联系之中阐明中心论点。结论部分是围绕本论所作的结语。调研型的财经毕业论文可以按照“实际情况、原因分析、对策建议”的结构方式撰写。可行性研究型的财经毕业论文可以按照“项目内容、论证分析、结论和建议”的结构方式撰写。

（2）精心安排层次

层次是文章内容的先后次序，也是财经毕业论文展开的步骤。层次的安排一般没有固定的模式，在财经毕业论文中最常见的安排方式主要有以下 3 种。一是层进式，即论文的各层次之间是层层推进的关系，各分论点作为中心论点的论据，呈现出一种纵向推进的层次关系。二是总分式，即采用“总提分述”的方式，先总括起来说，然后分开说；或者先分开说，最后再总结。三是并列式，即层次之间是一种并列关系，各分论点从各个不同的角度论证中心论点，呈现出一种内在的横向并列联系。

（3）掌握布局技巧

财经毕业论文的布局技巧不少，经常用到的有：开门见山，首尾呼应；能放能收，有起有伏；前后照应，上下衔接；等等。

5. 修改定稿

一篇有价值的、有分量的论文一般不是一次性定稿，在初稿完成后，还须经过反复修改和认真润色。修改润色的过程，既是作者思维、认识深化的过程，也是论文充实、完善和提高的过程。一般从以下几个方面入手：修正论点，推敲论点是否准确、公允和确切；修改论据，检查论据材料是否真实、典型和充分；调整结构，审定结构层次是否合理、严谨和统一；推敲语言，查看语言是否准确、简明、生动和严密。另外，文中的引文、数据也都要查实。经过指导老师审核通过的财经毕业论文，要按照规范的文本格式，在专用的毕业论文稿纸上认真抄写或打印，最后才能定稿。

财经毕业论文誊清定稿之后，还要装上封面装订成册。封面一般要依次写上学校名称、论文题目、指导老师姓名、系科专业班级、作者姓名、论文完成时间等项内容。多数高等院校都有统一的毕业论文封面（连封底）纸，装订时，按照封面格式项目填写即可。装订的顺序一般是：封面、扉页、目录、内容提要、正文、注释及参考资料、指导老师评语、衬页、封底。

在财经毕业论文的写作过程中，除了要遵循以上的写作要求之外，还须特别注意的是：

（1）强化独立工作意识。应届毕业生撰写毕业论文，从选题、收集材料、拟定提纲到成文、修改、定稿，都必须以独立工作为主。应积极争取指导老师的帮助，但不能依赖这种帮助。强化独立工作意识，对如实体现毕业论文的考核职能，对培养毕业生独立工作的能力，都很有好处。

（2）强化科学研究意识。毕业论文虽然具有考核学生学习情况的职能，但它却不同于一般的作业或考试，它是一项科学调查或研究，所以要像撰写一般财经论文一样要求学生，在内容、形式、方法和技巧等方面都要高标准严要求。

12.3.3 财经毕业论文答辩

12.3.3.1 毕业论文答辩的含义

毕业论文的答辩，可以说是由问、答、辩构成的一种有目的、有计划，学生与老师面对面、立体的动态教学考核形式。答辩委员会或答辩小组一般由3～5名讲师以上职称的教师组成，学生对教师提出的不同问题，既可以答，也可以辩。所以毕业论文答辩具有直观性、面试性和立体性，可以起到提升论文的质量，辨别论文的真伪，审核学生对所学知识的理解、掌握程度和运用能力等作用。

12.3.3.2 毕业论文答辩前的准备

1. 答辩申请

学生将定稿毕业论文交给指导老师，指导老师写出评语并提出书面成绩建议，在答辩前 7 ～ 10 天内将论文送交答辩委员会申请答辩。经批准后，答辩委员会一般会提前 3 天将答辩时间和地点通知学生。

2. 编写论文自述提纲

论文自述提纲主要内容一般包括：选题的初衷、中心论点和主要内容，论文写作的简要过程、教师的指导情况、论文的修改情况。如果这时才发现论文的薄弱环节或不足之处，在自述报告中也可以提出补充修正方案。论文自述报告的时间一般是 10 ～ 20 分钟。由于时间有限，所以要精炼明快，言简意赅，重点突出，提纲挈领。

3. 草拟论文答辩提纲

答辩提纲是为回答老师的提问而准备的文字材料。尽管这时还不知道答辩老师所提的具体问题，但是答辩老师的提问一般离不开论文所涉及的内容，如果这时将论文的主要内容和问题充分考虑进去，起码能保证答辩大体上不会翻船。

12. 3. 3. 3　毕业论文答辩的程序

1. 现场准备

主答辩教师将事先研究好的 2 ～ 4 个问题交给学生，给学生大约 10 ～ 15 分钟左右的准备时间。

2. 学生答辩

学生在答辩过程中，要注意以下答辩技巧：

（1）情绪稳定，充满信心，谦虚谨慎，尊敬教师；

（2）思路清楚，有条不紊，语言流畅，简练概括，口齿清楚，声音洪亮；

（3）仔细推敲，认真领会教师所提问题的实质，抓住要点，有的放矢地回答；

（4）对领会不透的问题，切忌贸然回答，可以向答辩老师请教，争取答辩老师的启发诱导；

（5）对不会的问题要实事求是，不要东拉西扯，或遮遮掩掩；

（6）面对答辩老师临时提出的质疑，应有针对性地表述自己的意见。

3. 小结

学生答辩完毕，由主答辩教师进行小结，提出论文的优点，充分肯定成绩，指出缺点，也可提出补充、修改意见或建议，并征询学生有无保留意见，学生表态之后方可退席。

12. 3. 3. 4　毕业论文成绩的评定

1. 讨论、研究答辩情况

全体学生答辩结束后，答辩委员会（或答辩小组）举行会议，对答辩学生的论文逐个宣读指导老师的评语，然后根据学生论文质量和导师的评语，认真研究学生的答辩情况，并做出评价。若答辩不及格，则整个毕业论文成绩不及格。

2. 通过决议

根据大家的评审意见，答辩委员会（或答辩小组）就学生的论文和答辩情况，写出全面评审意见。毕业论文成绩由文字部分成绩和现场答辩成绩组成。书面成绩一般占 70%，答辩成绩一般占 30%。成绩以优、良、中、及格和不及格五级表示。以不记名投票的方式对论文是否通过答辩和是否建议授予学位进行表决，表决以 2/3 的答辩委员会

（或答辩小组）成员通过方能生效。最后，答辩委员会主席或答辩小组组长在决议上签字。

3. 宣布结果

在评语、成绩以及论文是否通过答辩和是否建议授予学位的决议生效之后，可向学生宣布毕业论文成绩结果。

12.3.3.5 毕业论文及答辩成绩评定标准

1. 优（相当于百分制 90 分以上）

（1）论题具有一定的现实意义或学术价值。

（2）对所分析的问题占有丰富的材料，论点鲜明，论证充分，能综合运用所学知识和技能比较全面、深入地进行分析，有一定的独到见解。

（3）观点正确，中心突出，层次分明，结构严谨，文字流畅。

（4）答辩中能熟练、正确地回答问题，思维清楚，具有较强的应变能力。

2. 良（相当于百分制 80 ～ 89 分）

（1）对所分析的问题掌握了比较充分的材料，能运用所学的知识和技能进行分析，有较强的解决问题的能力。

（2）观点正确，中心明确，条理清楚，逻辑性较强，文字流畅。

（3）答辩中能够正确地回答问题，思维比较清楚。

3. 中（相当于百分制 70 ～ 79 分）

（1）对所分析的问题掌握了一定的材料，基本上能结合所学的知识进行分析，中心明确，主要论据基本可靠。

（2）观点基本正确，条理清楚，文字流畅。

（3）答辩中能比较正确地回答问题。

4. 及格（相当于百分制 60 ～ 69 分）

（1）对所分析的问题掌握了一定的材料，基本上说清楚了所写的问题。

（2）观点基本正确，条理清楚，文字通畅。

（3）答辩中经过提示能比较正确地回答问题。

5. 不及格（相当于百分制 59 分以下）

（1）政治观点有明显错误。

（2）掌握的材料很少，或对所收集的材料缺乏分析、归纳，不能说明所写的问题，或未经自己思考，仅将几篇文章剪裁拼凑而成。

（3）文字不通，条理不清，词不达意，字数大大少于规定数。

（4）抄袭或由他人代笔。

（5）答辩中经过提示仍不能正确回答问题。

综合训练 12

1. 简述财经论文的选题原则。

2. 财经论文的提纲应包括哪些内容？

3. 财经毕业论文与普通财经论文相比有什么特点？财经毕业论文的写作分哪些基本

环节？

4. 如何正确认识财经毕业论文写作的目的与作用？

5. 如果你要参加财经毕业论文的答辩，应做好哪些准备工作？

6. 以下是两篇财经论文二级标题的安排，其中有不妥的地方，请给予修改或调整。

《论××长江港口的发展战略》

（1）××长江港口发展战略规划

（2）入世后××沿江港口面临的发展机遇和挑战

（3）××沿江港口的现状和存在的问题

（4）对策和举措

《电子商务对税收的影响与对策》

（1）电子商务概述

（2）电子商务的税收对策

（3）电子商务对税收制度的影响

（4）电子商务时代的税收展望

7. 根据你的主客观条件，你的财经毕业论文应选什么论文形式，什么论题合适？你准备如何去收集和研究论文材料？

8. 结合所学专业，在收集资料、分析思考的基础上，确定一个你感兴趣的论题，参照毕业论文的写作方法，写一篇小型的专业论文。

附录 1

国家行政机关公文处理办法

第一章 总 则

第一条　为使国家行政机关（以下简称行政机关）的公文处理工作规范化、制度化、科学化，制定本办法。

第二条　行政机关的公文（包括电报，下同），是行政机关在行政管理过程中形成的具有法定效力和规范体式的文书，是依法行政和进行公务活动的重要工具。

第三条　公文处理指公文的办理、管理、整理（立卷）、归档等一系列相互关联、衔接有序的工作。

第四条　公文处理应当坚持实事求是、精简、高效的原则，做到及时、准确、安全。

第五条　公文处理必须严格执行国家保密法律、法规及其他有关规定，确保国家秘密的安全。

第六条　各级行政机关的负责人应当高度重视公文处理工作，模范遵守本办法并加强对本机关公文处理工作的领导和检查。

第七条　各级行政机关的办公厅（室）是公文处理的管理机构，主管本机关的公文处理工作并指导下级机关的公文处理工作。

第八条　各级行政机关的办公厅（室）应当设立文秘部门或者配备专职人员负责公文处理工作。

第二章 公文种类

第九条　行政机关的公文种类主要有：

（一）命令（令）

适用于依照有关法律规定发布行政法规和规章；宣布施行重大强制性行政措施；嘉奖有关单位及人员。

（二）决定

适用于对重要事项或重大行动做出安排，奖惩有关单位及人员，变更或撤销下级机关不适当的决定事项。

（三）公告

适用于向国内外宣布重要事项或法定事项。

（四）通告

适用于公布社会有关方面应当遵守或周知的事项。

（五）通知

适用于批转下级机关的公文，转发上级机关和不相隶属机关的公文，传达要求下级机关办理和需要有关单位周知或执行的事项，任免人员。

（六）通报

适用于表彰先进，批评错误，传达重要精神或情况。

（七）议案

适用于各级人民政府按照法律程序向同级人民代表大会或人民代表大会常务委员会提请审议事项。

（八）报告

适用于向上级机关汇报工作，反映情况，答复上级机关的询问。

（九）请示

适用于向上级机关请求指示、批准。

（十）批复

适用于答复下级机关的请示事项。

（十一）意见

适用于对重要问题提出见解和处理办法。

（十二）函

适用于不相隶属机关之间商洽工作，询问和答复问题，请求批准和答复审批事项。

（十三）会议纪要

适用于记载、传达会议情况和议定事项。

第三章　公文格式

第十条　公文一般由秘密等级和保密期限、紧急程度、发文机关标识、发文字号、签发人、标题、主送机关、正文、附件说明、成文日期、印章、附注、附件、主题词、抄送机关、印发机关和印发日期等部分组成。

（一）涉及国家机关秘密的公文应当标明秘级和保密期限，其中“绝密”、“机密”级公文还应当标明份数序号。

（二）紧急文件应当根据紧急程度分别标明“特急”、“急件”。其中电报应当分别标明“特提”、“特急”、“加急”、“平急”。

（三）发文机关标识应当使用发文机关全称或规范化简称；联合行文，主办机关排列在前。

（四）发文字号应当包括机关代字、年份、序号。联合行文，只标明主办机关发文字号。

（五）上行文应当注明签发人、会签人姓名。其中，“请示”应当在附注处注明联系人的姓名和电话。

（六）公文标题应当准确简要地概括公文的主要内容并标明公文种类，一般应当标明发文机关。公文标题中除法规、规章名称加书名号外，一般不用标点符号。

（七）主送机关指公文的主要受理机关，应当使用全称或规范化简称、统称。

（八）公文如有附件，应当注明附件顺序和名称。

（九）公文除“会议纪要”和以电报形式发出的以外，应当加盖印章。联合上报的公文，由主办机关加盖印章；联合下发的公文，发文机关都应当加盖印章。

（十）成文日期以负责人签发的日期为准，联合行文以最后签发机关负责人的签发日期为准。电报以发出日期为准。

（十一）公文如有附注（需要说明的其他事项），应当加括号标注。

（十二）公文应当标注主题词。上行文按照上级机关的要求标注主题词。

（十三）抄送机关指除主送机关外需要执行或知晓公文的其他机关，应当使用全称或规范化简称、统称。

（十四）文字从左至右横写、横排。在民族自治地方，可并用汉字和通用的少数民族文字（按其习惯书写、排版）。

第十一条　公文中各组成部分的标识规则，参照《国家行政机关公文格式》国家标准执行。

第十二条　公文用纸一般采用国际标准A4型（210mm×297mm），左侧装订。张贴的公文用纸大小，根据实际需要确定。

第四章　行文规则

第十三条　行文应当确有必要，注重效用。

第十四条　行文关系根据隶属关系和职权范围确定，一般不得越级请示和报告。

第十五条　政府各部门依据部门职权范围可以相互行文和向下一级政府的相关业务部门行文。除以函的形式商洽工作、询问和答复问题、审批事项外，一般不得向下一级政府正式行文。

部门内设机构除办公厅（室）外不得对外正式行文。

第十六条　同级政府、同级政府各部门、上级政府部门与下一级政府可以联合行文；政府与同级党委和军队机关可以联合行文；政府部门与相应的党组织和军队机关可以联合行文；政府部门与同级人民团体和具有行政职能的事业单位也可以联合行文。

第十七条　属于部门职权范围内的事务，应当由部门自行行文或联合行文。联合行文应当明确主办部门。须经政府审批的事项，经政府同意也可以由部门行文，文中应当注明经政府同意。

第十八条　属于主管部门职权范围内的具体问题，应当直接报送主管部门处理。

第十九条　部门之间对有关问题未经协商一致，不得各自向下行文。如擅自行文，上级机关应当责令纠正或撤销。

第二十条　向下级机关或者本系统的重要行文，应当同时抄送直接上级机关。

第二十一条　“请示”应当一文一事；一般只写一个主送机关，需要同时送其他机关的，应当用抄送形式，但不得抄送其下级机关。

“报告”不得夹带请示事项。

第二十二条　除上级机关负责人直接交办的事项外，不得以机关名义向上级机关负责人报送“请示”、“意见”和“报告”。

第二十三条　受双重领导的机关向上级机关行文，应当写明主送机关和抄送机关。上级机关向受双重领导的下级机关行文，必要时应当抄送其另一个上级机关。

第五章　公文办理

第二十四条　发文办理指以本机关名义制发公文的过程，包括草拟、审核、签发、复核、缮印、用印、登记、分发等程序。

第二十五条　草拟公文应当做到：

（一）符合国家的法律、法规及其他有关规定。如提出新的政策、规定等，要切实可行并加以说明。

（二）情况确实，观点明确，表述准确，结构严谨，条理清楚，直述不曲，字词规范，标点正确，篇幅力求简短。

（三）公文文种应当根据行文目的、发文机关的职权以及与主送机关的行文关系确定。

（四）拟制紧急公文，应当体现紧急的原因，并根据实际需要确定紧急程度。

（五）人名、地名、数字、引文准确。引用公文应当先引标题，后引发文字号。引用外文应当注明中文含义。日期应当写明具体的年、月、日。

（六）结构层次序数，第一层为“一、”，第二层为“（一）”，第三层为“1.”，第四层为“（1）”。

（七）应当使用国家法定计量单位。

（八）文内使用非规范化简称，应当先用全称并注明简称。使用国际组织外文名称或其缩写形式，应当在第一次出现时注明准确的中文译名。

（九）公文中的数字，除成文日期、部分结构层次序数和在词、词组、惯用语、缩略语、具有修辞色彩语句中作为词素的数字必须使用汉字外，应当使用阿拉伯数字。

第二十六条　拟制公文，对涉及其他部门职权范围内的事项，主办部门应当主动与有关部门协商，取得一致意见后方可行文；如有分歧，主管部门的主要负责人应当出面协调，仍不能取得一致时，主办部门可以列明各方理据，提出建设性意见，并与有关部门会签后报请上级机关协调或裁定。

第二十七条　公文送负责人签发前，应当由办公厅（室）进行审核。审核的重点是：是否确需行文，行文方式是否妥当，是否符合行文规则和拟制公文的有关要求，公文格式是否符合本办法的规定等。

第二十八条，以本机关名义制发的上行文，由主要负责人或者主持工作的负责人签发；以本机关名义制发的下行文或平行文，由主要负责人或者由主要负责人授权的其他负责人签发。

第二十九条　公文正式印制前，文秘部门应当进行复核，重点是：审批、签发手续是否完备，附件材料是否齐全，格式是否统一、规范等。

经复核需要对文稿进行实质性修改的，应按程序复审。

第六章　收文办理

第三十条　收文办理指对收到公文的办理过程，包括签收、登记、审核、拟办、批办、承办、催办等程序。

第三十一条　收到下级机关上报的需要办理的公文，文秘部门应当进行审核。审核的重点是：是否应由本机关办理；是否符合行文规则；内容是否符合国家法律、法规及其他有关规定；涉及其他部门或地区职权的事项是否已协商、会签；文种使用、公文格式是否规范。

第三十二条　经审核，对符合本办法规定的公文，文秘部门应当及时提出拟办意见送负责人批示或交有关部门办理，需要两个以上部门办理的应当明确主办部门。紧急公文，应当明确办理时限。对不符合本办法规定的公文，经办公厅（室）负责人批准后，可以退回呈报单位并说明理由。

第三十三条　承办部门收到交办的公文后应当及时办理，不得延误、推诿。紧急公文应当按时限要求办理，确有困难的，应当及时予以说明。对不属于本单位职权范围或不宜由本单位办理的，应当及时退回交办的文秘部门并说明理由。

第三十四条　收到上级机关下发或交办的公文，由文秘部门提出拟办意见，送负责人批示后办理。

第三十五条　公文办理中遇有涉及其他部门职权的事项，主办部门应当主动与有关部门协商；如有分歧，主办部门主要负责人要出面协调，如仍不能取得一致，可以报请上级机关协调或裁定。

第三十六条　审批公文时，对有具体请示事项的，主批人应当明确签署意见、姓名和审批日期，其他审批人圈阅视为同意；没有请示事项的，圈阅表示已阅知。

第三十七条　送负责人批示或者交有关部门办理的公文，文秘部门要负责催办，做到紧急公文跟踪催办，重要公文重点催办，一般公文定期催办。

第七章　公文归档

第三十八条　公文办理完毕后，应当根据《中华人民共和国档案法》和其他有关规定，及时整理（立卷）、归档。

第三十九条　归档范围内的公文，应当根据其相互联系、特征和保存价值等整理（立卷），要保证归档公文的齐全、完整，能正确反映本机关的主要工作情况，便于保管和利用。

第四十条　联合办理的公文，原件由主办机关整理（立卷）、归档，其他机关保存复制件或其他形式的公文副本。

第四十一条　本机关负责人兼其他机关职务，在履行所兼职务职责过程中形成的公文，由其兼职机关整理（立卷）、归档。

第四十二条　归档范围内的公文应当确定保管期限，按照有关规定定期向档案部门移交。

第四十三条　拟制、修改和签批公文，书写及所用纸张和字迹材料必须符合存档要求。

第八章　公文管理

第四十四条　公文由文秘部门或专职人员统一收发、审核、用印、归档和销毁。

第四十五条　文秘部门应当建立健全本机关公文处理的有关制度。

第四十六条　上级机关的公文，除绝密级和注明不准翻印的以外，下一级机关经负责人或者办公厅

（室）主任批准，可以翻印。翻印时，应当注明翻印机关、日期、份数和印发范围。

第四十七条　公开发布行政机关公文，必须经发文机关批准。经批准公开发布的公文，同发文机关正式印发的公文具有同等效力。

第四十八条　公文复印件作为正式公文使用时，应加盖复印机关证明章。

第四十九条　公文被撤销，视作自始不产生效力；公文被废止，视作自废止之日起不产生效力。

第五十条　不具备归档和存查价值的公文，经过鉴别并经办公厅（室）负责人批准，可以销毁。

第五十一条　销毁秘密公文应当到指定场所由两人以上监销，保证不丢失、不漏销。其中，销毁绝密公文（含密码电报）应当进行登记。

第五十二条　机关合并时，全部公文应当随之合并管理。机关撤销时，需要归档的公文整理（立卷）后按有关规定移交档案部门。

工作人员调离工作岗位时，应当将本人暂存、借用的公文按照有关规定移交、清退。

第五十三条　密码电报的使用和管理，按照有关规定执行。

第九章　附　则

第五十四条　行政法规、规章方面的公文，依照有关规定处理。外事方面的公文，按照外交部的有关规定处理。

第五十五条　公文处理中涉及电子文件的有关规定另行制定。统一规定发布之前，各级行政机关可以制定本机关或者本地区、本系统的试行规定。

第五十六条　各级行政机关的办公厅（室）对上级机关或本机关下发公文的贯彻落实情况应当进行督促检查并建立督察制度。有关规定另行制定。

第五十七条　本办法自2001年1月1日起施行。1993年11月21日国务院办公厅发布，1994年1月1日起施行的《国家行政机关公文处理办法》同时废止。

附录 2

出版物上数字用法的规定

［中华人民共和国国家标准（GB/T 15835—1995）］

1　范围

本标准规定了出版物在涉及数字（表示时间、长度、质量、面积、容积等量值和数字代码）时使用汉字和阿拉伯数字的体例。

本标准适用于各级新闻报刊、普及性读物和专业性社会人文科学出版物。

自然科学和工程技术出版物亦应使用本标准，并可制定专业性细则。

本标准不适用于文学书刊和重排古籍。

2　引用标准

下列标准所包含的条文，通过在本标准中引用而构成为本标准的条文。本标准出版时，所示版本均为有效。所有标准都会被修订，使用本标准的各方应探讨使用下列标准最新版本的可能性。

GB/T 7408—94 数据元和交换格式 信息交换 日期和时间表示法

GB 3100—93 国际单位制及其应用

GB 3101—93 有关量、单位和符号的一般原则

GB 7713—87 科学技术报告、学位论文和学术论文的编写格式

GB 8170—87 数值修约规则

3　定义

本标准采用下列定义。

物理量（physical quantity）

用于定量地描述物理现象的量，即科学技术领域里使用的表示长度、质量、时间、电流、热力学温度、物质的量和发光强度的量。使用的单位应是法定计量单位。

非物理量（non-physical quantity）

日常生活中使用的量，使用的是一般量词。如 30 元、45 天、67 根等。

4　一般原则

4.1　使用阿拉伯数字或是汉字数字，有的情形选择是唯一而确定的。

4.1.1　统计表中的数值，如正负整数、小数、百分比、分数、比例等，必须使用阿拉伯数字。

示例：48　302　-125.03　34.05%　63%～68%　1/4　2/5　1:500

4.1.2　定型的词、词组、成语、惯用语、缩略语或具有修辞色彩的词语中作为语素的数字，必须使用汉字。

示例：一律　一方面　十滴水　二倍体　三叶虫　星期五　四氧化三铁　二万五千里长征　一〇五九（农药内吸磷）　路易十六　八国联军　二〇九师　四书五经　五四运动　九三学社　十月十七日同盟　十月革命　“八五”计划　五省一市　五局三胜制　二八年华　二十挂零　零点方案　零岁教育　白发三千丈　七上八下　不管三七二十一　相差十万八千里　第一书记　第二轻工业局　一机部三所　第三季度　第四方面军　十三届四中全会

4.2　使用阿拉伯数字或是汉字数字，有的情形，如年月日、物理量、非物理量、代码、代号中的数字，目前体例尚不统一。对这种情形，要求凡是可以使用阿拉伯数字而且又很得体的地方，特别是当所表示的数目比较精确时，均应使用阿拉伯数字。遇特殊情形，或者为避免歧解，可以灵活变通，但全

篇体例应相对统一。

5　时间（世纪、年代、年、月、日、时刻）

5.1　要求使用阿拉伯数字的情况

5.1.1　公历世纪、年代、年、月、日

示例：公元前8世纪　20世纪80年代　公元前440年　公元7年　1994年10月1日

5.1.1.1　年份一般不用简写。如1990年不应简作“九〇年”或“90年”。

5.1.1.2　引文著录、行文注释、表格、索引、年表等，年月日的标记可按GB/T 7408—94的5.2.1.1中的扩展格式。如1994年9月30日和1994年10月1日可分别写作1994-09-30和1994-10-01，仍读作1994年9月30日、1994年10月1日。年月日之间使用半字线“-”。当月和日是个位数时，在十位上加“0”。

5.1.2　时、分、秒

示例：4时　15时40分（下午3点40分）　14时12分36秒

注：必要时，可按GB/T 7408—94的5.3.1.1中的扩展格式。该格式采用每日24小时计时制，时、分、秒的分隔符为冒号“：”。

示例：04：00（4时）　15：40（15时40分）　14：12：36（14时12分36秒）

5.2　要求使用汉字的情况

5.2.1　中国干支纪年和夏历月日。

示例：丙寅年十月十五日　腊月二十三日　正月初五　八月十五中秋节

5.2.2　中国清代和清代以前的历史纪年、各民族的非公纪年。

这类纪年不应与公历月日混用，并应采用阿拉伯数字括注公历。

示例：太平天国庚申十年九月二十四日（清咸丰十年九月二十日，公元1860年11月2日）　藏历阳木龙年八月二十六日（1964年10月1日）　日本庆应三年（1867年）　秦文公四十四年（公元前722年）

5.2.3　含有月日简称表示事件、节日和其他意义的词组如果涉及一月、十一月、十二月，应用间隔号“·”将表示月和日的数字隔开，并外加引号，避免歧义。涉及其他年份时，不用间隔号，是否使用引号，视事件的知名度而定。

示例1：“一·二八”事变（1月28日）　“一二·九”运动（12月9日）

“一·一七”批示（1月17日）　“一一·一〇”案件（11月10日）

示例2：五四运动　五卅运动　七七事变　五一国际劳动节　“五二〇”声明　“九一三”事件

6　物理量

物理量量值必须用阿拉伯数字，并正确使用法定计量单位。小学和初中教科书、非专业科技书刊的计量单位可使用中文符号。

示例：8739.80 km（8739.80千米）　100kg～150kg（100千克～150千克）　600g（600克）　外形尺寸是400mm×200mm×300mm（400毫米×200毫米×300毫米）　12.5m²（12.5平方米）　34℃～39℃（34摄氏度～39摄氏度）　0.59A（0.59安〔培〕）

7　非物理量

7.1　一般情况下应使用阿拉伯数字。

示例：21.35元　45.6万元　270美元　290亿英镑　48岁　11个月　1480人　4.6万册　600幅　550名

7.2　整数一至十，如果不是出现在具有统计意义的一组数字中，可以用汉字，但要照顾到上下文，求得局部体例上的一致。

示例1：一个人　三本书　四种产品　六条意见　读了十遍　五个百分点

示例2：截至1984年9月，我国高等学校有新闻系6个，新闻专业7个，新闻班1个，新闻教育专职教员274人，在校学生1561人。

8　多位整数与小数

8.1　阿拉伯数字书写的多位整数和小数的分节。

8.1.1　专业性科技出版物的分节法：从小数点起，向左和向右每三位数字一组，组间空四分之一个汉字（二分之一个阿拉伯数字）的位置。

示例：2 748　456　3.141　592　65

8.1.2　非专业性科技出版物如排版留四分空有困难，可仍采用传统的以千分撇“,”分节的办法。小数部分不分节。四位以内的整数也可以不分节。

示例：2,748,456　3.14159265　8703

8.2　阿拉伯数字书写的纯小数必须写出小数点前定位的“0”。小数点是齐底线的黑圆点“.”。

示例：0.46不得写成.46和0·46

8.3　尾数有多个“0”的整数数值的写法。

8.3.1　专业性科技出版物根据GB 8170—87关于数值修约的规则处理。

8.3.2　非科技出版物中的数值一般可以“万”、“亿”作单位。

示例：三亿四千五百万可写成345,000,000，也可写成34,500万或3.45亿，但一般不得写作3亿4千5百万。

8.4　数值巨大的精确数字，为了便于定位读数或移行，作为特例可以同时使用“亿、万”作单位。

示例：我国1982年人口普查人数为10亿817万5288人；1990年人口普查人数为11亿3368万2501人。

8.5　一个用阿拉伯数字书写的数值应避免断开移行。

8.6　阿拉伯数字书写的数值在表示数值的范围时，使用浪纹式连接号“～”。

示例：150千米～200千米　-36℃～-8℃　2500元～3000元

9　概数和约数

9.1　相邻的两个数字并列连用表示概数，必须使用汉字，连用的两个数字之间不得用顿号“、”隔开。

示例：二三米　一两个小时　三五天　三四个月　十三四吨　四十五六岁　七八十种　一二十个　两三百架次　一千七八百元　五六万套

9.2　带有“几”字的数字表示约数，必须使用汉字。

示例：几千年　十几天　一百几十次　几十万分之一

9.3　用“多”、“余”、“左右”、“上下”、“约”等表示的约数一般用汉字。如果文中出现一组具有统计和比较意义的数字，其中既有精确数字，也有用“多”、“余”等表示的约数时，为保持局部体例上的一致，其约数也可以使用阿拉伯数字。

示例1：这个协会举行全国性评奖十余次，获奖作品有一千多件。协会吸收了约三千名会员，其中三分之二是有成就的中青年。另外，在三十个省、自治区、直辖市还设有分会。

示例2：该省从机动财力中拿出1900万元，调拨钢材3000多吨、水泥2万多吨、柴油1400吨，用于农田水利建设。

10　代号、代码和序号

部队番号、文件编号、证件号码和其他序号，用阿拉伯数字，序数词即使是多位数也不能分节。

示例：84062部队　国家标准GB 2312—80　国办发[1987]9号文件　总3147号　85号汽油　国内统一刊号GN 11-1399　21/22次特别快车　HP-3000型电子计算器　维生素B12

11　引文标注

引文标注中版次、卷次、页码，除古籍应与所据版本一致外，一般均使用阿拉伯数字。

示例1：列宁：《新生的中国》，见《列宁全集》，中文2版，第22卷，208页，北京，人民出版社，1990。

示例2：刘少奇：《论共产党员的修养》，修订2版，76页，北京，人民出版社，1962。

示例3：李四光：《地壳构造与地壳运动》，载《中国科学》，1973（4），400～429页。

示例4：许慎：《说文解字》，影印陈昌治本，126页，北京，中华书局，1963。

示例5：许慎：《说文解字》，四部丛刊本，卷六上，九页。

12　横排标题中的数字

横排标题涉及数字时，可以根据版面的实际需要和可能作恰当的处理。

13　竖排文章中的数字

提倡横排。如文中多处涉及物理量，更应横排。竖排文字中涉及的数字除必须保留的阿拉伯数字外，应一律用汉字。必须保留的阿拉伯数字、外文字母和符号均按顺时针方向转90度。

示例一：

雪花牌BCD188型家用电冰箱容量是一百八十八升，功率为一百二十五瓦，市场售价两千零五十元，返修率仅为百分之零点一五。

示例二：

海军J12号打捞求生船在太平洋上航行了十三天，于一九九〇年八月六日零时三十分返回基地。

14　字体

出版物中的阿拉伯数字，一般应使用正体二分字身，即占半个汉字位置。

参考文献

[1] 王占馥. 思维与语言运用［M］. 北京：工人出版社，2003.
[2] 孔桥. 大学逻辑导论［M］//郭桥，资建民. 大学逻辑导论. 北京：人民出版社，2003.
[3]（美）萨茨辛格，等. 系统分析与设计（需求分析系列）［M］. 朱群雄，译. 北京：机械工业出版社，2002.
[4] 陈国青，（德）雷凯. 信息系统的组织、管理、建模［M］. 北京：清华大学出版社，2002.
[5] 周建武. 逻辑推理技法与训练 MBA、MPA 联考及 GCT—ME 逻辑应试辅导［M］. 北京：机械工业出版社，2003.
[6] 李景隆，任鹰. 应用写作［M］. 北京：北京大学出版社，1992.
[7] 林可夫. 基础写作概论［M］. 福州：福建人民出版社，1985.
[8]（瑞典）詹斯·奥尔伍德. 语言中的逻辑［M］. 王维贤，蔡希杰，译. 石家庄：河北人民出版社，1976.
[9]（英）特伦斯·霍克斯. 结构主义和符号学［M］. 上海：上海译文出版社，1987.
[10] 贾世楼. 信息论理论基础［M］. 哈尔滨：哈尔滨工业大学出版社，1985.
[11] 韦澍一. 当代青年与交往新思维［M］. 长春：东北师范大学出版社，1995.
[12] 马正平，等. 高等写作学引论［M］. 北京：中国人民大学出版社，2002.
[13] 应用写作［J］. 2003—2005.
[14] 杨文丰. 实用经济文书写作［M］. 北京：中国人民大学出版社，2004.
[15] 霍唤民. 财经写作教程［M］. 北京：高等教育出版社，2005.
[16] 岳海翔. 公文写作教程［M］. 北京：高等教育出版社，2005.
[17] 曹文斌，欧阳勤. 财经写作训练教程［M］. 北京：江苏科技教育出版社，1996.
[18] 王正. 财经写作思维训练教程［M］. 哈尔滨：黑龙江教育出版社，1998.

